April, der Ostermond.

1 S Hugo

2 S Lät., Franz v. P.
3 M Richard. Die Franzosen wollen zwischen Maas u. Mosel durchbrechen 1915
4 D Isidor
5 M Vinzenz F.
6 D Juliana. Sixtus. Zölestin
7 F Kresz. v. Kaufbeuren
8 S Notker d. St. Albrecht

9 S Judica, Gg. Gasteiger von Altötting
10 M Ezechiel
11 D Leo P.
12 M Zeno. Julius
13 D Hermenegild M.

14 F Schmerzen-Freitag. Fahrt deutscher Luftschiffe n. England 1915
15 S Ludwina. Anastasia

16 S Palmsonntag
17 M Rudolf v. Bern 1287
18 D Wikterp
19 M Werner. Emma
20 D Gründonnerstag

21 F Karfreitag
22 S Karsamstag. Heftige Kämpfe um Ypern 1915

23 S Ostersonntag

24 M Ostermontag Georg
25 D Joseph. Markus Ev.
26 M Heinrich, Metzger. Franzosen und Engländer landen auf Gallipoli 1915
27 D Zita, Magd. Canisius
28 F Theobald. Vitalis
29 S Norbert 1110

30 S Weißer Sonnt. Hildegard
Die Deutschen dringen ins Kurland. Dünkirchen wird beschossen

Mai, der Wonnemond.

1 M Philipp u. Jakob. Der Russen Linie bei Tarnow und Gorlice durchbrochen 1915
2 D Athanasius
3 M Kreuz-Auffindung
4 D Florian. Monika. Italien kündigt das Bündnis mit Oesterreich 1915
5 F Gotthart. Die russische Front in Westgalizien beginnt den Rückzug 1915
6 S Johann v. d. lat. Pforte

7 S Miseric., Stanislaus.
Vernichtung der Lusitania 1915
8 M Michaels Erscheing. Die Deutschen besetzen Libau 1915

9 D Gregor v. Naz. Frühjahrsoffensive der Franzosen und Engländer. Schlacht bei Arras 1915
10 M Gordian u. Epimach
11 D Gangolf, Ritter M. 760
12 F Pankraz. (3 Eismänn.)
13 S Servaz

14 S Jubil., Bonifaz. Joseph
15 M Sophie. Isidor
16 D Johann Nepom.
17 M Bruno v. Würzb. 1045
18 D Erich v. Schwed. 1160
19 F Alkuin. Ivo. Emil
20 S Bartholom. Holzhauser

21 S Cant., Konstantin
22 M Julia, Sklavin M. 439
23 D Desiderius. Italien erklärt den Krieg an Oesterreich 1915

24 M Johanna. Schlacht b. Przemysl
25 D Urban P., Weinpatr.
26 F Philipp Neri. Die ersten „Gaue“ 1899
27 S Beda. Eduard. Durchbruch der Verbündeten am Stryj 1915

28 S Rog., Bittwoche. Herman. Wilhelm

29 M Franziska v. Münch.
30 D Ferdinand v. Kastil.
31 M Mechtild. Petronilla

Junius, der Brachmond.

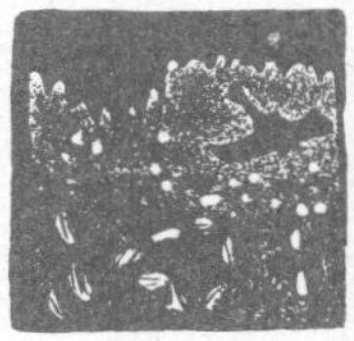

1 D Christi-Himmelf. Simeon v. Trier
2 F Erasmus, Nothelfer
3 S Klothilde. Przemysl wird zurückerobert 1915

4 S Exaudi., Die Fliegen kommen. Quirin M

5 M Bonifaz
6 D Norbert
7 M Gottlieb. Thekla
8 D Medardus B. 545
9 F Der gute Heinrich
10 S Margareta. Kön.

11 S Pfingstsonntag Barnabas Ap.
12 M Pfingstmontag Onuphrius

13 D Anton v. Padua 1231
14 M F Hartwig v. Salzburg
15 D Vitus, Modestus, Kreszenzia
16 F F Benno. Gebhard
17 S F Adolf. Rainer

18 S Dreifaltigkeit Elisabeth v. Schönau 1165
19 M Kasso. Gervas u. Protas
20 D Adalbert, Margareta
21 M Alois. Alban
22 D Fronleichnam Lemberg von uns erobert 1915

23 F Edeltraut. Adalbert. Agnes. Viktoria
24 S Alt-Johann

25 S 2. n. Pf., Johann d. Täufer. Salz- u. Wasserweihe
26 M Johann und Paul. Wettertag
27 D Ladislaus Kön. v. Ung.
28 M Leo II. Ermordung des österr. Thronfolgerpaares 1914

29 D Peter u. Paul
30 F Herz Jesufest. Ehrentraut

Saure Wochen, frohe Feste

Ingeborg Weber-Kellermann

Saure Wochen, frohe Feste

Volksbräuche im Wandel

Büchergilde Gutenberg

Lizenzausgabe für die Büchergilde Gutenberg,
Frankfurt am Main, Olten, Wien,
mit freundlicher Genehmigung
des Verlages C. J. Bucher GmbH,
München und Luzern

Lektorat: Brigitte Leierseder
Graphische Gestaltung: Hans F. Kammermann
Printed and bound in Germany
ISBN 3 7632 3102 1
Haupttitel: Otto Günther (1838–1884): Erntezug in
Schaumburg-Lippe, um 1860.

Inhalt

Einführung

«Tages Arbeit, abends Gäste!
Saure Wochen, frohe Feste!
Sei dein künftig Zauberwort.»

Diese Zeilen dichtete Johann Wolfgang von Goethe in seiner Ballade «Der Schatzgräber» und gab damit der Notwendigkeit nach einer Rhythmisierung des Lebens in Alltag und Fest gültigen Ausdruck. Die Zeichen solcher Rhythmisierung können Bräuche sein.

Damit sind wir schon beim Thema. Doch soll mit der Darstellung von Bräuchen, mit der Ausbreitung gesammelter Überlieferungen keine «konservative Heilslehre» vermittelt werden, wie HERMANN BAUSINGER solche Bemühungen der Volkskunde einmal spöttisch benannt hat (1970, S. 232). Es ist vielmehr das gruppenspezifische Sprachsystem der Bräuche gemeint. Oder – einfacher gesagt – all das, was die Menschen, gebunden in die verschiedensten sozialen Gruppierungen, durch Bräuche ausdrücken wollen. Bräuche werden also hier nicht ideologisch gewertet, sondern entschlüsselt, «gelesen» als das, was sie jeweils sein mögen: Triumph im Wettkampf, Überlegenheit in der Leistung, Stolz auf den Besitz – zuweilen aber auch der Versuch, Konflikte zu lösen, eine moralische Stellung zu beziehen, den Schwachen zu unterstützen und Hilfe zu leisten, den Gegner zu entlarven und zu verspotten. Solche Inhalte wären Brauch um Brauch zu überprüfen und jedesmal wäre von neuem der soziale Kontext einzubeziehen, in welchem der «Text» des Brauches formuliert und verstanden wird.

Seit fast fünfzig Jahren beschäftige ich mich mit diesem wissenschaftlichen Gegenstand. Während meines Studiums hielt mein Lehrer ADOLF SPAMER in Berlin seine große, zweisemestrige Vorlesung über «Sitte und Brauch» mit vielen Lichtbildern. Das war ein ganz neuer Eindruck für mich als Großstadtkind, und ich lernte bald, daß es nicht nur die abgehobenen Bräuche der Bauernwelt gibt, sondern daß auch die Späße der Berliner Herrenpartien zu Himmelfahrt dazu gehören, daß also oft beobachtete Erscheinungen, die ich von klein auf belacht hatte, des wissenschaftlichen Studiums wert waren und auf Handwerkstraditionen und dem übermütigen Selbstgefühl einer städtischen Bevölkerungsgruppe, gemischt mit scherzhaftem Frauenspott, beruhen: «Los von Muttern!» Besonders nachhaltig wirkte auf mich das Weihnachtskapitel der Spamerschen Vorlesung; es berührte mich die Erkenntnis, daß all die anheimelnden weihnachtlichen Vorgänge im eigenen Elternhaus eine der Forschung würdige Traditionsgeschichte und rituelle Bedeutung besitzen, die etwas aussagt über das bürgerliche Familienleben und seine Geschichte.

Seitdem habe ich mich immer von neuem in Einzelstudien und Projekten, in Vorlesungen und Seminaren mit der bunten Welt der Bräuche auseinandergesetzt und lege nun diese Darstellung vor, die in mancher Hinsicht unkonventionell erscheinen mag. Sie orientiert sich nicht am alten Kanon, der auf den Jahreslauf den Lebenslauf folgen läßt – von der Wiege bis zur Bahre. Dieses Buch geht nicht von den Stoffen aus, sondern von den Brauchausübenden selbst, die sich bestimmte rituelle Handlungen für ihren festlichen oder alltäglichen Gebrauch ausgeformt haben: die Landleute in ihren verschiedenen sozialen Schichten und Altersgruppen, die Kirche mit ihren Heiligenfesten und Wallfahrten, die bürgerliche Familie mit ihren vielen Schenkritualen, die städtische Gesellschaft der Bürger, der Angestellten und Arbeiter mit ihren Bräuchen der Zustimmung und des Protests, die Kinder, Schüler und Studenten mit ihren Bemühungen um Selbstfindung und Abgrenzung, die Vereine mit ihren Brauchorganisationen, die Heimatpfleger mit ihren gutgemeinten Idealisierungen.

Diese ungewöhnliche Anordnung hat Konsequenzen: Manches Brauchthema wie beispielsweise Hochzeit oder Weihnachten erscheint logischerweise an mehreren Stellen entsprechend seiner unterschiedlichen Bedeutung im Kontext verschiedener Gruppen. Ähnliches ist eben nicht dasselbe. Doch wird sich der Leser hier leicht mit Hilfe von Sachregister und Ortsregister zurechtfinden. Aber selbst bei ausgiebiger Suche in den Registern kann es vorkommen, daß der Leser gerade *den* Brauch nicht entdeckt, den er kennt und über den er gerne nähere Informationen hätte. Unser Buch ist kein Lexikon und kann aus der Überfülle der Erscheinungen nur exemplarisch berichten. Im Literaturverzeichnis findet der Suchende regionale Nachschlagewerke, die ihm zu weiterreichenden Informationen verhelfen.

Der vorliegende Band ist ein Lesebuch, ein lesbares illustriertes Buch, das an jeder Stelle aufgeschlagen werden kann, die interessiert. Texte, Bilder und dazu die Selbstzeugnisse aus Memoiren und Berichten versammeln sich zu komplexen Aussagen über die Fähigkeit, mit Handlung, Zeichen und Symbol das eigene

Jakob Becker (1810–1872): Zug heimkehrender Landleute.

Weltverständnis zu vermitteln. Wenn wir beim Bild der «wortlosen Sprache» bleiben, der nonverbalen Kommunikation, so hat es die Funktion eines «Wörterbuches», das die bunte Rede der Bräuche verständlich macht.

Dabei stehen sich häufig die geglaubte, modellhafte Ordnung der jeweiligen Gesellschaft und ihre real gelebte Ordnung gegenüber, wie Claude Lévi-Strauss das ausgedrückt hat. Es kann also ein Brauch durchaus in einzelnen Details die alte soziale Idealvorstellung eines Dorfes weitertragen und gleichzeitig in anderen Zeichen neuen unspezifischen, bürgerlichen Handlungsmustern folgen: Eine dörfliche Hochzeitsgesellschaft zum Beispiel bewegt sich in einem streng nach Alter und Ansehen geordneten Zug zur Kirche, wie es die alte agrarische Gesellschaft vorgeschrieben hat; doch die Braut trägt nicht mehr die zeichenhafte Hochzeitstracht, sondern ein weißes Brautkleid mit Schleier wie Lady Diana und Lieschen Müller.

Was wir heute an Bräuchen kennen und erleben, sind meist solche Übergangserscheinungen, die dann nicht recht zu stimmen scheinen, wenn man sie mit den überlieferten Vorbildern vergleicht. Stimmig sind sie aber innerhalb der gelebten Ordnung, in der sich die Handelnden befinden und ihre kulturellen Zeichen einsetzen. Im folkloristischen Geschehen jedoch gibt sich vielleicht im erstrebten «heilen» Bild der Traditionen zuweilen die Suche nach einer verlorenen Identität zu erkennen.

Mein Dank für vielerlei Hilfen und Ratschläge bei der Gestaltung dieses komplizierten Werkes gilt Axel Schenck, meiner Lektorin Dr. Brigitte Leierseder, Hans F. Kammermann, Angela Koch und Dorothea Zeh.

Ferdinand Georg Waldmüller (1793–1865): Der Fronleichnamsmorgen, 1857.

Was ist ein Brauch?

Versuch über Definitionen und Forschungsgeschichte seit den Brüdern Grimm

Neujahrsglückwünsche eines Hofbesitzers aus Wehdel/Landkreis Osnabrück, Mitte des 19. Jahrhunderts.

«Das volkskundliche Schubfach, das am prallsten gefüllt ist mit den farbigsten Inhalten, trägt das Etikett ‹Sitte und Brauch›; darin befinden sich Berichte über Taufriten und Beerdigungsgebräuche, über Heiligenfeste und weltliche Gedenktage, über den Osterhasen und den Weihnachtsmann, den Maibaum und den Polterabend – häufig in eine äußere Ordnung gebracht nach dem Ablauf des menschlichen Lebens einerseits und dem Gang des Jahres andererseits.»

So beginnt Hermann Bausinger (1973) sein kritisches Kapitel über «Sitte». Inzwischen sind neue Definitionen des traditionellen Begriffspaares notwendig geworden, neue Abgrenzungen zu «Recht», «Glaube», «Gewohnheit», sowie eine neue Einordnung der Phänomene im Sinne einer strukturalen und funktionalen Gesellschaftslehre. Dazu gehört besonders auch eine stärkere Betonung der Kategorie «Arbeit» gegenüber dem «Fest». Bei dieser Betrachtung zeigt sich, daß der alte Kanon, die traditionelle Einteilung in Bräuche des Jahres- und des Lebenslaufes, nicht mehr ausreicht und der Begriff der «Sitte» im Zusammenhang mit «Brauch» fragwürdig geworden ist. Damit werden nur Verhaltensweisen und Phänomene ausgedrückt, aber nicht ihr sozialer Ort beschrieben. Die erste griffige Definition der Bräuche stammt von dem Soziologen Max Weber (1864–1920), der innerhalb des sozialen Handelns, zu dem er auch die Bräuche zählt, tatsächliche Regelmäßigkeiten beobachtet (Weber, S. 13 f.). Diese Regelmäßigkeit kann durch kalendarische Jahrestermine bestimmt sein oder durch Ereignisse des familiären und beruflichen Lebens (Taufe, Hochzeit, Jubiläum, Begräbnis). Immer besteht also ein direkter Zusammenhang mit der Lebenssituation ihrer Träger, die die Wiederkehr des Gleichen lieben.

Das klingt einfach und einleuchtend, doch mußte die Volkskunde als Wissenschaft lange verschlungene Wege gehen, bis sie zu solchen lebensbezogenen Einsichten gelangte.

«Die Volkskunde hat stets dazu geneigt, Brauchtümliches in Herleitung und Sinndeutung zu archaisieren. Über viele Jahrhunderte hinweg war der Blick zu gern auf graue Vorzeit und vorchristliche Kultur gerichtet.» Mit diesem Ausspruch hat 1982 Hans Moser (S. 479) die wesentlichen kritischen Punkte der Brauchforschung erfaßt. Man kann dem noch, ebenfalls übereinstimmend mit Hans Moser, die Dämonenabwehr und Fruchtbarkeitsmagie als immer wiederkehrende Deutungsstandards hinzufügen. Deutlich wird in solchen Definitionsbemühungen der falsche Ansatz sichtbar, von dem aus die alte Volkskunde an ihr Lieblingsgebiet «Sitte und Brauch» heranging. Die Deutungsinhalte waren gewissermaßen in der geschilderten Weise vorgegeben; nun brauchte man nur die jeweiligen Beispiele in dieses Schema einzuordnen.

Die Geschichte einer systematischen Brauchforschung beginnt im 18. Jahrhundert, als sich die Staatswissenschaften im Interesse der Obrigkeit um Land und

Leute kümmerten, deren Bräuche notierten und sich um eine Statistik der Lebensweise des Volkes bemühten (Weber-Kellermann/Bimmer 1985, Kap. II f.). Intensiver setzte die Beschäftigung mit Bräuchen in der Romantik ein. Mit den Brüdern Grimm (Jacob 1785–1863, Wilhelm 1786–1859) und ihren Nachfolgern, besonders Wilhelm Mannhardt (1831–1880), begann eine eifrige Sammeltätigkeit der noch lebendigen Volksüberlieferungen. Dabei ging es vor allem um den Blick zurück in die mittelalterliche oder gar germanische Vergangenheit. In ihr sollten die Wurzeln allen gegenwärtigen Brauchtums ruhen, das vornehmlich als Relikt, als Überbleibsel aus Mythenferne gewertet wurde.

Wilhelm Mannhardt, der 1865 in einem großangelegten Fragebogenunternehmen die europäischen Erntebräuche aufsammelte, gelangte zu genialen Fehldeutungen im Geiste seines mythologiefreundlichen Jahrhunderts, indem er die

Dörfliches Maifest. (Unbekannter Maler des 19. Jahrhunderts)

Bräuche als Kulturgegenstände isolierte und dann seinem Gerüst germanischer und antiker Glaubensvorstellungen einpaßte. Die von ihm festgestellten Opferriten aber enthüllten sich zum Beispiel in ihrem sozialgeschichtlichen Kontext als Rechtsbräuche der Erntearbeiter in einer ganz speziellen, wirtschaftsgeschichtlich bestimmten Situation. Im Kapitel über die Erntebräuche (S. 44 ff.) wird mehr darüber gesagt werden. (Über Forschungsgeschichte und -methoden vgl. DÜNNINGER 1956.)

Tatsache bleibt, daß die uferlose Sammeltätigkeit und die Deutung der Ergebnisse in mythologischer Richtung mehr als hundert Jahre, teilweise bis in die Gegenwart, erhalten geblieben sind. Ein modernes Exempel derartiger Brauchforschung ist die 1972 erschienene Abhandlung von RICHARD WOLFRAM. Auch er zielt nach altem Muster auf das «Mythologische» als «Wesensbestimmung» der

Dörflicher Gesangverein, um 1970.

Bräuche, auf das «Urhafte», dem er selektiv den Deutungsort der Brauchererscheinungen zuordnet. Dieser Ansatz führt nicht weiter. Es bleibt bei der überlebten romantischen Wissenschaftsauffassung von einer ungebrochenen Kontinuität bis ins germanische Altertum, und es ist kein Zufall, wenn gerade diese Thesen in der nationalsozialistischen Volkskunde wieder aktualisiert wurden als Vorstellungen von einer zeitlich übergreifenden Einheit der Kulturtradition (HÖFLER 1934). Der – letztlich ideologisch motivierte – Denkfehler liegt in der Annahme einer sozialen Beziehungslosigkeit von Bräuchen, Glaubensphänomenen und Sinnbildern, die im Zusammenhang einer Kontinuität Aussagewert besitzen, auch wenn sie nur noch formal existieren. Aus diesem Denkmodell stammt das falsche Bild vom «sinnentleerten Brauch», also einer Braucherscheinung, die nicht «mehr» den Sinn einer im Verständnis des Brauchforschers «richtigen Urform» enthält, sprich: der altdeutsch-germanischen. Das ist jedoch nicht das Erkenntnisziel der Volkskunde. Sie richtet vielmehr durch die sichtbaren Zeugnisse, durch die ideellen und dinglichen Gestaltungen hindurch ihren Blick auf deren *Träger*, also auf die *sozialen Gruppen*, für die die Bräuche jeweils Geltung besitzen.

In Frankreich hatte ARNOLD VAN GENNEP (1873–1957) bereits 1909 eine sozialwissenschaftlich bestimmte Brauchtheorie entwickelt, die jedoch in Deutschland lange Zeit unbeachtet und unübersetzt blieb. Im Rahmen einer sehr differenzierten, funktionalistischen Riten-Typologie unterscheidet er drei Typen von Sequenzen, die den Übergang von einem sozialen Status in den anderen markieren: die Trennungsriten (Begräbnis), die Riten der Zwischenstufe (Schwangerschaft) und die Aufnahmeriten (Heirat oder Gesellentaufe). Er betont das ständige Ineinandergreifen der einzelnen Etappen, die Ambivalenz des Sakralen und Profanen, und stellt die Beziehungen zwischen sozialem und individuellem Leben heraus. Die rechtzeitige Beachtung dieses außerordentlich tiefgründigen Werkes hätte der deutschen Volkskunde von großem Nutzen sein können.

Doch bevor moderne, gesellschaftswissenschaftliche Gedanken weiterverfolgt werden, sei noch etwas über den zweiten Teil des gern benutzten Doppelbegriffs «Sitte und Brauch» gesagt, denn nicht nur der induktive Charakter der Deutungsmethode verdient im Rahmen einer sozialwissenschaftlichen Brauchtheorie eine gründliche Revision. Auch das alte Begriffspaar ist so nicht mehr anwendbar.

Wilhelm Heinrich Riehl (1823–1897) hatte in seinen «vier großen S» – Stamm, Sprache, Sitte, Siedlung – der Sitte einen hervorragenden Platz unter den Bestimmungsfaktoren des Volkslebens eingeräumt und sie als eine Instanz definiert, «die unterhalb des judifizierten und staatlich reglementierten Rechtssystems die Normen und Orientierungsmuster für ein soziales System festlegt und solcherart das alltägliche Verhalten formiert und strukturiert» (Korff 1978, S. 21). Doch bei aller Anerkennung der scharfsichtigen Alltagsbetrachtung des Autors Riehl setzt in der Interpretation seiner empirischen Fundstücke eben jene Überhöhung bäuerlicher Sitte mit sozial konservierender Tendenz ein, die den Begriff heute so nicht mehr verwendbar macht. In seinem Werk «Die bürgerliche Gesellschaft» (1851) hat er den Mächten des Beharrens (Bauerntum und Aristokratie) die Mächte der Bewegung (Bürgertum und Proletariat) gegenübergestellt und die bäuerlichen Sitten als unveränderlich und «naturgesetzlich» gepriesen. Wenn tatsächlich «Sitte und Brauch als kulturelle Normierungssysteme über dem Alltag liegen» (Korff 1978, S. 24), so hat Riehl zumindest deren gesellschaftliche Dynamik nicht gesehen, sondern sie als ein statisches Gerüst der bäuerlichen Tradition verstanden.

Traditionelles Karfreitagssingen der Lausitzer Mädchen, um 1950.

Seiner um 1910 erschienenen phänomenologischen Zusammenstellung von «Sitte und Brauch» stellt Paul Sartori (1857–1936) eine Definition als «religiöser Kultus des täglichen Lebens» (Sartori, S. 8) voraus, was von sozialwissenschaftlicher Seite gesehen gar nichts besagt. Gerade das ist in der Wissenschaftsgeschichte der Volkskunde so sehr zu bedauern, daß man sich wenig um die gleichzeitigen soziologischen Erkenntnisse gekümmert hat. Von Max Webers griffigen Definitionsangeboten wurde schon gesprochen. Aber auch die einschlägige Arbeit von Ferdinand Tönnies (1855–1936) «Die Sitte» (1908) blieb weitgehend unbeachtet. Er stellt hier – ähnlich wie Riehl – der Sitte als beherrschendes Element die wandelbare Mode gegenüber, ohne ihre historischen Veränderungen zu erkennen. Das traf sich mit älteren (Riehl) und neueren (Narr) Gedanken der Volkskundler und befestigte die alte Vorstellung von der statischen Bestimmungskraft der Sitte. Der Sitte und «natürlichen Ordnung» der Dorfgemeinschaft stehe der zweckgerichtete Charakter der «Gesellschaft» gegenüber (Tönnies 1887). Wichtig für die

Diskussion um Sitte und Brauch war die Rechtssoziologie von THEODOR GEIGER (1891–1952), in der er das Begriffspaar als ein Regelsystem außerhalb der etablierten Rechtsordnungen definiert, das Verhalten und Orientierung in einem jeweils spezifischen Milieu bestimmt.

Trotz solch brauchbarer Zuordnungsvorschläge aus den Nachbarwissenschaften standen die Volkskundler nach dem Zweiten Weltkrieg immer skeptischer dem Begriff «Sitte» als wissenschaftlicher Kategorie gegenüber (MAIER-MICHAL, S. 26ff.). BAUSINGER (1973, S. 127ff.) bezweifelte nicht nur die Existenz einer hermetisch abgeschlossenen Dorfgemeinschaft mit organischer Prägung durch die Sitte, sondern relativierte auch die Allgemeingültigkeit des statischen Begriffes, indem er das Nebeneinander verschiedener, auch konkurrierender Normbegriffe in einer sozialen Gruppe aufzeigte: «Der Absorptionsbegriff der Sitte, der zwangsläufig auf ungebrochene Gemeinschaft und ungebrochene Tradition bezogen bleibt, war fragwürdig und wurde es immer mehr, je weiter die Pluralisierung der Normen und Normensysteme fortschritt.» Es darf daher keine trennende Unterscheidung zwischen Sitte und Brauch geben, da «eine Verletzung der äußeren Vorschriften gleichzeitig auch die inneren Normen antastet und gefährdet».

Trachtenhochzeit auf dem Lande, um 1950.

In konsequentem Weiterverfolgen solcher Gedanken fordert MARTIN SCHARFE, anstelle von «Sitte» den Begriff der «Norm» zu setzen – *Norm* verstanden als «Verhaltensforderung für wiederkehrende Situationen», *Brauch* als «konkrete Handlungsmuster, die den Normen zugeordnet» und sanktioniert werden. Sie schaffen den Bezug zwischen dem Brauch und seinen Trägern, der sozialen Gruppe. Soziale Hierarchie innerhalb dieser Gruppen zeigt sich besonders deutlich an der Sanktionierung von Fehlverhalten, beispielsweise durch die Rügebräuche: «Der Rechtsbrauch der Rüge [stellt] nur eine Steigerung der Funktion dar, die jeglichem Brauch zukommt. Der Rügebrauch dient der Aufrechterhaltung einer bestimmten Norm» (SCHARFE 1970, S. 49).

Nach diesem kurzen Überblick über die Theoriegeschichte der Bräuche und ihres Begleitbegriffes Sitte sei auf ein anderes, damit zusammenhängendes Gebiet hingewiesen: Die historisch arbeitende Brauchforschung, die sich seit ADOLF SPAMERS (1883–1953) in München entwickelte, insbesondere durch die Forscherpersönlichkeiten von HANS MOSER und KARL-SIGISMUND KRAMER. Auch diese außerordentlich fundierte Forschungsrichtung als «exakte Geschichtsschreibung der Volkskultur» (MOSER 1954) wirkte entscheidend der Kontinuitätsideologie entgegen und mündete in die historische Erforschung des Alltags, die heute weithin die moderne Volkskunde/Europäische Ethnologie beherrscht. Die Ergebnisse der historischen Brauchforschung werden im folgenden von Fall zu Fall zu zitieren sein.

Stadthochzeit in weißem Brautkleid und im Frack, 1941.

Im Motto der Einführung ist ein kulturelles Oppositionspaar enthalten: «Arbeit und Fest». Die traditionelle Volkskunde hat im allgemeinen für ihre Darstellungen gern den festlichen Teil gewählt, den bunten Aspekt der Bräuche, der hübsch und pittoresk anzusehen ist. Doch über die bloße Beschreibung hinaus (s. Literaturbericht S. 228) gibt es auch hier gegenwärtig Bemühungen um eine bessere theoretische Durchdringung (PIEPER, BIMMER, GREVERUS, HEILFURTH u. a.).

Entscheidender war die Zuwendung zum Komplementärbegriff der Alltags- und Arbeitsbräuche, den «sauren Wochen» (KRAMER, SIEBER, JACOBEIT, WEBER-KELLERMANN u. a.). Hier wird keine Reliktsuche betrieben, sondern Bräuche werden eingeordnet «als identitätsstiftende Funktionseinheiten einer vom gesamtgesellschaftlichen Wirtschaftsprozeß dissoziierten Gruppe» (KORFF 1978, S. 29). Das sagt zunächst nur etwas aus über die Verhaltensweisen, aber noch nichts über die sozialen Differenzierungen. Solche Bräuche werden in den zugehörigen Kapiteln ihre Behandlung finden.

Was also ist ein Brauch?

Um diese Frage als Volkskundler im Rahmen der Gesellschaftswissenschaften beantworten zu können, sei ein einfaches theoretisches Gerüst konstruiert:

Jede kulturelle Erscheinung, die unser Fach untersucht, ist gebunden an Zeit, Raum und Gesellschaft. Das setzt eine Untersuchungsmethode voraus, die einerseits diachron die Kultur-, Sozial- und Wirtschaftsgeschichte erhellt und andererseits jeweils synchron den funktionalen Kontext aufnimmt, also die begleitenden sozialen Phänomene. Die Determinanten Zeit und Raum sind als soziale Zeit und sozialer Raum zu verstehen; die Bräuche müssen also auf ihre Rolle hin geprüft werden, die sie in dem Normengefüge der Ausübenden spielen. Die Bräuche sind selbst soziale Tatsachen, *Zeichen*, in denen sich das gesellschaftliche Leben der Gruppen ausdrückt. Das bedeutet, daß sie und ihre Sinndeutung nicht als statische Gegebenheiten zu verstehen sind, sondern als Teile dynamischer Prozesse wie Anpassungsvorgänge und Interaktionen, Informationen und Verbote, Arbeitsabläufe und Wirtschaftsweisen, Proteste und Emanzipationsversuche. Bräuche bestehen aus einzelnen Elementen, sind jedoch nicht deren Summe, sondern ordnen sich in Strukturen, die Systemcharakter tragen. Verändert sich unter bestimmten Bedingungen eines der Elemente, so bewirkt das die Veränderung der gesamten Struktur.

Bäuerliches Paar in Spottmaskierung bei einem alpenländischen Fastnachtslauf.

Beispiel: FASTNACHTSBRÄUCHE
Alter Ansatz der Brauchforschung.

Brauchelemente:	rotes Fleckl-gewand	Schreck-maske	Narren-Baum	Schwert-Tänze	Wilde-Männle-Tanz
Deutung durch den Forscher:	Lebens-symbol	Dämonen-abwehr	Fruchtbar-keitskult	männer-bündische uralte Tradition	germanische Kontinuität

Neuer Ansatz: Brauch = Sprache der Brauchausübenden gerichtet an die Brauchverstehenden

Brauchausübende

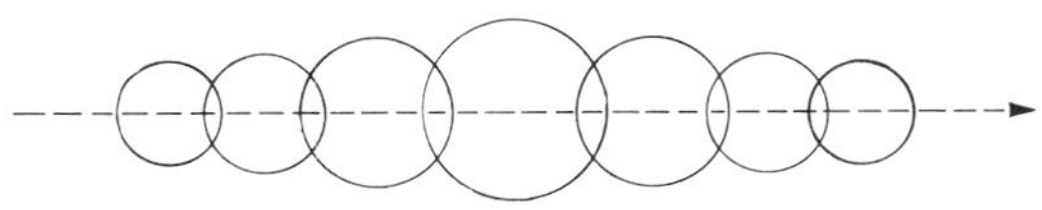

Brauchverstehende

Phasen des Brauches

Der Brauch läuft ab mit einem formalisierten Anfang und Ende, mit Anlauf, Höhepunkt und Abschlußphase. Die Reihe der Elemente entspricht ihrem hierarchischen Stellenwert.
Die Deutung erfolgt durch die Brauchausübenden selbst im sozialen Kontext des Brauches.

Bei der Analyse der Struktursysteme ist also die Reihenfolge der Elemente zu bedenken, ihre innere Hierarchie, die Auskunft gibt über die Normen und Regeln der betreffenden Gruppe; sie bestimmt deren jeweilige Interessendominanz.

Diese theoretischen Grundgedanken sind mehr oder weniger der strukturalen Anthropologie des Claude Lévi-Strauss verpflichtet und den Theorien des rumänischen Strukturalisten Mihai Pop. Merkwürdigerweise hat der Strukturalismus als helfende Interpretationsmethode in der deutschen ethnologischen Forschung keinen rechten Eingang gefunden. Bei aller berechtigter Kritik an mangelnder historischer Dimension und fehlender sozialer Differenzierung können doch die methodischen Vorgänge einer strukturalen Segmentierung mit dem Ziel der Erkenntnis einer hierarchisch geordneten Struktur gerade für die Brauchforschung sehr nützlich sein.

Zum Thema Brauch führt Lévi-Strauss aus:

«Wenn, wie wir meinen, die unbewußte Tätigkeit des Geistes darin besteht, einem Inhalt Formen aufzuzwingen, und wenn diese Formen im Grunde für alle Geister, die alten und die modernen, die primitiven und die zivilisierten dieselben sind – wie die Untersuchung der symbolischen Funktion, wie sie in der Sprache zum Ausdruck kommt, überzeugend nachweist –, ist es notwendig und ausreichend, die unbewußte Struktur, die jeder Institution oder jedem Brauch zugrunde liegt, zu finden, um ein Interpretationsprinzip zu bekommen, das für andere Institutionen und andere Bräuche gültig ist, vorausgesetzt natürlich, daß man die Analyse weit genug treibt.» (Lévi-Strauss 1967, S. 35)

Für das Verständnis und die Akzeptierung solcher Gedanken gibt es allerdings eine Reihe von Voraussetzungen, die zum Teil schon angedeutet wurden. Erforderlich ist vor allem ein neuer Kulturbegriff. Zu ihm aber gehört nicht nur die *Alltagsperspektive*, die letzthin in den Sozialwissenschaften eine neue, wesentliche Rolle spielt, sondern die Loslösung von den alten Kategorien überhaupt, der Abschied von der Vorstellung, Kultur gäbe es nur bei den Gebildeten. Kultur reicht vielmehr von Iphigenie bis Mickey-Mouse, wie Korff formuliert (Korff 1978, S. 38). Sie umfaßt zwischen den verschiedenen sozialen Schichten im Geben und Nehmen ein großes Umfeld von Zeichen.

Hochstilisierte bayerische Brauchparade mit dem Maibaum, 1970.

In einem solchen Zusammenhang lassen sich Bräuche als formalisierte, ausgestaltete Handlungen definieren mit einer Rollenverteilung, einem Spielablauf, ausgeübt von Gruppen zu festgelegten Zeiten des Jahres oder bei speziellen Anlässen des familiären Lebens oder bei vereinsmäßigen, beruflichen oder politischen Zusammenkünften. Voraussetzung für ihre Wirkung und ihr Funktionieren ist, daß die Ausübenden wie auch die Zuschauenden den Sinn der Bräuche verstehen, denn die bildhafte Brauchhandlung, die Kostümierung der Spieler und ihre Brauchrequisiten besitzen Symbolcharakter, bedienen sich einer Zeichensprache. Das gilt jedoch nur jeweils innerhalb eines historischen Zeitraumes, für eine bestimmte Region oder für eine spezielle soziale Gruppe wie Bauern oder Handwerker, Familie oder Kinder.

Bräuche beziehen sich also stets auf einen Teil der Gesellschaft, für den sie als Zeichen einer Norm verpflichtend sind. Sehr unterschiedlich in Herkunft und Alter, in Wirkungsbreite und Dauer waren und sind sie oft bedeutsam als Ausdruck der Freude oder auch der Trauer, der Zustimmung oder auch des Protestes, oft als Stütze für die Lebensbewältigung derjenigen, die sie ausüben oder an ihnen teilhaben. Sie sind ein Mittel der zwischenmenschlichen Kommunikation. Damit wird eine weitere Voraussetzung für die Anwendung der strukturalistischen Interpretationsmethode deutlich betont: die Benutzung der Kommunikationstheorie. Sie bedeutet das Verständnis der Bräuche als *Code* zwischen den Brauchausübenden, den «Sendern» und den Zuschauern oder sonstigen Brauchteilnehmenden als «Empfängern».

Eine sinnvolle Brauchforschung und Brauchdeutung setzt also das Verständnis für einen dynamischen Kulturprozeß voraus, in dem die Brauchausübenden als die «Kulturkompetenten» fungieren. Der Brauchablauf selbst ist der Code, ein «Text» mit formalisiertem Anfang und Ende. Wer sich des Code bedient, muß als Insider die Regeln kennen, die ihm zugrunde liegen.

Zwischen Kulturkompetenz, also der Codebeherrschung, und Kulturperformanz, also der Codebenutzung, existiert das Modell des Brauches, das durch die Fülle der Varianten hindurchschimmert. Auch die Verknüpfung zwischen Tradition und Innovation vollzieht sich im Bereich der Variantenbildung, bei der jeder Brauchtext entsprechend dem ihm zugehörigen sozialen Kontext seine eigene Funktion gewinnt. Gleiche und ähnliche Braucherscheinungen können sich auf ganz verschiedenen Bewußtseinsebenen abspielen: der sakralen, der zeremoniellen und rituellen, der sozial-regulierenden, der spielerischen, der parodistischen, der folkloristisch-demonstrierenden, der politisch-demonstrierenden. Wichtig für den Forscher bleibt die Brauchgebundenheit an soziale Zeit und sozialen Raum und die Erkenntnis seiner subjektiven Rolle für die Gruppe, die ihn benutzt.

Die funktionsabhängige Mehrdeutigkeit der Bräuche wird in vielen Details evident. Als Code im Kommunikationsprozeß sozialer Gruppen werden sie von diesen stilisiert und formelhaft geprägt. Sie bilden ein Mikrosystem innerhalb der umgebenden, größeren kulturellen Systeme – eine bunte Rede über das jeweilige gesellschaftliche Leben und seine Grundfragen. Sie sind, wie gesagt, *polyfunktional*, und ihre Funktionen zeigen eine innere Hierarchie, die jeweils den Hauptinteressen der handelnden Gruppen entspricht.

Mit solchen Meinungen ist eine äußerst spannende Zielsetzung für den Brauchforscher angesprochen. Er erstrebt nichts Geringeres als das Weltbild der von ihm untersuchten Gruppe zu erkennen, deren ethische Prinzipien, ihre Vorstellung von gut und schlecht, schön und häßlich, klug und dumm, lustig und traurig, hoch und nieder.

Bräuche können also auf der funktionalen Ebene die sozialen Beziehungen und Handlungen, ja den Sozialisationsprozeß überhaupt regulieren und beleben. Sie können ihn auch hemmen und stören – je nach den Zielen, Ideologien und Absichten der ausübenden Gruppen.

Im allgemeinen entsprechen die Bräuche den Wertvorstellungen des herrschenden Normensystems und tragen zu seiner Stabilisierung bei. Es kann aber auch in Konfliktsituationen das Gegenteil eintreten: Unter Benutzung der Brauchsprache kann das herrschende Wertsystem von einem Teil der Gruppe angegriffen und eventuell verändert werden.

Ist das Ziel der Gruppe eine soziale Balance, ein gewisser Gleichgewichtszustand, so wird sie ihre Norm durch Kontrollen und Sanktionen durchzusetzen versuchen. Diese sind aber nur so lange wirksam, wie sie die betreffende Gruppe als Bestandteile ihres Verhaltenscode akzeptiert. Dann verkommen sie zuweilen zu Spielen oder folkloristischen Darbietungen.

Für die Brauchforschung ist also die Kenntnis des jeweiligen sozialen Kontextes nötig, der Zusammenhang, in dem die Bräuche Geltung besitzen und ihre Sprache verstanden wird. Das gilt auch für die historische Brauchforschung. Auf der formalen Ebene erscheint der Brauch als «Text», als eine Struktur mit Anfang und Ende. Er läßt sich philologisch und strukturalistisch in einzelne Elemente segmentieren und auf ein Modell zurückführen. Die Struktur wird erkennbar durch die Menge der Beziehungen, die die Elemente verbinden.

Das Neue der Methode besteht nun darin, daß nicht der Forscher nach seinem Gutdünken und seinen Zielvorstellungen die Elemente auswählt und benennt. Nein – die Brauchträger sind die Auswählenden. Sie haben den Brauch nach ihren Zielsetzungen aus den ihnen bekannten Elementen geformt und deren Hierarchie bestimmt. In Bräuchen werden alle nur möglichen Ausdrucksformen verwendet: Gestik und Sprache, Tanz, Lied und Musik, Kostüm und alle erdenklichen Requisiten wie Masken, Peitschen, Arbeitsgeräte usw. Jedes ist im Kommunikationssinn ein *Zeichen* und besitzt seine eigene Bedeutung, die wiederum nicht der Forscher, sondern der Spieler bestimmt. Alle Kombinationen sind abhängig von den Intentionen der Gruppe. Sie demonstrieren ihre Normen – nicht die Realität.

Damit ist die Vieldeutigkeit der Bräuche angesprochen. Denn ihr Hintergrund, die Verhaltensnormen der Gruppen, ist ja sehr wandelbar und auch regional sehr unterschiedlich. Bräuche beeinflussen also ihrerseits die Normen und wirken somit in einem Rückkopplungseffekt auf das Leben der Gruppen ein.

Erntefest der Berliner Schrebergärtner, 1967.

Fest und Arbeit auf dem Land

Bräuche der Dorfgesellschaft und ihre Deutung

Zwei entscheidende Ordnungsprinzipien kennzeichnen die agrarische Lebenswelt und die ländlichen Bräuche: die Gruppierung des Dorfes nach Alter und Geschlecht und die hierarchische Schichtung des Dorfes nach Besitz. Die Altersgruppierung wurde auf den Dörfern seit dem Beginn des 19. Jahrhunderts meist durch die Einschulung bestimmt, durch Konfirmation oder Kommunion; die Schulkameraden eines Jahrgangs galten für ein ganzes Leben als zusammengehörig. Die Knaben bildeten nach dem Schulabgang die Burschenschaft (Hilberath, König, Löber). Als aktive Trägerschaft für die meisten Bräuche stellten sie damit eine wichtige dörfliche Gruppe dar, die wiederum in sich hierarchisch gegliedert war. Mit der Hochzeit vollzog sich ihr Übergang in die Gruppe der Verheirateten, und auch hier hielten die Jahrgangskollegen jeweils in besonderer Weise zusammen, beglückwünschten sich zu Taufen und Familienjubiläen und begleiteten einander auf dem letzten Weg zum Friedhof.

Der Jahrgang bestimmte auch das Gliederungsprinzip im Lebenslauf der Dorfmädchen (Bringemeier). Zwar traten sie der Dorfordnung entsprechend nicht so aktiv bei den Brauchhandlungen in Erscheinung, aber sie gehörten gleichfalls bei allen entscheidenden Lebensstationen zusammen: als Brautjungfern bei Hochzeiten, als Patinnen bei Taufen und anderen Festen sowie als Totenwache bei der verstorbenen Jahrgangsgenossin. Als selbstverständlich galt die gegenseitige Hilfsbereitschaft in Notsituationen und bei besonderen Arbeiten.

Die Jahrgangsordnung umfaßte im allgemeinen auch die Sitzweise in der Kirche, falls nicht die Standesordnung überwog. Hier kam auffallend ein weiteres Ordnungsprinzip zur Geltung: links hatten die Frauen, rechts die Männer ihre Plätze. Auch die Geschlechtertrennung bestimmte die alte Dorfgesellschaft entscheidend: Nur Männer standen nach der Kirche oder sogar während des Gottesdienstes auf dem Dorfplatz und besuchten regelmäßig das Wirtshaus; nur Frauen betreuten Wöchnerinnen, gaben den Paten die Geschenke oder schmückten die Gräber. Reste dieser Verhaltensweisen und -normen haben sich bis in die Gegenwart erhalten.

In weitaus stärkerem Maße äußern sich die dörflichen Schichtungen bei der bäuerlichen Arbeit und allen damit zusammenhängenden Bräuchen, wie später die Erntebräuche anschaulich zeigen.

Der andere beherrschende agrarische Kulturgedanke ist die Besitzhierarchie. Sie bestimmte die äußere und innere Gliederung des Dorfes nach dem Besitz an Hof und Vieh, denn der Reichtum an solchen Gütern war gleichbedeutend mit guter Familientradition und auch oft mit Fleiß und Leistungswillen. Die Zeichen für diesen Gliederungsfaktor sind mannigfaltig: Schon die Anordnung der Höfe in Oberdorf und Unterdorf war dafür bezeichnend; die reichen Bauern gingen in ihr «eigenes» Wirthaus oder wurden im Dorfgasthaus auf besondere Weise geehrt. Sie beanspruchten mit ihren Frauen in der Kirche besondere Plätze mit eigenen Kissen, die ihnen nicht streitig gemacht werden durften, und auf der Gasse den Gruß der Ärmeren. Meist nahmen sie auch die führenden Positionen in der Gemeinde ein. Die festlichen Trachten ihrer Frauen und Töchter zeigten mit bestimmtem Zubehör den Reichtum des Hauses an, und bei den Dorffestlichkeiten offenbarte sich üppig das Prestige der umworbenen bäuerlichen Oberschicht. Die Besitzhierarchie erstreckte sich zuweilen sogar auf das Gesinde der verschiedenen Höfe und ihr Verhalten untereinander. Die Knechte der Großbauern setzten sich im Gasthaus nicht an den Tisch der Mittel- oder Kleinbauernknechte. Das gleiche galt oft für die Kinder im Kindergottesdienst, während die Sitzordnung in der Schule insofern ein demokratisierendes Element einbrachte, als hier der Kopf und nicht die Hofgröße bestimmend war.

Bei den Familienbräuchen kam das bäuerliche Besitzdenken in ganz besonderer Eindeutigkeit zum Tragen. Ländliche Hochzeiten, aber auch Taufen und Leichenbegängnisse dienten in hervorragendem Maße der Repräsentation des Hofes und der Demonstration der eigenen materiellen Möglichkeiten.

Jakob Fürchtegott Diehlmann (1809–1885): Jahrgangsgruppe Schwälmer Mädchen.

Banater Bauernfamilie, um 1920.

Im Hinblick auf die Dorfbräuche kann zusammengefaßt werden, daß die alte Dorfgesellschaft in einer sehr bewußten und nach außen sichtbaren Weise sozial geschichtet war. Großen Wert legte sie auf das Abgrenzen dieser Schichtung, die sie bei allen nur möglichen Gelegenheiten durch auffallende Zeichen betonte.

Derartige Ordnungen sind jedoch einem dauernden Wandel unterworfen, der den ökonomischen und regionalgeschichtlichen Kontext betrifft und damit auch das Bewußtsein der Landbewohner ändert. Die hier hervorgehobenen Motivationen der Agrargesellschaft – Altersgliederung und Besitzhierarchie – sollen nur grobe Rahmenbedingungen ausdrücken. Brauchbeschreibungen können daher lediglich exemplarisch sein für eine bestimmte Zeit und für eine bestimmte Landschaft. Sie bilden ein Mikrosystem innerhalb des Makrosystems der Dorfkultur und artikulieren den Spannungsbogen zwischen dem, was die Brauchausübenden als Wunsch symbolisch ausdrücken, und der Realität des Erreichbaren. Die bunte Vielfalt der Bräuche nach Gestalt, Inhalt und Zweck in ihrer Gesamtheit zu analysieren, ist in einem einzigen Buch kaum möglich. Dazu wäre ein lexikalisches Unternehmen erforderlich.

In der folgenden Untersuchung wird eine Auswahl vorgestellt, werden Muster zitiert, die im wesentlichen Glauben und Denken, Weltanschauung und Wertvorstellung der Landbewohner kennzeichnen. Es folgen zunächst bäuerliche Familienbräuche; im bäuerlichen Verständnis gehören zur «Familie» diejenigen, die für den einzelnen Bauernhof eine Rolle spielen, die der Ökonomie des Hofes durch ihre Arbeitskraft nützen, durch ihr Vermögen den Besitz vermehren oder später nach dem Austrag versorgt werden müssen. Der Vater und Bauernwirt organisiert die Arbeit mit all ihren autoritären Funktionen nach innen und außen. In derart wirtschaftlich bedingtem Zusammenhalt manifestierte sich die bäuerliche Haushaltsfamilie als Teil der Dorfgesellschaft (Weber-Kellermann 1974, S. 82ff., 147ff.).

Wir zeigen, was wir haben!

Der Repräsentationswert von Bräuchen in der dörflichen Hierarchie

Hochzeit

Als ARNOLD VAN GENNEP 1909 sein berühmtes Buch über «Les rites de passages» (Bräuche des Übergangs) schrieb, stellte er der statischen Beschreibung von Brauchphänomenen das Bild des dynamischen Brauchprozesses gegenüber. Gerade für die Familienbräuche war damit ein neuer Weg gewiesen, der jedoch in Deutschland lange nicht beschritten wurde. Neben dem reinen Ablauf des Hochzeitsfestes machte er den *Übergangscharakter* dieses wichtigen Lebenstermins sichtbar und verdeutlichte die Tatsache, daß sich in einer homogenen Gesellschaft das Individuum von der Geburt bis zum Tod den Zeremonien der Gruppe unterzuordnen hat.

Die alte agrarische Gesellschaft war vorwiegend endogam, d. h. man heiratete nur im eigenen Dorf; das Identitätsgefühl des einzelnen verband sich mit demjenigen des Dorfbewußtseins. Dementsprechend gelang die stimmige Partnerwahl zumeist im Dorfe selbst, d. h. die große Gruppe der Wenig- und Mittelbesitzenden fand den besitzgleichen Heiratskandidaten im eigenen Dorf. Nur aus der kleinen Gruppe der reichen Bauern wurde zuweilen in einer der umliegenden Gemeinden nach einem entsprechenden Ehegatten gesucht, wenn im eigenen Dorf das Besitzprestige nicht zu befriedigen war. Derartige exogame Überschreitungen der Norm mußten mit Geldsanktionen gebüßt werden, die im Brauch der *Wegsperre* zum Ausdruck kamen (D. DÜNNINGER 1967).

Gerhard von Reutern (1794–1865): Schwälmer Brautpaar.

Solche Beziehungen blieben meist nicht vereinzelt und wurden oft Teil eines exogamen, also außerdörflichen wechselseitigen Heiratssystems. Derartige Brautwahlstrategien sind bestimmt vom Gesetz der Gegenseitigkeit, das das gesamte zwischenmenschliche Verhalten beherrscht. Die Exogamieregeln ordnen nach LÉVI-STRAUSS den Frauenaustausch zwischen den Gruppen: «Der Tausch [...] hat einen sozialen Wert in sich selbst: Er liefert das Mittel, die Menschen miteinander zu verbinden und die natürlichen Bande der Verwandtschaft durch die nunmehr künstlichen [...] Bande der von der Regel beherrschten Allianz zu überlagern.» Dazu begleitet der Güteraustausch als gemeinsame Basis aller Modalitäten die Institution der Ehe, und so sichern die Austauschregeln «die Vorherrschaft des Sozialen über das Biologische und des Kulturellen über das Natürliche» (LÉVI-STRAUSS 1981, S. 640).

Tatsächlich heirateten oft aus besitzgleichen Familien benachbarter Dörfer Bruder und Schwester der einen Familie die Schwester und den Bruder der anderen und vergrößerten so den gemeinsamen Machtbereich, also die Positionen der Familie in der Dorfstruktur.

Das Kulturelle in den bäuerlichen Heiratsstrategien ist nun meist das Materielle, das sich in einer Fülle von Zeichen zu erkennen gibt. Nur selten war eine groß- oder auch nur mittelbäuerliche Eheschließung auf der Gefühlsebene gegründet, und es bedeutete schon viel, wenn die sentimentale Seite die materielle wenigstens beglei-

«Für mich war es ein glücklicher Tag», schreibt mein Vater, «an der Spitze des Hochzeitszuges den Weg in die nahe Kirche anzutreten. Hinter mir schritt der Brautführer mit der Braut. Wie erstaunt war ich, als ich unterwegs mich umdrehte und von allen Seiten Freundinnen meiner Braut herantreten sah, um ihr – nach damaligem Brauch – bunte Bänder an das Kleid zu heften! So trat sie in die Kirche ein, über und über behangen mit farbigen Bändern, die ihr ein eigentümliches Aussehen gaben.»

FRIEDRICH LIENHARD (1865–1929): Jugendjahre. 1918, S. 9

tete. Mit der Hochzeit wurden also neue Verwandtschaftsbeziehungen geknüpft und eine Besitzanhäufung vorgenommen. Die beiden betroffenen Partner als Individuen spielten dabei die geringste Rolle.

Was verändert sich mit der Hochzeit für das Brautpaar? Und durch welche Zeichen werden diese Veränderungen der Dorfgesellschaft angezeigt?

REALITÄT	ZEICHEN
1. Zwei Familien bilden eine neue; zur Blutsverwandtschaft kommt nun die Heiratsverwandtschaft und damit eine Vergrößerung der Beziehungskreise und Einflußsphären.	1. Zahl der Eingeladenen durch den Hochzeitsbitter (DETTMER); Größe und Anordnung des Hochzeitszuges beim Kirchgang.
2. Für den einheiratenden Ehepartner entsteht eine neue Rechtssituation – verstärkt, wenn er aus einem anderen Dorf kommt.	2. Sperren des Hochzeitszuges: d. h. Einkauf in die neue Gemeinde; Geschenke der Gäste zur Aufnahme in die Dorfgruppe der Verheirateten. Treten auf den Fuß des anderen bei der Trauung.
3. Die rechtliche und moralische Stimmigkeit der Ehe muß vor der kirchlichen Trauung erwiesen sein; beide müssen sich zur Monogamie bekennen.	3. Aufgebot; Spiel mit der falschen Braut; Austausch der Ringe (DENEKE, ZALLINGER).
4. Die Partnerwahl ist nach Gesichtspunkten der Ebenbürtigkeit, d. h. im bäuerlichen Denken Besitzgleichheit, getroffen worden.	4. Der Brautwagen mit dem ausgestellten Heiratsgut der Braut wird auffällig durch das Dorf gefahren (REUTER). Bestimmte Einzelheiten der Hochzeitstracht (Brautkrone, Stickereien) (BRINGEMEIER 1980); arme Bräute müssen die Brautkrone leihen. Verschwendung in der Bewirtung; Vielfalt und Üppigkeit der Kleidung.
a) Sie erfolgt auch unter dem Gesichtspunkt der Arbeits-Partnerschaft.	a) Überreichung der Brautharke und als Gegengeschenk ein Band an die Sense (WEBER-KELLERMANN 1965).
5. Die Brautleute verändern ihren sozialen Status und treten in eine andere Gruppe ein: a) Jugend – Erwachsene	5. a) Polterabend; Wahl der Brautführer und Brautführerinnen; Braut wird mit bunten Bändern und Schleifen behängt.
b) Mädchen – Frauen	b) Das Absetzen von Kranz und Aufsetzen der Haube durch die Ehefrauen unter den Hochzeitsgästen; Wechsel der Kleidungsfarbe, z. B. von Rot zu Grün.
c) Tochter – Hausfrau	c) Rituelle Abschiedszeremonie von den Eltern; Führen der Braut um den Herd im neuen Haus; Heben der Braut über die Schwelle.
d) Sohn – Bauernwirt	d) Bewirten der Männer mit der Morgensuppe.
e) Die Generationenkette wird fortgesetzt.	e) Anordnung des Brautzuges; Grabbesuch nach der Trauung; Sägen der «Wiegenfüße».
6. Die – besonders von der Kirche vertretene – Forderung der Unschuld der Braut bezeichnet die Hochzeit als Übergang von der Jungfräulichkeit zur Fraulichkeit der Braut.	6. Bestimmte Einzelheiten der Brauttracht, besonders des Kopfschmukkes (MOSER 1976); weiße Brautkleidung mit Schleier. Früher: öffentliches Beilager; Vorzeigen des befleckten Bettlakens u. ä.; schön gebakkenes Huhn als «Beweis».
7. Die Dorfgesellschaft wünscht dem neuen Ehepaar Glück, Kindersegen, Vermehrung des Besitzes.	7. Auswahl des Hochzeitstermins; Beobachtung magischer Vorzeichen; Überschütten des Brautpaares mit quellenden Früchten wie Erbsen, Reis.

Die hier aufgelisteten Brauchzeichen entsprechen den drei Typen, die VAN GENNEP als bestimmend für die Übergangsbräuche erkannte: Trennungsriten, Zwischenriten und Aufnahmeriten. Auf diese Weise wird sichtbar, wie die agrarische Gesellschaft die Ehe als Institution beurteilte, die Rollenverteilung zwischen Mann und Frau bestimmte, die Verwandtschafts- und Geschlechterbeziehungen bewertete, die sozialen Ordnungen und Normen handhabte. Es ist unmöglich, hier die Hochzeitsbräuche in ihrer unendlichen Vielfalt auszubreiten. Dazu existieren große und unübertreffliche Zusammenstellungen (SARTORI, SPAMER u. a.), und jede landschaftliche Volkskunde enthält zu diesem Thema ein beschreibendes Kapitel.

Ein anschauliches Beispiel, das einer «reichen» Hochzeit kontrapunktisch die «arme» gegenüberstellt, schildert LENA CHRIST (1881–1920) in ihrem Roman «Matthias Bichler». Sie beginnt mit der bildhaften Schilderung des Brautwagens, der den zukünftigen Hausstand der wohlversorgten Braut mit aller Offenheit enthüllt: vom Himmelbett, Wiege, Flaumkissen und Spinnrad über Leinenballen und Flachszöpfe bis hin zum Hausaltar mit Heiligenbildchen geht die opulente Mitgift. In einer Kutsche reist die Braut ihrem «Hochzeiter» entgegen, vom Musikanten begleitet, von der Kinderschar gefolgt, die immer wieder eine Stange über den Weg hält, um sich damit einen kleinen Obulus zu sichern.

Festlich ist auch das bräutliche Gewand, an dem sich allerdings die soziale Hierarchie deutlich ablesen läßt. Lena Christ beschreibt die arme Braut:

«Nach diesem kam die Nandl in ihrem schwarzwollenen Brautgewand und einem Flitterkränzlein im Haar zur Tür herein und bat die Stalldirn, ihr die langen Haarbänder und den Rosmarin anzuklufen. Steckte ihr also die Dirn ein paar himmellange, breite Bandmaschen hinter den Brautkranz aufs Haarnetz und machte ein Rosmarinkränzlein in das flitterne drum, behing ihr danach den Hals

Louis Braun (1836–1916): Gänseorakel der Dienstmägde am Weihnachtsabend in Pfullingen.

Höret zu, schweiget still,
was ich euch jetzt sagen will.
Vor einen etlichen Wochen
haben die zwei Personen einer dem andern
die Ehe versprochen.
Sie haben versprochen, Hochzeit zu halte,
darauf freuen sich Junge und Alte,
arm und reich, groß und klein,
so wie wir zu dieser christlichen Hochzeit
versammelt sein.
Vi – Vat – spielt auf, Musikanten!

Spruch des Hochzeitsbitters bei den Donauschwaben in Slawonien, um 1938

mit allerhand silbernen und blechernen Ketten, Kreuzlein und Amuletten und heftete ihr einen langen Rosmarinbuschen auf den Brustfleck [...].»

Auch die Verwandten geben dem festlichen Tag die Ehre, indem sie sich ebenfalls – je nach ihren Möglichkeiten – prächtig aufgeputzt zeigen:

«[...] da lief die Weidhoferin, meine Ziehmutter, eilends in ihre Kammer, um sich festtäglich herzurichten und zu schmücken.

Kam auch nach einer geraumen Weil in einem reichgefältelten bläulichen Gewand, mit seidenem Brustfleck und goldenen Litzen besetzt. Auf ihrem Kopf saß eine wunderliche, steife Spitzenhaube aus goldenen Börtlein, Bändern und Blonden; ein feines Schleiergewebe bedeckte ihre Stirn und den Scheitel, und ein prächtiger Silberspieß steckte in ihrem geblümten Brokatmieder.»

Überstrahlt wird dieser verhältnismäßig bescheidene Putz von der Erscheinung der «reichen» Braut, die hereintritt:

«[...] als nun die Tür aufging und die ander Hochzeiterin, das Kathreinl, hereintrat, da bracht ich das Maul nimmer zu und riß die Augen auf, daß sie mir übergingen. Das flimmerte von Seide und Gold, von Silbergehäng und Geschmeid; Spitzen ums güldene Brautkrönlein, Fransen am Miedertuch, Edelstein in den Fürstecknadeln und Perlen in den Ohrgehängen. Da bauschte sich eine brokatne Schaube und prangte drüber ein weißes, seidenes Fürtuch mit Blonden und Perlen,

Der Hochzeitsbitter lädt ein.

Hermann Sondermann (1832–1901): Der Brautwagen (oben links).

Albert Kretschmer (1825–1891): Hochzeit auf Mönchgut/Rügen (unten links).

Ländliches Hochzeitspaar in städtischer Kleidung. (Foto um 1890, oben rechts)

Vierländer Hochzeit (unten rechts).

Wilhelm Thielmann (1868–1924): Schwälmer Brautpaar (oben links).

Christian Ludwig Bokelmann (1844–1894): Trauung auf Föhr (oben rechts).

Ländliche Hochzeitsgesellschaft um 1935 (Mitte).

Ländlicher Hochzeitszug in städtischer Kleidung, 1967 (unten).

Mit einer Kette gesperrter Hochzeitszug in Kirchzarten/Schwarzwald. (Darstellung von 1823, oben rechts).

Festlich geputzter Brautführer (unten rechts).

Ländlicher Liebesbrief aus Oberbayern. Kolorierte Nadelsticharbeit mit Seidenbanddurchzug, etwa 1830.

und klirrte und knisterte es bei jedem Schritt und schimmerte das Gewand bald silberig, bald grün und rötlich. Das Haar aber trug sie gar kunstvoll aufgesteckt und hatte ein köstlichs Myrtenkränzlein um die steingeschmückte Brautkron.»

Nach dem Auftritt des Hochzeitladers, der mit Kuhglocken Braut und Bräutigam zueinander führt, stärkt sich die Hochzeitsgesellschaft mit einem kräftigen Imbiß, an den sich das ausführliche Danksagen des Laders im Namen der Hochzeitsgesellschaft anschließt:

«Derweil hatten die Weibsleut den Tisch aufgedeckt und die Weidhoferin etliche Schüsseln mit Voressen, Kraut und Würsten hereingetragen, was man den Eingang heißt; und es wurde nun fröhlich gegessen und dazu Bier und Schwarzkir-

schenschnaps getrunken. Danach klopfte der Bandlnarr mit seinem langen reichverzierten Stab etlichemal auf den Boden; da standen alle vom Tisch auf, und der Lader machte den Abdank. Das ist eine gar schöne Red in guten Reimen, darin auch der dahingegangenen Eltern und lieben Freund gedacht wird.»

Nach solchem der höfischen Etikette abgesehenen Verhalten bewegt sich unter der Führung des Hochzeitsladers der ganze Zug unter Glockenläuten und Böllerkrachen der Kirche zu:

«Unter dem Vordach der Kirche stand schon der alte Pfarrer mit meinem Ziehvater, dem Meßmer, als wir aus den Fuhrwerken stiegen und in den Gottesakker traten.

Da ward nun von dem Priester eine Red im Freien gehalten und darnach gefragt, ob einer aus der Gemeind was auszubringen hätt gegen die Brautleut, das ein Hindernis wäre, dessentwegen sie einander nicht heiraten kunnten.

Und da niemand was wußte, wurden die Beiständer oder Zeugen herbeigerufen. [...] Wie denn nun alles wohl in der Ordnung war, der Hochzeitlader auch allerhand Schreibebriefe aus dem Hutfutter zog und dem Pfarrer übergab, wurde zur Kopulierung geschritten; fragte also der Priester alle vier nacheinander, ob sie in den heiligen Stand der Eh eingehen wollten, darauf dann erst der Anderl, drauf die Jungfer, hernach der Pauli und am End die Nandl antworteten: Ja. Wurden also alle vier eingesegnet und ihnen das Sakrament der Eh gespendet, darnach die Kirchtür geöffnet und alle hineingeführt; und es begann der Schulmeister die Orgel

Elsässischer Hochzeitsbrief, 1884.

zu traktieren in forti und fortissimi, der Meßmer schwang das Rauchfaß, daß alle Heiligen samt den Altären in blaue Dünste und Nebel gehüllt wurden, und alle nahmen in den Kirchenstühlen Platz.

Darnach ward ein festlichs Amt gehalten, das an die vierzig Gulden kostete, und den Hochzeitsleuten der feierliche und kräftige Brautsegen gespendet, den Abgeschiedenen aber am Friedhof ein Memento und Requiem gesungen und ihre Grabhügel mit Rauch und Weichbrunn gesegnet [...].»

Der feierlichen Zeremonie folgt «das weltlich Fest mit Mahl und Trunk, mit Musik, Sang und Tanz, dabei die Gulden sprangen und klangen ...

Die Musikanten fingen an, einen seltsamen Tanz aufzuspielen, den man Hungertanz heißt, da er dem Herkommen gemäß dem Mahl vorausgeht. Dabei war die Ordnung also, daß erst der Anderl mit der Kathrein dreimal herumtanzte, darnach der Pauli mit der Nandl und drauf in guter Folg die Freundschaft; und es währte der Hungertanz so lang, bis die Frau Wirtin die Schüssel mit dem Kraut hereinbrachte. Da liefen alle an die Tafel; die Musikanten stellten sich hinter die Gäst und spielten übers Kraut auf, dazu dann ein jedes einen Reimen singen mußt und einen Silbergroschen ins Kraut werfen als Waisung oder Trinkgeld für die Spielleut.

Nach diesem wurde für die zwei Bräut der vorderste Jungherr erwählt, was eine große Ehr für denselben bedeutet; denn er darf, solang die Hochzeit währt, zur Rechten der Braut sitzen, ihr die Schüsseln mit der Speis darreichen, hat auch das Recht des Entführens und zu guter Letzt die Gnad, die Vermählten heimzugeleiten und der Braut vor dem Schlafengehen die Strümpf auszuziehen. Dafür ihm dann ein ansehnliches Geschenk wird.

[...] Gings also an ein Fressen und Saufen, Stampfen und Schreien, bis die Wirtin in die Gaststube trat und meldete, daß die Abendtafel gericht' sei; darauf alles seinen Krug oder Glas leerte und hinaufeilte, als hätte keiner seit Tagen einen Bissen mehr im Leib gehabt. Nun war es lustig anzuschauen, wie einer nach dem andern sein rots oder blaus Binkeltuch aus dem Sack zog, einen Brocken Kälbernes, ein Trumm Schweinernes, eine Hennenbrust oder sonst ein Schmankerl nebst etlichen Schmalznudeln, Bavesen und einem Stück Klaubenbrot dareinband und den also gefüllten Binkel an den hagelbuchernen Stecken knüpfte. Nach diesem Mahl wurden noch allerhand Tänz aufgeführt, zwiefache und abdrahte, Hirtentänz und der Polsterltanz.»

Ökonomisch gestaltet sich dann auch der Ausgang der Hochzeitsfeierlichkeit:

«Unterdessen wurde es Zeit, die Hochzeit zu beschließen, und mein Kostvater, der Meßmer, gab der Wirtin ein geheimes Zeichen.

Da erhob sich in der Kuchel ein wildes Geschrei und Geschirrklappern; die Wirtin kam laut jammernd in den Saal gelaufen und schrie gar jämmerlich: ‹Aus ist's und gfehlt ist's Leutln! Alles ist dahin! Unser alte Gluckhenn ist mitsamt ihre vierazwanzig jungen Heah' zum Kuchelfenster dahereingflogn und hat alles Gschirr und alle Haferln derschlagn!›

Ein großes Gelächter und spaßhaftes Entsetzen folgte dieser Red. Der Hochzeitslader aber stand auf, klopfte mit seinem Stab auf den Boden und rief:

‹Dös is a trauriger Bericht, den wo mir da kriagn!

Hochzatleut, jetzt hoaßts Barmherzigkeit übn und n' Beutl ziagn! Und der Wirtin gent geschwindse ein etlichs paar Kreuzer verehrn, daß zu der nachstinga Hochzat wieder aufkocht kann wer'n! I gib als erschta an nagelneun Hosenknopf her; wer nach mir kimmt, zahlt 'n Gulden und gibt 'n Hochzeiter d'Ehr!› Also mußt ein jeder seinen ledernen Zugbeutel auftun und einen Gulden für sich und seine Jungfrau oder Ehefrau als Hafergeld erlegen und danach den Brautleuten die Hand geben und seine Danksagung machen.»

Am Hochzeitsmontag nach dem Frühstück, das war lustig. Das Weibervolk konnte die junge Frau nicht unter die Haube bekommen, die Burschen und Mädchen hielten scharfe Wacht. Da mußten die Männer helfen. Ungesehen stellte ich im Garten eine Leiter an. So traten wir unvermutet aus einer Kammertür, und ich setzte deiner Mutter die Haube auf.

Heinrich Bertelmann: Aus den Erinnerungen eines Dorfjungen. 1912, S. 89

Das Zeremoniell der Bauernhochzeit war also eng mit dem ökonomischen System der agrarischen Gesellschaft verbunden. Seine kulturellen Zeichen sagen etwas aus über die Denkweisen dieser Gruppe, insbesondere über den deutlichen Ausweis und die Abgrenzung des Besitzstandes. Auch ohne Worte wurden sie von allen Teilnehmenden verstanden. Formal entstammten sie der höfischen Etikette – so zum Beispiel der Hochzeitsbitter mit seinem umständlichen Gebaren oder manche Einzelheiten der feierlichen Begegnung des Brautpaares –, aber in Kleidung und Bewirtung auch dem Verhalten städtisch-patrizischer Kreise. Die unglaubliche Verschwendung im Gefolge dieser Imitationen, die bei reichen Bauernhochzeiten geübt wurde, führte bis zu obrigkeitlichen Verboten.

Funktional jedoch sind die kulturellen Formen bäuerlicher Hochzeitsbräuche mit solchen Herkunftsableitungen nicht erklärt, denn die kulturelle Leistung der

Benjamin Vautier (1829–1898): Die standesamtliche Trauung auf dem Dorfe.

übernehmenden Schicht besteht im auswählenden Zugriff und in der umformenden Aneignung der Details. So entstanden in einer neuen sozialen Zone neue kulturelle Strukturen.

In den letzten Jahrzehnten haben mit der Veränderung der Dörfer und dem Rückgang des Anteils der ländlichen Bevölkerung an der Gesamtbevölkerung die bäuerlichen Hochzeitsbräuche mehr und mehr abgenommen und sich den bürgerlichen angeglichen (s. S. 142). Es gibt kaum noch «echte» Trachtenhochzeiten, der Brautwagen fungiert nur noch als Requisit in folkloristischen Umzügen. Geblieben ist das Prinzip der Verschwendung – sowohl bei der Bewirtung wie bei der Zahl der Teilnehmenden: Immer noch kommen möglichst alle Verwandten bis ins dritte Glied, dazu die Jahrgangskameraden und heute auch noch die befreundeten Berufskollegen.

Auch in der Gegenwart ist die Eheschließung als großes Familienfest auf dem Land noch immer von viel größerer Bedeutung als für viele junge Leute in der Stadt. Aufschlußreich ist, daß sich – übrigens auch in sozialistischen Ländern – historisch vererbte Vorbilder für die bäuerliche Lebensweise erhalten, d. h. Zeichen der Besitzhierarchie und die von der feudalen Gesellschaft übernommenen Formen der Repräsentation. Eine fundamentale Neugliederung der gesamten Verkehrsformen und damit eine neue Ausgestaltung von Bräuchen hat weitgehend nicht stattgefunden.

So geschmacklos eigentlich die mit einem wahren Überflusse von bunten Glasperlen und sonstigem Flitterwerk behangenen «Brautkränze» waren, deren Handhabung eine eigene Dorfkunst bildete und «Upflihen» genannt wurde, so lustig nahm sich doch das ganze Gepränge und die damit in Verbindung stehenden Bräuche aus. Fehlte der Brautkranz, was nicht allzu selten war, so wurde immerhin ein Mangel empfunden, selbst von denen, welche eigentlich an eine «Schande» nicht dachten, sondern dem Bräutigam und dem Hochzeitsvater unter listigem Augenzwinkern glückwünschend zu verstehen gaben, daß nunmehr auf eine richtige Stammhalterschaft um so sicherer zu rechnen sei.

Friedrich Oetker (1809–1881): Lebenserinnerungen. 1877, S. 54

Taufe

Der nächste Übergangsritus, bei dem im bäuerlichen Sinne repräsentiert und aufgewartet wurde, war die *Taufe* (taufen = tief machen, d. h. eintauchen). Nun trat das junge Paar in das Stadium der Elternschaft, das Kind in die christliche Dorfgemeinde. Als seine Führer bei diesem Übergang erscheinen zum ersten Mal die *Paten*, die von nun an zur erweiterten Verwandtschaft des Kindes gehören. Die Taufe ist mindestens seit dem Jahre 500 bezeugt, über die Patenschaft äußerte sich die Kirche das erste Mal offiziell auf dem Mainzer Konzil von 813 und erklärte einen Taufpaten als gemeinverbindlich: Die patres und die matres spirituales sollen die christliche Erziehung des Kindes überwachen und im Todesfall der leiblichen Eltern deren Stelle einnehmen. Das war also eine sowohl christliche als auch soziale

Gevatterschüsseltragen, das heißt Essentragen, zur Wöchnerin (bei den Donauschwaben in Ungarn, 1955).

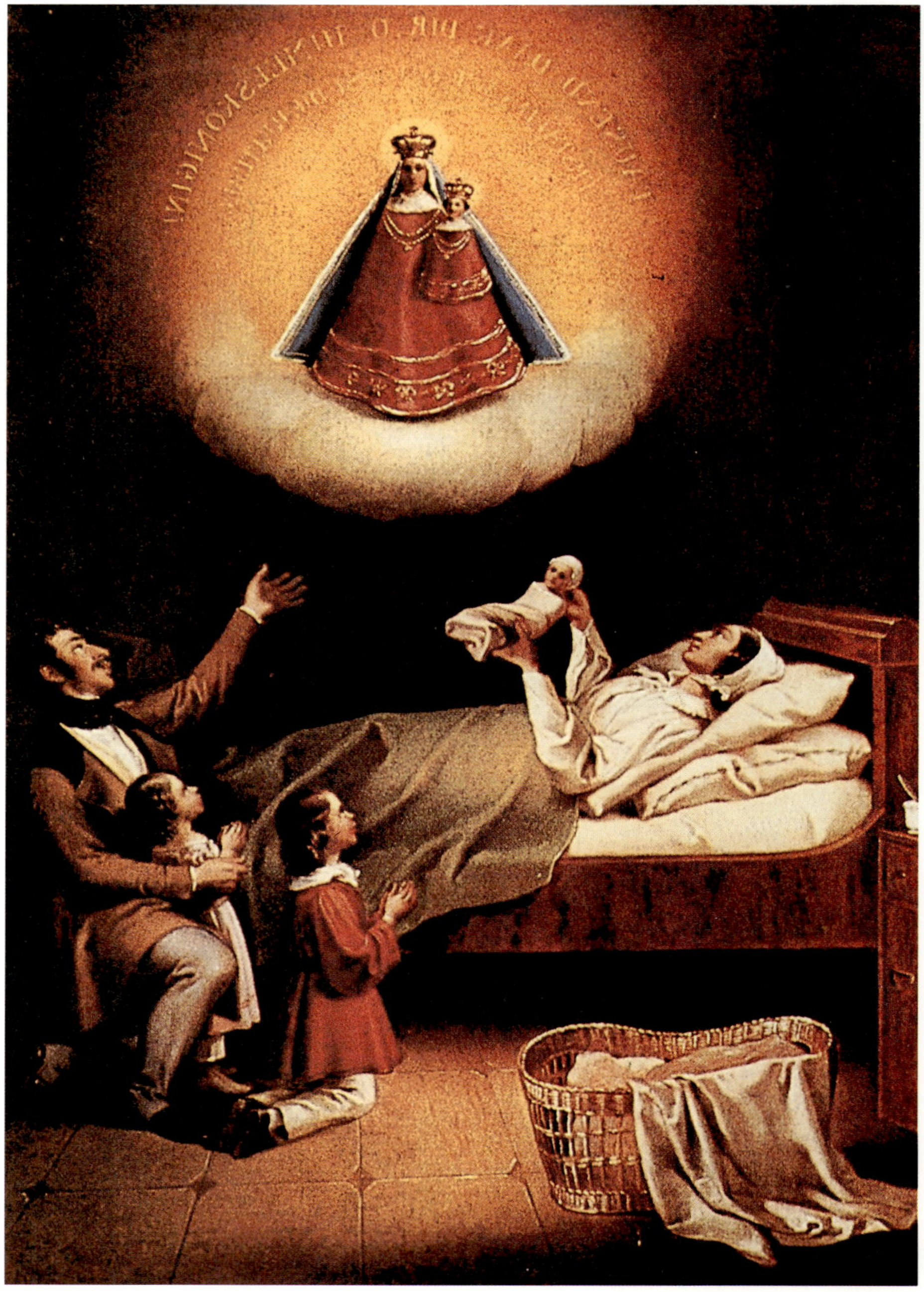

Votivtafel zum Dank für glückliche Geburt aus Mariazell in Oberösterreich, 19. Jahrhundert.

Vorsorgeregelung. Die große Bedeutung der Patenschaft äußert sich bereits in den zahlreichen Bezeichnungen, die diese Gevattersleute in den verschiedenen Gegenden deutscher Sprache mundartlich erhielten: *Gote* und *Gotin* (= Vater und Mutter in Gott, also geistliche Eltern), *Gode* und *Godel* in Süddeutschland, *Götti* in der Schweiz, *Petter* und *Gode* in Hessen, wo die ältere Patin allgemein im Dorf mit *Golle* angeredet wird.

Da früher auf dem Land wegen der hohen Kindersterblichkeit eine baldige Taufe üblich war, zuweilen sogar eine Nottaufe, und die Mutter häufig während der heiligen Handlung noch das Bett hüten mußte, trat dann schon die Patin als Vertretung ein, und sie oder die Hebamme trugen das Kleine zur Kirche.

Es kann nicht der Sinn dieser Darstellung sein, die lange und breite Reihe der zeitlich, landschaftlich und konfessionell variierenden Tauf- und Patenbräuche

Taufbriefchen von 1851.

vorzustellen (vgl. dazu SPAMER, STAUDT, RUBI, WELTI u. a.). Die Fülle der begleitenden Bräuche beweist die außerordentliche Bedeutung, die diesem Aufnahmeritus zugesprochen wurde. Insbesondere die Inszenierung des Taufessens weitete sich oft – fast ähnlich wie Hochzeits- und Leichenmahl – zu einer Demonstration des materiellen Milieus aus, in dem der Täufling zu Hause war. Damit stellten die Eltern neben den christlichen Taufakt als Aufnahme in die Dorfgemeinde den weltlichen der Taufeinladung, der die Aufnahme des Kindes an den ihm zugehörigen Platz in der Dorfhierarchie markierte. JEREMIAS GOTTHELF (1797–1854), Dichter, Pfarrer und Volkserzieher, hat 1842 zu Beginn seiner

Erzählung «Die schwarze Spinne» aus tiefer Kenntnis des Dorflebens eine Tauffestlichkeit auf einem Schweizer Großbauernhof beschrieben; dieser Text sagt mehr aus als eine Aneinanderreihung von Brauchbeschreibungen.

Der eigentlichen Taufzeremonie und dem anschließenden Fest für Familie und Nachbarn geht die minutiöse Schilderung eines gewaltigen Frühstücks voran, das die Gotte stärken soll. Endlich trifft die Langerwartete ein:

«Da kam die Gotte hinein wie eine junge Morgensonne und wurde von Mitgevattern Gottwilchen geheißen und zum Tisch gezogen und ein großer Teller voll Weinwarm vor sie gestellt, und den sollte sie essen, sie hätte wohl noch Zeit, während man das Kind zurechtmachte. Das arme Kind wehrte sich mit Händen und Füßen, behauptete, es hätte gegessen für manchen Tag, es könne nicht mehr schnaufen. Aber da half alles nichts. Alt und jung war mit Spott und Ernst hinter ihm, bis es zum Löffel griff, und seltsam, ein Löffel nach dem andern fand noch sein Plätzchen. Doch da kam schon wieder die Hebamme mit dem schön eingewikkelten Kind, zog ihm das gestickte Käppchen an mit dem rosenroten Seidenbande, legte dasselbe in das schöne Dackbettlein, steckte ihm das süße Lulli ins Mäulchen und sagte: Sie begehre niemand zu versäumen und hätte gedacht, sie wolle alles zurechtmachen, man könne dann immer gehen, wenn man wolle. Man umstand das Kind und rühmte es wie billig, und es war auch ein wunderappetitlich Bübchen. Die Mutter freute sich des Lobes und sagte: ‹Ich wäre auch so gerne mit zur Kirche gekommen und hätte es Gott empfehlen helfen, und wenn man selbst dabei ist, wenn das Kind getauft wird, so sinnet man um so besser daran, was man versprochen hat. Zudem ist es mir so unbequem, wenn ich noch eine ganze Woche lang nicht vor das Dachtraufe darf, jetzt, wo man alle Hände voll zu tun hat mit dem Anpflanzen.› Aber die Großmutter sagte, so weit sei es doch noch nicht, daß ihre Sohnsfrau wie eine arme Frau in den ersten acht Tagen ihren Kirchgang tun müsse, und die Hebamme setzte hinzu, sie hätte es auch gar nicht gerne, wenn junge Weiber mit den Kindern zur Kirche gingen. Sie hätten immer Angst, es gehe daheim etwas Krummes, hätten doch nicht die rechte Andacht in der Kirche und auf dem Heimweg pressierten sie zu stark, damit ja nichts versäumt werde, erhitzten sie sich, und gar manche sei übel krank geworden und gar gestorben.

Da nahm die Gotte das Kind vom Dackbette auf die Arme, die Hebamme legte das schöne, weiße Tauftuch mit den schwarzen Quasten in den Ecken über das Kind, sorgfältig den schönen Blumenstrauß an der Gotte Brust schonend, und sagte: ‹So geht jetzt in Gottes heiligem Namen!› Und die Großmutter legte die Hände ineinander und betete still einen inbrünstigen Segen. Die Mutter aber ging mit dem Zuge hinaus bis unter die Türe. [...]

Rasch schritt die Gotte die Halde hinab den Kirchweg entlang, auf ihren starken Armen das muntere Kind, hintendrein die zwei Götten, Vater und Großvater [...]

Je näher man der Kirche kam, desto mehr Leute schlossen dem Zuge sich an, die einen warteten schon mit den Psalmenbüchern in der Hand am Wege, andere sprangen eiliger die engen Fußwege hinunter und einer großen Prozession ähnlich rückten sie ins Dorf.»

Nachdem die Patin noch Augenblicke furchtbaren Schreckens durchleben muß, weil man im Trubel des Aufbruchs vergessen hatte, ihr den Namen des Kindes zu sagen, vollzieht der Pfarrer die Taufe:

«Endlich sagt der Pfarrer ‹Amen›, und jetzt war der schreckliche Augenblick da, jetzt sollte es sich entscheiden, ob sie zum Spott werden sollte für Kind und Kindeskinder; jetzt mußte sie das Tuch abheben, das Kind dem Pfarrer geben, den Namen ihm ins rechte Ohr flüstern. Sie deckte ab, aber zitternd und bebend, reichte das Kind dar, und der Pfarrer nahm es, sah sie nicht an, frug sie nicht mit scharfem Auge, tauchte die Hand ins Wasser, netzte des plötzlich schweigenden

Ich kam einen Tag vor Heiligendreikönig zur Welt und wurde Kaspar getauft nach dem Weisen aus dem Morgenlande, dessen Name als der erste an die Türen geschrieben wird. Mein Göd war ein Einödbauer, der zur Freundschaft meiner Mutter gehörte und im Abendlande für einen Weisen galt, wenigstens in der nächsten Umgebung. Er las vieles aus Büchern, Kalendern und Zeitungen heraus und deutete sein tiefes Wissen mit dunklen Worten an, ohne es jemals offen hinzulegen. Er hatte sich ein hintersinniges Mißtrauen gegen alles und am meisten gegen das, was sich klar und selbstverständlich geben wollte, erworben. Die Hebamme trug mich am kältesten Tag des Jahres in die Kirche und legte mich hinterher beim Oberwirt zum Aufwärmen auf die Ofenbank, dort stahl mich der Kreuzpointner, der immer gute Einfälle hatte, und trug mich heimlich zum Kainzenwirt, wo mich der Göd mit Freibier loskaufen mußte.

Die Taufgesellschaft hatte ihren Spaß daran, und mir schadete es nicht. Nach Landesbrauch und -unsitte, allen Lehren medizinischer Größen zuwider, wurde ich mit Mehlbrei aufgezogen, tat aber der Wissenschaft nicht den Gefallen, die Richtigkeit ihrer Warnungen zu bestätigen, sondern gedieh und kam zu festen Knochen.

Ludwig Thoma (1867–1921): Kaspar Lorinser. Jubiläumsausgabe 1983, Bd. 5, S. 327

Kindes Stirne und taufte kein Mädeli, kein Bäbeli, sondern einen Hans Uli, einen ehrlichen, wirklichen Hans Uli. [. . .]

Der Pfarrer predigte recht schön und eindringlich, wie eigentlich das Leben der Menschen nichts anderes sein solle als eine Himmelfahrt; aber zu rechter Andacht brachte es die Gotte nicht, und als man aus der Predigt kam, hatte sie schon den Text vergessen.»

Ein saftiges Festmahl schließt sich an die kirchliche Zeremonie an; der überreich gedeckte Tisch bekundet die deutliche Demonstration bäuerlichen Wohlstands:

«Als endlich alle saßen, kam die Suppe auf den Tisch, eine schöne Fleischsuppe, mit Safran gefärbt und gewürzt und mit dem schönen weißen Brot, das die Großmutter eingeschnitten, so dick gesättigt, daß von der Brühe wenig sichtbar war. Nun entblößten sich alle Häupter, die Hände falteten sich, und lange und

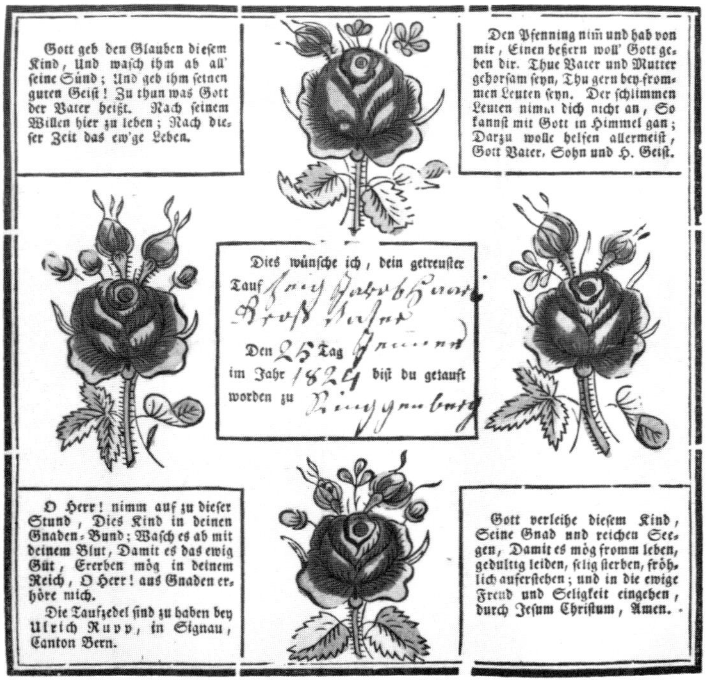
Gott geb den Glauben diesem Kind, Und wasch ihm ab all' seine Sünd; Und geb ihm seinen guten Geist! Zu thun was Gott der Vater heißt. Nach seinem Willen hier zu leben; Nach dieser Zeit das ew'ge Leben.

Den Pfenning nim̃ und hab von mir, Einen beßern woll' Gott geben dir. Thue Vater und Mutter gehorsam seyn, Thu gern bey-frommen Leuten seyn. Der schlimmen Leuten nimm dich nicht an, So kannst mit Gott in Himmel gan; Darzu wolle helfen allermeist, Gott Vater, Sohn und H. Geist.

Dies wünsche ich, dein getreuster Tauf…

Den 25 Tag … im Jahr 1824 bist du getauft worden zu …

O Herr! nimm auf zu dieser Stund, Dies Kind in deinen Gnaden-Bund; Wasch es ab mit deinem Blut, Damit es das ewig Gut, Ererben mög in deinem Reich, O Herr! aus Gnaden erhöre mich.

Die Taufzedel sind zu haben bey Ulrich Rupp, in Signau, Canton Bern.

Gott verleihe diesem Kind, Seine Gnad und reichen Seegen, Damit es mög fromm leben, geduldig leiden, selig sterben, fröhlich auferstehen; und in die ewige Freud und Seligkeit eingehen, durch Jesum Christum, Amen.

Taufzettel aus Ringgenberg im Bernerland von 1799 und 1824.

feierlich betete jedes für sich zu dem Geber jeder guten Gabe. Dann erst griff man langsam zum blechernen Löffel, wischte denselben am schönen feinen Tischtuch aus und ließ sich an die Suppe, und mancher Wunsch wurde laut: wenn man alle Tage eine solche hätte, so begehrte man nichts anderes. Als man mit der Suppe fertig war, wischte man die Löffel am Tischtuch wieder aus, die Züpfe wurde herumgeboten, jeder schnitt sich sein Stück ab und sah zu, wie die Voressen an Safranbrühe aufgetragen wurden, Voressen von Hirn, von Schaffleisch, saure Leber. Als die erledigt waren in bedächtigem Zugreifen, kam in Schüsseln hoch aufgeschichtet das Rindfleisch, grünes und dürres, jedem nach Belieben, kamen dürre Bohnen und Kannenbirenschnitze, breiter Speck dazu und prächtige Rükkenstücke von dreizentnerigen Schweinen, so schön rot und weiß und saftig. Das folgte sich langsam alles, und wenn ein neuer Gast kam, so wurde von der Suppe her wieder alles aufgetragen, und jeder mußte da anfangen, wo die andern auch, keinem wurde ein einziges Gericht geschenkt.

Zwischendurch schenkte Benz, der Kindbettimann, aus den schönen weißen Flaschen, welche eine Maß enthielten und mit Wappen und Sprüchen reich geziert waren, fleißig ein. Wohin seine Arme nicht reichen mochten, trug er andern das

Schenkamt auf, nötigte ernstlich zum Trinken, mahnte sehr oft: ‹Machet doch aus, er ist dafür da, daß man ihn trinkt!› Und wenn die Hebamme eine Schüssel hineintrug, so brachte er ihr sein Glas, und andere brachten die ihren ihr auch, so daß, wenn sie allemal gehörig hätte Bescheid tun wollen, es in der Küche wunderlich hätte gehen können.

Der jüngere Götti mußte manche Spottrede hören, daß er die Gotte nicht besser zum Trinken zu halten wisse: wenn er das Gesundheitmachen nicht besser verstehe, so kriege er keine Frau. [...]

‹He, he, Götti Uli›, sagte die Gotte, die schon lange reden wollte, aber nicht dazu gekommen war, ‹es würde einen meinen, es seien nur zu deinen Zeiten rechte Bauerntöchter gewesen. Du kennst sie nur nicht und achtest dich der Mädchen nicht mehr, wie es so einem alten Manne auch wohl ansteht; aber es gibt sie immer noch so gut als zur Zeit, wo deine Alte noch jung gewesen ist.›»

Henner Knauf (1901–1976): Zwei Schwälmer Konfirmandinnen.

In dieser Schilderung eines behäbigen und verschwenderischen Tauffestes, bei dem sich bereits neue familiäre Beziehungen anknüpfen, fällt die hervorragende Stellung der Paten besonders auf. Sie waren ja nicht nur die geistlichen Führer des Kindes, die den Taufakt gewissermaßen als handelnde Hauptpersonen begleiteten und die Etikette, das Wie und Wo des Ablaufs kannten und organisierten. In welche Nöte gerät die junge Patin, weil sie den Brauch mit der Namensübermittlung an den Pfarrer vergessen hat! Die Paten mußten das Wollen, Wissen, Können und schließlich das Machen beherrschen und konnten damit gestaltend eingreifen. Da sie meist aus der näheren oder ferneren Verwandtschaft stammten, zuweilen auch aus der Freundschaft, erweiterten und befestigten sie den engen Verwandtschaftskreis und so auch den Einflußbereich von Kind und Eltern. Oskar Maria Graf (1894–1967) schreibt dazu von seiner Mutter:

«Jedes Jahr brachte sie ein Kind zur Welt. Die ersten gingen schon zur Schule, zwei oder drei krochen auf dem Stubenboden herum, und der jüngste Säugling plärrte im geflochtenen Wägelchen [...] Emma, Maurus, Lorenz, Oskar und Anna hießen diese nachfolgenden Kinder. Bei den letzteren hatten sogar die vornehmen Strauchs von Leoni, welche die gleichen Vornamen hatten, zur Taufe gestanden. Der Maxl war nicht wenig stolz auf die dadurch entstandene Verwandtschaft. Er sah dies als ein Zeichen seines wachsenden Ansehens an.» (S. 268)

Die Paten vergrößerten also die soziale Verwandtschaft (Schenk 1973, S. 104f.). Gehörten sie zur Blutsverwandtschaft, sicherten sie Bestand und Ansehen der Kernfamilie, und bei Erbschaften war die Verwandtenzahl auf den gleichen homogenen Personenkreis konzentriert. Auch andere Motivationen waren möglich. Leute aus den ärmeren Schichten des Dorfes baten gern reiche Bauern um die Patenschaft für ihre Kinder wegen der Geschenke, so zum Beispiel im rumänischen Banat, wo viele Zigeunerkinder Johann und Valentin heißen nach ihren «schwäbischen» (deutschen) Paten. Aber auch das Grimmsche Märchen vom Gevatter Tod (Kinder- und Hausmärchen Nr. 42) ist ein Beweis für die freizügige Patensuche der Armen. Auf dem Dorf bedeutete diese Einrichtung eine Vergrößerung der Verwandtschaftsbeziehungen in gemeindepolitischer Richtung; ein reicher Bauer mit vielen Patenkindern aus allen möglichen sozialen Gruppen konnte sich so eine Art von Klientel schaffen, die ihn bei Machtkämpfen unterstützte. Von daher ist vielleicht die zuweilen große Zahl von Paten zu erklären, ein Umstand, der zu kirchlichen Verboten führte.

Bei der Patenschaft vermischten sich religiöse und weltliche Elemente entsprechend dem jeweiligen gesellschaftlichen Kontext, doch immer nach dem Prinzip der Gegenseitigkeit. Die Patenkinder hatten ihren Paten Ehrfurcht und Achtung zu erweisen und sie zu allen heiligen Festen zu beglückwünschen. Die Paten mußten ihre Patenkinder bis zur Ausschulung und oft bis zur Hochzeit mit festgelegten Gaben beschenken. So kaufte der Pate das Taufkleid, überreichte den Patenbrief (Pieske 1958), band den Patentaler als «Angebinde» ins Taufkissen, schenkte zu jedem Weihnachtsfest ein Kleidungsstück, zu Neujahr eine Brezel, zu Ostern eine bestimmte Anzahl Eier (für deren Empfang in der Sonneberger Gegend den Kindern vom Korbmacher eigene «Gründonnerstagskörbchen» angeschafft wurden); er sorgte bei Schulbeginn für den Ranzen, überreichte zur Kommunion oder Konfirmation eine Uhr oder Kette, zur Hochzeit ein größeres Geldgeschenk. Das waren also Geschenke, deren das Kind unter normalen Umständen sicher sein durfte, auf die es nach der Überlieferung ein Recht hatte und die ihrerseits wiederum bestimmte Gegenleistungen einschlossen wie zum Beispiel die Einladung des Paten zu allen Familienfesten. Solche Festlegungen haben in oberhessischen Dörfern bis heute ihre Gültigkeit. Die Paten stehen also nicht nur in einer lebenslänglichen, durch viele Zeichen befestigten engen Bindung zu ihren Patenkindern, sondern ergänzen als Verwandtschaftsmitglieder die Familie.

Kindheit auf dem Dorf verlief vornehmlich wie eine Vorübung für das spätere Leben als Bauer oder Bäuerin, als Knecht oder Magd, als Tagelöhner, Dorfhandwerker oder Hirt. Der Lebensplan war vorgegeben, der Entwurf endgültig und die Kindheit darin nicht als eigener Status, sondern nur als Einführungsphase in das bevorstehende Arbeitsleben angeordnet. Von der Rolle der Kinder im Dorfbrauch wird jeweils an betreffender Stelle die Rede sein, wenn sie beispielsweise zu Ostern als *Klapperjungen* fungieren, zu Pfingsten als *Maibräutchen* oder bei der Hochzeit als *Wegsperrer.*

Karl Lenz (1898–1948): Zwei Mardorfer Kommunikantinnen.

Dieser Einstellung der Dorfgesellschaft ihren Kindern gegenüber entsprach auch deren Kleidung, den Kindertrachten, in denen sie von klein auf wie kleine Erwachsene aussahen und die gehörige Gehweise und Gestik einüben mußten. Kindertrachten sind nach dem Ersten Weltkrieg mehr und mehr verschwunden und nur in einigen Landschaften wie in Hessen bis in die fünfziger Jahre lebendig geblieben (Dieffenbach).

Durch die Farben der Trachten wurde das dörfliche Leben – vor allem das weibliche – in zwei große Abschnitte geteilt: In die Jahre vor und nach der Hochzeit, die in jeder Beziehung den Höhepunkt der dörflichen Repräsentation bildete. Wessen Lebenslauf nicht diesem verbindlichen Entwurf entsprach, wer also nicht heiratete, der wurde nicht voll anerkannt, was sich in bestimmten Sanktionen bei der Kleidung und bei festlichen Aktivitäten, aber auch im allgemeinen sozialen Ansehen ausdrückte. Starb ein junger Mensch als Lediger, so wurde das Versäumte gewissermaßen nachgeholt und die Leiche im Braut- oder Bräutigamschmuck in den Sarg gelegt.

Den Abschluß der Kindheit bildete seit Beginn des 19. Jahrhunderts die Schulentlassung, die in protestantischen Gegenden mit der Konfirmation verbunden war; dieser Tag ist bis heute ein großes Familienfest geblieben. Danach lebten die Mädchen in ihrem Kreis der Jahrgangskameradinnen, besuchten die Spinnstube oder handarbeiteten gemeinsam; sie arbeiteten auf dem Hof der Eltern oder gingen in Dienst. Und die Jungen traten nun in die Burschenschaft des Dorfes ein und wurden damit Organisatoren und Träger der meisten Dorfbräuche (vgl. S. 101 ff).

Kirmes

Diese Funktionen wurden besonders deutlich bei der Kirmes: Sie war gleichzeitig Abschluß des bäuerlichen Wirtschaftsjahres und großer Heiratsmarkt. Auf der Kirmes wurden in allen Gegenden die «stolzesten» Trachten getragen. Aus Schrecksbach in der oberhessischen Schwalm wird berichtet, daß noch in den dreißiger Jahren die reichste Bauerntochter zur Kirmes sechzehn Röcke trug (SPAMER 1939, S. 65), ein quantitatives Zeichen für den großen Besitz des Vaters, also für den zahlenmäßigen Umfang ihres Heiratsgutes. Die Burschen, die zur Brautschau auf die Kirmes kamen, konnten daher oft schon an der Kleidung der Mädchen sehen, was an materiellen Gütern dahintersteckte (DIEFFENBACH, S. 36ff.). So erwies sich das Dorffest der Kirmes als die große Gelegenheit im

Karl Lenz (1989–1948): Kirmes in Kirchvers/Hessen.

Jahreslauf, um die Besitzhierarchie des Dorfes in pittoresken Zeichen sichtbar werden zu lassen.

Auf die Volksfestfunktionen der Kirmes wird noch an anderer Stelle zurückgekommen (S. 88). Hier soll ihre Funktion als großes Familienfest beleuchtet werden, das mit Bergen von Kuchen gefeiert wurde, die die Hausfrau beispielsweise in Thüringen auf runden, bemalten Holzbrettern bereit hielt. Denn man erwartete die Verwandtschaft aus den Nachbardörfern, die man dann ihrerseits nach dem Gesetz der Gegenseitigkeit bei deren Kirmesfest besuchen würde. Das war eine alte Tradition:

«Jede Pfarre hatte ihre jährliche ‹Kirmeß›, welche dem Essen, Trinken, Spielen und Tanzen geweiht war. Die Feier dauerte regelmäßig drei Tage, wurde aber nicht selten auch über den vierten Tag hinausgesponnen. Zur Kirmeß besuchten die Verwandten und intimeren Freunde einander mit Familie, so daß es für denjenigen, der viele Geschwister, Vettern, Schwäger und liebe Kumpane hatte, den Sommer hindurch der Gelage nicht wenige gab.» (SCHURZ, S. 6)

Jubiläen

Die Feier von Ehejubiläen wie von silbernen und goldenen Hochzeiten war auf dem Lande nicht verbreitet und wurde erst allmählich üblich, als die städtischen Einflüsse auf die Bauernkultur zunahmen (Höck, Manns). Die weitläufige Beschreibung der goldenen Hochzeit eines reichen Landwirts und Unternehmers aus dem Dorf Euchen bei Aachen im Jahre 1830 (Weber-Kellermann 1982, S. 82 ff.) verrät deutlich die Imitation aristokratischen Festverhaltens, die ja viele bäuerliche Bräuche kennzeichnet. Auch auf dem Gemälde des Ludwig Knaus (1829–1910) ist die Haltung des goldenen Brautpaares gewollt vornehm, wozu der altväterische Charakter der Tracht nicht wenig beiträgt. Scharfsichtig hat der Künstler die hierarchische Schichtung des Dorfes in der Differenzierung der

Meine Eltern laß dein Heil umfließen,
Lange mich noch ihres Lebens freu'n
Und zu ihrem Pflanzen und Begießen,
Gieb von Oben, Vater, dein Gedeihn!

Carl Scholl (1801–1884): Neujahrswunsch vom Jahre 1814. Lebenserinnerungen eines alten Handwerkers aus Memel. 1881, S. 38

Ludwig Knaus (1829–1910): Goldene Hochzeit in der Schwalm.

Zuschauer des Festes unter freiem Himmel festzuhalten gesucht – bis hin zu dem kleinen Küchenbuben, der unlustig die Schüssel putzt. Wenn auch in harmonisierender Liebenswürdigkeit, so zeigt sich doch die Unterschiedlichkeit der Wir-Gruppe Dorf und die Staffelung des Ansehens ihrer Mitglieder. Auch hierin ähnelte die bäuerliche Gesellschaft der aristokratischen, indem sie den Status des einzelnen durch Geburt und Herkunft festlegte und zwar vor allem nach Verwandtschaft und Besitz. Diese Faktoren bestimmten seinen sozialen Ort in der Dorfgesellschaft und schrieben ihm sein Verhalten vor.

Eine Goldene Hochzeit auf dem Lande wurde nur von der obersten Schicht der großen Bauern gefeiert; Berichte darüber sind selten. Wie es bei einem solchen Fest 1830 in Euchen bei Aachen zuging, schilderte vierzig Jahre später der Sohn, der die Jubelfeier veranstaltet hatte.

Das kirchliche Fest sollte als förmliche Trauung des Jubelpaares im Rahmen eines feierlichen Hochamtes in der Filialkirche von Euchen stattfinden und das Ansehen der ganzen Familie vermehren.

40. Hochzeitstag

Ihr lieben Leut'
Oma Lotte +
Opa Toni
aus Cappel, sie feiern ihn heut'.
Es gratulieren recht
herzlich dann:
Inge, Udo, Anette u.
Klein-Florian

Herzlichen Dank für die vielen Glückwünsche, Blumen und Geschenke anläßlich unserer

goldenen Hochzeit

Karl Bieber und Frau
Helene, geb. Schneider

Josbach, im Juli 1979

Ein herzliches Dankeschön

möchten wir hiermit allen sagen, die uns anläßlich unserer

silbernen Hochzeit

mit soviel Geschenken, Blumen und Glückwünschen erfreut haben.

Johannes Wind und Frau
Elisabeth, geb. Geißel

Goßfelden

EIN HERZLICHES DANKESCHÖN
sagen wir allen Verwandten, Freunden und Bekannten, die uns zu unserer

goldenen Hochzeit

mit Glückwünschen, Blumen und Geschenken erfreut haben.
Besonderen Dank Herrn Landrat Dr. Sorge, Herrn Bürgermeister Dr. Rüschenschmidt, dem Landtagsabgeordneten Herrn Karl Schnabel, dem Bundestagsabgeordneten Herrn Gerhard Jahn, Herrn MdL Walter Troeltsch sowie der Egerländer Gmoi und der Blaskapelle Stadtallendorf.

Karl und Anna Kempf

Stadtallendorf, Schlesierstraße 8, im Oktober 1979

Ein herzliches Dankeschön
sagen wir allen Freunden, Verwandten und Bekannten, die uns zu unserer

Silberhochzeit

mit Glückwünschen, Blumen und Geschenken erfreuten.
Besonderen Dank Herrn Pfarrer Willecke für die schöne Dankesmesse.

Lorenz und Anna Balzer

Schröck, im August 1979

Eine Goldene Hochzeit

Am 5. Januar 1830 wurden es nämlich 50 Jahre, daß unsere Eltern verheiratet waren, und wir 5 gemütlichen Kinder so braver Eltern durften gewiß eine so seltene Veranlassung nicht vorübergehen lassen, ohne eine würdige Feier zu veranstalten. Schon am Ende vorigen Jahres, auf der Wellibrooder Kirmess, wo wir gewöhnlich alle bey den Eltern versammelt waren, hatte ich die Sache zur Sprache gebracht. Die Eltern, besonders unsere gute Mutter, machten zwar Einspruch gegen ein großes Fest, eines Teils, weil sie große Kosten scheuen mogten, andern Teils, weil die Mutter äußerte, immer sagen gehört zu haben, daß Eheleute, welche die goldene Hochzeit feierten, bald nachher zu sterben pflegten. Allerdings sind Eheleute, welche 50 Jahre verheiratet gewesen sind, schon in hohem Alter und deshalb ihrem Lebensende näher als jüngere Leute. [...]

Wegen des kirchlichen Festes, welches in der Sukkursale (Filialkirche) von Euchen abgehalten werden sollte, wurden zeitig mit dem Herrn Pastor von Broich Besprechungen eingeleitet, wobey festgesetzt wurde, daß ein feierliches Hochamt und eine förmliche Trauung des Jubelpaares stattfinden sollte. Dem Herrn Pastor wurden die weiteren Feierlichkeiten überlassen, unter der Anempfehlung, keine Kosten zu sparen, um das Fest der Veranlassung angemessen zu verherrlichen. [...]

Für den Küchendienst hatten wir einen in Aachen damals sehr berühmten Koch, wie ich glaube, mit Namen Lombard auf 8 Tage engagiert, der in Paris seine Lehre gestanden und in Aachen als Chef in mehren Hotels gedient hatte. Lombard ging schon mehrere Tage vor dem Fest nach Euchen, um alles zeitig vorzubereiten. [...]

Unter diesen Vorkehrungen und den Toilette-Anstalten der Kinder, der Frauen, der Männer und des Jubel-Braut-Paares kam endlich der Jubel-Tag, 5. Januar, heran. Der Himmel war uns günstig, das Wetter war heiter, und die Erde war hart gefroren, so daß man von allen Seiten zu Wagen nach Euchen kommen konnte. [...]

Um 10 Uhr morgens sollte das Hochamt beginnen, und zur Stunde war das festlich geschmückte Haus gedrängt voll von Kindern, Enkeln, Verwandten, Freunden und Gästen. Die Vogel-Schützen von Euchen hatten sich mit ihrem Fasan vor dem Hause aufgestellt. Um 10 Uhr zog die Geistlichkeit unter Chorgesängen aus der gegenüberliegenden Kirche aus und stellte sich vor dem Hause auf, um das Jubel-Paar, welches an der Türe bereit stand, abzuholen. Der ganze Zug, das Jubel-Paar an der Spitze, folgte dann der Clerisei zur Kirche, wo die Gäste die ihnen angewiesenen Plätze einnahmen, das Braut-Paar in der Mitte der Kirche. [...]

Nach dem Gottes Dienste zogen wir alle wieder zurück in das Jubel-Haus zur Gratulation. Zu dem Ende war in dem kleinen Saale links zur ebenen Erde eine kleine mit Teppichen belegte Estrade errichtet worden, wo die Braut-Leute auf zwey Sesseln Platz zu nehmen angewiesen wurden. Wir stellten uns alle in einem Halb-Kreise vor dem Sitze der Gefeierten auf. Die Enkelchen alle mit Rosenkörbchen streuten Blumen auf die Estrade aus. Dann hielt einer der Enkel [...] eine Fest-Rede, die schön geschrieben, dem Jubel-Paare überreicht wurde. [...] Dann gingen wir Enkel und Kinder alle dem Alter nach einzeln zur Gratulation, und uns folgten alle Gäste in gleicher Weise.

Mittlerweile war es Zeit zum Mittagessen geworden, und es wurde zunächst die Kinder-Tafel in dem sogenannten Porzen-Saal serviert, wo mit den Kinder-Mädchen wohl 40–50 Personen zu Tische saßen. Alle Gäste traten abwechselnd auf einige Minuten in diesen Speise-Saal hinein, um das schöne Schauspiel so vieler gesunder und fröhlicher Kinder anzusehen. Nachdem die Kinder abgespeist waren, wurde ein Teil derselben nach Hause geschickt, um das Fest-Lokal ein wenig zu lüften und den Eltern Ruhe zu verschaffen, um der Fest-Tafel beiwohnen zu können. Die Fest-Tafel war auf dem gelben Kirmes-Saal gedeckt, wohl für 80 Personen, wie ich mich erinnere. [...] Das Essen war kostbar, wie es sich von unserem berühmten Koche nicht anders zu erwarten war. [...]

Wenn ich es je bedauert habe, kein Redner-Talent zu besitzen, so war es an jenem Tage, wo ich so gerne wünschte, einen meiner Gefühle und des schönen Festes würdigen Toast ausbringen zu können. Ich sprach nur einige kurze Worte als ersten Trinkspruch und überließ es meinem Vetter [...], die Festrede zu halten, der sich auch dieser Aufgabe mit Glanz und unter rauschendem Beifalle entledigte.

Abends hatten wir Tanz-Musik, wo unsere guten, lieben Eltern die Polonaise anführten, beide noch rüstig und munter, der Vater 74, die Mutter 76 Jahre alt. Das Fest dauerte noch 2 Tage nachher, wo jeden Tag noch alle Kinder und viele Verwandte und Freunde bei Tische im elterlichen Hause versammelt waren. Die noch heute lebenden Gäste sprechen noch immer mit Enthusiasmus von dem schönen Feste. [...]

Noch heute, gute Eltern! entquellen Tränen der Liebe und der Dankbarkeit meinen Augen, wo ich diese Erzählung niedergeschrieben habe. Möge Gott in Gnaden vergelten, was Ihr hier auf Erden an uns Kindern getan habt. ... Amen!

Joseph Neuss, Beschreibung der Goldenen Hochzeit seiner Eltern, Euchen bei Aachen.

Eine der ländlichen Gesellungsformen nun scheint der besitzhierarchischen Rangordnung zu widersprechen: die Nachbarschaft. Sie hängt mit der Siedlungseinheit des Dorfes zusammen (KRAMER 1954) und umfaßt regional unterschiedlich die in lokaler Nähe lebenden Familien (ZENDER 1960). Freilich sind die Bezirke eines Dorfes sozial gegliedert wie Oberdorf und Unterdorf, so daß die Familien einer Nachbarschaft zumeist auch sozial benachbart sein dürften. Dennoch schimmert in dieser Gesellungsform eine ältere, auf gegenseitige Hilfe und Unterstützung gerichtete menschliche Grundhaltung hindurch. Eine fest organisierte Struktur von Nachbarschaft hat sich bei den Siebenbürger Sachsen in Rumänien erhalten (SCHENK 1984, S. 36ff.), wobei wie im Rheinland besonders ausgeprägte Bräuche

Barocker Grabstein in einem katholischen Dorf bei Marburg mit zahlreichen Darstellungen von im Säuglingsalter verstorbenen Kindern.

des Beistandes in Todesfällen lebendig geblieben sind. Die Nachbarn helfen bei der Herrichtung des Verstorbenen und halten die Totenwacht; sie begleiten den Sarg zum Friedhof und übernehmen in Siebenbürgen sogar die Pflichten der Totengräber; sie unterstützen die Hinterbliebenen beim Totenmahl.

Bei der Totenfeier selbst machen sich jedoch wieder die alten Rangmerkmale des Dorfes bemerkbar, wie diese Schilderung um 1900 anschaulich zeigt:

«In der Mittagsstunde, nachdem der Tod eingetreten ist, werden drei Pulse geläutet, so daß es im Ganzen eine Stunde dauert. Am Tage, da die Gruft gegraben wird, werden wieder drei Pulse geläutet, und am Tage des Begräbnisses werden die Glocken fast während der ganzen Leichenfeier gezogen. Fast das ganze Dorf folgt der Leiche in Trauerkleidern, wie sie während der Passionszeiten getragen werden. Vorne an geht der Pastor und der Küster mit der Schule, dann kommen die Träger mit dem Sarge, hinter dem die nächsten Leidtragenden folgen und dann die ganze

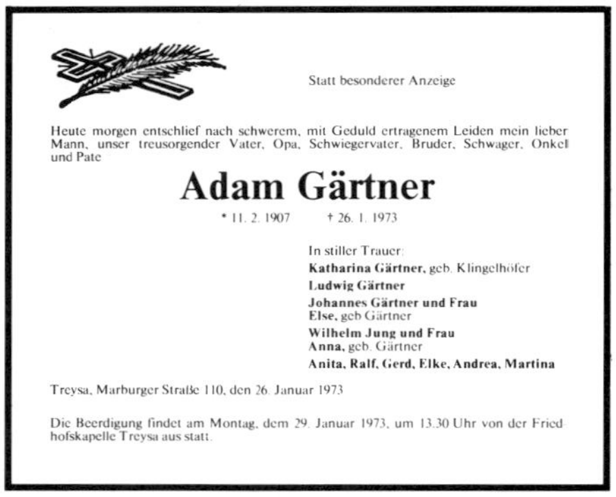

Statt besonderer Anzeige

Heute morgen entschlief nach schwerem, mit Geduld ertragenem Leiden mein lieber Mann, unser treusorgender Vater, Opa, Schwiegervater, Bruder, Schwager, Onkel und Pate

Adam Gärtner

* 11. 2. 1907 † 26. 1. 1973

In stiller Trauer:
Katharina Gärtner, geb. Klingelhöfer
Ludwig Gärtner
Johannes Gärtner und Frau
Else, geb Gärtner
Wilhelm Jung und Frau
Anna, geb. Gärtner
Anita, Ralf, Gerd, Elke, Andrea, Martina

Treysa, Marburger Straße 110, den 26. Januar 1973

Die Beerdigung findet am Montag, dem 29. Januar 1973, um 13.30 Uhr von der Friedhofskapelle Treysa aus statt.

Ludwig Knaus (1829–1910): Schwälmer Leichenbegängnis im Winter.

Gemeinde. Die Art und Weise, wie die Leichen bestattet werden, ist sehr verschieden. Mit einer Leichenpredigt wurden nur die Bauern und unter diesen besonders der Schulze, die Gerichtsmänner, Kirchen- und Schulvorsteher bestattet. Andere wurden mit einer Leichenrede vor dem Altar begraben, selten wurde eine Leiche still und ohne Glocken und ohne Gesang beigesetzt. In der Regel steht der offene Sarg auf dem Flur des Trauerhauses, der Küster mit der Schule und der größte Teil des Gefolges sind vor der Tür versammelt. Ein Sterbelied wird gesungen, dann liest der Küster einen Abschnitt aus der heiligen Schrift. [...] Es folgt wieder ein Lied, und darauf zieht der Zug feierlich und langsam unter Gesang und Geläut nach dem Kirchhofe [...] Die Träger der Leiche sind die Standesgenossen, die Bauern tragen den Bauer, die Büdner den Büdner etc.» (Büchsel, S. 274f.)

In dieser Darstellung eines Landgeistlichen aus der Mark Brandenburg tritt das dörfliche hierarchische Denken deutlich zutage. Die Funktion der «Standesgenossen», zu der diejenige der Altersgenossen hinzukam, bedeutete nicht nur schichtspezifische Solidarität bis in den Tod. Sie demonstrierte auch dem Dorf gegenüber die soziale Zugehörigkeit der Aktanten. In der oberhessischen Schwalm beispielsweise zeigte man durch die streng normierte, mehrere Jahre übliche Trauerklei-

Meine Kinder weinet nicht!
Ich hab ausgelitten.
Sterben ist ja Menschenpflicht,
Ach, da nützt kein Bitten.
Lebet wohl, beim Auferstehn
werden wir uns wiedersehen.
Kinder mein! Ich bitte euch
noch um eine Gabe.
Denket meiner im Gebet.
Sprechet an der Grabeskammer
Mutter! Ruh in Frieden hier
Und der Himmel leuchte dir!

Totenbrett, Eich-Kapelle bei Oberbernbach/Bayern, von 1851 (Metken 1984, S. 267) dung mit einem gewissen Stolz, daß man nahe verwandt gewesen war und zu der Familiengruppe und damit dem Prestigebereich des angesehenen Verstorbenen gehörte. Ärmere Dorfbewohner konnten den «richtigen» Traueraufwand aus Mangel an der nötigen Kleidungsvielfalt nicht durchführen. So zeigte sich auch in der Sprache der Trauerkleidung die besitzhierarchische Gliederung der Dörfer.

Im katholischen Mardorf bei Marburg/Hessen galten für die Trauer drei verschiedene Verwandtschaftsgrade: Bruder, Schwester, Sohn, Tochter als Verwandte ersten Grades; Großeltern, Enkelkinder, Onkel, Tante, Neffe, Nichte als Verwandte zweiten Grades; alle weiteren wurden als Verwandte dritten Grades eingestuft. Die Trauertracht war entsprechend diesen Verwandtschaftsgraden gestaffelt: Für Verwandte ersten Grades wurde drei volle Jahre getrauert und erst im vierten Jahr mit der Austrauer begonnen. Beim Tod eines Verwandten zweiten

Istvan Szönyi: *Dörfliches Begräbnis.*

STATT KARTEN

Still ging dein Lebenskampf zu Ende,
nun ruhen deine fleißigen Hände,
die immer gern für uns bereit,
wir danken dir in Ewigkeit.

Nach schwerer Krankheit entschlief in der Nacht zum 2. Januar 1981 unsere innigst geliebte Mutter, Schwiegermutter, Oma und Uroma, liebe Schwester, Schwägerin, Gote und Tante

Sophie Schäfer
geb. Middendorf

im 78. Lebensjahr.

In stiller Trauer:
Heinrich Schäfer und Frau Anna, geb. Böth
Hans, Werner, Rainer und Elke
Ernst Rosengart und Frau Elli, geb. Schäfer
Jürgen Thomas und Frau Renate
mit Peter und Jochen
und alle Anverwandten

Reddehausen, Rüsselsheim, den 2. Januar 1981

Die Beerdigung findet am Mittwoch, dem 7. Januar 1981, um 14.00 Uhr vom Trauerhaus aus

Grades sowie des Taufpaten war nur ein Trauerjahr vorgeschrieben – so eindeutig waren die Regeln im Dorf für Kleidung und Verhalten festgelegt.

Wenn man sich derartige Zwänge durch den dörflichen Trauerbrauch vor Augen führt, so versteht man auf der einen Seite, daß hier vielleicht eine außerordentlich intensive Trauerarbeit geleistet wurde, auf der anderen Seite jedoch wird die persönliche Einengung sichtbar, unter der der Einzelne zu leiden hatte. Manche Frau kam durch vielerlei Todesfälle aus der schwarzen Kleidung nicht mehr heraus, auch das eine Konsequenz des so ausschließlich auf Kommunikation und Gegenseitigkeit eingestellten Dorflebens. Es ist übrigens nicht ohne Interesse, daß viele Dorffrauen auch nach dem Ablegen der Tracht die Vorschriften des Trauerns in der städtischen Kleidung, wenn auch in abgewandelter Form, beibehalten haben und zwar vor allem wegen «der anderen».

Das Leichenmahl im Haus des Verstorbenen, in Hessen zumeist Kaffee und Streuselkuchen, bildet den Abschluß eines Lebens und einer Feier, gilt vielleicht auch als Zeichen dafür, daß das Erbe angetreten wurde und das Leben weiterging.

Es ist hier vornehmlich von der sozialen Seite des dörflichen Todesfalls und seinen kulturellen Zeichen die Rede gewesen. Das Gesamtbild der Bräuche ist

Schlummert sanft im
kühlen Grabessande,
Vater, Mutter, schlummert
sanft und leicht.
Droben in dem besseren
Vaterlande
Werde euch des Sohnes
Kranz gereicht.
Nach guten frommen
Wandel hier hinieden
gehst du ein zu Gottes
ewigem Frieden.

Grabspruch, Aichach-Klingen/Bayern, von 1870 (Metken 1984, S. 270)

reicher (Metken 1984). Die Erinnerung an den Tod des Vaters in einem österreichischen Dorf um die Mitte des 19. Jahrhunderts sagt etwas aus über Gefühle von Kindern gegenüber dem Unpersönlichen der Brauchvorschriften, die die Erwachsenen pflichtgemäß ausüben:

«Dieser Bräuche bei Todfällen gibt es so viele, als ob es gerade darauf abgesehen sei, die Bewohner des Trauerhauses auch nicht einen Augenblick zu sich selber kommen zu lassen. Vom Morgen bis zum Abend währt das Kommen und Gehen derjenigen, welche ein Seelenalmosen – gewöhnlich ein Kleidungsstück des Verstorbenen – wie einen ihrer Armut schuldigen Tribut in Empfang nehmen, wofür sie den trauernden Spendern gewöhnlich eine endlos lange, ungemein peinliche Trostrede halten. Abends, nach dem Nachtessen, versammelt sich so ziemlich das ganze Dorf in allen Räumen des Hauses, um für den Verstorbenen einen Psalter, aus drei Rosenkränzen bestehend, zu beten [...] man will es dem Toten nicht antun, ihn ganz allein liegen zu lassen, und man sagt, daß so eine fromme Versammlung für die Überlebenden recht tröstlich sei. Diesen kommt es freilich nicht so vor, wenn sie es einmal ausstehen müssen, aber sie dürfen nichts sagen, und so bleibt es immer bei der alten Plage. Uns wenigstens tat es recht in der Seele weh, als wir die von des Vaters Hand noch an ihren Platz gestellten Werkzeuge, den Schraubstock, die Hobelbank und alles aus der Stube entfernen, im ganzen Hause das Unterste zu oberst räumen mußten, um für die vielen Andächtigen, Teilnehmenden und Neugierigen etwas Platz zu bekommen. Weh tat uns auch das Lachen der jungen, ungezogenen Leute und ihr dummes Geschwätz vor und nach dem Psalter. Über alles mögliche unterhielt man sich da, die Pfeifchen der vielen Raucher dampften, bis ein Qualm entstand, welcher endlich die meisten heim trieb. Nur etwa noch ein Dutzend junger Leute aus unserer Verwandtschaft blieben zurück und halfen uns die Nacht durchwachen. Noch einmal wurde ein Psalter gebetet. Die übrige Zeit vertrieb man sich mit Kaffeetrinken, Spielen und Plaudern. Uns kam es vor, als ob wir gar nicht mehr da zu Hause waren. Wieder und wieder flohen wir zum Sarge des Vaters, auf welchem neben einem Kruzifix zwei Lichter brannten. Die Nacht war endlos lang, doch konnten wir trotz aller Müdigkeit nicht schlafen.» (Felder, S. 99 ff.)

Zum jährlichen Totengedenkfest im Herbst erhob Papst Johann XIX. 1006 den *Allerseelentag* am 2. November. Dieser Termin gewann im Lauf der Jahrhunderte eine sehr volkstümliche Ausgestaltung und verband sich mit den Vorstellungen von den irrenden toten Seelen, die an diesem Tag ihre Gräber und das Gedenken ihrer Familienangehörigen suchten. So entwickelte sich der Brauch, die Gräber mit Windlichtern zu beleuchten und zuweilen auch Arme-Seelen-Brote hinzulegen. Jedenfalls ist der Allerseelentag in katholischen Gegenden ein Familientag, an dem man die Gräber besucht, ganz so, wie es Oskar Maria Graf aus seiner bayerischen Heimat beschreibt. Der Arme-Seelen-Glaube führt zur ausgeprägten Mildtätigkeit gegenüber den Armen und Bettlern an diesem Tage, vor allem werden arme Kinder stellvertretend für die armen Seelen beschenkt (Koren 1954).

Von protestantischer Seite wurde dieser Feiertag nicht übernommen und stattdessen der Totensonntag eingeführt, den Friedrich Wilhelm III. 1816 als Gedenktag an die Gefallenen der Freiheitskriege bestimmt hatte. Er entwickelte sich dann als letzter Sonntag im November zum familiären Tag der Friedhofsbesuche. Zum Gedächtnis an die Weltkriegstoten kam 1926 ein Volkstrauertag dazu.

Begräbnis in einem deutschen katholischen Dorf im rumänischen Banat, 1970.

Sie hieß Theres Heimrath oder vielmehr Resl, wie man sie in gewohntem Dialekt nannte, und war die vierte von neun Geschwistern. [...] Man schrieb den 1. November 1857. Am Nachmittag dieses Allerheiligentages, da die Leute nach altem Brauch im Gottesacker des nahen Pfarrdorfes Aufkirchen die Gräber ihrer Verstorbenen aufsuchten, erblickte sie das Licht des Tages. Ihre Mutter soll, so wird erzählt, schon in den Wehen gelegen haben, als der Bauer und die Dienstboten das Haus verließen. Die religiöse Pflicht schien ihnen wichtiger als die bedrängte Mutterschaft und Kindgeburt [...] Zwischen Tod und Leben schwebend, betete die Heimrathin in ihrem Schmerz und überstand alles. Erst beim Hereinbruch der Dunkelheit kamen die Ihrigen zurück und fanden neben der erschöpften Mutter das neugeborene, schreiende Kind.

Oskar Maria Graf (1894–1967): Das Leben meiner Mutter. 1982, S. 11

Anfang und Ende

Brauchrhythmus im ländlichen Arbeitsjahr

Stand im vorausgegangenen Kapitel das Repräsentationsbedürfnis der Bauernfamilie im Mittelpunkt, so geht es jetzt um die ländliche Arbeit und ihre Markierung durch Arbeitsbräuche. Es werden also die «sauren Wochen» untersucht, die harte und unaufschiebbare Arbeit der Landbewohner und ihre sinnvolle Strukturierung durch Bräuche. Das bäuerliche Wirtschaftsjahr bringt es mit sich, daß seine begleitenden Arbeitsbräuche an beides gebunden sind: an traditionelle Termine und an bestimmte Anlässe wie Saat und Ernte, Dreschen und Flachsbereitung, Weideauf- und Weideabtrieb oder Weinlese (Kramer 1967). Mit rituellen Zeichen wurden besonders Anfang und Ende der Arbeit bedacht.

Drei entscheidende Arbeitskomplexe erfahren hier eine exemplarische Behandlung: die Getreideernte, das Dreschen und die Flachsbereitung; an diesen Fallstudien wird die Funktion der Bräuche in der ländlichen Arbeitswelt aufgezeigt. Mit der Mechanisierung der Landwirtschaft sind diese Funktionen geschwunden und gehören der Brauchgeschichte an. Daß sie im Rahmen des Folklorismus und der festlichen Umzüge immer wieder auftauchen und nostalgisch gefeiert werden, beweist die Kraft ihrer einstigen Bedeutung.

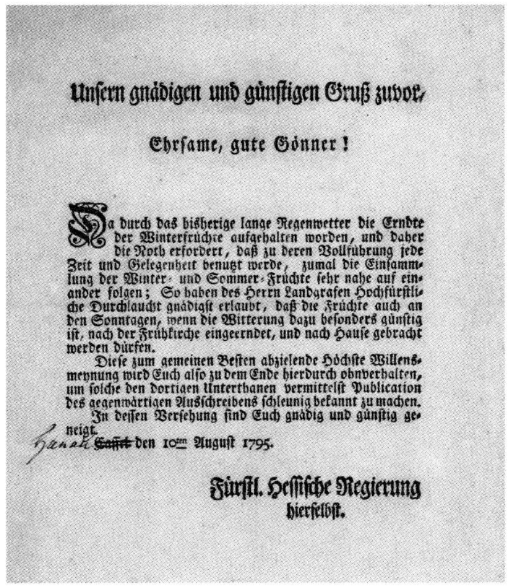

Unsern gnädigen und günstigen Gruß zuvor,

Ehrsame, gute Gönner!

Da durch das bisherige lange Regenwetter die Erndte der Winterfrüchte aufgehalten worden, und daher die Noth erfordert, daß zu deren Vollführung jede Zeit und Gelegenheit benutzt werde, zumal die Einsammlung der Winter- und Sommer-Früchte sehr nahe auf einander folgen; So haben des Herrn Landgrafen Hochfürstliche Durchlaucht gnädigst erlaubt, daß die Früchte auch an den Sonntagen, wenn die Witterung dazu besonders günstig ist, nach der Frühkirche eingeerndet, und nach Hause gebracht werden dürfen.

Diese zum gemeinen Besten abzielende Höchste Willensmeynung wird Euch also zu dem Ende hierdurch ohnverhalten, um solche den dortigen Unterthanen vermittelst Publication des gegenwärtigen Ausschreibens schleunig bekannt zu machen.

In dessen Versehung sind Euch gnädig und günstig geneigt.

Hanau ~~Cassel~~ den 10ten August 1795.

Fürstl. Hessische Regierung
hierselbst.

Hessischer Regierungserlaß von 1795, der aus Witterungsgründen das Einernten der Früchte auch am Sonntag erlaubt.

Binden und Lösen – hier bei der Weinernte in Grünberg/Schlesien, um 1930.

Ernte

Ich habe vernommen,
daß der Herr Besitzer ist gekommen.
Nun will ich ihn binden recht feste,
er soll sich lösen aufs beste!
Dort steht ein viereckiger Tisch,
darauf kann er setzen ein' gebrat'nen Fisch
oder eine Flasche mit Branntwein,
aber nicht eine für mich allein,
sondern für die ganze Gemein!
Mit Vernunft und mit Verstand
nehmen Sie das Band aus meiner Hand.
Mit Vernunft und mit Zufriedenheit
werden Sie wohl wissen, was es bedeut'!

BINDEVERS, Mark Brandenburg, um 1860
(WEBER-KELLERMANN: Erntebrauch, S. 126)

In allen landschaftlichen Volkskunden, die sich ja vornehmlich mit den Bauern befassen, gibt es einen Abschnitt über die Ernte – doch zumeist nur über die festliche Seite der Bräuche. Gesehen und mitgeteilt wurde das, was putzt: die weiße Kleidung der Erntearbeiter, der bunte Strauß am Hut der Mäher; die dicken Würste, die die Hausfrau den Ernteleuten spendierte, die geschmückten Sensen, das rote Band, das der Gutsherr bei seinem Besuch auf dem Kornfeld umgebunden bekam, das rhythmische Streichen der Sensen, die fröhlichen Heischesprüche, die Glaubensvorstellungen um die letzte Garbe, ihr Aussehen und ihr Schmuck, Gesang und Tanz beim Abschluß der Arbeit, fröhliche Heimkehr und freundlicher Empfang und schließlich der Ablauf des Erntefestes mit kunstvoll geschmückter

Erntearbeit, Holzstich um 1860.

Brautharke, geschmücktes Liebesgeschenk des Mähers an seine Binderin aus Pommern – 19. Jahrhundert.

Erntekrone, Erntepredigt, Glückwunsch und Festmahl, Spiel und Tanz. So bietet sich die Ernte in den volkskundlichen Beschreibungen meist als eine einzige Aneinanderreihung festlich-freudigen Treibens dar, nur selten einmal von der Bemerkung unterbrochen, daß diese Wochen eine Zeit harter Arbeit für die guten Landleute gewesen sei. Die brauchbestimmende sozialgeschichtliche Situation kommt in solchen Beschreibungen nicht zum Ausdruck. Sie aber muß zum Verständnis der Erntebräuche ins Bewußtsein gerückt werden.

Die Getreideernte war die bedeutsamste Periode im ländlichen Arbeitsjahr. Von ihrem Gelingen hingen Wohlstand und Gedeihen der Bauernwirtschaften und Güter ab; auf sie hofften aber auch ein ganzes Jahr hindurch alle ärmeren Landbewohner, Tagelöhner und Landarbeiter. Schon lange vor Beginn des Schnittes mußten sich die Gutsherrschaften und Bauernwirte einer ausreichenden Zahl von Arbeitskräften versichern, um das reife Getreide so schnell wie möglich einbringen zu können und nicht zu sehr von Witterungsunbilden abhängig zu sein. Mäher und Binderinnen, Aufraffer und Hockensteller, Harkerinnen und Rechenzieher, Bandejungen und Auflader, alle waren nötig, um den Erntevorgang zu beschleunigen. Dennoch dauerte es auf größeren Besitzungen viele Tage, oft auch Wochen, bis alles Getreide gehauen, gebunden und auf Hocken gestellt war. Bei günstigem Trockenwetter konnte nach einigen Tagen eingefahren werden, was wiederum mit den verschiedenen Arbeitsgängen des Aufladens, Transportierens und Abladens viel Zeit und Kraft in Anspruch nahm. Ein so umfangreicher saisonbedingter Arbeitsprozeß mit seinen verschiedenen Abschnitten war begleitet und ein- wie ausgeleitet von Bräuchen und Glaubensvorstellungen, von schützender, schmückender und fordernder Geste und Gebärde.

Wer waren die Ausübenden dieser Bräuche? Begründet durch die Wirtschaftsstruktur standen sich zwei soziale Gruppen gegenüber: Landbesitzende und Landbearbeitende. Diese Opposition fand ihren ersten brauchtümlichen Ausdruck in den Anfangsbräuchen auf dem Erntefeld: dem «Binden und Lösen». Damit ist die scherzhafte Fesselung des Gutsherrn oder eines fremden Besuchers gemeint, wenn diese zum ersten Mal das Ackerfeld während der Erntezeit betreten. Sie mußten sich mit einem Trinkgeld oder einer Runde Schnaps (Bier, Wein) für die auf dem Feld Arbeitenden loskaufen. Der Brauch wiederholte sich in ähnlicher Weise bei der Kartoffel- und Weinernte, beim Hausbau und anderen Gelegenheiten. Die Großmagd oder die Binderin des Vormähers band dem Besucher ein Strohband um den Arm, sagte einen Vers, und der Gebundene durfte sich mit einem Trinkgeld für die ganze Gruppe lösen, die auf diese Weise ihr Platzrecht dem Nicht-Arbeitenden gegenüber wahrgenommen hatte (Weber-Kellermann 1965).

Bedeutender und berühmter ist der Abschlußbrauch der Erntearbeit, der bis zum Zweiten Weltkrieg vielfach geübt wurde: die feierliche Überreichung des Erntekranzes an den Hofbesitzer, aus Ähren und Feldfrüchten gewunden und als ein Symbol der Fruchtbarkeit und des sich rundenden Jahres betrachtet. Gerade in der Hitlerzeit, in einer neu auflebenden Bauernromantik und einer politischen Blut-und-Boden-Ideologie lebte dieser Brauch in großem Maßstab nochmals auf: Der «Führer» als der «oberste Gutsherr des deutschen Volkes» empfing alljährlich auf dem Bückeberg bei Hameln eine überdimensionale Erntekrone von den Abordnungen des Landvolkes der deutschen Gaue! Ein «Volksfeiertag aus bäuerlichem Brauchtum hervorgewachsen» sollte hier entstehen und einer irrationalen Ideologie Farbe verleihen (Weber-Kellermann 1974, S. 193ff.).

Tatsächlich stand der Brauch aber historisch und gesellschaftlich in anderen Zusammenhängen. In stoffreicher Variantenfülle ist er aus dem 19. Jahrhundert überliefert und zwar vor allem durch die Sammeltätigkeit des Grimmschülers Wilhelm Mannhardt (1831–1880). Er hatte 1865 einen Fragebogen mit fünfund-

In Rohrberg läutete ehemals der Schulze die Ernte ein, und niemand durfte eher mähen, als bis der Schulzenknecht den ersten Schnitt getan. Der Name des Erntefestes ist *Vergodendeel*, den man als Vergütung für die schwere Arbeit bezeichnet. In der Gegend von Diesdorf zogen die Erntearbeiter mit dem letzten geschmückten Ährenbüschel unter Gesang ins Dorf und hier von Hof zu Hof, wobei der folgende Spruch aufgesagt wurde:
«Hier bei diesem Spruch muß sein ein Gläschen Bier oder Wein, haben Sie kein
Branntewein, so werde ich auch mit ein klein' Trinkgeld zufrieden sein.
So wird ein jeder Maier (Mäher) seinen Binder winken und ihr auch mal zutrinken,
sie werden hernach mit die Maiers mal rumhinken.
Prost gehört vor den Trunk und dann mit den Binders einen Sprung,
die Hühner mit dem Hahn, die Frau mit dem Mann,
die Magd mit dem Knecht, so geschieht im ganzen Hause recht...»

Bindevers, Mark Brandenburg, um 1840 (Adalbert Kuhn: Märkische Sagen und Märchen. [1843]-1937, S. 337ff.)

Mäher mit der Gestellsense bei der Erntearbeit – Mecklenburg, um 1925.

dreißig Fragen über Erntearbeit und Erntebräuche in etwa 15000 Exemplaren verschickt, und zwar nicht nur an die üblichen Gewährsleute wie Sagensammler, Pastoren, Volksschullehrer, sondern auch an Gutsbesitzer, Inspektoren und Lehrerseminare. Nun erhielt er aus ganz Deutschland, aus Österreich-Ungarn, Polen, Litauen, Skandinavien, Holland, Frankreich und der Schweiz fast 2500, zum Teil sehr ausführliche Beantwortungen, ein reiches Belegmaterial für das Arbeitsleben der Erntezeit um die Mitte des 19. Jahrhunderts. In Rützow in Pommern beispielsweise reihten sich die Schnitter in Frontlinie vor dem Gutsgebäude auf und strichen ihre Sensen. Die Binderinnen standen dahinter mit hochgehaltenen Harken, die mit roten Bändern oder Tüchern geschmückt waren. Dann trat der Hofmeister vor, also der Altknecht, überreichte den Erntekranz und begann sein Gedicht mit folgenden Worten:

Vincent van Gogh (1853–1890): Der Schnitter mit der Sichel.

Jean-François Millet (1814–1875): Die Ährenleserinnen (rechts).

«Unser Begehr ist in diesem Haus,
daß wir gehen können frei ein und aus,
denn wir sind gewesen auf der Jagd,
daß wir dasselbe haben vollbracht [...]»

Dieser mit allem Stolz inszenierte Auftritt leitete über zu einem Spiel, in dessen Verlauf die Schnitter sich ihr Mahl unter Androhung des Kohlabschneidens erkämpften. Aus dem Kreis Greifswald erzählt der Berichterstatter, wie die Schnitter aus den letzten Ähren die geschmückte Erntegarbe, die *Austgarw*, verfertigten und dann gemeinsam damit ins Dorf eilten, wobei die Binderinnen auf ihren Harkenstielen ritten. Beim Überreichen der Garbe sprach die Vorbinderin:

«Hier komme ich mit allen meinen Brüdern und Schwestern. Nun haben wir alles aufgebunden: Roggen, Weizen, Gerste, Hafer, Erbsen und Wicken. Wenn wir nu nich kriegen, watt datt Hus vermag, denn gahn wir na 'n Gorn [Garten] unn meign [mähen] und binn'n de Fru all den grönen Kohl aff!

Wir haben die Garbe in Ehren gemacht,
wir haben sie dem Herrn und der Frau zugedacht.
Sie möchten es nicht übel nehmen,
mit Ihrer Hand sie uns abzunehmen.»

Eine Übersicht über die Brauchbeschreibungen von 1865 ergab folgendes Bild: Die meisten Darstellungen eines ausgestalteten, großen Erntefestes für alle an der Arbeit Beteiligten mit feierlicher Übergabe eines Erntekranzes stammen eindeutig aus den damaligen ostelbischen Gutslandschaften Ostpreußen, Pommern, Mecklenburg, Brandenburg und Schlesien. Als Brauchausübende standen sich also die Gutsherrschaft und die Erntearbeiter gegenüber.

Die Situation in den ostelbischen Provinzen hatte im Verlauf des 19. Jahrhunderts zu einer schwierigen Lage für die Landbevölkerung geführt, zur Verarmung der Bauern und einem sozialen Antagonismus zwischen Bauern und Gutsbesitzern. Abwanderung in die Städte, Auswanderung nach Amerika waren die Folge, und wer im Lande blieb, rutschte oft in eine der neuen Gruppen von gutsabhängigen Existenzen ab, wurde Tagelöhner oder Landarbeiter.

Der Inspektor zahlt die Tagelöhner aus. (Lithographie um 1880)

Der Hahnentanz in der Baar. (Malerische Darstellungen aus Baden, 1823)

Pommern

Die Großmagd überreichte dann die Erntekrone, und während sie ihren Reim hersagte, befestigten die Erntearbeiter sie im Gutshaus an der Decke des Flurs. Die Sprecherin hielt während ihres «Betens», wie man das Hersagen des Überreichungsspruches nannte, oft inne, und diese Pausen mußten die Musikanten mit einem Tusch ausfüllen. Es wurde als große Tüchtigkeit angesehen, wenn das Mädchen im Stande war, recht viele Pausen zu machen – nicht anders als die Büttenredner des rheinischen Karnevals:
«Diesen Kranz hab' ich gemacht,
daß unser Herr eine lustige Kranzköst macht!»

Weber-Kellermann: Erntebrauch, S. 149

Nationalsozialistisches Erntefest auf dem Bückeberg, 1935.

Am schlechtesten standen sich die Landarbeiter ohne Grundbesitz, die sogenannten *Einlieger* und *Hofegänger*, die sich bei Taglöhnern einmieteten und als Lohnarbeiter den Lebensunterhalt für sich und ihre Familien verdienen mußten. In ihrer schwindenden Ortsgebundenheit bildeten sie mit den Wanderarbeitern den am meisten proletarisierten Teil der ostelbischen Landarbeiterschaft.

Dazu verschärfte der Übergang zur intensiveren Bearbeitung des Bodens den Saisoncharakter der landwirtschaftlichen Arbeit. So kam es, daß das Erntequartal zur einzigen Periode sicherer Verdienstmöglichkeiten für den freien Landarbeiter und seine Familie wurde und damit zu einem sehnsüchtig erwarteten und freudig begangenen Zeitabschnitt. Wie sehr ein solcher bedeutungsvoller Schwerpunkt im wirtschaftlichen Leben des Landarbeiters auch die Bräuche prägte, darf nicht übersehen werden.

Friedrich Ortlieb (1839–1909): Sichelhänget und Hahnentanz in Schwaben, um 1868.

Die Brauchausübenden waren hier in Ostelbien also keine geschlossene, in altüberlieferter Traditionswelt beharrende Bauerngemeinschaft, die voll Dank für die Fruchtbarkeit der Erde den Segen eines Jahres in die Scheuern barg. Vielmehr handelte es sich um eine Gruppe von kontraktlich gebundenen Tagelöhnern und für die Ernte gedungenen Landarbeitern, um Menschen mit geringem oder gar keinem Landbesitz – ländlichen Lohnarbeitern.

Diese Gruppe war durch den Charakter ihrer gemeinsamen Erntearbeit gekennzeichnet, durch die arbeitsteilige Organisation und Technik ihrer Tätigkeit miteinander verbunden. Im Erntequartal gelangten sie in eine Art von Ausnahmesituation und fingen an, die Bedeutung ihrer Arbeitskraft zu begreifen.

Je mehr die Erntearbeit organisiert wurde, je komplizierter sich das Ineinanderspiel der Arbeitsleistung formierte, je erfolgreicher sie das moderne Gerät, die Getreidesense, handhabten, je schneller im Akkordsystem der Schnitt vorangetrieben werden mußte, um so mehr wuchs ihr Stolz auf die eigene Leistung. War einst der Getreideschnitt eine von vielen Arbeiten des ländlichen Jahreslaufes gewesen, wenn auch eine besonders wichtige, so wechselte er nun in der Zeit des ostelbischen Agrarkapitalismus zu einer Art «Berufsarbeit» der Schnitter und ihrer Binderinnen, die gelernt und gekonnt sein wollte.

Das war, wenn auch durchaus noch nicht voll rationalisiert, die Bewußtseinslage, in der das Kollektiv der Landarbeiter am Schluß der Ernte den Gutshof

Erntebier heißt eine Festlichkeit, bei welcher die letzten Halme, die von den Schnittern gemäht worden sind, zur Gestalt einer Puppe, «Fock» oder «Fucke» genannt, verbunden und in Prozession nach dem Hof gebracht werden, wo der Besitzer den Zug empfängt, von dem Tagelöhner, der den letzten Sensenhieb getan hat und die «Fucke» trägt, einen gereimten Glückwunsch entgegennimmt und schließlich die ganze Gesellschaft im Milchkeller bewirtet, ein Schmaus, der mit einem Balle endet.

Hans Riediger: Schleswig-Holstein, S. 40

betrat. Verarmt und ausgenützt, bedrückt und schlecht ernährt, hatten sie für diese kurze Ernteperiode ein neues Gefühl menschenwürdiger Unabhängigkeit gewonnen. Mit der selbstgefertigten, schön geschmückten Erntekrone gaben sie diesem Wir-Gefühl farbigen Ausdruck.

Aus solchem Geist heraus sind die überlieferten Erntebräuche neu zu interpretieren. Dem Herrn, dem Gutsbesitzer, stand die geschlossene Gruppe der Arbeitenden gegenüber. Mit Stolz wiesen sie sich durch ihr Arbeitsgerät, Sense und Rechen, als die Überlegenen aus, von deren fachmännischer Leistung während der Ernte Wohlergehen und Vermögen des Gutsherrn abhängig gewesen war. Mit ihrem geschmückten Werkzeug, heißt es in einem Bericht aus Pommern, versammelten sich alle Austleute am äußersten Ende des Dorfes, die Vorharkerin aber trug außer den Tüchern oben an ihrer Harke noch eine Erntekrone; die Männer mit

Seidentuch zum Schmuck der Arbeitsgeräte beim Erntefest, 1816.

Carl Huth: Erntefest in der Uckermark, 1867.

ihren geschmückten Sensen beschlossen den Zug. Auf dem Gutshof strichen sie die Sensen, ehe die Erntekrone übergeben wurde.

Auch die zitierten Sprüche beim Überreichen des Kranzes erhalten nun über ihre gefällige Liebenswürdigkeit hinaus einen neuen Sinn. Die Erntearbeiter formulierten, wenn auch im biedermeierlichen Zeitstil der üblichen Glückwunschverse, Rechtsansprüche, die sich bescheiden genug auf eine gute Mahlzeit und eine Tanzmusik beschränkten.

Der Gutsherr stattete dann seinen Dank für die Arbeit während der Ernte ab. Der Unterschied der Stände hörte für diesen Zeitraum auf, schreiben wiederum pommersche Berichterstatter: Der Herr tanzte mit dem Großmädchen, die Frau mit dem Großknecht. Herr und Frau tanzten mit Krone und Kranz und gaben dann beides an den Inspektor und dessen Tänzerin, diese dann an den Statthalter, und so machten Krone und Kranz ihre Wanderung bis zum Hofjungen und Hofmädchen.

Eine Verbreitungskarte nach den handschriftlichen Mannhardt-Antworten ergibt eindeutig, daß ein großes Erntefest mit Kranz, Mahl und Tanz für alle an der Erntearbeit Beteiligten vorwiegend in den Großgüterlandschaften Nord- und Ostdeutschlands gefeiert wurde, während man sich bei den Bauern mit einem guten Essen begnügte und in den süddeutschen Landschaften das Erntefest zumeist in die Gemeindefreuden der Kirmes überging (Weber-Kellermann 1965).

Pommern

Guten Tag, Herr Graf wohlgenannt,
wi bringen hüt den Erntekranz,
wi setten Ihn'n 'n Kron wol up den Kopp,
se schenk'n uns de Tonne Beer dor up den Block,
se let'n uns Ehr'n Hushahn
un let'n uns recht wacker krus gahn,
se schenk'n uns nu Ehr' Plaisier
un lat'n uns domit abmarscher'n.

Weber-Kellermann: Erntebrauch, S. 152

Dreschen

War die Sozialstruktur der brauchausübenden Gruppen auf den Erntefeldern je nach Betriebsgrößen und dem regionalen wirtschaftsgeschichtlichen Entwicklungsstand vielfältig differenziert, so herrschten für die Drescharbeit Verhältnisse, die sich von Landschaft zu Landschaft weitgehend ähnelten. Auch in den Mittel- und Kleinbetriebsgegenden Nord-, Mittel- und Süddeutschlands, wo die Erntearbeit vielfach im Familienverband erledigt wurde, waren die Drescher häufig geschlossene, eingearbeitete Männergruppen, die sich reihum bei den Bauern und Gutsbesitzern verdingten und auch kleinere und größere winterliche Saisonwanderungen nicht scheuten.

Das Dreschen von Hand ging nach einer Beschreibung aus dem Lippischen etwa in folgender Weise vonstatten: Am Dreschtag warf man mittags einen Vorrat von Kornbunden vom Boden. Ein *Bund* enthielt früher vier Garben, zehn Bunde gaben ein *Hauf*. Sechs bis sieben *Hauf* mußte ein *Spann* (= sechs Drescher) an einem Nachmittag schaffen. Um zwölf Uhr mittags trafen die Drescher ein. Vier Bunde wurden aus der Vorratsecke geholt, gelöst und auf der Tenne ausgebreitet. Die Ähren lagen in der Mitte einander zugewendet. Mit dem Rechen wurde die Ausbreitung verbessert, so daß eine völlig gleichmäßige Lage entstand. Das nannte man «die Lage anlegen». Dann stellten sich die Drescher auf: drei Mann oben, drei Mann unten, die Gesichter einander zugewandt. Die kräftigsten «stehen auf dem Ersten», d.h. sie gaben den Takt an und schlugen ein ums andere Mal 1–2. Hinterher schlugen knapp die zweiten und hinter diesen knapp die beiden dritten 1-2-3-4-5-6 im Rhythmus. Der Kundige hörte aus der Ferne, ob es Leute waren, die das Dreschen richtig verstanden. Nachdem die Lage zweimal die Diele auf- und abgedroschen war, kam die Hausfrau, ihre Hausarbeit unterbrechend, und wendete die Lage während des Dreschens um. Wiederum folgte das zweimalige Auf und Ab. Dann wendete die Frau nochmals, diesmal nicht glatt, sondern in Häufchen. Beim letzten Gang fiel der Dreschtakt ins *Trumpfen*, das heißt je drei Mann schlugen im Gleichschlag kräftig auf, so daß sich die Häufchen wie getretene Würmer nach oben krümmten und unter der Wucht der Schläge die letzten Körner aus den Ähren sprangen. So wurde Lage um Lage abgedroschen, bis das Halbtagspensum erledigt war. Bei der letzten Lage wurde zum Zeichen des Arbeitsendes nur *getrumpft*, d. h. zweimal auf- und abgedroschen.

Nach dem Abdrusch einer jeden Lage schüttelte ein Drescher mit einer Astgabel die Halme auf. Zwei andere hoben die Halme geschickt auf und brachten sie zu den Bindern, die mit dem Strohseil bereitstanden. Die Strohbunde stellte man vor die Tür. Am Schluß zog man sie auf den Boden. Nachdem die Diele sauber gefegt und das Korn an einer Dielenseite hübsch in einem langen Haufen lag, ging man in die Stube zum Abendessen.

Wir sehen also einen geordneten und disziplinierten Arbeitsvorgang vor uns, der um so mehr Organisation und Können verlangte, je größer die Menge des zu dreschenden Getreides war. Diese Voraussetzungen trafen vor allem in den Gebieten der großen Güter zu, also vornehmlich in den ostelbischen Provinzen Ostpreußen, Westpreußen, Pommern, Mecklenburg, Brandenburg, Schlesien, in Schleswig-Holstein, Niedersachsen und den Güterlandschaften der Provinz Sachsen. Hier handelte es sich bei den Dreschern zumeist um die gleichen Kräfte, die schon bei der Erntearbeit in Aktion getreten waren: nämlich um die im 19. Jahrhundert neu entstandene Sozialgruppe der Landarbeiter. Für diese vielfältig gestaffelten Kleinstbesitzer, Gärtner, Insten (Gutstagelöhner), Tagelöhner und für die nach den Reformen landlos gewordenen ländlichen Lohnarbeiter bedeuteten die Ernteperiode und der von ihr abhängige Dreschverdienst die einzigen sicheren

Buama, hauts ein,
Hauts nur grad drein!
Dirndln, hauts ein,
Dreschts fleißig drein!
Laßts enka Drischl fliagn,
Daß mir an Lobspruch kriagn;
Drischts alle Spitzbuam z'samm,
Daß mir koa Plag it habn
Mit so an Teifisgfraß;
hauts zua, na habts an Gspaß!
Unter der Drischl drin
Habts die foast Weberin
Und den kloan Nagelschmied;
Dreschts 'n nur aa guat mit!
Hauts nur grad zua allsam,
Dreschts es guat z'samm!
Bauer, hau ein,
Drisch uns an Wein!
Bäuerin, hau ein,
Drisch uns an Brei!
Laßts enka Drischl fliagn,
Daß mir hübsch Gulden kriagn;
Drischts alle Schulden z'samm,
Daß mir koan Schadn it habn;
Dreschts uns a Feirtagwand,
Gebts uns an Guldn auf d' Hand!
Unter der Bettziach drin
Habts enkan Geldsack liegn,
Teats 'n nur außa gschwind,
Daß 'n der Schwed it findt!
Laarts 'n am Dreschbodn hin,
Na san ma zfriedn!

LENA CHRIST (1881–1920): Matthias Bichler. In: Gesammelte Werke. 1981, S. 313 f.

Einnahmequellen im Jahresverlauf. Bei guten Ernten nahm die Dreschzeit auf den großen Gütern vier Wintermonate in Anspruch, dauerte also bis in den Februar. Während dieser Zeit wurden die Arbeiter zum Teil mit der sogenannten *Drescherhebe* (dem sechzehnten Scheffel), auch mit Barlohn, Brennholz und anderen Naturalien, vor allem aber mit guter Beköstigung entschädigt.

Diese überlieferte Arbeitsverfassung löste sich mit der Einführung der Dreschmaschine in der zweiten Hälfte des 19. Jahrhunderts langsam und grundlegend auf. Auf den großen Gütern, die technische Neuerungen am ehesten einführten, verloren die Tagelöhner und Landarbeiter auf diese Weise einen Großteil ihres festen Wintererwerbs, zumal es bei der Maschinenarbeit viel weniger auf Körperkräfte und handwerkliches Können ankam und auch Frauen und größere Kinder dafür angestellt werden konnten. Die Verschlechterung ihrer Lebensverhältnisse

C. Jerses: Auf der Dreschtenne (Holländisches Schulwandbild aus dem 19. Jahrhundert).

führte anfangs zu einem regelrechten Haß gegen die staubige Maschinenarbeit. Es dauerte geraume Zeit, bis sich auch in Verbindung mit dem Maschinendrusch Gemeinschaftsformen für den Arbeitsrhythmus und die Abschlußfestlichkeiten entwickelten. Auf den Bauernhöfen wurde noch längere Zeit das Dreschen von Hand mit den Familienangehörigen und Nachbarn, aber auch mit festen, herumziehenden Dreschergruppen fortgeführt.

Die Mannhardtbefragung von 1865 traf in den genannten Güterprovinzen auf jene Übergangsperiode zwischen dem Flegel- und dem Maschinendrusch. Die Analyse der Erntebräuche dieser Zeit hat ergeben, daß es auf den Gütern gerade die Landarbeiter waren, die als aktive Gestalter und Ausübende beim «Binden und

Lösen» und bei den Ernteabschlußbräuchen mit Kranz und Erntekrone in Erscheinung traten. Es ist das Verdienst der Landarbeiter, daß die Brauchrichtung ihren Bedürfnissen entsprechend auf das Schnitterrecht und den sozialen Ausgleich hin verändert und die Brauchfunktion zu neuer Bedeutsamkeit erhöht und belebt wurde. Gerade auf den Gütern aber, die nach Arbeitsrationalisierung strebten, wurde zum fraglichen Zeitpunkt mehr und mehr die Dreschmaschine eingeführt. Die Befragung von 1865 betraf also bereits auch Bräuche, die mit diesem neuen Instrument zusammenhingen.

Für das traditionelle Dreschen mit dem Dreschflegel kann man drei Gruppen von Arbeitsbräuchen feststellen:

Bräuche, die mit dem Arbeitsvorgang selbst zusammenhängen: Sie betonen den Rhythmus des Dreschens und dienen damit der Arbeitserleichterung oder erzwingen und fördern den Zusammenhalt der Dreschergruppe mit Pflichten und Strafen.

Bräuche, die den Arbeitgeber zu Sonderleistungen veranlassen, zum Spendieren von Branntwein und einem abschließenden Dreschermahl: Hierher gehört auch ein Großteil jener Bräuche, die den Anfang und besonders das Ende der Arbeit hervorheben, die dem letzten Drescher und dem letzten Drischelschlag eine hervorragende Bedeutung zumessen.

Die brauchtümlichen Handlungen um Arbeitsbeginn und Arbeitsbeschluß leiten über zur Gruppe der Hänselbräuche, des scherzhaften Wegschickens von Arbeitsneulingen nach phantastischen Geräten, ein Komplex, der gerade bei der Drescharbeit einen besonders großen Raum einnimmt.

Vom November bis weit nach Weihnachten wurde gedroschen – mit dem Dreschflegel, und zwar den «ausgelängten Tag», damit der Boden leer würde – wegen der Mäuse. Die großen Bauern hatten schon Göpelmaschinen, aber das meiste Getreide drosch man mit der Hand. Akkorddrescher erhielten jede 13. Tonne (200 Pfund) als Lohn. Ich habe viel mitdreschen müssen, schon vor Schulbeginn eine Lage.

Hans-Heinrich Schramm: Dörfliches Leben um 1880. Heimatkalender 1959, S. 48

Diese drei Brauchintentionen vermischten sich häufig zu geschlossenen und neu formulierten Handlungen, zumal die Drescher oft eine mobile Gruppe waren, neue Bräuche mitbrachten und einheimische übernahmen. Deutlich überwog im Interessenfeld der Drescher der Wunsch nach kulinarischen und materiellen Sonderleistungen des Arbeitgebers. Dazu diente bei Beginn der Arbeit ein Ruf oder Spruch und am Schluß zum Beispiel ein schnelles Tempo mit knallenden Schlägen und lauten Schreien. Oder – wie in Ostpreußen – rief einer am Schluß «genug», und wer danach noch einen Schlag tat, über den erhoben «die übrigen das Geschrei, er habe das Roggenweib erschlagen, und er muß die Schuld des Totschlags mit Alus oder Branntwein sühnen! Die Mädchen des Hauses haben schon auf diesen Zeitpunkt geachtet, nahen sich der Tenne, und eine von ihnen, die einen Schöpflöffel versteckt hält, wirft diesen möglichst tief in das Stroh hinein und sucht nun zu entfliehen. Wird sie aber gefangen, so muß sie unter allgemeinem Gelächter den Löffel selbst im Stroh wieder suchen. Den Dreschern werden nun nach beendigter Arbeit Alus und Krapfen vorgesetzt, für den Totschläger ist ein besonders großer dabei.» (Weber-Kellermann 1967)

Neben Spielform, Erotik und dem Wunsch nach einer Belohnung durch den Hausherrn ist es vor allem der «Letzte», dessen Fehlleistungen die Arbeitsgruppe zur Demonstration herausfordern. Sein Nichtwissen und Nichtkönnen, das sich im unrhythmischen Anfangen ebenso wie im unachtsamen Nachschlagen äußern konnte, wurde vielfach gerügt und bestraft; er mußte seinen Arbeitskollegen etwas spendieren. Jeder Neuling und Unerfahrene bei der Drescharbeit wurde aber auch in der Form gehänselt, daß man ihn nach dem «Windsack», dem «Dreschhobel» oder sonstigen phantastischen Geräten ausschickte, was Spott und Hohn einbrachte. Die Vielfalt solcher Hänselbräuche, die zumeist aus der Welt des Handwerks stammten (vgl. S. 188ff.), ist sehr groß und hängt wohl mit der Tatsache zusammen, daß gerade im 19. Jahrhundert viele arbeitslos gewordene Handwerksgesellen bei ihren Wanderungen auch Ernte- und Drescharbeiten annahmen und

Das Dreschen mit dem Flegel war bis Mitte des 19. Jahrhunderts diejenige Arbeit des mecklenburgischen Tagelöhners, die im Verlauf des Landwirtschaftsjahres die längste Zeit ausfüllte. Die Dreschzeit dauerte auf den großen Gütern meist 30 Wochen, und zwar von Michaelis (29. 9.) bis zum 1. Mai, nicht selten sogar bis Pfingsten oder Johanni. Das Ausdreschen der gesamten Jahresernte gegen einen bestimmten Prozentsatz an Lohnkorn war ausdrücklich anerkanntes Recht des Tagelöhners.
Diese überlieferte Arbeitsverfassung wurde durch die Dreschmaschine aufs schwerste erschüttert. Die Tagelöhner bedienten sie zwar und erhielten auch einen – abgeminderten – Anteilsatz an Korn; die Zahl der Dreschtage war jedoch bedeutend reduziert und der Tagelöhner damit zunächst für eine bestimmte Zeit der ehemaligen Dreschperiode arbeitslos.

Ulrich Bentzien: Das Eindringen der Technik in die Lebenswelt der mecklenburgischen Landbevölkerung. Diss. Berlin 1961, S. 194f.

den Arbeitskollegen ihre handwerklichen Brauchformen beibrachten, wie die Verteidigung des Platzrechts durch Binden und Schuhe-Abstauben und das Hänseln.

Hinzu kamen Veränderungen der Entlohnung, die mit dem kapitalistischen Wirtschaftssystem zusammenhingen: Die Dreschmeister versuchten, die Stellung eines Zwischenunternehmers und damit den vereinbarten Dreschlohn zu erlangen, den sie dann in einem selbst bestimmten Maßstab an die Mannschaft weitergaben. Die Drescher waren also weniger der agrarischen Kulturwelt verhaftet, als vielmehr der beginnenden Industrialisierung. Sie lebten in der Stimmung einer qualifizierten Arbeitsgruppe, die Anfang und Ende ihres Arbeitsprozesses deutlich hervorhob und sich von Anfängern und Nichtskönnern mit Spott und Hohn distanzierten. Aus ihrem meist bäuerlichen Herkommen ist es zu erklären, wenn

Dampfdreschmaschine, Holzstich um 1850.

sie dazu Namen und Bezeichnungen, also gewissermaßen die Requisiten, aus älteren ländlichen Brauchschichten benutzten. Ihr eigenes Selbstverständnis war jedoch in der zweiten Hälfte des 19. Jahrhunderts das einer ausgebildeten und könnenden Arbeitskolonne. Und dieses Bewußtsein übernahmen auch die Mannschaften der Dreschmaschine. Struktural durchbrachen sie das alte patriarchalische System der agrarischen Gesellschaft als eine angelernte Gruppe von Technikern, die ihr Produktionsmittel, die Dreschmaschine, selbst besaßen und von Dorf zu Dorf zogen. Jedoch übernahmen sie ihre Verhaltensweisen noch längere Zeit aus der alten Ordnung. Mit der Einführung des Mähdreschers haben alle derartigen Arbeitsbräuche aufgehört.

Flachsbereitung

Diese ländliche Arbeit gehörte in den Bereich der Frauen. Flachsarbeit war von der Saat bis zum Spinnen eine ausschließliche und energisch verteidigte Frauenarbeit. Vom ökonomischen Gesichtspunkt her gehörte es vielfach zum festen Lohn der Mägde, ein Stück Flachsfeld zur eigenen Bearbeitung zu erhalten. So war die ganze Flachsbereitung eine spezielle Tätigkeit der Mägde, Teil ihrer Existenz und daher auch Gegenstand ihres besonderen Interesses und Arbeitsstolzes. Sie beanspruchten ganz allgemein den Flachs und alles, was mit ihm zusammenhing, als ihnen zugehörig – als könnten sie sich damit für all die Benachteiligungen rächen, die sonst ganz besonders die Mägde bei der Landarbeit erfuhren. Die Flachsbereitung wurde somit zu einer der wenigen Gelegenheiten, bei denen sich die Frauen durch Bräuche solidarisch miteinander erklärten – überdeckten doch sonst die besitzhierarchische Dorfgesinnung alle anderen sozialen Interessen.

Hans Merian: Flachsbrecherinnen in einem süddeutschen Dorf. (Ausschnitt aus einem Kupferstich, um 1700)

«Der Flachs geht neunmal durch des Menschen Hand, bis er ihn als Leinwand auf dem Leibe trägt», sagt der Volksmund und kennzeichnet damit den umständlichen Arbeitsprozeß, den diese Anbaupflanze benötigt (Weber-Kellermann 1978). Entsprechend der großen Bedeutung, die einst die Flachsarbeit in der autarken bäuerlichen Arbeitsorganisation für den gesamten Kleidungsbereich besaß, umgaben die Frauen sie mit einer Fülle von Bräuchen, deren äußere Form sie zum Teil aus anderen, ihnen bekannten Brauchkomplexen wie beispielsweise der Ernte übernahmen. Dazu sei wiederholt, daß die Gesamtheit eines Brauches aus einer Reihe von Invarianten besteht, von Elementen, die auch in anderen Bräuchen auftreten können. Sie sind jedoch nicht bezuglos als eine Summe zusammengefügt, sondern vielmehr als ein System von Beziehungen, von Einheiten, die nur durch die Art ihrer Verknüpfung, nur durch ihre Abgrenzung, ihre Opposition zu anderen Einheiten definiert werden können.

Die Ähnlichkeiten begannen bei der schweren Arbeit des Flachsraufens. Auch hier wurde wie beim Schnitt ein fremder Besucher mit einem Flachsseil «verschnürt» und mußte sich mit einem Trinkgeld «lösen», oder es wurden ihm zu diesem Zweck die Schuhe abgestaubt. Aus dem zuletzt gerauften Flachs flochten die Frauen einen dicken Zopf und verehrten ihn dem Bauern oder Grundbesitzer, der ihnen daraufhin einen Liter Kornbranntwein spendierte. Am Schluß des Flachsraufens erhielten die Arbeiterinnen in der Regel ein Festmahl. Auch das Hänseln des Neulings bei der Arbeit wird vielfach bezeugt. Das waren allgemein übliche Arbeitsbräuche.

Nun aber folgt eine Reihe von Handlungen, die das Spezifische der weiblichen Gruppe kennzeichnet. Zunächst einmal wurde auf dem Flachsfeld weibliche Solidarität gefordert. Sämtliche folgenden Belege stammen aus der Mannhardtbefragung von 1865 und damit aus dem damaligen deutschen Sprachraum; zu den einzelnen Ortsbelegen vgl. Weber-Kellermann 1978.

In den Berichten heißt es: Der Flachs wird mit den Händen herausgerupft. Dabei muß jede vorübergehende weibliche Person mitarbeiten und ihre drei *Himpel* (= Handvoll) reffen, damit sie bei der Kirchweih tanzen darf! Jedes Frauenzimmer, das vorübergeht, wird angerufen, um eine Handvoll Flachs auszurupfen. Wer sich weigert, wird die Krätze kriegen! Oder sie wird geneckt, was manchmal mit groben Balgereien endet. Dem letzten Besucher des Flachsfeldes wird eine Schürze vorgebunden, um auf diese Weise ein Trinkgeld zu erhalten.

Es bestand eine Fülle derartiger Vorschriften, die die Ausnahmestellung der Frauen auf dem Flachsfeld ausdrückten, ihre angemaßten und auch bewilligten Rechte für diese Situation: Den Vorübergehenden wurden Schimpfnamen nachgerufen, und mancher reiche Bauer mußte sich Dinge anhören, die ihm sonst

In dies bäuerliche Leben warf zu jener Zeit noch der viel angebaute Flachs mit seiner himmelblauen Blüte einen poetischen Schimmer und spann aus seinem feinen Stengel einen Faden des Weltverkehrs. Die Spinnräder schnurrten im Winter bei geselligen Zusammenkünften; da es denn zur Liebesartigkeit des jungen Burschen gehörte, neben einer Spinnerin sitzend, ihr die aus dem Rock fallenden Flachssplitter von der Schürze zu streichen und bei schalkhafter Ungeschicklichkeit einen Klapps hinzunehmen.

Heinrich König (1780–1869): Auch eine Jugend. 1852, S. 117

Daniel Chodowiecki (1726–1801): Die Flachsbereitung.

niemand ins Gesicht zu sagen gewagt hätte. Die schärfsten Anmaßungen stammten aus Hessen und dem Rheinland. Die mit dem Einernten des Flachses beschäftigten Frauen und Mädchen mußten von den Vorübergehenden so begrüßt werden: «Gott grüß Euch, Ihr Jungfrauen und Ihr Weiber, Euer Flachs soll werden wie Samt und Seide!» Die Mädchen, die den Flachs an einem Tag brachen, hießen «die Herren»; sie nahmen den Vorübergehenden die Mütze vom Kopf, die diese für ein Trinkgeld zurückkaufen mußten. Männer, die am Flachsfeld vorbeigingen, mußten den Hut ziehen, sonst wurden sie von den Arbeiterinnen dazu gezwungen; grüßte aber der Vorübergehende mit den Worten: «Gott helf Euch, Ihr Herren!» so mußten die Arbeiterinnen ihn bewirten. Die Mädchen und Frauen auf dem Flachsfeld nahmen den vorüberkommenden Burschen und Fuhrleuten die Peitsche oder den Hut ab, die diese durch einen Schoppen süßen Branntwein einlösen mußten. Dazu noch eine Beschreibung aus dem Bezirk Trier:

«Gerät der Flachs gut, so läßt ein Reicher ihn auf einmal brechen und schwingen und dingt dazu so viele Mädchen, daß er an einem Tag fertig wird. Diese Mädchen heißen ‹Herren› und kommen leicht in sonderbaren Konflikt mit den Dreschern. Gelangen sie in die Scheuer, wo gedroschen wird, so entsteht ein wildes Ringen. Sie suchen, den Dreschern Mütze und Hut abzunehmen, und bewerfen sie mit ‹Ahnen› (Flachsabfälle), die gerne ankleben. Erwischen aber die Drescher einen solchen ‹Herrn›, so wird er ohne Gnade in ein Bund Stroh gebunden und muß sich still verhalten.»

Was sollte damit gesagt sein? Jede der miteinander wettstreitenden Gruppen benutzte als Kampfmittel den Rückstand des Materials, das sie arbeitsmäßig beschäftigte, Flachsabfälle und Stroh, also gewissermaßen das Zeichen der Tätigkeit, für die sie kompetent waren. Die Flachsarbeiterinnen wählten sich zum Kampf im Arbeitswettbewerb eine Gruppe, die, genau wie sie, für kurze Zeit für eine bestimmte schwere Arbeit eingesetzt war und diese Arbeit als Kollektiv der «Könner» mit einer Art von Berufsstolz vollbrachte. Mit dieser Auswahl des Gegners ist eine Homogenität des Arbeitsbewußtseins ausgedrückt, die die Männer, die Drescher, durchaus akzeptierten. Die Mädchen als «Herren» bewarfen sie nicht nur mit Flachsabfällen, was allgemein als Zeichen für männlichen Samen galt, sondern nahmen ihnen auch Hut und Mütze ab, den Vorübergehenden die Peitsche – also erotisch-sexuelle Zeichen ihrer Männlichkeit. Damit erhoben sie sich über die sonst überlegene Männergruppe, die sie – die Flachsarbeiterinnen – jetzt als «Herren» grüßen mußten. So entstand eine «Verkehrte Welt» nicht nur auf der sozialen, sondern vor allem auch auf der geschlechtlichen Ebene.

Dahinter steckte eine Fülle allgemein menschlicher Erlebnisse auf dem wirtschaftlichen Sektor. In der Literatur wird durchgängig die unterdrückte Lage der Frauen in der Landwirtschaft deutlich. Wohl galten sie in den arbeitsteiligen Prozessen wie Heuernte, Getreideernte, Rübenernte usw. stets als notwendige Partnerinnen der Männer – ja, bei der Getreideernte erwiesen sich Mäher und Binderin auf den Gütern geradezu notwendig als *Pasch*, als Arbeitspaar. Dennoch wurde die Bedeutung der Frauenarbeit meist nicht entsprechend anerkannt, als untergeordnet abqualifiziert, und danach richtete sich auch ihre minderwertige und unzureichende Entlohnung. Die Traditionen einer patriarchal organisierten Lebensordnung waren zu mächtig, die sozialen Bewegungen auf dem Lande zu schwach, als daß es von seiten der Frauen und Mädchen eine Auflehnung gegen diese Ungerechtigkeiten hätte geben können.

Die Flachsarbeit war eine Ausnahme. Hier auf dem Flachsfeld durften die Frauen für kurze Zeit ihre Fähigkeiten beweisen, durften zeigen, was sie alleine ohne männliche Hilfe vermochten, mit welcher Geschicklichkeit sie in dem vorgegebenen Termin (auch das ist Teil des Arbeitsbrauches) das Flachsfeld abernten und die Bunde brechen konnten. Dieser Arbeitsprozeß war eine Ausnahmesituation, erhöhte ihre Position über das Alltägliche hinaus und gab ihnen kurzfristig Macht über die ihnen sonst überlegenen Männer.

Die Deutung der Flachsbräuche läßt sich also vornehmlich auf die Opposition Frauen-Männer konzentrieren, womit nichts geringeres gesagt ist, als daß Handlungen und Zeichen einen inneren Zusammenhang verraten und verbergen.

Die hier vorgeführten Beispiele von Bräuchen aus dem ländlichen Arbeitsleben, die mit dessen Modernisierung mehr oder weniger vergangen sind, zeigen in besonders deutlicher Weise den *Kommunikationscharakter* von Bräuchen. Immer ist das gemeinsame Wissen von «Sendern und Empfängern» die Voraussetzung für ihr Funktionieren. Immer bilden die Bräuche den Text, die «Sprache», mit der sich die Beteiligten verständigen. Das belegt aber nicht nur die These, daß Bräuche eine bunte Rede in Form von zeichenhaften Handlungen sind. Es sagt auch etwas aus über die Unfähigkeit der Teilnehmenden, ihre Probleme auf andere Weise auszusprechen, also über ihre Sprachlosigkeit. Das galt vielleicht besonders für die Landarbeiter, für die Knechte und Mägde. Noch für die Zeit nach dem Zweiten Weltkrieg schreibt Franz Innerhofer über sein Heimatdorf im Salzburger Land:

«Die Dienstboten wußten um ihr Elend, aber sie hatten keine Worte, keine Sprache, um es auszudrücken, und vor allem keinen Ort, um sich zu versammeln.

Jetzt waren wir dem Hause nahe, durch dessen Fenster der Lichtschein fiel. Es ging drinnen lebhaft zu, wir hörten wie viele jugendliche Stimmen sangen, und mit Freuden erkannte ich den Gesang. Wir blieben stehen und lauschten, und ich summte leise mit:

«In der Heimat ist es schön,
Auf der Berge lichten Höhn,
Auf den schroffen Felsenpfaden,
Auf den Fluren grüner Saaten,
Wo die Herden weidend gehn,
In der Heimat ist es schön.

In der Heimat ist es schön,
Wo ich sie zuerst gesehn,
Wo mein Herz sie hat gefunden,
Ewig sich mit ihr verbunden,
Dort werd' ich sie wieder sehn,
In der Heimat ist es schön!»

Der Gesang war beendet, man hörte lachen und sprechen. Nun traten wir ein. Es war in der Stube so laut, daß niemand unser schüchternes Klopfen hörte. Da öffnete die Mutter leise die Tür, und ich schob neugierig den Kopf an ihr vorbei und betrachtete staunend das belebte, eigenartige Bild, das sich unseren Blicken bot. Burschen und junge Mädchen saßen in weitem Kreis in der großen Bauernstube. Die Mädchen hatten Spinnrocken vor sich stehen, die mit lustigen, bunten Bändern geschmückt waren. In weitem Bogen drehten sie die schnurrenden Spindeln. Dieses heitere Bild wurde durch einen düster brennenden Kienspan, der in einem großen, eisernen Leuchter festgeklemmt war, unruhig beleuchtet. Beim großen Kachelofen lag ein ganzer Stoß Kienspäne. Das Bild war so eigenartig und reizvoll, daß ich es nie vergessen werde. Ich hatte in Geschichten von Kienspänen gelesen, gesehen hatte ich sie nie. Endlich bemerkte man, daß wir an der offenen Tür standen, aller Blicke richteten sich plötzlich nach uns. Hinter dem Ofen trat eine Frau hervor, die ärgerlich rief: «Macht doch die Tür zu bei der Kälte.»

Charitas Bischoff (1848–1925): Bilder aus meinem Leben. 1912, S. 163

Alles, was nicht Arbeit war, wurde heimlich gemacht. Man hatte es so eingerichtet, daß die Dienstboten einander nur mit den Augen, mit Anspielungen und mit Handgriffen verständigen konnten. Wenn irgendwo im Freien eine Magd beim Jausen von einem Knecht das Taschenmesser nahm, konnten die andern mit Gewißheit annehmen, daß er noch am selben Abend bei ihr im Bett lag.» (S. 24)

Die Hanfbereitung bei Lahr in Baden. (Malerische Darstellungen aus dem Großherzogtum Baden von 1823)

Abgesehen von der hier angesprochenen Welt der Erotik und Sexualität, der Sprachlosigkeit zwischen den Geschlechtern, wurde besonders die Sphäre der sozialen Abhängigkeiten zum Gegenstand brauchmäßiger Artikulation. Wie sich in der Ernte die verarmte Gruppe der Landarbeiter mit der Sprache der Bräuche bescheidene Sonderrechte erkämpfte, so verschaffte sich bei der Flachsernte die unterprivilegierte Gruppe der Frauen eine kurzfristige Geltung durch die engagierte Ausübung von Bräuchen.

Die Armen, die Schwachen agierten durch den Einsatz traditioneller, aber frisch kombinierter Brauchelemente; die Reichen, die Herrschenden konnten nur reagieren. Diese Tatsache sagt auch etwas aus über das Qualitätsgefälle in der Dorfkultur, das in diesem Falle entgegengesetzt zur Besitzhierarchie ablief. Die Unfähigkeit zum sprachlichen Ausdruck, die mehr oder weniger ja alle Landbewohner betraf, ist zur Begründung für die Fülle brauchtümlicher Handlungen und Gesten mit heranzuziehen. Hier hatte sich ein Verständigungsinstrumentarium herausgebildet, das verbindlich war, durch Variationen aber zugleich gewisse Freiheiten erlaubte, wie beispielsweise bei den Flachsarbeiterinnen.

Hundert Heiligentage

Der Einfluß der Kirche auf den festlichen Brauchkalender

Schön bemalte russische Osterei-Ikone, Anfang des 19. Jahrhunderts, wie sie in Porzellan in den oberen Ständen als Geschenk verteilt wurde, aber auch sonst als Wandschmuck diente. Nikolaj Gogol (1809–1852) schreibt in seinem Roman «Tote Seelen» (1842): «Im Zimmer (eines Wirtshauses) fand man namentlich: einen schön gelöteten Samowar, glatte Wände aus Tannenholz, einen dreiwinkligen Schrank mit Teekannen und Tassen, vergoldete Porzellaneier an blauen und roten Bändern vor den heiligen Bildern hängend.»

Kalenderbräuche sind nicht nur an bestimmte Daten des Kirchenjahres gebunden, sondern beziehen auch ihren Charakter wesentlich aus solcher Bindung. Die Kirche hat die Heiligentage zu festen Punkten im Kalender gemacht, auf die sich nun kirchlicher und weltlicher Brauch konzentrieren. Unter kirchlichem Schutz und Einfluß entwickelten sich zahlreiche Jahresbräuche und mischten sich mit weltlichen Festelementen. So entstand eine unteilbare Symbiose vieler Festmotive, und es wäre falsch, sie auseinanderzudividieren. Die Kirche als Instanz vermittelte aber auch mit der Setzung dieser Feste ihre Autorität.

Auf dem Lande bezeichneten die Kalenderfeste zumeist auch Einschnitte im bäuerlichen Wirtschaftsjahr, brachten wohltuende Pausen in die «sauren Arbeitswochen». Da es ja zum Teil bis weit nach dem Zweiten Weltkrieg keinen Urlaub und keine verbindliche Freizeit für die arbeitende Landbevölkerung gab, erfüllten die Kalenderfeste in dieser Beziehung eine sehr wichtige Funktion, und auf ihre Einhaltung wurde von der Kirche wie von den Gläubigen streng geachtet. So erhielten sich beispielsweise auch im protestantischen Mecklenburg noch lange Zeit alte Heiligennamen für Festtage im bäuerlichen Wirtschaftsjahr, die zumindest in Wetterregeln und Arbeitsverboten weiterlebten (Teuchert). Zu den großen Kirchenfesten wie Ostern, Pfingsten, Weihnachten gab es einst vier Feiertage, dann drei, und zu Ende des 18. Jahrhunderts wurde nach und nach in den Fürstentümern «die Feyer des dritten Tages der drey hohen Feste» durch landesherrliches Verbot eingestellt, da sie «von den mehresten nur zur sinnlichen Lust, Müssiggang und Ueppigkeit, sehr oft auch gar zu gröberen Ausschweifungen angewendet werde». So schrieb Herzog Carl zu Braunschweig und Lüneburg und verbot 1773 den dritten Feiertag in seinen Landen. Die Landesherren hatten, wie noch dargestellt werden wird, aus Furcht vor Ausschreitungen nur selten Freude an dem festlichen Treiben ihrer Landeskinder; doch lebte der dritte Feiertag in den Brauchtraditionen lange fort und ließ sich nicht so ohne weiteres abstellen.

Ob es sich bei der Vielzahl von Festtagen um «Wegstationen des Atemholens der Seele» handelt, wie von kirchlicher Seite formuliert wird, oder «um einen Wirtshaustag mehr», wie die Gegenseite meinte, sei dahingestellt. Richtig dürfte es sein, ihre wichtige Rolle für die Zeit vor den Tarifverträgen anzusetzen und einzuschätzen – die kirchlich legalisierte und freilich auch mit Kirchenbesuch und Prozessionen besetzte Freizeit inmitten harter ländlicher Arbeit.

Mit der Mechanisierung der Landwirtschaft und der Verbürgerlichung auch der agrarischen Welt löst sich der traditionelle Festkalender allmählich auf, bilden sich in Stadt und Land neue Formen festlichen Verhaltens. Weithin werden die alten Feiertage durch Ferien und Urlaub abgelöst.

Nicht alle hundert Heiligentage, die es gab und gibt, werden hier abgehandelt, sondern nur die entscheidenden Einschnitte der kirchlichen Jahresrhythmisierung und ihre Funktion im Brauchleben der agrarischen Gesellschaft vorgestellt.

Straußenei, bemalt mit Hirtenszenen aus dem Schweizer Kanton Appenzell, um 1960.

Ostern

Ostern ist mit Sicherheit neben Weihnachten der brauchreichste Termin im Kirchenjahr, das Fest der Auferstehung Christi. Doch täte man den österlichen Brauchtraditionen im ganzen Unrecht, wollte man sie nur der christlichen Gedankenwelt zuordnen oder sie gar aufspalten in solche mit christlichem Gehalt und solche mit nicht-christlichem, also heidnischen Vorstellungen. Die Christianisierung Mitteleuropas traf auf bereits gestaltete Frühlingsfeste, die den Sieg der Sonne und Wärme über den Winter zum Inhalt hatten. Solche Gedanken vereinten sich mit dem christlichen Auferstehungsmythos zu einer unteilbaren Symbiose und bildeten mit zahlreichen Sinnbildern die Ganzheit einer Brauchperiode von eindringlicher Kraft.

Jacob Grimm hat im Geiste einer romantischen Wissenschaft den Namen des Osterfestes von einer angeblichen germanischen Göttin Ostera hergeleitet, was jedoch nicht nachweisbar ist. Vielmehr scheint die sprachliche Gleichung Ostern mit Osten, der Himmelsgegend des Sonnenaufgangs, so gut wie sicher. Im übrigen weist das Wort Ostern als Dativ pluralis «ze den ostern» auf ein seit alters her mehrtägiges Fest hin. Der deutsche Name selbst scheint also noch vorchristlich zu sein, während die romanischen Sprachen die biblisch-jüdische Passahbezeichnung übernommen haben. Die gesamte Osterzeit ist wegen des Gleichklangs kosmischer und christlicher Glaubensvorstellungen, wie ihn Goethe im Osterspazierung («Faust») feierte, mit zahlreichen Bräuchen erfüllt, von denen hier nur eine Auswahl – vor allem um die Sinnbilder Feuer und Ei – genannt werden soll. In der Begegnung zwischen Tod und Leben, Kreuzigung und Auferstehung, Vergehen und neuem Wachstum, Fasten und Verschwendung, Untergang und Erlösung überwiegt letzten Endes die positive, dem Leben zugewandte Seite.

Vor der Kirchentür werden am Palmsonntag Kätzchenzweige verkauft. München, um 1830.

Der Palmsonntag in Erinnerung an den feierlichen Einzug Jesu in Jerusalem leitet die Karwoche ein, wobei *chara* in der Bedeutung von Trauer wortbildend war. Der «dominica palmarum» wird in der katholischen Kirche von der Palmweihe gekennzeichnet, an deren Stelle in unseren Breiten die Kätzchen der Salweide, Haselnußzweige und ähnliche einheimische Pflanzen treten. Solche «Palmkätzchen», wenn auch ungeweiht, begleiten ebenso die Osterzeit im protestantischen Norden, vielfach geschmückt mit Bildgebäcken und neuerdings behängt mit ausgeblasenen, gefärbten Ostereiern – ein österlicher Zimmerstrauß. Die geweihten Palmkätzchen mit ihrem Segensgehalt spielten in der alten agrarischen Welt eine große Rolle: Man hob die Sträuße auf und steckte sie unters Dach, um das Haus vor Feuer zu bewahren, oder trug sie auf die Felder als Schutz gegen Hagel. Man trocknete sie und fütterte damit das Vieh zum Schutz gegen Krankheit, und bei besonders schlimmen Übeln wurden sie auch von Menschen geschluckt; man schlug sich mit den Sträußen auf den Rücken gegen Kreuzweh, und bei den Protestanten ersetzte das liebevoll-scherzhafte Schlagen mit frischen Ruten diesen alten Segensgedanken: «Schmack-Ostern» rief man dabei in Ostpreußen, was soviel heißt wie: rieche oder schmecke das frische Grün (Kube, Walter).

Kirchliche Palmsonntagsprozessionen sind im Abendland seit dem 7. Jahrhundert bezeugt. Als ihr schönstes Zeichen gelten große, geschmückte Palmstangen, die man zum Beispiel im Schwarzwald bis heute mit kunstvollen Mustern aus gefärbten Hobelspänen verziert. Die Burschen legen ihren Ehrgeiz darein, bei der Prozession mannshohe und sogar haushohe Palmstangen zu Ehren ihres Dorfes zu tragen, sogenannte Gemeindestangen, die dann neben dem Altar oder vor der Kirche aufgestellt werden (Künzig 1966; Schwedt 1984, S. 74f.).

Das Schauspiel der biblischen Einzugsprozession bewahrte sich noch deutlicher in Umzügen, bei denen Geistliche oder Ministranten auf einem Esel ritten und damit Christus darstellten. Heute sind solche Prozessionen nur noch vereinzelt anzutreffen. Der hölzerne Esel aber, der auf einem Karren mitgeführt wurde, ist noch in manchen Museen aufbewahrt – wie auch im Gedächtnis eines Erzählers, der sich an einen Kinderbrauch in Nachfolge des Prozessionsritus mit dem Palmesel erinnert.

Im Salzburgisch-Oberbayerischen durften die Kinder nach einem Bericht von 1785 auf einem lebendigen Palmesel reiten, bis das Konsistorium das «Eselsfest» verbot. Man sieht also, welche inhaltliche Wandlungen sich mit einem Bildnis vollziehen konnten. Kein Wunder, wenn die Kirche solche Belustigungen und ihre Folgen untersagte.

In ganz anderem Zusammenhang stehen die Passionsspiele um das Leiden, Sterben und Auferstehen Jesu Christi. Sie waren der wichtigste Stoff des mittelalterlichen und barocken geistlichen Dramas und haben sich zum Teil bis heute erhalten. Anfangs dienten sie einer des Lesens und des Lateins unkundigen Bevölkerung zur Veranschaulichung des kirchlich gesprochenen und gesungenen Wortes. Dann folgte eine vielgestaltige Entwicklung, die sich unter jesuitischem Einfluß besonders im Süden Deutschlands vollzog. Umzugsspiele mit einzelnen Szenen zogen sich über vier Tage hin: am Gründonnerstag das Urteil und der Abschied Christi von seiner Mutter vor der Kirche, dann die Ölbergszene im Kirchenraum selbst; am Karfreitag Leidensweg und Kreuzigung im Freien auf dem Stationenweg und am Karsamstag das Auferstehungsspiel wiederum in der Kirche.

Daß die Laienspieler dieser Szenen besonders im Freien mit eigenen Textzutaten und Improvisationen zur Popularisierung lebhaft beitrugen und auch Passagen aus

Meine Mutter wußte noch von dem Palmenesel, der nun leider verendet war. Aus Holz gezimmert und durch die Stadt rollend hatte er einen jauchzenden Schweif der Jugend hinter sich hergezogen. Wo er still hielt, hatte man sich, nicht um den langbeohrten Kopf, sondern um die namenlose Öffnung unter dem Schwanze gedrängt, woraus man ein buntes Ei nach dem anderen holte. Dies gelang aber nur Einzelnen. Die Andern rangen und rauften sich um den Glückstopf, der doch die meisten Hände leer ausgehen ließ.

Heinrich König (1790–1869): Auch eine Jugend. 1852, S. 31 f.

Palmesel auf Rädern für die Prozession. Schweiz, seit dem 13. Jahrhundert.

Karfreitagssängerinnen in der Lausitz, um 1950.

anderen Brauchspielen mit hineinmischten, gehört zum Charakteristikum solcher Traditionen. Gerade der Gegensatz zwischen dem würdigen Sprachstil der Schultexte und den groben, spontanen, mundartlichen Auslassungen, zum Beispiel der Kriegsknechte, erhöhte die Spannung und Anteilnahme der Zuschauer. Daneben jedoch gab es auch ausgeprägte Bühnenspiele in eigenen Festspielhäusern wie das aus dem 17. Jahrhundert stammende *Oberammergauer Passionsspiel* (Rappmannsberger), das dann im 18. Jahrhundert eine durchgreifende Barockisierung und Theatralisierung erfuhr. Angeblich im Jahre 1633 (oder etwas später) hatten die Oberammergauer Bauern und Holzschnitzer gelobt, für die Errettung vor der Pestilenz alle zehn Jahre die biblische Leidensgeschichte darzustellen. Das älteste erhaltene Spielbuch stammt von 1662, geht aber auf Quellen bis ins 15. Jahrhundert zurück (Hartmann). Ständig wurde an dem Text «renoviert», bis der Ettaler Pater

Jungen mit Karfreitagsklappern für den Glockendienst im Dillenburger Land, 1970.

Weihe der Osterkuchen, um 1890 (rechts).

Ferdinand Rosner 1750 eine hochbarocke Neugestaltung des Spiels vornahm. Aber auch danach gab es weitere Änderungen, und die entscheidende Überarbeitung, die bis 1980 als Textbuch galt, gestaltete 1860 Pfarrer Daisenberger. Bei der Vorbereitung zu den beiden letzten Spielen 1970 und 1980 gab es allerdings Auseinandersetzungen darüber, ob man nicht lieber den alten Ettaler Text verwenden solle, da die Neufassung von 1860 neben anderen Unzulänglichkeiten auch peinlich antisemitische Züge trägt. Aber bisher konnten sich die «Traditionalisten» durchsetzen.

In der Karwoche werden die glänzenden Heiligen- und Altarbilder in den Kirchenräumen verhüllt, legt die Kirche sichtbar Trauer an. Damit beginnt insgesamt eine dramatische Inszenierung der letzten Tage vor dem österlichen Auferstehungsfest. Von Karfreitag an setzt auch das Läuten der Glocken aus, die – wie man im Volksmund sagt – nach Rom gereist sind und erst in der Osternacht wieder zu hören sein werden. Statt dessen übernehmen die größeren Schuljungen mit weithin

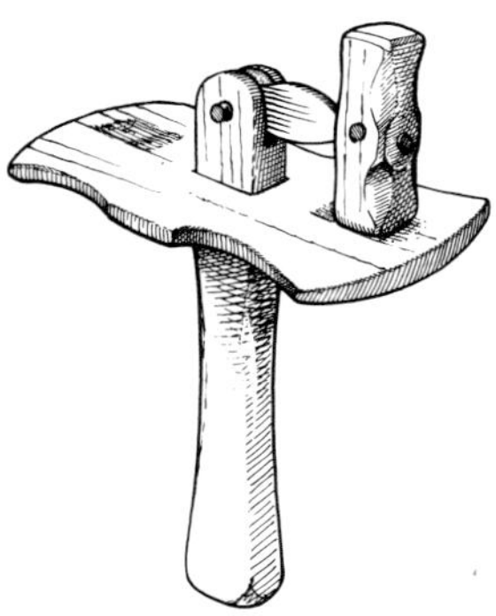

Holzklapper aus der Eifel für den vorösterlichen Glockendienst, um 1880.

vernehmbaren Ratschen und Klappern den Glockendienst, wofür sie bei einem abschließenden Heischegang von den Dorfbewohnern Eier, Gebäck oder Geld erhalten. In der Eifel rufen sie an den Haustüren:

> «Hier kommen die Jungen, die geklappert haben,
> die hätten auch gern ein Osterei,
> eines oder zwei, eins oder drei
> und einen tüchtigen Wecken dabei!»

Die dramatische Ausgestaltung des großen österlichen Wendetermins vom Dunkel zum Licht zeigt sich auch in anderen traditionellen Bräuchen. Innerhalb der katholischen Liturgie sind ja die drei letzten Tage der Karwoche dem Gedächtnis des Leidens und Sterbens Christi gewidmet. Sie waren lange begleitet von Finstermetten, abendlichen Gedächtnisgottesdiensten, bei denen an den Leuchtern im Kirchenraum ein Licht nach dem andern verlosch und der Schluß der Andacht vom Priester durch das Pochen mit Stäben angezeigt wurde, das dann die Gläubigen in der Kirche wiederholten. Dieses Ritual der sogenannten *Pumpermetten* hat sich zunächst lange auf das liturgisch geregelte Klopfen an bestimmten Stellen beschränkt. Erst als mit der Entwicklung des weltlich-städtischen Schulwesens auch die Schüler in die Feier einbezogen wurden, verwandelten sie dieses Klopfen zu ihrem eigenen festlichen Beitrag. Die Schüler erhielten auch sonst bei den Prozessionen weitgehende Funktionen des Singens, des Brotsammelns und – wie schon berichtet – des Ratschens und Klapperns (Moser 1956).

Auch die Speiseregeln der Karwoche als katholischer Fastenzeit tragen zum spannungsreichen Charakter dieses Wendetermins bei und vermischen sich mit jahreszeitlichen Assoziationen. So ist es eine weitverbreitete Sitte, am Gründonnerstag etwas frisches Grün zu essen, Kräutersuppe, Salat oder Spinat; so sollen die am Gründonnerstag gelegten Eier besondere Wirkung für Kraft und Gesundheit haben. Doch beruhen diese Vorstellungen auf einem volkstümlich-etymologischen Mißverständnis, denn eigentlich bezieht sich der Name Gründonnerstag auf eine Bibelstelle aus dem Lukasevangelium im Zusammenhang mit der Taufe der Neulinge. Dazu wird gesagt: «Wenn dies am grünen Holz geschieht [...].» Die Volksphantasie hat sich ihren eigenen Vers darauf gemacht und verständlichere Erklärungen gesucht und gefunden.

Zu diesem Zeitpunkt beginnen auch vorösterliche Kinderbräuche: Die Kinder suchen ihre Paten mit besonders geflochtenen Gründonnerstagskörbchen heim, um Eier und Backwaren als Patengeschenke zu erhalten, ein Brauch, der jedoch nichts mit dem kindlichen Ostereiersuchen zu tun hat.

Der Karfreitag ist in protestantischen wie katholischen Gegenden ein Tag der ernsten Besinnung, an dem alle Arbeit ruht. Die Gräber werden besucht, Prozessionen veranstaltet.

Besonders aber wird der religiöse Gesang an diesem Tag auch brauchmäßig gepflegt: Berühmt ist bis heute das Karfreitagssingen der jungen Mädchen in der Lausitz, die sich in einer eigenen Kleidung – schwarze Kirchentracht mit weißem Kopfband – in Gruppen zusammenfinden und gewissermaßen in Halbtrauer im Freien singen. Für die Jahrhundertwende hat Willibald von der Schulenburg diesen Brauch folgendermaßen beschrieben (vgl. Abb. S. 61):

«Da, wo eine Spinnstube war, versammeln sich an den vier Sonntagen vor Ostern und am stillen Freitag, wenn die Dunkelheit aufkommt, die Spinnmädchen aus den Spinnstuben und gehen dann hinaus auf ein freies Feld in der Nähe, treten in einen Kreis und singen sorbische Auferstehungslieder. [...] Die beste ist Vorsängerin, sie beginnt, die anderen fallen ein. Es hat etwas Geheimnisvolles und

Österliches Eiersammeln der Findelkinder. (Kupferstich Nürnberg, um 1785)

Am Gründonnerstag wurde das «Heiliggrab» aufgebaut: eine Theaterkulisse aus Holz und Pappe, eine Mischung aus Felsengrab, Palmengarten und Gralsburg, im untern Teil eine Höhle, noch leer, im obern zinnenbewehrt und überall gesäumt von bunten Glaskugeln, die ein farbig gedämpftes Licht gaben. Ganz oben ein ebenfalls noch leerer Platz.
Bei der Feier am Gründonnerstag war die Kirche hell, die Orgel spielte das Gloria mit vollem Werk, die Monstranz strahlte, die Ministranten schüttelten begeistert die Dreiklangschellen. Man feierte Gegenwart und Abschied. Plötzlich erlosch die Sonne, die Monstranz wurde verhüllt und weggetragen, verborgen, die Orgel schwieg, die Ministranten stellten die Schellen weg und griffen nach dem klanglosen Trauerinstrument, den hölzernen «Ratschen». Das große Schweigen begann, denn nun fing Jesu Leiden auf dem Ölberg an. Am Karfreitag war die Kirche nachtdunkel: die Fenster waren mit violetten Tüchern verhängt.

Luise Rinser (*1911): Den Wolf umarmen. 1981, S. 276

14jähriger verbrannte im Osterfeuer

Korbach (lh). In einem riesigen Osterfeuer verbrannte in der Frühe des ersten Osterfeiertages der 14 Jahre alte Schüler Horst Schmidtke aus Wirmighausen (Kreis Waldeck). Der Junge hatte mit zwei gleichaltrigen Kameraden in der Nacht zum Ostersonntag Wache an einem gewaltigen Holzstoß gehalten, der nach alter Dorftradition am Ostersonntagabend abgebrannt werden sollte.
Unbemerkt von seinen Kameraden hatte sich Horst Schmidtke vor Müdigkeit auf das Stroh im Inneren des Holzstoßes gelegt und war eingeschlafen. Gegen 5 Uhr in der Frühe des ersten Feiertages fuhr plötzlich ein Personenwagen mit fünf Männern aus der Nachbargemeinde Adorf vor. Die Männer sprangen aus dem Auto, schlichen sich an den Holzstoß, und einer von ihnen zündete das Stroh an. Im Nu stand der zehn Meter hohe Holzhaufen in hellen Flammen.
Auf diese Weise sollte aus alter Rivalität zwischen den beiden Gemeinden das Wirmighäuser Osterfeuer vorzeitig abgebrannt und den Einwohnern ein Streich gespielt werden. Wie die Ermittlungen der staatlichen Kriminalpolizei Korbach ergaben, hatten die Männer aus Adorf keine Ahnung, daß sich im Holzstoß ein Mensch befand. Der Junge wurde zunächst überall in der Umgebung gesucht, aber erst nach drei Stunden konnte seine verkohlte Leiche aus der Asche des Osterfeuers geborgen werden.

OBERHESSISCHE PRESSE, Ostern 1969

Ergreifendes, wenn man diese dunklen Gestalten dastehen sieht auf flachem Felde, in der Stille der Frühlingsnacht und hört ihre schwermütigen Gesänge zum Himmel erschallen und aus der Ferne andere Lieder herüberklingen.» (S. 142f.)

Am Ostersamstag beginnen die Vorbereitungen für die freudige Seite des Festes. Nun treten alle traditionellen Brauchelemente zusammen, um den Scheidetermin zwischen Tod und Auferstehung, zwischen Kälte und Frühlingswärme auszuzeichnen.

Da ist das lebendige, wilde Osterfeuer – und seine gebändigte kirchliche Form, die Osterkerze: eine übergroße dicke Kerze, ein Meisterwerk der Wachszieherkunst, wird – besonders in den romanischen Ländern – während der Osternachtfeier entzündet und später zur Weihe des Taufwassers benutzt. Bis ins 4. Jahrhundert reichen die Belege von der Weihe der Osterkerze, die zunächst wohl als Votiv

Geätzte Ostereier aus der Lausitz.

gedacht war. Sie symbolisiert den Sieg des göttlichen Lichtes über die heidnische Finsternis und gilt zugleich als Abbild Christi, weshalb sie auch mit fünf Körnern als Zeichen für die Wunden Christi besteckt wird. Früh verband sich gerade mit der Osterkerze auch allerhand Zauberglaube.

Über den deutschen Sprachraum – und darüber hinaus – waren Osterfeuer verbreitet (FREUDENTHAL 1931). In einem Brief des Papstes von 751 an Bonifatius liegt bereits ein indirektes Zeugnis für diese Feuerbräuche vor. Jedenfalls ist seit dem 15./16. Jahrhundert eine festere Tradition – wenn auch mit Unterbrechungen – belegt. Es vermischen sich zu Ostern die mit anderen Jahresfeuern verbundenen Formen wie zum Beispiel das Scheibenschlagen. Wiederum treten meist die größeren Schuljungen als Brauchträger auf, errichten die Holzstöße auf Bergeshöhen und entzünden sie in der Osternacht. Zuweilen vermischt man sie mit den Gedanken der Judasverbrennung; die Judasjagd als Osterbrauch weitet sich zu ganzen Spielen aus, verbunden mit Spottliedern, die dann in den Kindergesang übergegangen sind. Das Ende des Spiels war oft eine symbolische Verbrennung des Judas als Strohpuppe im Osterfeuer. Daß die Gemeinden solche Bräuche offiziell pflegten, dafür zeugen ältere Bürgermeisterrechnungen mit gestifteten Summen für Holz. Heute ist das Holzsammeln dort, wo Osterfeuer veranstaltet werden, Sache

Eine Frau aus dem katholischen Mardorf in Hessen versorgt das Ergebnis ihrer Ostereiermalerei in Wachsreservetechnik, um 1970.

Das Lettern, wie es früher üblich war, als die bemalten Eier als Liebesgeschenk der Mädchen an ihren Burschen galten.

der großen Schulbuben, die solche Bräuche organisieren und als Wettbewerb zweier rivalisierender Gruppen aufbauen und entzünden. Schon viele Wochen vor Ostern beginnen sie mit dem Holzsammeln – mit und ohne Erlaubnis des Försters. Am Karfreitag fängt der «Bau des Feuers» an, der zwei Tage dauert mit dem Eingraben von Giffeln im Quadrat, dem Aufrichten der acht bis zehn Meter hohen Osterstange, oft in Kreuzesform, und dem Bau des Kessels, der dicht mit Tannenreisig gefüllt wird. Auf diesem Fundament werden zehn Ringe aus trockenen Buchenreisern errichtet, wobei ein Trupp baut und der andere das Material herbeischafft. Am Osterabend entzünden sie den Holzstoß mit selbstgefertigten Fackeln, und wenn die Flammen am höchsten schlagen und das Holzkreuz sichtbar wird, werfen sie die Judaspuppe hinein.

Das beherrschende Sinnbild des Osterfestes aber sind die Ostereier. Das Ei als vollkommenes und makelloses Lebenssymbol hat stets Phantasie und Kunstsinn der Menschen bewegt. Als sichtbarer und allbekannter Träger des Lebens und der Lebenserneuerung wurde es früh zum allgemein gültigen Symbol. Hier verschmolzen christlicher Auferstehungsglaube und christliches Erlösungsmysterium mit vorchristlichem Naturkult: Wie das Küken aus der Eierschale, so brach am Ostermorgen Christus aus dem Grabe. In dieser Tradition findet sich in der

Ikonographie des Barock und Nachbarock eine Fülle von eiförmigen Darstellungen als kleine Geschenkbildchen, die sich die Gläubigen zu Ostern gegenseitig mit dem deutlichen Bewußtsein der Doppelsymbolik verehrten.

Es zeigt sich also gerade an diesem beliebtesten und bekanntesten Ostersymbol eine große phantasievolle Kreativität, die durch Jahrhunderte dem Osterfest ein so anmutiges Zeichen geschaffen hat. Wie alt sind die österlichen Bräuche um das Ei? Wohl gibt es vereinzelte Zeugnisse für kirchlich-klösterliche Speiseweihen, die bis ins 12. Jahrhundert reichen. Auch rotgefärbte Eier sind dabei; und rot – in der Farbe des Lebens – leuchten bis heute die Eier, die sich in Griechenland die Gläubigen beim großen Osternachtgottesdienst schenken. Man stößt mit der Spitze des eigenen Eies an dasjenige des Freundes und ruft: «Christus ist auferstanden!» Der andere antwortet: «Er ist wahrhaftig auferstanden!» So zeigt sich gerade

Mardorfer Frauen beim Eier-«Schreiben» mit flüssigem Wachs.

bei diesem griechischen und osteuropäischen Brauch die innige Verbundenheit des Eisymbols mit dem christlichen Auferstehungsgedanken und auch sein Charakter als Kommunikationsobjekt.

Im deutschen Sprachgebiet beweisen sich solche Zusammenhänge mehr indirekt. Über Verbreitung und Beliebtheit des Geschenkeies in der frühen Neuzeit unterrichtet anschaulich für Oberdeutschland, das Elsaß und die Pfalz eine Abhandlung des Arztes Georgius Franck: «De ovis paschalibus – Von Oster-Eyern, Satyrae medicae», erschienen in Heidelberg 1682. Er erwähnt auch Reisebeschreibungen und spricht von den schöngefärbten Eiern der Russen. Das Schenken von Ostereiern bezeichnet er als Paten- und Freundschaftspflicht, vor allem in den oberen Gesellschaftskreisen, wo der Begriff *Osterei* ganz allgemein für alle möglichen kunstvollen und scherzhaften Geschenke gegolten hätte. So hat auch Lieselotte von der Pfalz am 27. April 1717 nach ihren eigenen Worten «ein paar ostereyer von schildcrotten mit ein paar ringelcher» verschenkt.

Aufhängen der Eierkette als Beschluß eines Burschenbrauchs im hessischen Vogelsberg, 1969.

Schön geschriebene Eier aus Hessen.

Im Dorfe hatte sich noch das Schöpfen des Osterwassers aus dem Flüßchen, der Pleiske, erhalten. Das mußte schon bei Sonnenaufgang geschehen, und es durfte kein Wort dabei gesprochen werden. Das Kichern, Lachen und Scherzen setzte erst ein, wenn die jungen Leute sich gegenseitig begossen. Auch unsere alte Kinderfrau Beate wusch uns am Ostermorgen mit einem von ihr selbst und auf ihre Art geweihten Wasser. Sie hatte ein Waldkraut, das sie «Wiedergedeih» nannte, das mußte nachts über im Wasser bleiben, und wenn sie es herausnahm, schwenkte sie es dreimal nach Osten und murmelte eine wendische Beschwörung dabei.

Fedor von Zobelitz (1857–1934): Ich hab so gern gelebt. 1934, S. 20

Über die Sitte des Ostereierschenkens im folgenden Jahrhundert berichtet zu Beginn des 18. Jahrhunderts der bayerische Pfarrer ANDREAS STROBLIN in einem dreiteiligen Exkurs auf den Heiligen Ostertag:

«Ich möchte wol wissen, vielgeliebte Zuhörer, was doch die aigentlich Ursach sey, warum man anitzo zur öesterlichen Zeit so große Freud hat mit den Ayern; schier überall, wo man geht und steht, zu Hauß und auf der Gassen redet man von den Oster-Ayern. Möcht einer vermeinen, man sollte sich vielmehr delectiren mit dem Fleisch und an die Ayer garnicht gedenken! Denn das Fleisch ist die ganze Fasten hindurch verbotten gewesen, dahero ist es keinem vor Übel zu halten, wenn er sich auf den Heiligen Ostertag freuet, denn heunt – sagt man im Sprichwort – ist die erste Hochzeit: es heuraten der Speck und das Kraut zusammen und ist das Fleischessen wieder erlaubt. Was muß aber die Ursach seyn, daß man sich ebenso wol mit den Ayern delectirt? Ein ganzes Jahr geschicht den Ayern nicht so vil Ehr als eben jetzt zur österlichen Zeit: man verguldet's, man versilbert's, man belegt's mit schönen Flecklen und macht allerhand Figuren darauf, man marmelirt's, man malt's auch und ziert's mit schönen erhebten Farben, man kratzet's aus, man machet etwan ein Osterlämblein, ein Pelikan, so seine Jungen mit aignem Blute speist, oder die Urständ Christi oder was andres darauff, man färbt's grün, roth, gelb, goldfarb etc. Man macht's auch schön gesprängt, und verehrt's hernach ein guter Freund dem andern. Ja, man tragt's in großer Menge in die Kirch zur Weych, und seynd ihrer gar viel, welche heunt vor allen andern Speisen ein lind gesotten Ay essen oder außtrinken. Wer kann mir dessen die Ursach geben? Antwort: Vorzeiten, wie dann noch in vielen Orthen, sonderlich in Welschland, seynd in der Fastenzeit die Ayr ebenso wohl verbotten gewesen als das Fleisch!»

Der fleischliebende bayerische Chronist, Pfarrer ANDREAS STROBLIN, hat zweifellos unter der Fastenzeit gelitten, und sicher ist es richtig, daß eine der möglichen Begründungen für die österliche Eierfreude in der Umkehr von der Fastenzeit zur Speisenvielfalt liegt. Die kirchliche Weihe der ersten Ostertagsspeisen trug noch zu deren ritueller Hervorhebung bei. So war und ist es in katholischen Gebieten üblich, aus Hefeteig in einer eigenen Backform ein Lamm zu backen, ihm Ei und Kirchenfahne zwischen die Vorderbeine zu stecken und dieses Gebäck am Ostersonntag in der Kirche weihen zu lassen.

Neckarau/Baden

Das war das Wettspiel der Ostereier am Ostermontag nach der Kiche. Vor dem Gottesdienst waren den Kindern die Ostereier, meist unter Blumen und Büschen versteckt, beschert worden; dann fand sich mit auserlesenen Eiern bewaffnet die Jugend in einem dichten Haufen auf dem Marktplatze ein, wo das Eierpicken begann. Der Junge, dessen Eispitze die des anderen zertrümmerte, erhielt dieses als Gewinn. Es pflegte aber unter den Wettenden niemals an solchen zu fehlen, die künstliche Eier hergestellt hatten, welche ihres Ei-Inhalts entleert und mit Pech gefüllt waren. Zwar entging dieses Verbrechen, wenn es entdeckt wurde, nicht einer tüchtigen Prügelstrafe. Aber es wurde doch oft genug nicht entdeckt, und namentlich der Pastorensohn ging in der Regel betrübt, weil eines beträchtlichen Teils seiner Eier auf diesem Wege beraubt, wieder nach Hause.

WILHELM WUNDT (1832–1920): In: Die Jugend großer Deutscher. 1944, S. 413 f.

Viele Einzelzeugnisse lassen sich zusammentragen, ohne daß man damit einer ernsthaften Erklärung der Vielfalt der Eierbräuche näherkäme. Erst die Frage nach den sozialen Beziehungen, innerhalb derer sich das Eierschenken abspielt, bringt deutlichere Aufschlüsse. In Bayern beispielsweise (und das dürfte auch für andere Landschaften zutreffen) gehörte die Funktion von Osterei und Osterbrot in obrigkeitliche oder kirchliche wirtschaftlich-rechtliche Brauchbereiche (MOSER 1957). Ostereier und österliche Zinseier waren zu verstehen als Teile österlicher Abgaben- und Spendenpflichten. Urkunden und Rechtsbücher berichten seit dem 9. Jahrhundert von Eierzinsen zu Ostern, und zwar mußten zumeist hundert Eier pro bäuerliche Hofstatt an Herrschaften und Klöster gegeben werden, eine gewohnheitsrechtliche Normzahl, die dann in die Brauchregeln überging. Von der Herrschaft aus wurden als Gegengabe das Jahr hindurch gewisse Zoll- und Marktfreiheiten garantiert, und zwar für diese spezielle Art der Waren, also für Eier. Im kirchlichen Bereich konnte dann im weiteren Ablauf das Zinsei zum Schenkei werden, wenn die Klöster, Kirchen oder Spitäler die Vielzahl von Eiern weitergaben, die sie aus ihren grundherrlichen Rechten vereinnahmt, gewohnheitsrechtlich erheischt oder mit der sittlichen Berechtigung ihrer karitativen Aufgaben erbettelt und von frommen Leuten geschenkt erhalten hatten. Sie belohnten damit zum österlichen Termin Geistliche und Kirchendiener, Pfründer und Spitalpersonal, schließlich auch die armen Leute der Umgebung, indem sie die

Eier teils geweiht in natura, teils gebacken als Osterfladen verteilten. Aus der Kirche gelangte so das Geweihte in jedes Haus und an jeden Hausgenossen, und der Gedanke dieser kirchlichen Vermittlung blieb in katholischen Gegenden oft bis in die Gegenwart erhalten. In den Gebieten, wo die Reformation das katholisch geprägte Brauchtum zu verdrängen suchte, haben sich wohl Relikte aus solcher Sphäre bewahrt, im allgemeinen aber mehr die Erscheinungen aus dem rechtlich überlieferten Brauchfeld und Kinderbräuche. Festzuhalten ist jedenfalls, daß sich zu Ostern im gegenseitigen Austausch einzuhaltender Verpflichtungen ein wahrer Eiersegen in die verschiedenen Richtungen ergoß, was diese Jahreszeit nachhaltig charakterisiert. Es hat sich dabei zumeist natürlich um das einfache weiße Ei gehandelt. Die zahlreichen Schmuckformen, die der bayerische Chronist so sorgfältig aufzählt, waren besonderen Gelegenheiten vorbehalten. Doch ist es auffällig, daß die schönsten verzierten Eier – heute ein auserlesener Sammlungsgegenstand – vornehmlich aus katholischen Regionen stammen. So wird zum Beispiel in Hessen bis heute nur in einigen Dörfern der katholischen Mainzer Enklave rund um die Amöneburg die kunstvolle Auszier der Eier in Wachsreservetechnik vorgenommen, übrigens mit großem Geschick und erstaunlichem künstlerischen Formgefühl. Doch wählen die hessischen Eiermalerinnen nur selten religiöse Motive wie das Osterlamm mit der christlichen Siegesfahne, das wiederum die Frauen in der Lausitz lieben und das sie aus der Oberfläche des gefärbten Eies auskratzen. Gerade die brauchmäßige Verwendung der Ostereier, wie auch der geweihten Palmbuschen und Osterbrote zur Erhaltung der Gesundheit und zur Abwehr von Schäden für Haus und Stall, steht wesentlich im Zusammenhang mit den kirchlichen Riten. Die Segenskraft der kirchlichen Weihe verstärkt die natürliche Heilsbedeutung der Dinge und der mit ihnen verbundenen Handlungen.

Die Frage nach dem Alter des farbigen und verzierten österlichen Geschenkeies, das also außerhalb wirtschaftlicher Abhängigkeitssysteme ausgetauscht wurde, führt etwa bis zum 16. Jahrhundert zurück. Besonders spielten dabei die normierten Patengeschenke eine Rolle, also wiederum ein wechselseitiges Beziehungssystem, dieses Mal im familiären, verwandtschaftlichen Zusammenhang (vgl. S. 34ff.).

Zusammenfassend läßt sich sagen: Das mit dem Osterfest verbundene Eiergeschenk ist sicher ein alter Brauch, gehörte aber in den Bereich von Pflichten, die auf Gegenseitigkeit aufgebaut waren. So reichten Obrigkeiten, Gutsherrschaften und Klöster ihre Zinseier teilweise als Osterpräsente zurück an bestimmte Berufe wie Pfarrer, Lehrer, Mesner, Totengräber, Hirt und Schäfer, an das Gesinde, an die Ratschenbuben, die zu Ostern Eier heischen durften und schließlich an die Kinder, die das Eiergeschenk von seiten ihrer Paten als gewohnheitsrechtlichen Geschenkbrauch kannten. Auch spielte das bunte, gemalte und «geschriebene» Ei als Liebesgeschenk der Mädchen in manchen Landschaften eine Rolle. Immer war von Abgabepflichten und Schenkrechten oder auch von freiwilligem Geben und Schenken die Rede, nie aber vom Eierverstecken und Suchen – und auch nie ausdrücklich vom alleinigen Schenken der Eltern an die Kinder (vgl. S. 136f.).

Auffädeln der ausgeblasenen Eier für die Eierkette im Vogelsberg.

An alte Abgabetermine für Obrigkeit und Pfarrer, die meist mit kirchlichen Festen verbunden waren, erinnern Burschenbräuche im Vogelsberg/Hessen. Da kommt zu Ostern für die *Backhausburschen* die große Zeit. So heißen die Halbwüchsigen wegen ihres traditionellen Treffpunktes am Dorfbackhaus, das sonst nur an bestimmten Tagen für seinen eigentlichen Zweck, zum Brotbacken, benutzt wird. Die Burschen suchen am Ostersamstagabend die Häuser auf, in denen junge Mädchen wohnen, die das wiederum als hohe Ehre empfinden. Unter Gackern, Krähen und Gelächter klopfen die Burschen an die Türen und erhalten sechs bis zehn Eier, die sie in großen Körben ins Dorfwirtshaus tragen. Dort wird ausgezählt und ausgeblasen, aber mit aller Vorsicht wegen des Endziels: der Eierkette! Für jedes zerbrochene Ei ist ein Strafgeld fällig!

Die Wirtin hat alle Hände voll zu tun, um die traditionellen Eierkuchen zu backen, und jeder wacht eifersüchtig darüber, daß er auch seinen Anteil angerichtet erhält.

Ein Älterer und Erfahrener beginnt nun mit dem Auffädeln einer langen Kette von ausgeblasenen Eiern. Um Mitternacht ist es so weit: Vorsichtig wird die Kette von mehr als zweihundert Eiern aus einem Fenster gegenüber dem Backhaus heruntergelassen und mit Sorgfalt auf die andere Gassenseite transportiert. Eine Leiter wird an die Wand gelehnt, die der Anführer besteigt, damit die Kette am Giebelfirst des Backhauses befestigt werden kann. Dort hängt sie weiß und strahlend wie eine Girlande, bis am Ostersonntag nach der Kirche die Schulkinder zu ihrem Recht kommen und das Kunstwerk mit gezielten Steinwürfen zerstören dürfen. Sehnsüchtig erwarten sie die Zeit, da sie selbst die Akteure dieses Brauches sein werden (vgl. Abb. S. 67, 69).

Der Eierbaum als Kinderbrauch im Kreis Eschwege/Hessen, 1969.

Aber die Kinder haben zu Ostern bis heute auch ihre eigenen Bräuche, und die runden, glatten, buntgefärbten Eier werden – hart gekocht – häufig zum Spielobjekt. Es gab und gibt zum Teil bis heute das Eierwerfen als Geschicklichkeitsspiel: bis die Schale zerbricht; das Eierrollen: an einem Abhang mit Nachlaufen oder Anstoßen; das Eierpicken: Aneinanderstoßen, bis eines zerbricht; der Eierwettlauf: mit einem Ei auf dem Löffel; das Eierlesen: ein Wettlauf um Eier auf einer Wiese. Diese Spiele wurden allgemein beliebte Bräuche, die seit Jahrhunderten zwischen Stadt und Land hin- und herliefen. Ausgeübt waren sie immer Sache der Jugendlichen oder Kinder, wobei Schummeleien oder Schlägereien nicht ausblieben.

Zu reden ist noch vom Osterwasser, das am Ostermorgen mit seinen segenbringenden, heilkräftigen und glückspendenden Fähigkeiten in Erscheinung trat. Allerdings waren die Bedingungen, unter denen es geschöpft sein wollte, hart genug: Bei Sonnenaufgang, nüchtern, schweigend, ohne auf dem Hin- und Rückweg ein Wort zu sprechen oder zu lachen, mußte das Mädchen das Wasser aus dem fließenden Bach holen, Anlaß genug für «Störungen» seitens der Burschen. Ein «reines» Mädchen sollte es sein, also galten kultische Bedingungen, die heute auf den Glauben an die verschönernde Wirkung des Osterwassers reduziert sind, das Sommersprossen und Pickel vertreiben soll: Wegschwemmen aller schädlichen Kräfte an diesem Scheidetermin zwischen Winter und Sommer.

Auch andere Festlichkeiten finden am Ostermontag statt, wie der *Georgiritt*, eine Pferdeprozession im bayerischen Traunstein, obgleich der Tag des heiligen Georg eigentlich der 24. April ist. Gute Pferde waren ein kostbarer, sorgfältig gepflegter Besitz, ein wichtiges Produktionsmittel und ein deutliches Prestigezeichen für den Bauern. Ein erneuerter Brauch von großer Popularität ist dieser Georgiritt in Traunstein. Er war zwischen den Weltkriegen schon fast vergessen, und nur der Lohnkutscherverein pflegte mühsam die alte Sitte. Aber dann nahm sich der Fremdenverkehrsverein der Sache an, und heute kommen wieder bis zu dreihundert Jungbauern und landwirtschaftliche Angestellte aus den umliegenden Dörfern, um auf ihren geschmückten Rössern in Verbindung mit einer Reiterprozession zur Wallfahrtskirche nach Ettendorf zu ziehen. Inmitten des Zuges reitet in goldglänzender Rüstung der heilige Georg selbst. Alte Darstellungen beschreiben eingehend die Reihenfolge der Reiterprozession: voran der Herold in fürstlicher Kleidung «mit 'n weißen Giletwest'nleibl», heißt es in einem Text von 1908 (Bronner, S. 230). Dann kamen die sechs Postillione in Gala, die die Eröffnungsmusik bliesen; ihnen folgte der Priester hoch zu Pferd im «Rauchmantel», einem mit Pelz gefütterten Umhang, einer *Schaube* des 16. Jahrhunderts; und nach ihm ritten «auf prächtigen Schimmeln acht Englein, hübsche gelockte Kinder im Alter von 5–6 Jahren. Sie trugen weiße lange Linnenkleider mit gelben Borten verziert und Flügel aus Goldpappe» und bildeten die Vorhut für den heiligen Georg «in Panzer, Mantel und Helm, mit Arm- und Fußschienen, alles natürlich gülden von Messing». Sankt Georgius, der heilige Rittersmann von Kappadozien, der gepanzerte Ritter mit seinen Engeln, war also das Kernstück des Zuges, die Kirchenfahne in der Hand. Dann folgten «zwei Reiter mit Kirchenfahnen und die zwei Reiter mit den meterlangen verzierten Opferkerzen [...] und dahinter an die 75 Paare Reiter» mit Kniehosen «und dem grünen Jägerhütl», also Bauernburschen und Knechte aus der Umgebung. Ganz am Schluß kam zur Gaudi des Publikums «ein gutmütiges Paar Maulesel daher. Das Ettendorfer Kirchlein steht auf der Anhöhe eines bewaldeten Hügelrückens bei Traunstein. [...] Als der festliche Zug den Bahndamm auf der Höhe überschritten hatte, reihte sich die Schar der Reiter wie eine Kette um das Kirchlein, worin sogleich nach Ankunft des Zuges ein feierliches Amt abgehalten wurde. Nach beendigtem Gottesdienst ritt die Schar um die Kirche, und der Priester segnete von einer Tribüne aus unter Gebet und Weihwassersprengung die Pferde. Man reitet dem Heiligen an seinem Ehrenfeste gleichsam die Pferde vor und empfiehlt sie seinem Schutze.» Dann kehrte der Zug in der gleichen Reihenfolge in die Stadt zurück, wo sich zuweilen Pferderennen der Bauernburschen anschlossen.

Der Georgiritt mit dem gerüsteten Ritter im bayerischen Traunstein.

In der Revolutionszeit um 1800 befürchteten die Obrigkeiten Unruhen wegen der Ansammlung berittener und vielleicht sogar bewaffneter Männer und verboten 1804 polizeilich den Umritt, der erst 1833 wieder erlaubt wurde, was an das Schicksal des Kölner Karnevals erinnert (s. S. 170ff.).

Worum geht es heute bei dieser Reiterprozession? Der heilige Georg von Kappadozien, ein Märtyrer aus dem römischen Heer zur Zeit Diokletians, liefert nur Namen und Gestalt, denn seine Qualität als einer der vierzehn Nothelfer und als Patron der Soldaten, Schützen, Reiter und Pferde hat seine geschichtliche Persönlichkeit längst überwuchert. Das Ziel, die Ettendorfer Wallfahrtskirche, ist eigentlich dem heiligen Veit geweiht, der schon im 8. Jahrhundert als Viehpatron galt. Später wurde hier vor allem der heilige Leonhard verehrt, ebenfalls ein Pferdeheiliger mit seinem Verehrungstag im November. Es handelt sich also ganz offenbar um die Segnung der Tiere, die für die Bauern am wichtigsten waren und von deren Gesundheit und Leistungskraft wiederum der Erntesegen des Jahres abhing. Sehr verständlich, daß ein solches Bauernfest mit der Mechanisierung der Landwirtschaft und im Zeitalter der Trecker und Mähdrescher einem Bedeutungswandel unterliegt. Das braucht nichts an seiner Sehenswürdigkeit zu ändern, doch müssen Veranstalter und Zuschauer diese Wandlungsprozesse bedenken. Der Kur- und Verkehrsverein Traunstein verbreitet seit 1974 auf einem Faltblatt Informationen über den Georgiritt für die Touristen, die ein Bild seines heutigen Ablaufes vermitteln. Über die Wallfahrtskirche erfährt man:

«Wahrscheinlich führten im Mittelalter die Säumer ihre Saumpferde hierher zur kirchlichen Segnung. Den ersten urkundlichen Nachweis entnehmen wir einer Ettendorfer Kirchenrechnung aus dem Jahre 1762, in der es heißt: ‹Als man die Pferde zu segnen gebracht!›» So weit so gut. Doch dann beginnt eine Geschichtsklitterung mit dem Ziel einer germanischen Kontinuitätsrekonstruktion – und das in den siebziger Jahren des 20. Jahrhunderts: «Der Reiterzug wird von einem Herold angeführt. Der erhebt um Punkt 10 Uhr seinen Stab und ruft mit erhobener Stimme über den Stadtplatz:

‹Hie gut allweg!
Alten Brauches pfleg!
Nach Ettendorf wir reiten –
wie zu Väters Zeiten.›»

Diese schulmeisterliche Heroldsproklamation ist jedoch eine neue Zutat – eine nicht gerade sehr gelungene.

«Dann beginnen alle Glocken zu läuten, feierliche Fanfarenklänge betonen den festlichen, ernstlichen Charakter des Umrittes, während Trommler und Pfeifer das Volkstümliche und Fröhliche herausstellen. Nun folgen die Schwertertänzer, die Darsteller eines uralten germanischen Frühlingsbrauches, in Form eines Kampf- und Waffenspieles, dessen Vorführung schon im Jahre 1530 durch eine Stadtkammerrechnung beurkundet ist.»

Hier beginnt es dem Leser zu grausen, denn die Schaustellung der Schwerttänzer ist nachweislich eine Zutat der germanenfreundlichen dreißiger Jahre unseres Jahrhunderts. Die Tänzer haben nichts mit den Germanen zu tun, sondern gehören in den Bereich der Zunftbräuche von Handwerksgesellen im 16./17. Jahrhundert, sind also auch nicht «uralt». Mit derartigen Ideologisierungen erhöht man keineswegs die Bedeutung eines solchen Festes. Es ist zudem eine Reihe von neuen stadthistorischen Figuren in den Festritt eingereiht worden, seit der Sankt Georgs-Verein die Organisation in die Hand genommen hat und sie zu einer großen historischen Schau um die alten Ritter des Chiemgaus, vor allem Hanns von Schauenburg, gestaltete. Das entspricht der Suche nach neuen Schwerpunkten und erhöhtem optischen Reiz für die Zuschauer, nach dem die ländliche Bedeutung der Pferde gewissermaßen als «Hauptpersonen» nicht mehr allgemein verstanden wurde. In dieser Veränderung zeigt sich also deutlich die Anpassung des Festes an die sich verändernde Gesellschaft. Die «Engelschar» des Ritters Georg ist verschwunden; er erscheint auf dem Schimmel, «Sankt Georg umgeben von seinen römischen Soldaten. Den Kern des Zuges bildet die Trachtengruppe mit den Bauernreitern. Voran der beliebteste Bursche des Dorfes mit dem Bild des Kirchenpatrons auf der Standarte, dann die lange Reihe der schönsten und kräftigsten Pferde, Mähne und Schweif mit bunten Bändern in den Farben des Dorfes geschmückt und kunstvoll durchflochten mit Bast und Stroh. Die Vertreter des Stadt- und Landrates beteiligen sich, um die offizielle behördliche Anerkennung zum Ausdruck zu bringen, und die Postillione wecken die Erinnerung an die ‹gute alte Zeit›.»

Leonhardifahrt Bad Tölz:

Pferdeumritte und Pferdeweihen waren in ganz Bayern sehr beliebt. Neben Sankt Georg galt Sankt Leonhard als berühmter Pferdeheiliger, an dessen Kalendertag, dem 6. November, in Tölz bis zum heutigen Tage eine «Leonhardifahrt» stattfindet: Auf vierspännigen, schön bemalten Leiterwagen sitzen die Teilnehmerinnen der Pferdeprozession, umgeben von den Reitern, und nach der heiligen Messe auf dem Kalvarienberg umfahren die Burschen in schnellem Tempo mehrmals die Votivkirche mit ihren Leonhardiwagen unter Peitschenknallen («Goaßlschnalzen»)! Danach wird der Leonhardisegen erteilt. Auch hier vermischt sich also die kirchliche Pferdeweihe mit den Geschicklichkeitsspielen der männlichen Dorfjugend.

Die Traunsteiner Herrenreiter aber, die Standarte der Stadt in ihrer Mitte, so betont das Begleitheft, unterstreichen noch die städtische Bedeutung des Umzuges. «Das Ettendorfer Kirchlein läutet einen gar freundlichen Willkommgruß, und an der fahnengeschmückten Außenkanzel traben die Pferde in stolzem Ritt vorbei, den Segen des Priesters zu empfangen. Zur Stadt zurückkehrend, erfolgt vor der Sankt Oswaldkirche die Schlußbenediktion, worauf sich der Zug beim Lindlbrunnen auflöst.»

Die Herrenreiter sind also eine weitere moderne Anpassung im Festablauf, ein weiteres Zeichen dafür, daß die Parole des Herolds: «Alten Brauches pfleg!» so verschroben ist wie ihre Grammatik. Lebendig bleiben Bräuche, die sich mit der Gesellschaft zu wandeln vermögen. Es wäre für keinen Verkehrsverein eine Schande, sich dazu zu bekennen.

Christi Himmelfahrt

Der nächste kirchliche Feiertag, der auch eine ganze Reihe von Volksfesten an sich gezogen hat, ist *Christi Himmelfahrt*, vierzig Tage nach Ostern. In den katholischen Kirchen stellte man seit dem 16. Jahrhundert oft die Himmelfahrt ganz bildlich dar, indem man eine Christusfigur hochzog und durch eine Deckenluke verschwinden ließ. Danach wurden durch die «Heilig-Geist-Luke» Süßigkeiten und Brötchen heruntergeworfen, aber auch Wetterkränze und Wassergüsse herabgesendet, denn ein Gewitter ist zu Himmelfahrt als einem echten Donnerstag gewissermaßen obligatorisch (Reinsberg-Düringsfeld, S. 184). Aus Rüdesheim ist die Beschreibung einer Wallfahrt von 1810 überliefert, die in der damaligen berühmten Familienzeitschrift «Journal des Luxus und der Moden» abgedruckt war:

«An diesem Tage gerade in Rüdesheim zu sein, gewährt einen Genuß, der für den Fremden einen eigenen Lokalwert hat. Früh erklingt der Donner der Kanonen, das Volk des Rheingaus versammelt sich bei einer Predigt, alles geht nun in einer großen Prozession zum heiligen Rheine. Eine Jacht empfängt das Allerheiligste, der Baldachin durch die Geistlichen getragen, schwebt über der Jacht, geistliche Gesänge mit blasenden Instrumenten erklingen in die Lüfte des Rheintales, von Bingen und der grauen Burg Ehrenfels gegenüber bis zum bekannten Dörfchen

Himmelfahrtsbrauch in Hessen: Die Jungen schenken den Mädchen ein Büschel farbiger Papierbänder, um 1940.

Aßmannshausen, von welchem der Weinkenner den roten Traubensaft gern trinkt und lobt. Die Begleitung der Prozession, die Rüdesheimer wandern durch die schönen Wege der Aßmannshäuser und Rüdesheimer Weinberge, und das gibt den schönen Anblick einer doppelten Prozession auf dem Wasser und dem Lande. Alles hält in Aßmannshausen, die Bewohner versammeln sich und schließen sich den Rüdesheimern an. In der Kirche wird eine zweite Predigt gehalten. Nun erst gehts zu dem mühsamen Teil der Prozession, es gilt nichts weniger, als sich dem Himmel zu nähern auf dem Berge des Niederwaldes. Die Bewohner von Ahlshausen, ein Dorf, durch welches man wallt, folgen, und abends 5 Uhr kommt die Prozession in Nothgottes an. Dies romantische Kloster liegt zurückgezogen im tiefen Buchwalde; die Kapuziner empfangen die Prozession unter dem Donner der Kanonen, in der Kirche wird eine dritte Predigt gehalten. Nun eilt die erschöpfte Klerisei in das Refektorium, wo der Pater Küchenmeister und Kellermeister sich es angelegen sein lassen, ihnen die Kräfte wieder zu geben. Das Volk der Begleitung lagert sich auf die Bänke um das Kloster, unter die Buchen auf den Rasen, und man freut sich des Essens, was jedem von Rüdesheim zugeschickt wird, denn heute ist kein Weinschenk hier, damit die Prozession nicht durch eine übermässige Durststillung entweiht werde. Man freut und labt sich am Bier, das allein heut geschenkt werden darf. Diese Prozession ist ein Gelübde der Bürger von Rüdesheim. Schon

Zu Pfingsten war es Sitte, daß die Schuljugend mit einem buntbebänderten Pfingstmaien von Haus zu Haus zog und in altmodisch gereimten Versen um Eier, Brot und Speck bat. Ich habe noch den Schlußreim im Ohr: «Eier raus! Oder wir schikken den Marder ins Hühnerhaus!» Große Körbe wurden am Stecken durch zwei Henkel getragen, um die Vorräte zu bergen; Hausherr und Hausfrau traten vor die Tür, hörten unser Sprüchel an und spendeten ihren Beitrag. Dann ergoß sich der buntfarbige Zug unter den großen Schuppen in Balzers umfangreichen Hof, wo denn nach Herzenslust der gebackene Speck-Eierkuchen gemeinsam vertilgt wurde – eine Art Frühlingsfeier und Jugendfest.

Friedrich Lienhard (1865–1929): Jugendjahre. 1918, S. 30

zu den Zeiten des Kurfürsten von Mainz wurde die anstrengende Wallfahrt verboten, der Pfarrer gehorchte, die Gemeinde ging, und während des Zuges fielen Schlossen, dick wie ein Hühnerei den Frevlern zur Strafe.»

Seitdem wird diese Prozession zu Wasser und zu Land alljährlich wiederholt. Sie hat eine Zwischenstellung zwischen Land- und Stadtbrauch und zeigt, wie sehr gerade zu Himmelfahrt alte Zunftgerechtsame vorgeführt wurden (s. S. 81).

Pfingsten

Zahlreiche Bräuche der Maienzeit haben sich nachträglich auf *Pfingsten* zusammengezogen. *Pentecosta* (= fünfzig Tage nach Ostern) setzte die Kirche diesen Festtag ein, der die Ausgießung des Heiligen Geistes zum theologischen Inhalt hat.

Seit dem 3. Jahrhundert ist die Feier eines eigenen Festes bezeugt. Für die katholische Kirche ist Pfingsten vor allem die Beendigung der fünfzigtägigen Osterfeier, für die evangelische die Erinnerung an die Ausrüstung der Jünger mit dem Heiligen Geist für die Mission.

Diese Inhalte schimmern nur schwach bei den außerordentlich vielgestaltigen und weit verbreiteten Pfingstbräuchen hindurch. Immer sind brauchtümliche Wettspiele und Laubgestalten bezeichnend, und stets spielt das Wasser eine besondere Rolle. Unter merkwürdigen Namen wie *Pfingstquack, Wasservogel, Laubmann, Schößmeier* wird ein Bursche des Dorfes in Laub gehüllt und herumgeführt, woran sich ausgedehnte Spiele knüpfen (s. S. 74 ff.). Die spielhafte Ausprägung der Pfingstbräuche hängt oft auch mit den jeweiligen lokalhistorischen Gegebenheiten zusammen und ist einem ständigen Wandel durch die ausübenden Gruppen unterworfen. Hier haben sich häufig verschiedene Lokalerinnerungen ankristallisiert, die dem betreffenden Ort seine eigene Identität zu geben scheinen.

Die alte, weitverbreitete pfingstliche Wasserweihe ist heute in Mitteldeutschland oft zu einem Wettbewerb der Schulkinder geworden, die mit bunten Eiern und Blumen nicht nur die Brunnen, sondern sogar die Hydranten schmücken nach sorgfältig erdachten Planzeichnungen und sich dann dem Urteil der Dorfbewohner stellen. Das Wasser spielt also gerade bei den Pfingstbräuchen eine große Rolle, sei es, daß die Teilnehmenden und Mitspielenden sich mit Wasser anspritzen, sei es, daß drollig-dämonische Wassergestalten aufgeputzt und mitgeführt werden. Zum Beispiel reichte die Verbreitung eines *Wasservogels* vom Bayerischen Wald bis Ulm. Dieser Wasservogel war ein *Butz* (Puppe) im Laubkleid mit Vogelhals und -schnabel. Man trug ihn in Umzügen und sang dabei Verse, die auf seinen Vogelcharakter hinwiesen. Wenn er auch später zum Laub- und Schilfmann wurde, so muß die Verbindung mit der Gestalt des Vogels als pfingstliches Moment gewertet werden, das dann in der Heilig-Geist-Taube und ihren vielfältigen, volkstümlichen Inkarnationen wiederkehrt.

Mit den pfingstlichen Wasserbräuchen nun verbinden sich kaum bezweifelbar Grundvorstellungen von der Lebenskraft des Wassers, seiner Macht der Trennung und Vereinigung, wie sie uns nicht nur in Philosophie und Urreligion entgegentritt, sondern auch in den Märchen, in denen die Innen- von der Außenwelt durch

Der pfingstliche Laubmann wird eingekleidet. Kinderbrauch in Salzwedel, Altmark, um 1935.

Wasser gleichermaßen getrennt wie verbunden ist. Solche Gedanken spiegeln sich in zeitgebundener Form bei den pfingstlichen Quellbräuchen und Brunnenfesten wider. Dabei handelt es sich außerdem um den festlichen Abschluß der harten Arbeit des Brunnen- und Bächereinigens, die jedes Frühjahr auf dem Lande ansteht. In Thüringen zum Beispiel heißt diese Reinigungsarbeit *walpern* und soll bis zu Walpurgis erledigt sein.

Mit dem Wasser verbindet sich auch die in Südwestdeutschland bekannte Figur des *Pfingstquack.* Kommt der Name daher, daß man – wie beispielsweise in Westfalen – im Mai beim Austreiben das Vieh mit Zweigen schlägt, den Quieken, und dazu «Quiek Quiek» ruft? Dann hinge der Quack sprachlich mit unserem «quicklebendig» zusammen, und Lebensgeist und lebenerweckender Ruf besitzen mit dem gleichen Ton doppelte Kraft. Doch wird zuweilen auch mit *Quack* der Letzte, der Dümmste, der Langschläfer bezeichnet, der sich manchen Schabernack gefallen lassen muß als «dummes Quack». Und der Letzte ist wiederum eine Spottfigur in manchen Volksspielen dieser Saison.

Bei den Umritten der Burschenschaften verbinden sich Flursegen und kirchlicher Sinn. Als berühmtestes Beispiel sei der *Pfingstritt* zu Kötzting im Bayerischen Wald genannt. Angeblich geht er auf ein lokalhistorisches Ereignis von 1402 zurück. Auch hier wählt sich der Pfingstkönig seine Pfingstbraut, und auf schön geschmückten Pferden umreitet die ganze Mannschaft die Fluren der Gemeinde.

Pfingstlicher Heischegang mit dem Wasservogel. (Augsburger Kupferstich des 18. Jahrhunderts)

Blumengeschmückter Brunnen in Heiligenstadt/Franken (rechts).

Die Vielfalt der Pfingstbräuche kann nur angedeutet werden; ihre landschaftlichen Ausformungen finden sich in den einschlägigen Darstellungen. Wenn das Pfingstfest hier im Rahmen der kirchlichen Feste für die Dorfgesellschaft erscheint, so wegen der vielfältigen Verschränkungen, die das Kirchenfest durch seinen dörflichen Kontext erfahren hat. Da sind einmal die vornehmlichen Träger und Gestalter der Bräuche, die Burschenschaften oder auch die Hirten, die mit den Mitteln der Brauchtradition ihre Identität behaupten oder auch ihre Konflikte austragen, in Niederösterreich die Wagenknechte oder die knechtlichen Königsreiter (Fielhauer). Von dem sozialen Hintergrund solcher Bräuche wird noch ausführlich im nächsten Abschnitt die Rede sein. Hier sei nur auf das fast unentwirrbare Geflecht der Brauchbeziehungen hingewiesen, das es schwer macht, einzelne Bräuche entschieden bestimmten Sozialschichten zuzuweisen wie

Zu Pfingsten schmücken in Thüringen die Schulkinder alle Brunnen und Hydranten mit sorgfältig entworfenen Blumenbildern (unten).

zum Beispiel den Bauern. Einfach ist die Feststellung zu machen, daß an rituellen Umritten nur Bauernsöhne von größeren Höfen teilnehmen konnten, in denen vorzeigbare Pferde vorhanden waren. Wenn Knechte als Teilnehmer am Wettreiten mit dem Pfingstkönig genannt worden sind, dann spielten sie vielleicht eine bestimmte dienende Rolle im Brauchspiel, für die sich die Bauernburschen zu gut waren. Über solche Zusammenhänge schweigen im allgemeinen die Brauchbeschreibungen.

Eine andere Frage beschäftigt sich mit der sozialhistorischen Herkunft der Spielmotive. Daß hier die Vorbilder der feudalen Gesellschaft wirksam waren, daß auch umgekehrt ländliche Festformen in adliges Verhalten aufstiegen, hat Friedrich Sieber (1893–1973) am Beispiel der barocken Inventionen am sächsischen Königshof überzeugend gezeigt. Karl Immermann (1796–1840) beschreibt in seinem Roman «Die Epigonen» (1836), wie eine Herzogin in folkloristischer Weise ein sommerliches Ritterfest für ihre altadligen Nachbarn veranstaltet und dabei das «einfache Volk», also sowohl die Dienerschaft als auch die Landleute der zugehörigen Dörfer, auf ihre Weise in den Festpausen mitfeiern läßt: «[...] ein Scheibenschießen für Diener und Untertanen» (S. 255) wird eingeplant, daneben noch andere Ergötzlichkeiten wie «der Hahnenschlag, das Klettern, und was sonst noch darangereiht war» (S. 270f.). Und als das Fest in vollem Gange ist, heißt es: «Inzwischen waren die Lustbarkeiten der Bürger und Bauern begonnen worden.

Auf einer grünen geräumigen Wiese, unfern des Turnierplatzes, erhoben sich Schaukeln und Kletterbäume; zu beiden Seiten waren Schießstände abgesteckt, einer für das Armbrust-, der andere für das Büchsenschießen – nach dem Vogel und nach der Scheibe. In der Mitte des Plans stand eine große Bretterbude zum Tanzen, Würfeln und Spielen.» (S. 285)

Das ist die Szenerie aller größeren Volksfeste; auf der Vogelwiese bei Dresden gab es schon 1459 ein Pfingstschießen von Armbrustschützen auf einen Vogel, ein Bauernturnier, zwei Kletterbäume und ein Schankzelt (Spamer 1935, Bd. II, S. 233). Es ist also kaum möglich, bei einer solchen Fülle von Festmotiven, wie sie zu Pfingsten auftreten, einen eindeutigen sozialen Ort festzulegen. Doch das beweist gerade den Reichtum des traditionellen Repertoires, aus dem sich jede Gruppe die ihr gemäßen Requisiten wählen konnte.

Am Pfingsttag zeigten selbst die größten Städte ihr lebendiges Brauchtum. In allen Stuben und an allen Gasthaustüren standen Pfingstmaien, und die Mädchen und Frauen schmückten sich zum ersten Mal sommerlich «wie die Pfingstochsen», ein Ausdruck, der daher rührt, daß nun auf dem Land das bekränzte Vieh zum ersten Mal auf die Pfingstweide getrieben wird. Der Auftrieb des Viehs war in den Alpenländern für die Tiere und die sie begleitenden Sennen ein bedeutender Einschnitt im Jahresablauf. Sie erreichten die hochgelegenen Almen mit Unterbrechungen auf verschiedenen Stationen, wo sie festlich bewirtet wurden.

Die Pfingstbräutchen im hessischen Dillkreis, 1969.

Der Kötztinger Pfingstritt in Oberbayern (großes Bild).

Fronleichnam

Als nächstes großes katholisches Kirchenfest folgt *Fronleichnam* (von ahd. fro = Herr), ein Fest zu Ehren des Leibes Jesu, in der Kirchensprache Corpus Domini Jesu Christi. Es wurde zuerst 1246 in der Martinskirche zu Lüttich gefeiert und 1262 vom Papst Urban IV. kanonisch auf den Donnerstag nach der Pfingstwoche eingesetzt. Der Legende nach geht es auf eine Vision der Nonne Juliana zu Lüttich zurück, die im Mond eine Lücke entdeckte und glaubte, sie nur durch ein hohes kirchliches Fest ausfüllen zu können. Daß daraus später ein so überaus verbreitetes und prächtiges Prozessionsfest geworden ist, hängt wohl auch mit der günstigen frühsommerlichen Jahreszeit und den vielerlei Wünschen für Feld und Flur zusammen.

Hausschmuck zu Fronleichnam im hessischen Mardorf.

Das Fronleichnamsfest wird am Donnerstag nach Trinitatis gefeiert und ist ein hoher Feiertag der katholischen Christenheit, bei dem der in der geweihten Hostie gegenwärtige Leib des Herrn dem Volk gezeigt wird. Seit dem Mittelalter ist dieses Fest durch die Feldprozessionen populär geworden. Im 14. Jahrhundert kamen die vier Stationen auf, im Freien aufgebaute Altäre, an denen die Anfänge der vier Evangelien gelesen werden. So anverwandelte sich die Fronleichnamsprozession auf dem Land dem agrarischen Denken als Flurbegehung und Wetterbitte. Sie bewegt sich durch die Felder, wo an bestimmten Stellen nach den vier Himmelsrichtungen Altäre errichtet sind. Geschmückte Bäume und Blumenbildteppiche gehören zur Ausstattung der Prozessionsstraßen. Die Durchflechtung von kirchlichem und weltlichem Brauch, die Verbindung kirchlicher Riten mit den Gedanken an Flurschutz und Felderweihe sicherten dem Fronleichnamsfest von Anfang an einen tiefen, volkstümlichen Widerhall. So gingen im Fronleichnamszug in Bayern die «Wilden Leute» (s. S. 218), von der Kirche gefesselt, bußfertig einher; so nahm in Reval einst der Maigraf an den Prozessionen teil, und in den mit bunten

Fronleichnamsprozession in Effeltrich, um 1960 (rechts).

Die Stadt sah schon am Abend aus, als wären die Wiesen selbst in die Stadt geschwemmt. Am nächsten Tag zeigte sie mir den lieben Gott, aber ich sah ihn nicht. Ein Kanonenschuß vom nahen Kreuzberg hatte die Prozession angekündigt. Wir standen mit den Großeltern am Fenster des ersten Stocks neben der schwarzen, nun leeren Holzsäule, von der Vater die Vase herabgehoben hatte. Als es zum erstenmal über das Tal dröhnte, kniete Mutter sofort nieder und zog mich mit sich; sie nahm meine Hand und machte mit ihr ein Kreuzeszeichen über meine Brust. «Jetzt kniet die ganze Stadt!» sagte sie wie singend. Ich fühlte einen Schauer meinen Rücken hinunterlaufen; etwas Unheimliches geschah. Zur Seite sehend stellte ich fest, daß auch die Großeltern hinter der Fensterwand knieten. Wir taten alle dasselbe, aber alle waren mir erschreckend fremd, denn keiner sah den anderen an. Ich hatte Angst, da tönte ein neuer Kanonenschuß, und alle standen wieder auf.

Es war das größte Erlebnis der Gemeinde: eine Einheit schwemmte über uns wie eine warme Flut; gleichzeitig machte sie jeden einsam; es war nichts, worüber man sich freuen konnte. Aus meiner Angst kam mir der Wunsch zu sehen, was auf der Straße vor sich ginge. Mutter hob mich gütig hoch, nachdem sie zuerst das Fenster geschlossen hatte.

Ich sah als erstes die Chinavase, sah dann im gegenüberliegenden Haus die protestantische

Blumengirlanden umwundenen Prangstangen erlebte der Gedanke des neu erblühenden Lebens seine kirchliche Umdeutung. Allgemein werden Pfingstmaien aufgestellt und die mitgeführten Blumensträuße an den Altären geweiht; sie sollen später Haus und Hof gegen Krankheiten und Unwetter schützen. Berühmt ist die Prozession des kleinen fränkischen Ortes Effeltrich, wo die Mädchen in schöner heimischer Tracht das Gnadenbild zu den Stationen tragen, gefolgt von der ganzen Gemeinde. Gerade für Franken ist die Konzentration zahlreicher anderer kirchlicher und weltlicher Bräuche auf Fronleichnam seit 1600 belegt. So gab es bei den fränkischen Prozessionen stets auch einen Georg mit dem Drachen, ein Zwischenspiel, das sich hier im nahen Furth verselbständigt hat (vgl. S. 213).

Die Freude am Fronleichnamsfest nahm zeitweise so sehr überhand, daß man zum Schutz des Waldes das Schlagen der jungen Birken obrigkeitlich verbot. «Ein Fuder Wedel» sollte zum Schmuck des Ortes ausreichen! Überhaupt spielte das Ausschmücken mit Maiengrün und Blumen eine große Rolle. Blumenteppiche werden am frühen Morgen aus Blumen und gefärbtem Sägemehl gelegt, wofür Hüfingen im Schwarzwald die Meisterschaft gebührt (Schwedt 1984, S. 94ff.).

Auch in Oberhessen, nicht weit von Marburg, sind eindrucksvolle Fronleichnamsprozessionen bis heute lebendig geblieben (Weber-Kellermann/Stolle, S. 50f.). Im alten Einzugsgebiet des Erzbistums Mainz rings um die Amöneburg bilden neunzehn katholische Dörfer eine kulturelle Enklave mit bewußter Eigenart. Die dortigen Frauen, die auch als geschickte Ostereierbemalerinnen bekannt sind, fallen auf durch ihre Trachten, die sie von den anderen hessischen Trachtenlandschaften unterscheiden (Hain). Zu Fronleichnam ist das ganze Dorf in aller

Frühe auf den Beinen. Die Vorbereitungen beginnen damit, daß die Frauen die heiligen vier Stationen aufbauen, die Männer den Weg mit Birkenbäumchen säumen und Frauen und Mädchen Blumenteppiche streuen; Männer und Frauen folgen also einer strengen Rollenverteilung. Heiligenfiguren und fromme Bilder holen die Frauen vom Speicher und stellen sie in die Fenster auf gestickte Tücher. Die männliche Dorfjugend errichtet die Ehrenpforten und bereitet die Böller vor, denn das Fronleichnamsschießen gehört hier fest in den Ablauf. Nach dem Gottesdienst wandert die gesamte Dorfbevölkerung hinter dem Allerheiligsten singend und betend zu den vier Evangelienstationen. Viele Frauen sind dabei noch in ihrer schönen Festtracht zu bewundern: Die weiten, dichtgefältelten Röcke in Grün, Blau und Violett schwingen hüftabwärts beim langsamen Gehen und signalisierten früher Stand und Alter der Frauen. Doch nimmt die Zahl der Trachtenträgerinnen jedes Jahr entsprechend dem sozialen Wandel der Gesellschaft ab, und auch die Zeichensetzung der Tracht wird nicht mehr fest eingehalten. Nur die alte Sitte bleibt bestehen, daß der Zug in fester Reihenfolge geht: Die jungen Mädchen von ca. vierzehn Jahren flankieren mit Blumengirlanden den Priester unter seinem Baldachin, den vier Männer tragen; dann kommen die Ministranten und jüngere weißgekleidete Mädchen mit Blumenkörbchen, und ihnen folgen die Frauen, streng nach dem Alter geordnet. Am Schluß gehen die Männer. Während immer wieder die Böller knallen, kniet die Gemeinde an den Stationen mit Gesang und Gebet, und die satten Farben der gebreiteten Röcke erhöhen den festlichen Eindruck. Nach Beendigung der Prozession werden noch vor dem Mittagessen die Altäre abgeräumt, verschwinden die Heiligenfiguren aus

Apothekerin hinter einem halboffenen Vorhang stehen, sah ihre Nachbarin, die Frau des jüdischen Arztes, sich vollbusig über ein besticktes Kissen aus dem Fenster beugen, sah einen Baldachin mit Straußenfedern heranwackeln und darunter einen vermummten Mann, der dicht vor seinem Gesicht eine Sonne mit Stiel und einem Glasfenster in der Mitte trug; wie blind stapfte er geradeaus: «Da ist *Er*», sagte Mutter und ging mit den Großeltern wieder in die Knie; sie vergaß, mich mit hinabzuziehen, ich aber schaute auf den Mann unter dem Dach; er ging eben über unsere Blumen. Ich begriff, daß Mutter sich für diesen Augenblick all die Arbeit auf dem Trottoir gemacht hatte. Ich wollte so gern begreifen, aber es war eine Leere in mir, an die ich mich auch später noch erinnerte, als sich vieles abrundete und füllte.

Gustav Regler (1898–1962): Das Ohr des Malchus. 1958, S. 20ff.

Schiffsprozession zu Fronleichnam auf dem Bodensee (oben).

Im hessischen Mardorf schmücken die Frauen zu Fronleichnam die Altäre für die Prozession, 1970 (Bilder links).

den Fenstern, die Maien vor den Türen. Diese Eile scheint befremdlich, doch entspricht sie den religiösen Bräuchen. Denn unabhängig von den sozialen Wandlungsprozessen bewahren sich fest die Formen des Glaubens: Anfang und Ende des hohen Festes sind nach wie vor streng ritualisiert. Die geheiligte Ausnahmesituation, in der sich das Dorf während des Umgangs befand, wird durch das Entfernen des Schmuckes wieder aufgehoben, denn alle Dinge am Wege der Prozession sind ja geweiht. Deshalb kann es nicht schaden, sich ein paar Zweige Maiengrün mit nach Hause zu nehmen für die handfeste Besegnung von Haus und Familie. Das Bedürfnis nach Sicherheit will hier alljährlich von neuem befriedigt werden.

Fronleichnamsprozessionen scheinen durch die weiten Räume, die oft umschritten werden, einen kommunikativen Charakter zu haben und Orte friedlich zu verbinden, auch wenn die Bewohner nicht alle Katholiken sind. Hier macht sich in kleinen Städten der jahrhundertealte Einfluß der bürgerlich-zunftgebundenen Mittelschicht geltend.

Kommunikantinnen in Tracht an Fronleichnam in einem hessischen Dorf, 1970.

Am Fronleichnamstag merkte man freilich, daß alle anderen Tage nur auf diesen einen gewartet hatten. Der Platz glich dann einem ungeheuren oben offenen Saal, an dessen Wänden sich der Umgang mit Lichtern, Bannern und Standbildern hinbewegte. Noch bei Nacht wurde der Boden mit Laub und Schilf bestreut, und wenn sich der Zug schon ordnete, eilten bekränzte Kinder den singenden Wandlern voraus und warfen zerblätterte Pfingstrosen und Narzissen auf den duftenden Teppich. An vier Häusern sind Altäre für die vier Evangelien aufgebaut; junge Birkenopfer, an Türpfosten und Fensterkreuzen angeknebelt, mischen Sterbeatem süß in bitteren Weihrauch, der nach und nach in die Wohnungen dringt.

Hans Carossa (1878–1956): Eine Kindheit. 1977, S. 27

Blumenteppich zu Fronleichnam auf einer Straße in Sitges/Spanien, um 1965.

Von besonderem Reiz sind die Wasserprozessionen. Auf dem Chiemsee gleiten die blumengeschmückten Boote von der Fraueninsel aus über das Wasser. Ähnlich verläuft unter Glockengeläut und Böllerschüssen die Mooser Wasserprozession auf dem Bodensee. Am großartigsten aber stellt sich die «Mülheimer Gottestracht» dar, die Fronleichnamsprozession auf dem Rhein. Die Legende führt ihr Entstehen auf einen Diebstahl des Allerheiligsten in der Mülheimer Klemenskirche zurück; der Dieb sei mit einem Kahn vom anderen Ufer gekommen, und als er mit dem frommen Diebesgut zurückfahren wollte, sei er selbst ertrunken, der Kahn aber wäre, wie von unsichtbarer Hand gehalten, stehengeblieben, so daß der Priester am nächsten Tag die heiligen Gefäße wieder bergen konnte. Zur Erinnerung an dieses Wunder begehe man alljährlich die Fronleichnamsprozession auf dem Wasser.

Johannistag

Pfingsten und Fronleichnam liegen nach dem Kalender im allgemeinen noch vor der Heuernte. Die Arbeiten der Feldbestellung waren erledigt und ließen ein wenig freien Raum für solche Feste, die gleichzeitig das Arbeitsjahr rhythmisierten. Erst Ende Juni erscheint nochmals ein Feiertag, der *Johannistag* am 24. Juni, der oft mit der in Nordeuropa, besonders in Schweden, seit altersher üblichen Sonnenwende verbunden wird.

Vorstellungen über die besonderen Kräfte bestimmter Pflanzen (Klee, Kornblume u. a.) verbinden sich mit diesem letzten großen Sommerfest. Als Höhepunkt sommerlicher Freudenbräuche fällt es auf den längsten Tag und die kürzeste Nacht und ist damit ein großer Wendetermin. Nach römischem Kalender war das der 24. Juni, auf den die Kirche den Geburtstag Johannes des Täufers festlegte. Nach dem Bibelwort: «Er muß wachsen, ich aber muß abnehmen», konnte sich hier leicht eine doppelte Sinngebung vollziehen: Christus als Wegbereiter des himmlischen Lichtes und die Sonnenwende des kosmischen Jahres. Damit ermöglichte sich aber auch die ganz legale Übertragung älterer, im Volk beliebter Brauchvorstellungen auf den christlichen Johannistag. Neben der weihnachtlichen Wintersonnenwende war der Johannistag im alten Volksglauben der größte Wundertag des Jahres, an dem alle Mächte des Verderbens wie des Glückes lebendig werden, eine Zeit der Vorhersagen, des Schatzsuchens, der Wunderheilkraft der Kräuter. An diesen Termin knüpfen sich Sagen von brennenden Schätzen, sich öffnenden Bergen, aus dem Wasser steigenden Städten. Zu den Festelementen des Johannistages gehört auch der Baum, im Harz und Hannoverschen mit Eiern und Bändern geschmückt als *Queste* und *Johannisbaum* oder als entrindete Stange mit einem Johanniskranz aus Kornblumen und Mohn an der Spitze. Auch die Laubmaske tritt auf – zum Beispiel im Brauchspiel um den *Kornblumenjohanne* in Kasel/Spreewald (Kellermann). Ähnliche Brauchformen gibt es in Bayern und der Pfalz.

Wasser und Feuer sind die Brauchelemente dieses Wendetermins. Historisch lassen sich Belege für Johannisfeuer und damit verbundene Tänze schon in sehr frühen Zeiten finden. So wird 1090 aus dem Benediktinerkloster Lorch berichtet: Bei einem Johannisgelage wäre ein Feuer entzündet worden, wobei ein Teilnehmer eine brennende Scheibe auf das Dach der Kirche geworfen habe; große Teile des Klosters seien infolgedessen abgebrannt.

Gerade mit dem Sonnenwendfeuer ist viel ideologischer Mißbrauch getrieben und dieser Sommertermin besonders in der Zeit des Nationalsozialismus zum höchsten Kultfest eines «altgermanischen» Sonnenmythos hochstilisiert worden. Sonnenkulte sind jedoch über die ganze Erde verbreitet und bilden die tragenden Grundpfeiler fast aller alten Religionen (Ägypter, Inder, Indianer). Diese archai-

Der Kornblumenjohanne in der Mark Brandenburg/Spreewald, um 1935.

Das Johannisfest wurde ganz besonders mit dem vorhergehenden Krautabend gefeiert, und der Höhepunkt war die Johannisnacht. Zum Krautabend fuhren wir in die Stadt, um an dem Leben und Treiben auf dem Fluß und auf dem Ufer teilzunehmen. Dem Ankommenden bot sich ein hübsches Bild, ein großer Blumenmarkt empfing ihn. Besonders viel hübsche Kränze zum Schmuck der Häuser, Kornblumenkränze und große Kränze aus fetter Henne, die wie Kronleuchter ins Zimmer gehängt wurden, auch Kränze aus dem weißen Mark des Schilfes mit bunten Papierschnitzeln verziert. Für die Kinder gab es Körbchen und Sonnenschirme aus Schilfmark.

Louise Pantenius (1850–1921): Jugenderinnerungen aus dem alten Riga. 1959, S. 39f.

Stina Stunesson: Der Mittsommertanz in Schweden.

Der Questenbaum, wie er im Harz am Johannistag aufgestellt wurde.

schen Heiligungen der Sonne und ihres Laufes dürften sich bruchstückhaft in mancherlei Überlieferungen erhalten haben: Die sinnbildhafte Darstellung der Sonnenscheibe war Verehrung des Gestirns und zugleich der magische Versuch, seine Kraft zu verdoppeln. Doch sind das Vorstellungen, die in einer Industriegesellschaft als Ideologeme wirken. Für die alte bäuerliche Welt hatte das Feuer auch hygienisch-reinigende Qualitäten, und der Sprung über den Holzstoß, das Treiben des Viehs durch die Glut wirkten zu Anfang des Sommers prophylaktisch gegen Seuchen.

Wenn heute Kinder und junge Menschen oder Betriebsausflügler zum Abschluß einer Wanderung ein Feuer entzünden mit Würstchenrösten, Singen und Tanzen, so sollten sie das als fröhliches Spiel verstehen, das mit der «Sonnenwende» nur durch den Termin verbunden ist. Mit einem «religiösen Erlebnis» hat das für uns heute nichts mehr zu tun.

Am *Jakobitag*, dem 25. Juli, besuchen in Österreich die Bauern ihre Sennen auf den Schwaigen; es ist die Mitte der Almzeit (Koren 1935, S. 163 f.).

Mariä Himmelfahrt

In katholischen Landen wird dann die harte Arbeitszeit nochmals am 15. August unterbrochen: Dann ist *Mariä Himmelfahrt.* «Maria Würzweich» sagen die Leute, denn in den Kirchen fand die Kräuterweihe statt. Die Würzbüschel setzten sich aus neunerlei bestimmten Kräutern zusammen, wurden gern bei Gewitter verbrannt, die Reste dem Vieh bei Krankheiten sorgsam ins Futter gemischt und wohl auch als

David Teniers (1610–1690): Mittsommerliches Dorffest.

Darstellung der Siebenschläfer vom 27. Juni, Exvoto, Mitte 19. Jahrhundert.

Heilmittel bei Menschen verwendet (KRISS, S. 144; KOREN 1935, S. 165 ff.). Es ist der Beginn des sogenannten *Frauendreißigers*, womit die dreißig Tage bis zum Fest Mariä Namen gemeint sind, die für Wurzeln und Kräuter segensreich sein sollen. Um diesen Heiligentag ranken sich aber auch zahlreiche Marienwallfahrten. Besonders in den romanischen Ländern wird dieses kirchliche Fest mit Prozessionen und Straßengottesdiensten begangen. Der Volksfestcharakter, das ausgelassene Feiern im Freien mit Speise, Tanz und Trank, ist vielen sicherlich von Urlaubserfahrungen aus Italien, Spanien und Istrien bekannt.

Herbstfeste

Der Tag des *heiligen Bartholomäus* am 24. August leitet dann schon die Herbstzeit ein mit allen möglichen Speisenweihen *(Bartlmäbutter)*.

Der Schlußtermin für die Herbstbräuche war früher der *Michaelistag* am 29. September. Dann endete das Wirtschaftsjahr, Zahlungen wurden fällig, Rechtsgeschäfte dringlich, und das Gesinde wechselte und erhielt seinen Lohn. Aber auch die Lohnzeit der Tagelöhner galt beispielsweise in Schlesien «von Georgi bis Michaeli» (WEBER-KELLERMANN 1965, S. 92), und die Tage um Michaelis als ein wichtiger Gesindewechseltermin (neben Lichtmeß am 2. Februar) wurden von den Gutsbesitzern gern zur Abhaltung des versprochenen Erntefestes für alle an der Erntearbeit Beteiligten gewählt. Auch der *Gallustag* am 16. Oktober galt als Schlußtermin. Dazwischen ist nun seit etwa achtzig Jahren das *Erntefest* der protestantischen Kirche angesiedelt, und zwar am ersten Sonntag im Oktober.

Pieter Brueghel (1525–1569): Die Bauernkirmes. Im Zentrum des Bildes spielt eine Truppe fahrender Schauspieler das Stück vom gehörnten Ehemann; in der linken Ecke raufen sich die Buben beim Kugel- oder Steinchenspiel, während die Erwachsenen einen obszönen Reigen tanzen. Eine Gruppe, versorgt mit Einkaufsgegenständen von den aufgestellten Buden, hat einen überfüllten Leiterwagen für den Heimweg bestiegen. Aber sonst ist das Fest noch in vollem Gange: Rechts bewegt sich eine Prozession mit roten, gestickten Fahnen und den Heiligenstatuen, voran die Armbrustschützen, zur Kirche, und überall wird geschmaust und gesoffen, gehandelt, gebettelt und gebuhlt, wobei die Kinder unbewacht herumlaufen und sich das Verhalten der Erwachsenen durch Zuschauen aneignen. Dazu kämen noch das Stangenklettern nach dem Hahn, das Vogelschießen und Hammelreiten, der Wettlauf, das Kegeln und vor allem das Aufstellen eines Kirmesbaumes, der große Ähnlichkeit mit dem Maibaum hat.

Wir schreiben den 13. Juli 1749.
An ermeldetem Tage des Nachmittags um 4 Uhr fieng sich die Kirchweyhlustbarkeit mit folgendem Aufzuge aus Ihro Königl. Hoheit Landgute Monplaisir an. Voran giengen 8 Schalmeyenpfeiffer, deren Instrumente mit Bändern gezieret waren. Auf diese folgten 30 Bauerpursche zu Pferd, Paar und Paar, mit hölzernen Lanzen versehen. Dann kam der, so den aufgerichteten hohen *Mayenbaum* besteigen wolte, und auf diesen wiederum 8 Schalmeyenpfeiffer mit 24 Paar Tänzern und Tänzerinnen. Dieser Aufzug hielt an der nach der Eremitage gehenden Allee so lange, bis die

Sebald Beham (1500–1550): Kirmesfreuden.

Durchl. Herrschaft in Begleitung der Cavaliers und Damen sich von der Eremitage unter die aufgeschlagene Zelter verfüget hatte, und marschirte so dann auf den mit vielen tausend Menschen umgebenen und zum Reiten und Laufen bestimmten Platz mit der Musik auf. Als die Tänzer etliche mahl in der Ordnung *um den Mayenbaum getanzet*, wurde der Baum von einem Bauer aus Seublitz auf das erste mahl bestiegen, und von selbigem der oben aufgehängte Beutel mit Geld nebst den seidenen Schnupftüchern und Bändern erbeutet. Nach diesem wurde der Anfang mit *Ringelrennen* gemacht, und die Nahmen derjenigen, so selbiges getroffen, wegen der dazu aufgesetzten Gewinnste aufgeschrieben [...] Nach geendigtem Ringelrennen *ritten die Bauern ohne Sattel nach der Gans*, um selbiger den mit Oel geschmierten Kopf abzureissen, und den darauf gesetzten Gewinnst zu erlangen. Nachdem auf solche Art 6 Gänsen die Köpfe abgerissen waren, mußten dieBauern absitzen, und allezeit ihrer 12 gegen einander *nach einer aufgehangenen Gans laufen*. Wie dieses zu Ende, liefen *24 Bauernmägde nach einer angekleideten hölzer-*

Kirchweih

Im weiteren Feld steht auch ein anderes großes Fest am Ende des bäuerlichen Wirtschaftsjahres, ein Fest, das den kirchlichen Zusammenhang hauptsächlich nur in seinem Namen trägt: die *Kirchweih* oder *Kirmes*. Die Kirmes, also Kirchmesse oder Kirwe, also Kirchweihe, ist ursprünglich als Erinnerungsfest an die Einweihung der Kirche gedacht: «Es ist keine Kirche noch so klein, des Jahres muß einmal Kirmes drin sein!»

Meist steht dieses Fest zwischen Getreide- und Kartoffelernte, ist oft auch um Michaelis, und weist eine große Zahl landschaftlich unterschiedlicher Benennungen auf: beispielsweise *Kilbi, Kerb, Kirta* usw. (vgl. Karte 10 des Atlas der deutschen Volkskunde). Die Verbreitung ist nicht konfessionell begrenzt – das protestantische Thüringen schwelgt in Kirmesfestlichkeiten –, sondern bezieht seinen Charakter als Gemeindefest ganz entschieden vom Ende des ländlichen Arbeitssommers. Seine kirchliche Bezogenheit hat Reimann für den Anfang des 19. Jahrhunderts klar beschrieben und auch gleich auf die Diskrepanz zwischen kirchlichem und weltlichem Festverhalten hingewiesen:

«Die Kirchweihe ist die Religionshandlung, durch welche eine neuerbaute oder ihrer Bestimmung eine Zeitlang entzogene Kirche dem gottesdienstlichen Gebrauche feierlich gewidmet wird. Die Sitte, die Kirchen zu weihen, soll seit dem 4. Jahrhundert entstanden sein. [...] Bei den Katholiken pflegen die Bischöfe, bei den Protestanten die Superintendenten die Weihung der Kirche zu vollziehen. Bei der jährlichen Rückkehr dieses feierlichen Tages wird zwar die Kirche nicht von neuem wieder eingeweiht, allein der Geistliche erinnert an heiliger Stätte an diesen schönen Tag, und einige Tage hindurch währende Schmausereien und Lustbarkeiten suchen noch praktischer das Andenken an ihn zu erhalten. Die Entstehung der Kirchweihfeste fällt in das 9. Jahrhundert, und die Schmausereien waren eine Folge der Anordnungen von Papst Gregor I., dem es gefiel, daß man an den Weihetagen der Kirchen und an den Geburtsfesten der Märtyrer und Heiligen Zelte und Lauben um die Kirchen errichtete und festliche Mahle mit religiösen Gebräuchen anstellen sollte. [...] Luther war sehr gegen die Kirchweihfeste eingenommen wegen der Unsittlichkeiten, die dann vorzufallen pflegten. In der Hauspostille am Tage der Kirchweihe sagte er daher: ‹Derohalben christliche Obrigkeit von Amts wegen die Kirchweihfeste, solch säuisch Gefräß und unordentlich Leben billig abschaffen und mit harter Strafe wehren soll, als ein solches Tun, da nichts Gutes jemals auskommen ist.› Aber eher entsagte man dem Fasten, und so hat sich dieses Fest erhalten bis an diesen Tag und herrscht in einem großen Teil der christlichen Welt.» (Reimann, S. 242 ff.)

Über die wirtschaftlichen Hintergründe solcher Ausuferungen schreibt Reimann nichts – darüber, daß die Landwirte die Ernte in der Scheuer und die Überflüsse verkauft hatten, daß bei Gesinde und Tagelöhnern der Lohn in der Tasche klimperte. Die Kirmes wurde zum großen Herbstfest all jener Landschaften, in denen es mehr Bauerndörfer als große Güter gab. Nicht immer handelt es sich tatsächlich um den Erinnerungstermin an die Einweihung der Ortskirche. Der eigentliche Grund ist der Ernteabschluß: Nun haben Bauern und Dorfleute Geld, und es kann gefeiert und gekauft werden. So verbinden sich meist große Jahrmärkte mit der Kirchweih, die in ganz Mittel-, Süd- und Westdeutschland verbreitet ist.

Man darf sich also zu diesen Terminen in stetiger Wiederholung ein so buntes Jahrmarktstreiben vorstellen, wie es bereits Pieter Brueghel d. Ä. (1525–1569) auf seinem großen Kirmesgemälde schildert (s. Abb. S. 86/87).

Bei diesem Repertoire der Kirmesfestlichkeiten ist es geblieben, bis die Schausteller die Jahrmärkte besetzten (vgl. Geese 1981).

Martinstag

Der erste große Heiligentag in der beginnenden Herbst- und Winterperiode ist das Fest des heiligen Martin am 11. November. Da es zugleich der Geburts- und Namenstag Martin Luthers ist, dürfen ihn beide Konfessionen an aufeinanderfolgenden Tagen feiern. Am *Martinstag*, dem 11. November – 650 vom Papst Martin als kirchliches Fest eingesetzt – begann das neue Wirtschaftsjahr: In den alten Zeiten der Naturalwährung mußten die letzten Jahresabgaben an Obrigkeit und Geistlichkeit geleistet und die Pachtungen erneuert werden. «Martin ist ein harter Mann!», hieß es im Volksmund. Aber Martin ist auch ein fröhlicher Mann: An seinem Kalendertag konnte der neue Wein geschmeckt werden (dem heiligen Martin als Weinpatron zu Ehren wurde 1752 zum ersten Mal das Heidelberger Faß mit Wein gefüllt), und Pfarrer und Lehrer erhielten ihren *Martinstrunk*. So wurde er vielfach zum Schutzpatron der Gastwirte, zum Weinpatron, und der Martinstag fiel oft mit den Winzerfesten zusammen. Zum Symbol des Tages aber wurde die *Martinsgans* (erstmalig 1171 in den Niederlanden bezeugt), denn nun mußten die ersten fetten Gänse geschlachtet werden; man konnte sie nicht mehr auf die Weide treiben, und Futter war zu teuer. Das ließ sich leicht mit der Martinslegende aus dem 4. Jahrhundert verbinden, die erzählt, daß sich Martin, als er zum Bischof von Tours gewählt werden sollte, bescheiden in einer Scheune versteckte. Aber die Gänse schnatterten so laut vor dem Scheunentor, daß die Sendboten des Papstes ihn bald gefunden hatten! So wurde der Heilige zum Patron der Säufer, Fresser und Schlemmer: «Wer zu oft hält Martinsnacht,
hat bald sein Haus und Hof durchbracht!»

Doch dieses Patronat brachte ihm und seinen Mitheiligen auch manchen Spott ein, und seit dem Mittelalter besang ihn die Vagantenpoesie (1621):

«Herbei, herbei zur Martinsgans,
Herr Burkhardt mit den Brezeln: jubilemus!
Herr Urban mit den Flaschen: cantemus!
St. Barthel mit den Würsten: gaudeamus!
sind alle starke Patronen
zur feisten Martinsgans!»

(Jürgensen 1910)

Daneben entwickelte er sein Image als Kinderheiliger besonders in protestantischen Gegenden. Wegen seiner Verbindung mit Martin Luther verbreitete sich, vom Lutherland Thüringen ausstrahlend, ein Lichterbrauch, dessen Träger die Kinder sind (s. S. 199).

Mit dem Martinstag, dem Schmausen und Schenken, ist schon so etwas wie vorweihnachtliche Stimmung eingezogen. Aber das sind späte Ausformungen in Zusammenhang mit dem interessanten und bisher noch nicht genügend erforschten Gebiet der Kinderbräuche. Was das Leben der Agrargesellschaft anbetrifft, so war der Martinstag ein ausgesprochener und wichtiger Wendetermin: Es wurde das Vieh geschlachtet, das den Winter über nicht im Stall gefüttert werden konnte und sollte, besonders die ersten fetten Gänse. Es war vielerorts ein Wandeltag, an dem die Knechte und Mägde ihre Stellen wechselten und ihren Lohn erhielten. Es war der endgültige Abschluß des Erntesommers, an dem die Abgaben zu leisten waren; seit der Zeit Karls des Großen galt Martini als Zinstag, an dem auch Kirchen und Klöster ihre Abgaben erhielten und die Pachtungen abliefen. In Weingegenden waren die Weingefälle zahlbar.

nen Jungfer, und suchten sowohl den Kranz als von den angenagelten Kleidern etwas und die darauf gesetzten Gewinnste zu erlangen. [...] So dann wurden in Ihro Hochfürstl. Durchl. Gegenwart 44 Bauernbursche und 30 Bauernmägde die Gewinnste, denen übrigen aber Bier und Brod ausgetheilet, und darauf wieder um den Mayenbaum getanzet, und endlich der *Hahn geschlagen*.

Vossische Zeitung, Kirchweih in Bayreuth, 1749

Martinslied.

Ludwig Richter (1803–1884): Martinslied.

Martin, Martin, guter Mann,
der es wohl vergelten kann:
Äppel und de Beern,
Nüsse gaht wohl mehren –
Gute Frau, gebt uns wat,
lat uns nich tau lange stahn,
wi möten noch nach Cölle gahn!
Cölle is en wiete Weg.
Himmelreich is upgetan,
da möten wir alle hineingahn!
Ick hör de Schlötel [Schlüssel] klingen,
de Frau wird uns wat bringen:
Se gaht up de Kammer,
sukt wat tausammen ...
Petersilien Suppenkraut
steht in unsern Garn [Garten],
die Jungfer Tochter
is ne Brut,
es wird nich lange währen,
wenn sie nach de Kirken geiht,
und de Rock in Faalen schleit! [Falten schleift]
Simeling simeling Rosenblatt,
Schöne Jungfer, gebt uns wat!

Heischeverse, Schaumburger Land

SEBASTIAN FRANCK sagt in Anlehnung an BOHEMUS: «St. Martinus fest celebriert diss volck wunder ehrlich. erstlich loben sie Martin mit gutem Wein, gänsen, biss sie voll werden. unselig ist das hauß, daß nicht auf disse nacht ein ganß zu essen hat; da zepfen sie ihre niuwe wein an, die sie bisher behalten haben, da gibt man auf diesen Tag den armen eine gute notturfft.» (Weltbuch 1534)

Damit sind die herbstlichen *Schlachtfeste* angesprochen. Vor der Einführung von Kühleinrichtungen und Tiefkühltruhen mußte im Herbst und Winter geschlachtet werden, und das Schlachten brachte für kurze Zeit einen Überfluß an leicht verderblichen Würsten, derer man Herr werden mußte: Anlaß genug für eine festliche *Metzelsuppe*. Hauptperson war der Bauernmetzger, der das Regiment über die häuslichen und nachbarlichen Hilfskräfte führte. Zum Schlachtessen wurden außer Helfern und Verwandten auch Lehrer und Pfarrer eingeladen zu einem vergnügten, üppigen Abend mit *Wurstzetteln* und *Schlachtebriefen* und reichlich milden Gaben an alle Armen und Kinder, die ans Fenster kamen. Nie standen die Satten und die Hungrigen auf dem Land so dicht beieinander wie in der Schlachtezeit. Großzügig wurde den Armen gegeben. Aber auf den Kartoffelfeldern plagten sich die Kinder mit ihren Müttern für einen Hungerlohn, und dennoch erwarteten sie voll Sehnsucht diese feste Gelegenheit zu einem geringen Verdienst. Zuweilen gab es sogar fastnachtsmäßigen Schabernack maskierter Gestalten: Begann doch nun im strengen katholischen Brauch das Weihnachtsfasten wie nach der Fastnachtszeit das Osterfasten. Beim Schlachtfest war es auch

Oberschwaben

Die Bachbäs hatte zum Vormittagsvesper gerufen, zu dem sie noch *Zundenessen* sagte. Sie hatte Dinneten gebacken, dem Schwarzbrot voraus. Es gefiel Maränn in der alten Heimat. Deshalb hatte sie es noch einmal am Bach probiert. Dann wurde sie wieder gefragt, wie einstmals vom Großvater, warum sie denn nicht dort geblieben war. Diesmal konnte sie nicht mehr sagen, sie habe Heimweh gehabt. Das Gegenteil war der Fall. Als sie in die Stadt geheiratet hatte, bald nach Elis, die in ihrer zweiten Ehe mehr Glück gehabt hatte, war ihr Heimweh nach dem Bach groß geworden. Der Gette aber war altmodisch und starrsinnig. Nicht die kleinste Neuerung wollte er mitmachen, so wenig wie die Bachbäs. Maränn mußte auch im zweiten Jahr noch *Schlachteten* an den Hang tragen, obwohl sie im Vorjahr schon deswegen verspottet worden war. Schon damals hatte sie der Bachbäs erklärt: oben habe man jetzt Gefrierfächer, und das Hin- und Hertragen von Fleischstücken sei sinnlos geworden. «So haben wir es aber immer gemacht», sagte darauf die Bachbäs nur.

MARIA BEIG: Rabenkrächzen. 1982, S. 115 f.

Ludwig Richter (1803–1884): Schlachtfest.

zuweilen üblich, in einer Brauchparodie das Testament des geschlachteten Schweines oder der Kuh zu verlesen. Die Vorstellung von einem Schweinetestament hat übrigens eine alte Geschichte: Schon der römische Geschichtsschreiber Hieronymus berichtet etwa um 400 von einem «Testamentum porcelli», das bei der römischen Jugend sehr beliebt gewesen sei. In diesem Scherzgedicht macht das Schwein Corocotta sein Testament, bevor es geschlachtet wird, und verteilt die Borsten an die Schuster, die Ohren an die Tauben, die Zunge an die Schwatzhaften usw. Neben den Anspielungen bei der Legatverteilung liegt der Scherz in allerlei lustigen Namensgebungen, die dieses parodistische Testament volkstümlich machten. Das Motiv hat also eine lange Kulturgeschichte, die über politisch-ironische Metaphern zu dem niederdeutschen Volkslied von «Herrn Pastor sin Kauh» mit über 400 Strophen führt.

Der Kinderfresser und die Butzenbercht, vorweihnachtliche Kinderschreckgestalten. (Augsburger Bilderbogen aus dem Verlag des Albrecht Schmidt, um 1750)

Vorweihnachtszeit/Nikolaustag

Der Weihnachtsmonat mit seinen vielen Heiligentagen und den sie begleitenden Bräuchen besaß in der Dorfgesellschaft, bevor der unaufhaltsame Verbürgerlichungsprozeß einsetzte, keine Innenfunktion in den Familien, sondern vornehmlich eine Außenfunktion in der Kirche und auf der Gasse. Am 4. Dezember, dem *Barbaratag*, setzte man eine Tellersaat an oder steckte Obstzweige ins Wasser, die bis Weihnachten blühen sollten – wie diese Zeit überhaupt erfüllt war von Bauernregeln, Wettervorhersagen und Orakeln, die die Zukunft betreffen. Der

Sankt Nikolaus mit seinen Begleitern in Bayern, um 1960.

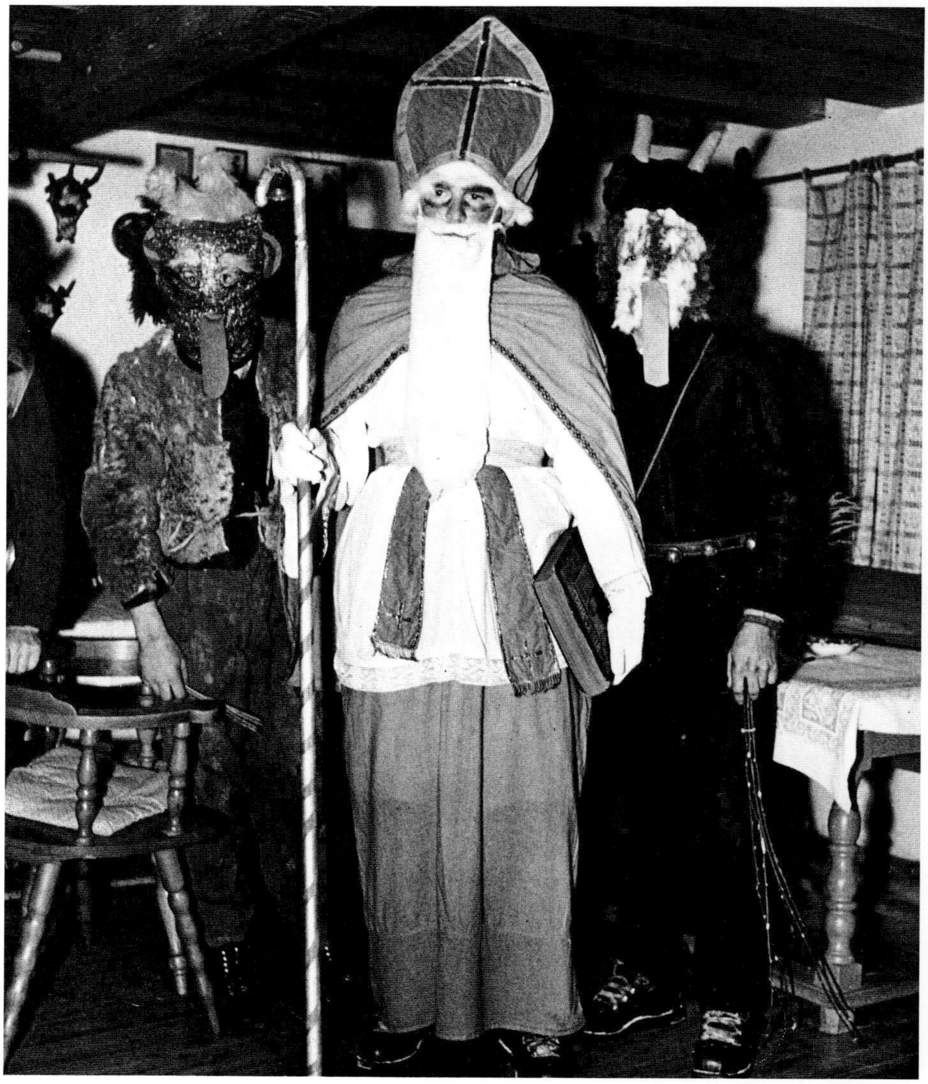

Meine Verstöße, ja Verbrechen gegen die Form erregten aber den Zorn nicht nur meiner irdischen, sondern auch meiner himmlischen Erzieher. Am St. Nikolaus-Tag erwartete ich mit bangem Herzen die Ankunft des *St. Nikolaus und seines Knechts Ruprecht.* Beim ersten Türklopfen verkroch ich mich in den Rockzipfeln meiner Großmutter; als ich sie dann mitten im Zimmer stehen sah, St. Nikolaus übergroß, mit weißem Bart und roter Kapuze, und Knecht Ruprecht, gebückt, mit Rute und einem Sack, wollte ich nur noch wegrennen. Was mich an diesem Nikolaus so ängstigte, war die Tatsache, daß er humpelte wie jener Rußlandheimkehrer, der im Keller unseres Hauses wohnte. Am meisten aber entsetzte ich mich vor Knecht Ruprecht, der einen so starren und glasigen Blick hatte wie Herr Dorneich aus unserem Keller. Nachdem meine Großmutter mir gut zugeredet hatte, begann jenes Verhör, jene himmlische Inquisition, die mir noch heute Wort für Wort gegenwärtig ist. Der Nikolaus: «Michael, schau mir mal in die Augen! Sag mal, gehorchst Du auch immer Deinen Eltern und Großeltern?» Ich, ganz verstört: «Ja, ja!» Und wieder der Nikolaus: «Michael, schau' mir mal in die Augen! Machst Du auch immer Deine Schulaufgaben?» Und ich: «Ja, ja!» «Dann», sagte der Nikolaus, während Knecht Ruprecht mit der Rute ein paar Mal durch die Luft peitschte, «zeig' mir doch mal Deine Schulhefte!» Ich glaubte vor Angst in den Boden zu versinken, während St. Nikolaus mein Schönschreib-Heft durchblätterte; noch heute sehe ich jenes aufgeschlagene Blatt vor mir, auf dem alle Schriftzeichen in einer riesigen schwarzen Tintenlache ertränkt waren. «Das sieht aber schlimm aus», sagte der Nikolaus mit grollender Stimme, während Knecht Ruprecht mit geöffnetem Sack auf mich zuging, «wenn das nicht besser wird, steckt Dich der Knecht Ruprecht in den Sack!» Heulend verkroch ich mich hinter meine Großmutter. «Michael, versprichst Du mir, daß das besser wird?» fragte der Nikolaus, während er mir seine knochige Hand hinstreckte. Ich brachte kein Wort heraus, griff ganz schnell seine Hand und nickte mit dem Kopf. Auch als Knecht Ruprecht den Sack öffnete und anstatt mich mitzunehmen, Apfelsinen und Schokolade auspackte, kriegte ich noch immer keinen Ton heraus, sondern stand bleich und zitternd vor diesen ausgepackten Herrlichkeiten.

Michael Schneider: Den Kopf verkehrt aufgesetzt. Versuch über meine Nachkriegs-Kindheit. In: Friesel/Taschau (Hg.): Kindheitsgeschichten. 1979, S. 94f.

Heiligenkalender beginnt eigentlich erst richtig mit dem *Nikolaustag* am 6. Dezember (Meisen, Metken). Ohne hier auf Einzelheiten der Kultgeschichte eingehen zu wollen (Weber-Kellermann 1978, S. 24ff.), sei auf die Doppelgestalt Nikolaus und Ruprecht hingewiesen, die schenkend und strafend den Kindern erscheinen. Auf dem Land geschah das – geschieht es bis heute – in Form eines Umgangs: Der freundliche Heilige und sein rauher Begleiter (*rauh* von Rauchwerk, vom Pelzgewand wie «Allerleirauh») verkörpern also einen Kontrast, der die Kinder erfreuen und schrecken soll. In den Dörfern agierten sie von der Gasse aus, gingen von Haus zu Haus, klopften an die Fenster; Knecht Ruprecht rasselte mit seinen Ketten und stieß wilde Drohungen aus. Die Stuben betreten die Jungen, die diese Rolle spielen, erst in neuerer Zeit zu freundlicher Bescherung. Auf die soziale Bedeutung solcher Umgangsbräuche wird noch im nächsten Abschnitt zurückgekommen.

Der nächste, schon in Vergessenheit geratene Heiligentag ist der der *heiligen Lucia* am 13. Dezember (Kretzenbacher 1959). Dieser Festtag war vor Einführung des Gregorianischen Kalenders 1582 der wichtige Mittwintertermin; die Heilige verlor also mit der Verschiebung des Neujahrs auf den 31. Dezember/1. Januar ihre einstige Bedeutung. Doch blieb sie in der Erinnerung in ungenauer

Lebendigkeit, sank herab zur bösen Lutzelfrau im Verband der «schiachen Perchten», also der häßlichen weiblichen Winterdämonen. In Erinnerung an den alten Jahreswendetermin wurden auch am Luzientag Voraussagen getroffen wie schon in der *Andreasnacht* am 30. November und besonders in der *Thomasnacht* am 21. Dezember, die zugleich die «Zwölften» einleitet, die zwölf rauhen Nächte bis zum 6. Januar. Das *Losen* (= Vorhersagen mit allen möglichen Mitteln) praktizierten vor allem die Mägde, wobei es sich um Heirat oder den nächsten Dienstort drehte. Sie waren ja mit ihrem ganzen Besitz im Koffer, Kasten oder Korb verhältnismäßig unbehaust und mobil, und ihr Lebensplan hing ab vom Arbeitsort oder einer günstigen Heiratsmöglichkeit. Die große Zahl der Orakelbräuche in den *Klöpfelsnächten* hat HANS MOSER (1951) bis ins 15. Jahrhundert zurückverfolgt.

Weihnachten

Dann kam das *Weihnachtsfest* selbst: auf dem Land vor allem ein kirchliches Fest mit der zusätzlichen Christmette, mit Krippenspielen in der Kirche oder Stubenspielen von Haus zu Haus. Im Bauernhaus wurde gut und üppig gegessen, viel gebacken (BURGSTALLER) und gekocht, Haus und Stall geräuchert, dem Vieh segenbringende Maulgaben verteilt, den Kindern rotbackige Äpfel und ein kleines Spielzeug gegeben. Aber ein gabenreiches Familienweihnachten unter dem Christbaum hat sich auf dem Land als Übernahme bürgerlicher Bräuche erst um 1900 eingeführt (WEBER-KELLERMANN 1978, S. 104 ff.). Das Gesinde erhielt zu Weihnachten oder zu Neujahr seinen Weihnachtstaler, eine Schürze oder ein Paar Stiefel.

Hier sei nur ein Wort zu den städtischen *Weihnachtsmärkten* angefügt, die auch die Landbewohner gern besuchten. Überall dort, wo sich früh ein typischer Weihnachtsmarkt entwickelt hat, in allen großen Städten wie in Berlin und Dresden, Nürnberg und Frankfurt am Main, konzentrierte er sich lokal auf einen Platz bei einer großen Kirche, um die Kauflust der Stadt- und Landleute vor und nach dem obligatorischen Kirchenbesuch an den weihnachtlichen Festtagen (früher drei) anzureizen. Für Gesinde und Dienstmädchen war ja Weihnachten Zahlzeit und einer der wenigen Termine, zu denen sie ein bißchen Bargeld in der Tasche hatten. Für die Bauern des Umlandes ergab sich durch die ausgestellten

Blume Siebert: Zwei Schwälmer Mädchen kaufen Geschenke für ihre Liebsten.

Christmarkt in Nürnberg, um 1860.

Handwerksprodukte für die Wirtschaft wie Töpfer- und Böttcherwaren eine gute Gelegenheit zu bequemem und ungezwungenem Einkauf im Freien – angenehmer als in den ungewohnten städtischen Geschäften. Die Feststimmung machte den Geldbeutel locker, die Augenweide der ausgebreiteten Schätze vermehrte noch die Kauflust. Das betraf aber nicht nur die praktischen Gegenstände des täglichen Bedarfs, sondern auch mancherlei Sinnlosigkeiten und Spielereien, die aus der Freude am Nichtalltäglichen der Situation ihre Abnehmer fanden. Buden mit Honigkuchen, Makronen und Rosinenmännern, Buden mit Talmischmuck und Spielzeug, Schaubuden und Bänkelsänger, Karussel und Ringelspiel füllten die Marktplätze. Fast jede Stadt hat ihren Weihnachtsmarkt, vielerorts mit langer Tradition. So war in Berlin ein solcher Markt auf dem Lustgarten seit den Zeiten des Großen Kurfürsten bekannt und seit dem 18. Jahrhundert durch zahlreiche amüsante und rührend poetische Berichte berühmt:

Dreikönigsumzug der großen Schulbuben mit dem Stern, Tirol um 1950.

«Anstatt der warmen Sonne scheint
das Rauschgold durch die Wipfel;
hier backt man Kuchen, dort brät man Wurst,
das Räuchlein zieht an die Gipfel.»
(Gottfried Keller)

Die Weihnachtsbräuche spielten sich auf dem Land also mehr in der Kirche und auf der Gasse ab als in der Familienstube (vgl. S. 128 ff.). Freilich waren die Hausbewohner in der Weihnachtswoche ein wenig von Außenarbeit entlastet, und die magischen Arbeitsverbote wie keine Wäsche waschen und aufhängen und ähnliches sollten wohl auch dieser festtäglichen Arbeitsentlastung dienen.

Am 28. Dezember, dem *Unschuldige-Kindleinstag* (Herodeslegende), kamen nochmals die Kinder zu ihrem Brauchrecht und durften mit einer frischen Rute die Erwachsenen schlagen mit Sprüchen wie:

«Frisch und gesund!
Frisch und gesund!
Das ganze Jahr gesund!»

Neujahr und Dreikönig

Auch am *Neujahrstag* und zu *Dreikönig* haben die Kinder eine gute Zeit mit Umgängen und Anklopfspielen als Sternsinger (Weber-Kellermann 1978, S. 192 ff.). Zum Termin ist zu sagen, daß erst 1691 Papst Innozenz XII. den Jahresbeginn auf den 1. Januar festlegte (Hartke) und den Tag nach dem 335 verstorbenen Papst Sylvester benannte. Doch für die Landbevölkerung war ein so auf den Tag festgelegtes Kalendarium ohne Bedeutung, galt doch die gesamte weihnachtliche Periode bis zum 6. Januar als große Wendezeit. Die Berchtesgadener Weihnachtsschützen zum Beispiel, die 1925 sogar einen eigenen Verein gründeten (Kriss 1941), schossen und schießen von festen, überlieferten Plätzen an mehreren Terminen, nicht nur zu Silvester, und verbrauchen jedesmal fünfundzwanzig Zentner Böllerpulver.

Mit dem Dreikönigstag und den ihn begleitenden Spielen und Umgängen endet dann die Weihnachtsperiode, und die Winterarbeiten setzten wieder voll ein: für die Männer früher das Dreschen, für die Frauen das Spinnen.

Am 2. Februar ist *Lichtmeß* – wiederum ein Wendetag mit zahlreichen Wetterregeln und häufig auch Wandeltag des Gesindes. Am *Agathentag*, dem 5. Februar, mußten sie den neuen Dienst antreten – Zahltag und Ziehtag.

«Büble, heut ist *Dreikönigstag*, da hat's lauter Mohrenköpf gegeben, da hast du einen; sag's nur den andern.» Das Büblein bewunderte den schwarzen Mohren und zeigte ihn zum hohen Ergötzen in der Schule. Um zehn Uhr aber stürmte die Jugend die Bäckerei; alle wollten «Mohrenköpfe» haben. In wenig Minuten war der ganze Vorrat aufgeräumt.

Emil Frommel (1828–1896): Familienchronik, S. 12

Franz Zwerina: Dreikönigssingen in Böhmen.

«Lichtmessen – der Winter gemessen und halb vergessen!» Zugrunde liegt der katholische Feiertag von «Mariä Reinigung», sechs Wochen nach Christi Geburt, wie es für eine Landfrau üblich war. Das hatte nur noch religionsgeschichtlich etwas mit dem etruskischen Gott Februus der abgeschiedenen Seelen und der Unterwelt zu tun, dem die ersten zwölf Februartage als Reinigungs- und Sühnetermin geweiht waren. So verbinden sich mit diesem Tag mancherlei Feuerbräuche, kirchliche Kerzenweihen, aber auch zum Beispiel das *Beekenbrennen* in Schleswig-Holstein, wo die Knaben große brennende Strohfackeln auf die Eiderdeiche trugen und dazu riefen: «Lang Flachs!» und sie dann auf einen Haufen zusammenwarfen. Das galt also wieder den Flachsfrauen und Spinnerinnen, die von Lichtmeß an ohne künstliches Licht spinnen sollten.

Fastnacht

Mit Festen wie der Spergauer Lichtmeß setzte aber hier und dort schon die Vorfastnacht ein. In Thüringen und der Rhön liefen zur *Petristuhlfeier* am 22. Februar verkleidete Kinder durch die Gassen, um den «Petersdreck» in die Hausflure zu werfen und ihre «Nistelverse» zu rufen (Wähler, S. 418). Das *Nisteln* hängt wohl mit *Misteln* zusammen, dem Reinigen von winterlichem Schmutz, und die Kinder pervertierten gewissermaßen den Gedanken des Großreinemachens und mahnten scherzhaft zur Aktion.

Dann kommt die *Fastnachtszeit*, und dabei ist nur das alpine Maskentreiben (DÖRRER) als ländlich und wohl mit dem Hirtenwesen verbunden anzusehen. Die Darstellung regional unterschiedlich ausgestalteter Bräuche und deren strukturalistische Interpretation erfolgt ausführlich später (vgl. S. 166ff.).

Zum Abschluß des Maskentreibens hat die katholische Kirche den *Aschermittwoch* als Feiertag bestimmt, an dem die Büßenden mit dem Aschenkreuz auf der Stirn die Kirche verlassen.

Im protestantischen Sachsen *äscherten* (schwärzten) sich die Jugendlichen gegenseitig am Aschermittwoch und schlugen sich mit Reisern, was weniger mit Buße als mit Lebensfreude zu tun hatte und *kindeln* oder *pfeffern* hieß. War das Äschern ursprünglich ein übermütiger Fastnachtsbrauch gewesen, so gedieh es unter dem Einfluß der Reformatoren zu einer gegen den katholischen Aschermittwoch gerichteten symbolischen Handlung: Die Asche der Buße wurde mit einem frischen Reis abgekehrt! Natürlich nahmen sich auch die Kinder dieser Schlagbräuche wieder an und verbanden sie im Sächsischen mit dem Typ der Dreikönigs-Heischeverse. In den späten zwanziger Jahren, der Zeit der großen Arbeitslosigkeit, erbettelten sie sich auf diese Weise milde Gaben, und ihre Verse hörten sich dann folgendermaßen an:

Holzmasken des Schemenlaufes in Imst/Tirol.

«Ich bin der kleine Günther,
hab fünfundzwanzig Kinder,
die fressen mir wohl gar so sehr,
und machen mir das Leben schwer.»

«Lassense mich nich lange stehn,
die muß ich all trocken lejn!
Un wennse mir nischt gebn,
dann kann ich nich mehr lebn!»
(KUBE 1942)

Ein anderer Spaß, den er uns Kindern machen wollte, war nicht so unschuldig, und versetzte uns Kinder alle, auch Mutter und Tante, in großen Schrecken. Es war Fastnachtszeit. Das Licht war bereits angezündet, und wir alle saßen um den Tisch. Der Vetter hatte sich heimlich in das Haus geschlichen, auf dem Hausgange seinen Rock abgelegt, damit man ihn nicht kenne, eine Maske vor das Gesicht genommen, und trat plötzlich und unangemeldet in das Zimmer. Wir Kinder kamen vor Schrecken ganz außer Fassung, schrien laut auf und zitterten und bebten. Er nahm nun wohl die Maske lachend ab und wollte uns wieder erheitern. Allein vergebens; jener Schrecken hatte uns zu sehr angegriffen, und jenes schauerliche Maskengesicht schwebt mir noch immer vor Augen. Während der Vetter uns zu beruhigen suchte, kam der Vater nach Hause. Er war über unser zerstörtes, blasses Aussehen betroffen, und als er vernahm, was vorgegangen war, gab er dem Vetter einen scharfen Verweis. «Ich kann es nicht ausstehen», sprach er, «und es ist mir, wie ich schon öfter gesagt habe, in der Seele zuwider, Kinder so zu ängstigen. Es ist sehr unvernünftig, töricht und wohl eine große Sünde. Ich habe es deshalb strenge verboten, in meinem Hause am Abende vor St. Martin oder St. Nikolaus, wie leider sonst wohl noch gebräuchlich ist, den Kindern durch Schreckbilder Furcht einzujagen. Man hat dabei wohl die Absicht, die Kinder zu Fleiß und Folgsamkeit anzutreiben; allein dieses ist ein gefährliches Mittel, und es giebt deren viel bessere und zweckmäßigere.»

CHRISTOPH VON SCHMID (1768–1854): Erinnerungen und Briefe. 1968, S. 49

Wallfahrten

Zu den kalendarischen Kirchenbräuchen gehört entscheidend auch das *Wallfahrtswesen*, das terminlich mit den verschiedenen Patronaten zusammenhängt. Mindestens seit dem 3. Jahrhundert pilgerten gläubige Christen ins hebräische Land, um die heiligen Stätten aus dem Leben Christi aufzusuchen, deren Anziehungskraft durch die prachtvollen Gotteshäuser erhöht wurde, die Kaiser Konstantin und seine Mutter Helena über den christlichen Gedenkplätzen hatten errichten lassen.

Für den deutschen Sprachraum eröffnete Karl der Große mit seiner Reliquiensammlung in Aachen das Wallfahrtswesen. Auch sicherte er durch Verträge mit den Herrschern der zu durchquerenden Länder die Pilgerfahrten der Gläubigen zum Heiligen Grab; selbst die Kreuzzüge könnten als eine Art von Wallfahrten bewaffneter Massen verstanden werden (Wagner, S. 146). Im Inland vermehrten sich ständig die Wallfahrtsorte durch die Grabstätten der Heiligen und Märtyrer; Pilgerfahrten als Sühnehandlungen wurden zum Teil der Rechtspflege. In der Zeit der Gegenreformation entstanden zahlreiche neue Gnadenstätten, und es vermischten sich Frömmigkeit und Heimatliebe zu lokalen Sammelplätzen der Volksreligiosität.

Ankunft am Wallfahrtsort Radna im Banat und Einkleidung der Maria-Mädchen, 1972.

Votivtafel aus Maria Plain, Salzburg, 1875.

Seitdem erweiterte und vertiefte sich das Wallfahrtswesen als Teil des katholischen Volkslebens überhaupt, bestimmt von drei Faktoren: der kirchlichen und landesherrlichen Duldung beziehungsweise Belebung, der Anziehungskraft des lokalen Kultes, also vor allem der Prozessionen in ihrer jeweils eigenartigen Ausgestaltung und der Aktivität des Kultortes für seine Wallfahrt (Brückner 1958, S. 12). Wundertätige Heiligenbilder, Mirakelüberlieferungen (Assion) und

Die Leute von Holzkichen bei Passau gehen jedes Jahr zu Pfingsten wallfahren auf den Bogenberg – angeblich zum Dank dafür, daß die Mutter Gottes vor 500 Jahren ihre Wälder von der Borkenkäferplage befreit habe. Das waren noch Zeiten, als nur Gott bei solchem Schaden helfen konnte. Sie tragen eine dreizehn Meter hohe rote Wachskerze den Bogenberg hinauf, und die Kirchenglocken der umliegenden Gemeinden begleiten mit ihrem Läuten die mühevolle Prozession.

Prozession in Sankt Martin, Salzburger Land.

mit ihnen verbundene Schauspiele, seltene Reliquien und ihre geheimnisvolle Darbietung bildeten das Ziel der oft tagelangen Pilgerfahrten und machten die Wallfahrtsorte auch zu wirtschaftlichen und geselligen Mittelpunkten. Die körperliche Anstrengung bei bußfertigen Übungen – wie beispielsweise beim Kärntner Vierbergelauf (GERNDT) – spielte dabei für die Erringung der Gnadenmittel keine kleine Rolle. Die Produktion von Votivtafeln, mit deren Anbringung im Kirchenraum die Pilger ihre Wünsche und Danksagungen sichtbar unterstützen, hat die lokale Volkskunst ebenso angeregt wie das Bedürfnis, den Daheimgebliebenen geweihte Andenken und den Kindern Spielzeug mitzubringen.

Besonders die bayerischen Gnadenstätten (KRISS), die österreichischen Wallfahrtsorte (GUGITZ) und Walldürn im Odenwald (BRÜCKNER) sind volkskundlich eingehend beschrieben worden.

Nach dem Zweiten Weltkrieg erhielt das Wallfahrtswesen in manchen Gegenden eine neue, fast politische Aufwertung durch die zahlreichen katholischen Flüchtlinge und Vertriebenen, die in der Erneuerung ihrer alten Wallfahrtsbräuche so etwas wie Heimatersatz suchten und fanden. Das gilt insbesondere für einen so berühmten Wallfahrtsort wie Mariazell in der Steiermark, der von jeher als Anziehungspunkt für die Deutschen in Böhmen und Mähren und die Donauschwaben in Ungarn gewirkt hatte, aber ebenso für ihre anderssprachigen Nachbarn, mit denen sie die gleiche Konfession vereinte. Als Kultmittelpunkt ohnegleichen (SCHROUBEK, S. 135 ff) zog er die Pilger an und schickte sie in die entferntesten Orte der ehemaligen K. u. K.-Monarchie zurück mit Andachtsbildchen und anderen frommen Andenken, die von Generation zu Generation an die erlebnisreichen Pilgerreisen erinnerten. Die blühendste Wallfahrtszeit für Mariazell war der Mai als Marienmonat, für die Dorfbewohner eine Pause zwischen den drängenden Wirtschaftsarbeiten, die ein bißchen Freizeit erlaubte. Denn diese Pilgerzüge waren für die Bauern über den frommen Anlaß hinaus auch so etwas wie Tourismus, eine kirchlich legitimierte Gelegenheit, andere Gegenden und andere Menschen kennenzulernen. Trotz des vielen Betens ging es dabei nicht nur um Frömmigkeit, sondern für so manchen auch um das Ausnutzen einer kurzfristigen Befreiung von der Dorfkontrolle.

Überdies konnten Wallfahrten auch Anlaß zu allen möglichen kollektiven Äußerungen religiös-politischer Bekenntnisse sein. Die Pilgerschaft zu Fuß ist in der Gegenwart weitgehend abgekommen und wird durch den Transport mit Autobussen und Privatwagen ersetzt. Doch tut das der bedeutsamen Rolle, die die Wallfahrten in den katholischen Sakrallandschaften nach wie vor spielen, keinen Abbruch.

Wir Donauschwaben sind alle Jahr zu unserer Wallfahrt im Maimonat nach Maria Gyüd mit Prozession gezogen, vielleicht 10–12 Packelwägen in der Früh weg; Frühmeß war in Báta in einem ungarischen Dorf. Auf die Nacht sein wir dort angekommen; da hun mir geschlafen, in der Früh weiter, nachmittag 4,5 Uhr waren wir dort. Die Wägen sind in die Herberg gefahren, die Leute sind alle in die Kirch', da war alles voll mit Franziskaner Geistliche. Abends ins Quartier zum Schlafen, in der Früh auf zur Kommunion, dann zum Kalvarienberg. So viel ist gebetet worden, daß einen manichen Mann bald das Maul ausgefranzelt ist von Beten über den ganzen Tag; nachmittag Vesper. Anderen Tag Frühmeß, dann hun mir den Segen empfangen – ins Quartier, zusammengebündelt, Abmarsch. Im nächsten Dorf war Frühstück, in Nádas geschlafen, zu Mittag in Bátaszék, abends in Mözs, da sind wir empfangen worden vom Pfarrer mit Glockengeläut. Die Packelwägen waren immer hinter der Prozession; nur der hat sich auf die Wägen gesetzt, dem schlecht geworden ist, aber dort in Maria Gyüd waren tausende von Menschen: Kroaten und Ratzen (Serben) waren so heilig, sind um die Kirche auf den Knien rumgerutscht; das Pflaster war mit Blutflecken alles angeschmiert, so hun sie Mutter Jesus angerufen. Wie sie fertig waren mit ihrem Gebet, sein sie zum heiligen Brunnen, haben ihre blutigen Kniewunden gewaschen. Wenn ich auf so ein Platz bin kommen, hab ich mich gleich von die Mözser getrennt, weil ich hab alles wollen sehen! Viele haben gesagt, der schlechte Johann ist schon wieder bei einer schönen Ratzin. Abends haben sie mich gefragt, wo ich war; habe ihnen viel erzählen können, was ich gesehen habe, da haben sie sich verwundert. [...] Auf dem Heuboden haben wir geschlafen, 20–30 in der Reihe. Ja [...] das war eine große Sache, solliche Wallfahrt. [...] Laufen, laufen, laufen! Wer nicht laufen kann, bleibt zu Haus!

Der Bauer Johann Valentin in:
INGEBORG WEBER-KELLERMANN: Zur Interethnik, S. 26

Soziale Balance

Die Funktion von Bräuchen für eine soziale Ordnung

Trägerschichten

Bisher war hauptsächlich von Brauchhandlungen und -vorstellungen in einem agrargesellschaftlichen Kontext die Rede. Nun sei in einer Reihe von Exkursen nach den Brauchausübenden und ihrer Funktion in dieser ländlichen Gesellschaft gefragt. Wie eingangs ausgeführt, befinden sich die Akteure während des Brauches in einem Zustand der Interaktion, der Gegenseitigkeit zweier oder mehrerer Gruppen; sie handeln in einem Kommunikationsprozeß. Wer sind diese Gruppen, und was wollen sie mit ihren Bräuchen sagen? Sie sind – entsprechend dem Charakter der Dorfgesellschaft – durch ihren Status bestimmt. Die dörflichen Burschenschaften beispielsweise als Vereinigung aller unverheirateten Burschen im Alter von über fünfzehn Jahren bilden einen ihnen von der Gesellschaft zugewiesenen Status: Sie stehen also im Gegensatz zu den freiwilligen Interessenverbänden bürgerlicher Vereine. Andere dörfliche Gruppierungen waren charakterisiert durch ihren erworbenen Status, so die Gruppe der Hirten und Schäfer. Diese Unterscheidungen, die der Soziologe René König zitiert (S. 982), können sich aber infolge der festgelegten dörflichen Hierarchien verwischen. Denn was blieb im allgemeinen dem Sohn eines Hirten anderes übrig, als wieder Hirt zu werden und so in einen gesellschaftlich ihm zugewiesenen Status einzutreten! Das gleiche galt für die Bauernkinder.

Damit ist bereits das Merkmal der dörflichen Hierarchie angedeutet, die sich vertikal durch alle Gruppen hindurchzieht (Weber-Kellermann, Agrargeschichte 1978). Ilien (S. 116ff.) hat in seiner Untersuchung über Dorfprestige zutreffend festgestellt, daß dafür seit etwa 1850 eine Merkmalsskala gültig sei, die Verwandtschaft und Besitz, lokale Herkunft, Familienstand, Konfession, Alter und Geschlecht umfasse. Dazu kommen für das moderne geöffnete Dorf Beruf, Verein, Anteil an der Kommunalpolitik, Parteizugehörigkeit u. ä. Ordnet bereits eine derartige Statuszugehörigkeit jedem einzelnen seine Rolle zu, so ist er innerhalb dieses sozialen Ortes wiederum einer Hierarchie unterworfen, die seine Position nochmals an einer oberen oder unteren Stelle der Rangordnung fixiert. Solche Mechanismen spielen bei der alljährlichen oder gelegentlichen Wiederholung der Bräuche eine Rolle für ihre Gestaltung. Schon deshalb kann von einer Statik der Bräuche, von der Kontinuität ihrer Form keine Rede sein. Auch die «überlieferten Ordnungen» sind nur ein breiter Rahmen, aber keine gültigen Bestimmungsfaktoren. Diese Bestimmungsfaktoren liefert die jeweils regionale und soziale Lage, und die Träger der Bräuche wandeln sie für sich danach um, eignen sie sich an und geben ihnen den Sinn, der ihnen in ihrer Situation richtig und wichtig erscheint.

Maibaumerklettern im Elsaß. Holzschnitt aus «Über Land und Meer», um 1870.

Bräuche beziehen also ihre Spannung aus der sozialen Opposition, die sie ausdrücken, weshalb folkloristische Umzüge ohne jede Spannung und darum meist langweilig sind. Im folgenden sollen exemplarisch fünf Brauchbeispiele vorgestellt werden, bei denen derartige Oppositionen die Spannung bewirken:

Bräuche	Oppositionen		
Maibaumbrauch	Burschenschaft eines Dorfes	und	Burschenschaft eines anderen Dorfes
Pfingstbrauch mit dem Schößmeier	dörfliche Bauern-Burschenschaft	und	dörfliche Arbeiter-Burschenschaft
Weihnachtsbräuche mit Umzugsspielen	Spielgruppe	und	Dorfgemeinde
Mädchenversteigerung	Burschen mit Vermögen	und	Burschen ohne Vermögen
Schäferfeste	Schäfer	und	Nicht-Schäfer

Mit dem Begriff Opposition ist nicht unbedingt eine feindliche oder aggressive Beziehung zwischen den brauchausübenden Gruppen gemeint. Es soll damit vielmehr im strukturalistischen Sinne nur so viel gesagt sein, daß sich die brauchmäßige Auseinandersetzung auf der gleichen Kommunikationsebene abspielt: Eine agierende Gruppe besitzt, was die andere nicht hat – und umgekehrt. Wie sich das im einzelnen auswirkt, machen die folgenden konkreten Beispiele deutlich.

Bayerischer Stufenmaibaum mit Arbeitsdarstellungen.

Der Maibaum

Der Maibaum ist ein großer, gerader Baumstamm mit markierter Spitze, dem belassenen Wipfelbuschen oder einer künstlichen Krönung. Seit der Zeit vor dem Ersten Weltkrieg hat der dekorative Sprossenbaum große Popularität erlangt, dies gilt besonders für Bayern und Österreich. Verziert mit ausgesägten und buntbemalten Bildern des Handwerks, gekrönt von einem Kranz mit bunten Bändern vertritt er allgemein das Bild des deutschen Maibaums. Doch ist er keineswegs «uralt», sondern entstammt den schmuckfreudigen Handwerkersitten des Barock.

Der Maibaum, der an regional verschiedenen Terminen zwischen dem 1. Mai und Pfingsten errichtet wird, häufig zur Kirmes als Kirmesbaum wiederholt, gehört in einen weiträumigen Brauchbereich. In Nordbayern und Hessen ist er zum Beispiel durch sudetendeutsche Flüchtlinge nach 1945 neu belebt worden, denn bei den Sudetendeutschen war das Maibaumsetzen vereinsmäßig fest organisiert.

Maibaumdarstellung im Stundenbuch «Grandes Heures de Rohan», um 1500.

In hessischen Dörfern ist es auch heute eine Aufgabe der dörflichen Burschenschaft. Sie zieht in der Walpurgisnacht in den Wald und schlägt den vorher ausgesuchten Stamm. Heute wird das ganz modern mit der Motorsäge besorgt, die auch gleich die Äste beseitigt. Dann geht es mit dem Traktor und Anhänger ins Dorf, und die ganze Burschenschaft marschiert im Gleichschritt hinterher und trägt den lang überhängenden Wipfel. Auf dem Festplatz haben die Burschen bereits ein Loch gegraben und die Stangen für die mühsame Aktion des Aufrichtens aneinandergebunden. Wenn dann der Kranz mit seinen bunten Kreppbändern montiert ist, kann die langwierige Aktion des Aufstellens beginnen.

Seine Spannung erhält der Brauch nun durch die Konkurrenz mit der Burschenschaft eines Nachbardorfes. Die Rivalitäten haben oft eine lange Geschichte, Konflikte, die durch Schlägereien bei Kirmesfesten oder durch Umwerben der Mädchen des Nachbarortes entstanden sind. «Auch fühlten sich die Burschen größerer Gemeinden häufig verpflichtet, es denen der kleineren ‹mal zu zeigen, wer hier das Sagen hat, damit die Respekt vor einem haben›. So holten 1956 die Burschen von Bellnhausen bei Marburg nachts den Baum in Hassenhausen, banden

Vorangegangene Seite: Erklettern eines dörflichen Maibaums in der Nähe von Regensburg, 1968.

ihn an einen Pkw und fuhren ihn nach Bellnhausen, wo sie ihn (neben dem eigenen) aufstellten» (LÖBER, S. 103).

So etwas war natürlich eine große Schande, denn es zeigte auf der Ebene des Selbstverständnisses der Burschenschaft, daß die Hassenhausener Burschen ihren Baum nicht gut bewacht hatten. Mit dem Raub des Baumes war dem hierarchischen Denken – hier großes Dorf gegen kleines Dorf – Genüge getan. Es stand also Burschenschaft gegen Burschenschaft als die Vertreter ihrer Jungmännergruppe und ihres Ortes.

Auch das Ende des Maibaumes, sein Umlegen, Köpfen und Abreißen organisiert und vollzieht die Burschenschaft. Am 14. Mai oder zu Pfingsten, manchmal auch zu einem noch späteren Termin, legen ihn die gleichen Burschen, die ihn aufgerichtet haben, wieder um, und wieder muß der Stamm vor den Nachbarburschenschaf-

Aufstellen eines Maibaums durch die Burschenschaft in einem oberhessischen Dorf, 1969.

Der Maibaum als Liebeszeichen. (Darstellung aus dem 19. Jahrhundert)

ten bewacht werden. Der Rest ist dann ein Spiel: Lose werden verkauft, jeder kann sich hier eine Portion Brennholz ersteigern, oder der Stellmacher erwirbt das gerade Holz. Die Burschenschaft aber hat sich auf diese Weise ein Faß Bier erhandelt.

So mischen sich Brauchelemente zu immer neuen Kombinationen: Sportlich-handwerkliche Tüchtigkeit beim Fällen und Aufstellen des mächtigen Stammes sollen ebenso erprobt werden wie das Auf-Draht-Sein und die wache Aufmerksamkeit der Burschenschaft im Wettbewerb und Konkurrenzkampf mit denen aus der Nachbargemeinde, die an anderen Sonntagen in der gleichen Zusammensetzung ihre Fußballgegner sein mögen. Denn der Maibaum ist in diesem Zusammenhang nur das Objekt, das Symbol für das Wir-Gefühl der Burschen. Im sozialen Verständnis handelt es sich hier um den Ortsmaibaum, der von der Burschenschaft der Gemeinde heimlich im Wald geholt, entrindet und aufgestellt wird, bewacht werden muß vor den Zugriffen der Burschenschaften aus den Nachbarorten. Er repräsentiert – über die Burschen – das Selbstbewußtsein eines Gemeinwesens. Ähnlich ist es mit dem «Wirtshausmaien», für dessen Aufstellung der Wirt die betreffende Burschenschaft mit einem Freitrunk belohnt. Erwähnt werden soll auch der «Liebesmai», den Burschen ihrem Mädchen vor die Haustür setzen. Die Opposition wird also hier durch das Stehlen der Bäume ausgedrückt. So erhält die eine Gruppe das, was die andere nicht (mehr) hat und dokumentiert damit ihre Überlegenheit.

Der Pfingstbrauch mit dem Schößmeier

Thüringen ist reich an pfingstlichen Bräuchen, die mit dem Wasser und mit Laubmaskierungen zusammenhängen. Im folgenden wird von einem Brauch berichtet, mit dessen tradierter «Sprache« in den fünfziger Jahren die sozial getrennten Burschenschaften eines Ortes in der Nähe von Mühlhausen ihre Konflikte austrugen.

Der Ablauf des Brauches in Oberdorla: Am Donnerstag vor Pfingsten wurde die «Rechnung angetrunken», d.h. es bildeten sich zwei *Rechnungen* im Dorf, zwanzig bis dreißig Burschen mit den dazugehörigen Mädchen, die in Oberdorla jeweils die Arbeiter- und die Bauernjugend vertraten und in den beiden Gasthäusern des großen Ortes ihre Hauptquartiere aufschlugen. Diese beiden Gruppen

Das Schößmeierfest im thüringischen Oberdorla, 1957.

von «Rechnungsburschen» mit ihren Mädchen wählten nun je zwei Anführer, die *Platzmeister*, für die der Bürgermeister die entsprechenden *Ehrendamen* aussuchte.

Die Rechnungen bildeten die eigentlichen Trägergruppen der Dorfbräuche, denn ihre Pflichten überdauerten das ganze Jahr und traten besonders zu Pfingsten und zum *Hammelreiten* bei der Kirmes in Aktion. Am Pfingstsonnabend hatte der Förster zwei besonders gerade und hoch gewachsene Birken ausgesucht, die von den Rechnungsburschen auf Langholzwagen aus dem Walde geholt und vor den beiden Gasthäusern als «Maien» aufgestellt wurden. Über Nacht mußten sie bewacht werden, denn beide Rechnungen versuchten, sie sich gegenseitig zu stehlen oder zu beschädigen. Diese Kampfstimmung begleitete das ganze Fest.

Während der Pfingstsonntag dem Familienleben überlassen blieb, begann am Montagnachmittag das Fest des Dorfes. Mit klingendem Spiel zogen beide Rechnungen auf den Anger, wo an der *Tanzlinde* der Einschenker mit dem Bierfaß seines Amtes waltete. Aber die große Schößmeieraktion fing erst am dritten Pfingsttag um sieben Uhr pünktlich in den Gastwirtschaften an. Wehe dem Langschläfer! Durch Scheunen und Gärten, über Böden und Dächer, über Tische und Bänke, in des Nachbarn guter Stube und unter den Betten wurde er gesucht und – gefunden. Mit Stricken einer Leiter angebunden und mit Ofenruß geschwärzt schleppte man ihn auf den «Pranger» vors Gasthaus, schüttete ihn zum Jubel der Gaffer mit Wasser an und trug ihn durch das ganze Dorf zu seinem Mädchen, das ihn wieder sauber waschen mußte.

SERENISSIMI

gnädigste

Verordnung,

die

einzustellende Feyer des

dritten Tages der hohen

Feste

betreffend.

d. d. Braunschweig, den 21sten October, 1773.

Obrigkeitliche Verordnung des Herzogs von Braunschweig, 1773.

Um neun Uhr fand dann eine Spritzenprobe der Feuerwehr am Dorfbach statt, als ein moderner «Wasserbrauch». Anschließend begann endlich der Schößmeierzug: Gärtner und Gemeindediener hatten kunstvoll ein pyramidenförmiges Gestell errichtet und mit Laub- und Blumenkränzen behängt, an der Spitze ein Kreuz und auf beiden Seiten Fahnen aus Vogteier *Kopflappen* (Blaudrucktüchern). Der Laubmann nun, in dem versteckt ein Junge saß, der auf den Anruf des Publikums «Stoffel, pfief emol!» schrill auf einer Trillerpfeife pfiff, wurde dann auf einem geschmückten Wagen durch das Dorf geführt – in einer zeremoniellen Reihenfolge, voran der *Heimbürge* mit der großen Rathausklingel und die Geldsammler. Die berittenen Rechnungsführer umkreisten den Schößmeierwagen, dem sich ein immer länger werdender Zug grün ausgezierter Wagen mit den Kindern des Dorfes, gekleidet in die alte Vogteier Tracht, anschloß. So ging es länger als zwei Stunden durch das Dorf, bis der Zug vor dem Gemeindehaus am Anger endete. Der Heimbürge hielt von der Rathaustreppe aus eine gereimte Ansprache, die Kränze des Schößmeier wurden abgenommen und von den Gemeindedienern mit den Worten: «Der Platzmeister schickt diesen Kranz vom Schößmeier!» als Ehrengabe gegen eine Geldspende an die Honoratioren des Ortes und die öffentlichen Institutionen verteilt. Der kleine versteckte *Stoffel* aber war inzwischen unbemerkt aus dem Gestell hinausgeschlüpft. Nun warteten die beiden Rechnungen mit hochgekrempelten Hemdsärmeln auf ihre große Stunde: Diejenige, die das Schößmeiergestell erwischte und in das zuständige Gasthaus einbrachte, erhielt vom dortigen Wirt ein Faß Bier gespendet. Es entwickelte sich alljährlich ein erbitterter Kampf mit großem Endjubel der Sieger. Ein festlicher Angertanz beschloß den Tag.

Vom Maibaum erschlagen

Traunstein (ap). Von einem Maibaum ist in Holzhausen bei Traunstein (Oberbayern) ein 37jähriger Mechaniker erschlagen worden. Wie die bayerische Landespolizei berichtete, hatte der Mann zusammen mit einigen anderen Dorfbewohnern nach alter Tradition den Maibaum am Marktplatz aufrichten wollen. Als der gewaltige Baum etwa zu einem Drittel aufgestellt war, rutschte er seitlich ab und tötete den 37jährigen. Ein zweiter Mann wurde verletzt.

Oberhessische Presse, 4. 5. 1981

Die lokalgeschichtliche Entwicklung des Brauches, der mit den Steuerterminen des alten Vogteier Landes zusammenhängt, kann hier nicht im einzelnen erzählt werden (Weber-Kellermann 1958). Es läßt sich gut daran nachweisen, daß regionalhistorisches Gemeinschaftserleben wie die alljährliche Wiederholung der obrigkeitlichen Steuereinziehung einen Brauch formen und die jahreszeitlichen Requisiten wie die Laubmaske umfunktionieren kann: Der Brauch gedieh zur Parodie des Geldeinnahme-actus und der grüne Laubmann zum persiflierten

Schoßmann oder *Schößmeier*, dem beamteten Einsammler des *Geschoß*, wie die Gesamtsumme der Abgaben nachweislich bezeichnet wurde.

Im Zusammenhang mit den Burschenschaften als Traditionsträger und auch hier als Ausübende des Brauches ergibt sich noch ein weiterer historischer und funktionaler Zusammenhang. Oberdorla ist schon seit dem 18. Jahrhundert kein reines Bauerndorf gewesen, sondern hatte – neben Tagelöhnern, Landarbeitern und Knechten – immer einen größeren Bestandteil von handwerklich tätigen Einwohnern, besonders Lohnwebern. Dieser Anteil stieg im 19. und 20. Jahrhundert auf etwa die Hälfte, als sich zusätzlich für die ärmere Bevölkerung Verdienstmöglichkeiten in den Fabriken des nahen Mühlhausen ergaben. Zur Zeit der Brauchaufnahme in den fünfziger Jahren war das Verhältnis der bäuerlichen zu der Arbeiterbevölkerung etwa dreißig zu siebzig Prozent. Das ergab soziale Strukturunterschiede, die ganz selbstverständlich auch im Brauch zum Ausdruck kamen. Die Burschenschaften durften hier für sich ein Medium der nicht sprachlichen, der nonverbalen Aktion entdecken.

Die beiden Gasthäuser, die schon zu alten Zeiten den «feindlichen» Vogteien und ihren Rechtsvertretern zugeordnet waren, hatten nun die rivalisierenden Burschenschaften besetzt. Die heute nicht als allzu ernst empfundene Spannung zwischen den beiden Gasthäusern, die einst Stätten feindlicher Gerichtsbarkeiten waren, führte also zu einem eifernden Konkurrenzkampf der beiden «feindlichen» Burschenschaften, der den Dorlaer Schößmeierumzug mit saftiger Spannung erfüllte und ihn so von den Kinderfesten anderer Orte abhob. Der Motor für den dramatischen Ablauf des Festes, das im versöhnlichen, gemeinsamen Angertanz und abendlichen Umtrunk seinen Ausklang fand, ist in jenen geschichtlichen Entwicklungslinien und sozialen Gruppierungen zu suchen, die die Vorstellung der Einwohner von ihrem Dorf geprägt haben.

Am Pfingstbrauch in Oberdorla kann man gut die Wandlungsmöglichkeit und -fähigkeit von Bräuchen ablesen. In der alten volkskundlichen Literatur tritt der grüne Laubmann stets als Personifizierung des Vegetationsgeistes in Erscheinung, und seine Gestalt scheint auch darauf hinzuweisen. Doch bilden solche Gedanken hier schon lange nicht mehr seine tragenden Pfeiler; sie gehören zu den Requisiten wie die Tatsache, daß die Kinder und die Fuhrleute während der Umfahrt die alte Vogteier Tracht tragen und deshalb die schönen Trachtenstücke samt dem *Mahlschatz*, den kostbaren Silberketten, sorgfältig in den Familien von Jahr zu Jahr aufbewahrt werden. Ein naturmythischer Grundgedanke begann schon seit 1666 seine Wirksamkeit einzubüßen, als infolge eines Dorfbrandes nach dem Anzünden des Strohmannes das alte «Wettkampfspiel» zwischen Sommer und Winter, also zwischen Laubmann und Strohmann, abgebrochen wurde und neue zeit- und ortsgebundene Inhaltsprägungen stattfanden wie die Schößmeierparodie. Auch in den fünfziger Jahren, da nun wiederum der alte Spottgedanke auf Abgaben und Zehentvögte längst jeden realen Hintergrund verloren hatte, belebte sich der Brauch aus neuen sozialen Spannungen, dieses Mal zwischen den verschiedenen Burschenschaften eines so großen und vielgestaltigen Dorfes: Reibungen, für deren spaßhaft temperamentvollen Austrag der Kampf um das Schößmeiergestell die beste Gelegenheit bot. Oder, um es anders zu sagen: für deren Entladung das ganze sorgfältig organisierte Vorspiel und der Ablauf des Festes nur den Rahmen bildete. Das, was die einen nach dem Kampf haben und die anderen nicht haben, ist hier das Laubmanngestell, ein Brauchrequisit als Gegenstand der Opposition und als Zeichen der Überlegenheit – aber auch des materiellen Lohnes in Gestalt eines Fasses Bier. Der Brauch entwickelt sich also wie ein gutes Theaterstück auf den dramatischen Höhepunkt hin, dessen Ausgang allerdings keinem der Spieler bekannt ist. Und gerade das ergibt die Spannung.

Die Rechnungsburschen beim Hammelreiten in Thüringen, 1958.

«Entwicklungshilfe» für Ostfriesen: Ein Maibaum

Oberneuching/Nordenham – Wenn das kein ungewöhnlicher Rekord ist: Bayerns nördlichster Maibaum wird in wenigen Tagen in Nordenham an der ostfriesischen Grenze aufgestellt. Das Traditionsstangerl stammt aus Oberneuching (Kreis Erding) und wird den «Nordlichtern» an Christi Himmelfahrt per Bahn gebracht.

Die Idee für die Entwicklungshilfe in Sachen bayerisches Brauchtum kam den Oberneuchingern – wie könnte es anders sein – im Wirtshaus. «Schade, daß Maibäume nur in Bayern aufgestellt werden und nicht auch in Friesland», bedauerte Anke Brack, die aus Nordenham stammt und seit 15 Jahren in Neuching wohnt. Und prompt wurde beschlossen: «Mir fahr'n auf Nordenham nauf und stell'n einen Maibaum auf!»

Ein eilig gegründetes Organisations-Komitee leistete in kürzester Zeit erstaunliches: Bauer Franz Gruber spendierte das Stangerl, und die Bundesbahn fand eine Lösung fürs Transportproblem. Der 23,5 Meter lange Maibaum wird einfach in ein 28 Meter langes Intercity-Großraumabteil geschoben.

Natürlich ist auch eine starke bayerische Delegation im hohen Norden dabei – insgesamt 110 Personen. Dazu gehört eine komplette Blaskapelle, eine Volkstanzgruppe, die Finsinger Böllerschützen, der Zither-Bert und fünf Goaßlschnalzer.

Abendzeitung München, 9. 5. 1985

Eine andere Funktion übten die Burschen- und Knabenschaften aus, die in der Weihnachtszeit spielend und singend durch das Dorf zogen. Ihre Repertoires reichten von Nikolausspielen am 6. Dezember über Krippenspiele in den Weihnachtstagen bis zu Sternsingeliedern (WETTER) und Herodesspielen zwischen Neujahr und dem 6. Januar (ausführlich bei WEBER-KELLERMANN, Weihnachtslieder 1982). Dabei ist nicht immer die katholische Konfession ausschlaggebend, denn Nikolausumgänger, Krippenspieler und Sterndreher (MOSER 1935) gibt es ebenso im protestantischen Bereich.

Im Zusammenhang mit den Brauchträgern soll vor allem von ihnen und ihrer Funktion die Rede sein. Die Spieler waren und sind meist die schulentlassenen

Deutsche Spielgruppe für das Herodesspiel im rumänischen Banat; zum Beschluß: Anschreiben des Segenswunsches für das kommende Jahr mit Kreide über der Haustür, 1970 (rechts).

Knaben ab vierzehn Jahren für männliche und weibliche Rollen, in neuerer Zeit von zehn Jahren aufwärts und auch Mädchen für die Rollen des Christkinds und der Maria. Ihre Texte lernen sie aus handgeschriebenen Heften, die sich von Spielgeneration auf Spielgeneration vererben. In katholischen Gemeinden war der Kern dieser Spielmannschaft die Gruppe der Ministranten mit kirchlichen Disziplin- und Lerngewohnheiten.

Die Geschichte der Spiele kann hier nur angedeutet werden mit dem Hinweis auf die reiche volkskundliche Literatur (MOSER 1938; SCHMIDT 1962). Ihr frühester mittelalterlicher Spielort waren die Klöster. Eine neue Tradition durch die Umbildung der biblischen Stoffe in eine populär verständliche Form entstand durch die Interaktionen zwischen Kirche, Schule und Gewerben (Zünften). Die Weihnachtsspiele halten sich an die Evangelienerzählung: Herbergsuche – Verkündigung der Hirten – Anbetung der Hirten – Weg der Heiligen Drei Könige und Begegnung mit Herodes – Anbetung der Könige. Gelegentlich wird der Verkündigung noch ein Vorspiel im Himmel vorausgeschickt.

Die große Zeit der lebendigen Volksschauspiele waren das 17. bis 19. Jahrhundert. Eine besonders reiche Spielüberlieferung in Mittel- und Südosteuropa prägten die Bergleute, die ihre Spielvereine zunächst in städtischer Umgebung organisierten und ihre Rollenbücher schriftlich überlieferten.

Bei der Rückverfolgung des dörflichen Volksschauspiels ist also meist eine Wanderung von städtisch-handwerklichen Gestaltungen durch wandernde Spielgruppen auf die Dörfer festzustellen. Doch was geschah nun auf den Dörfern? In der volkskundlichen Literatur wird als wesentlicher Zug dieser Spiele gerne das Heischen angegeben: Als Lohn für ihr – textlich oft sehr verkürztes – Spiel erbitten und erhalten die mehr oder weniger kindlichen Spielgruppen Süßigkeiten, Lebensmittel oder Geld. Das ist jedoch nur der sichtbare Teil des Brauches. Seine Funktion ist tiefer gegründet und beruht auf der alten Gesetzmäßigkeit des

Es klopft.
Herodes: Herein!
Weißer König: Gelobt sei Jesus Christus in Äwigkeit!
Herodes: Ich habe gehört, daß das Kind geboren ist,
unser ganzes Königreich verloren ist.
Es klopft.
Herodes: Herein!
Schwarzer König: Gelobt sei Jesus Christus!
Herodes: In Äwigkeit.
Schwarzer König: Herodes, ich habe gehört, in der Stadt,
wo der Stern aufgegangen ist und verschwunden ist, ist auch das Kind.
Es klopft.
Der *grüne König* tritt ein.
Es klopft nochmals.
Herodes: Herein!

Teil aus dem Herodesspiel der Schuljungen in einem deutschen Dorf im rumänischen Banat.

Das gesamte Spiel in:
Annemie Schenk/Ingeborg Weber-Kellermann: Interethnik 1973, S. 162ff.

Tausches: Die Spielgruppe bringt den Segen ins Haus in einer brauchmäßig genormten Form und erhält dafür einen ebenfalls brauchmäßig genormten Lohn. Die Weihnachtsspiele gehörten – und gehören zum Teil bis heute – zu den festen Bräuchen der ländlichen Gesellschaft, wenn ihnen die Konfession auch sicherlich jeweils eine besondere Färbung verleiht. Der zentrale Ort für das Singen der Brauchlieder ist nicht die Familienstube, sondern die Außenwelt des Dorfes. Auf der Dorfgasse gehen die Spielgruppen von Haus zu Haus und kommen dann von außen in das Hausinnere hinein. Sie sind zu verstehen als Vertreter der Dorfgemeinde; mit ihren Aufführungen in jedem Haus des Dorfes (*Stubenspiele*) stellen sie eine Art von sozialem Ausgleich her, der alle Dorfbewohner umfaßt, den Ärmsten und den Reichsten. In dieser weihnachtlichen Festzeit sollen alle gleich sein vor Gott und dem neugeborenen Kind, geborgen im Schutz der christlichen Dorfgemeinschaft, die von der Spielgruppe repräsentiert wird. Das war die Funktion dieser Spieler in einer einheitlichen ländlichen Gesellschaft, und das oft monotone Abhaspeln der Texte, der Revuecharakter der Auftritte zeigt deutlich,

Drei junge Burschen, die zum gemeinsamen Unternehmen und Verdienst sich vereinigt hatten, waren mit langen weißen Hemden bekleidet, die ein mit Goldpapier überzogener Gürtel zusammenhielt. Mit Goldpapier überzogene breite Wehrgehänge hingen über die Schultern und darin entweder hölzerne oder wirkliche Säbel; je zwei führten vergoldete Spieße in den Händen, und der dritte trug den sogenannten Stern. Der eine Bursche, welcher den Mohrenkönig vorstellte, war im Gesicht und an den Händen geschwärzt, hatte einen auf allerlei Art gezierten Turban auf, und hinten hing ihm ein langer steifer Zopf herab, der auch den beiden andern nicht fehlte zu ihren zackigen Kronen aus Goldpapier.

Journal von und für Deutschland (1789)

daß es weniger auf schauspielerische Leistungen ankam, als vielmehr auf das freundlich schützende Band, das die spielende Gruppe um das Dorfganze schlang. Den Abschluß bildete meist eine letzte krönende Wiederholung in der Kirche. Die Beziehung zwischen Spielgruppe und Dorf wurde zwar verbal durch die Spieltexte hergestellt, doch die Funktion der Spiele vollzog sich auf einer anderen, christlich-sozialen Ebene, auf der die spielenden Kinder stellvertretend nicht die Heischenden, sondern die Gebenden waren. Oft schrieben die Spieler vor ihrem Abgang mit Kreide den traditionellen Segenswunsch mit der neuen Jahreszahl über die Haustür:

19 + K(ASPAR) – M(ELCHIOR) – B(ALTHASAR) + 85

Sie werden also während dieser rituellen Handlung als die Träger der Segenskraft geachtet. Die besuchten Familien als die Empfänger in solchem Kommunikationsprozeß belohnen sie dann mit Äpfeln, Kuchen, Nüssen oder Geld.

In diesem Falle besteht also die Opposition zwischen Spielgruppe und Dorf. Die einen sind als Brauchausübende auf einer rituellen Ebene im Besitz der weihnachtlichen Segenskraft – die anderen nicht und müssen sie im Tausch gegen Süßigkeiten erwerben. Als soziale Gruppe haben die Spieler außerdem die Pflicht, in jedes Haus des Dorfes zu gehen und damit die ganze Gemeinde ohne Rücksicht auf Prestige an ihrem Segen zu beteiligen.

Mädchenversteigerung

Jugendgruppen und Burschenschaften waren also – und sind zum Teil bis heute – die Brauchveranstalter auf dem Land. Sie stellen die *Platzmeister* und *Rechnungsburschen*, errichten die Maibäume, Kirmesstangen, Fahnenmasten und Lauben, bestellen die Festmusik, organisieren den Umzug und laden auch die Jugend aus den Nachbarorten zu Treffen ein, die gern mit Sportveranstaltungen verknüpft werden. Neben solchen allgemeineren Festfunktionen beanspruchen die Burschenschaften, besonders im Rheinland und in Oberhessen (Löber, Koch), ein Recht für sich, das wahrscheinlich eine ältere Geschichte hat, heutzutage aber in einem merkwürdigen Zusammenhang erscheint: die Mädchenversteigerung in der Walpurgisnacht oder an einem anderen Abend im Mai. Dieser Brauch ist nicht nur

Mädchenversteigerung in oberhessischen Dörfern 1970 und 1981; Anbringen des Ergebnisses der Versteigerung am Backhaus (unten rechts).

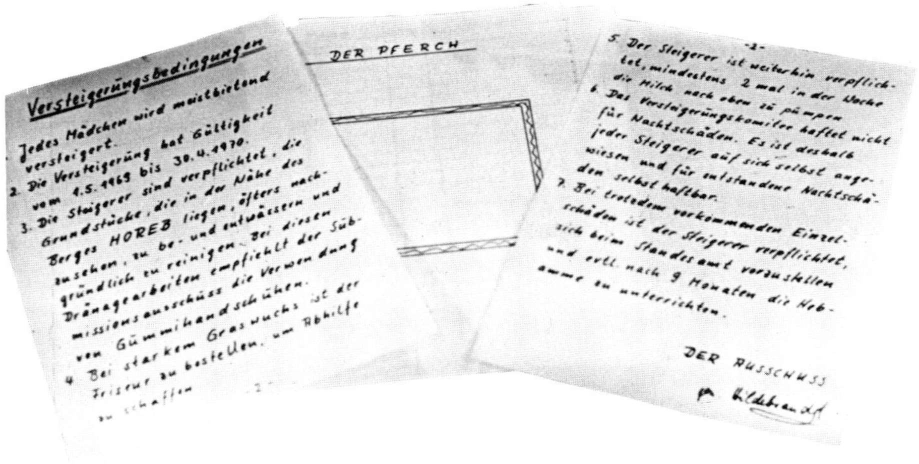

Versteigerüngsbedingungen

1. Jedes Mädchen wird meistbietend versteigert.
2. Die Versteigerüng hat Gültigkeit vom 1.5.1969 bis 30.4.1970.
3. Die Steigerer sind verpflichtet, die Grundstücke, die in der Nähe des Berges HOREB liegen, öfters nachzusehen, zu be- und entwässern und gründlich zu reinigen. Bei diesen Dränagearbeiten empfiehlt der Sübmissionsausschüss die Verwendung von Gümmihandschühen.
4. Bei starkem Graswuchs ist der Friseur zu bestellen, um Abhilfe zu schaffen

-2-

DER PFERCH

-2-

5. Der Steigerer ist weiterhin verpflichtet, mindestens 2 mal in der Woche die Milch nach oben zü pümpen
6. Das Versteigerüngskomitee haftet nicht für Nachtschäden. Es ist deshalb jeder Steigerer aüf sich selbst angewiesen und für entstandene Nachtschäden selbst haftbar.
7. Bei trotzdem vorkommenden Einzelschäden ist der Steigerer verpflichtet, sich beim Standesamt vorzustellen und evtl. nach 9 Monaten die Hebamme zu unterrichten.

DER AUSSCHUSS

«noch» lebendig, sondern sehr beliebt und findet jedes Jahr in weiteren Dörfern neue begeisterte Anhänger. Was spielt sich dabei ab?

In Leidenhofen/Oberhessen zum Beispiel trifft sich die gesamte Burschenschaft ab fünfzehn Jahren aufwärts am Dienstag nach Pfingsten zur Mädchenversteigerung im Gasthaus (Koch). Die Einladung erfolgt mit einem Aushang: «Am 9. Juni 1981 findet um 20 Uhr in der Gastwirtschaft K. der diesjährige Weiwerstrich statt. Der Vorstand.» Verbunden damit ist die Aufnahme der Jungburschen, die vorher Speck und Eier im Dorf absammeln müssen – gewissermaßen als «Einstand». Nach vorbereitenden Reden und der Initiation der Neuen mit reichlich Bierkonsum beginnt in bereits animierter Stimmung die Mädchenversteigerung. Kein Fremder und schon gar keine Frau ist zu dieser Sache zugelassen, die gewissermaßen als eine Geheimaktion der Burschen behandelt wird.

Ähnlich wie hier werden an vielen anderen Orten alle ledigen Mädchen des Dorfes versteigert: Sie werden – Name bei Name – mit ihren angeblichen Qualitäten auf die ordinärste, obszönste Weise angeboten (Koch, S. 52ff.; Löber, S. 147ff.). Dem ausschweifendsten Vokabular ist der größte Beifall sicher. Das Ersteigerungsergebnis bleibt für die Mädchen praktisch ohne Konsequenzen, denn das ersteigerte Geld wandert in die Burschenschaftskasse für größere Ausflüge und Reisen. Die eine Burschenschaft erteilt ein Schweigegebot, die andere hängt die Ergebnisse der Versteigerung öffentlich am Backhaus aus. Und die Mädchen? Viele akzeptieren die Sache als «alten Brauch» und freuen sich, wenn viel für sie geboten wurde. «Man merkt daran, wie beliebt man ist!» Nur wenige beginnen das Frauenfeindliche und Sexistische eines solchen Brauches in unserer heutigen Gesellschaft zu begreifen und sich dagegen zu wehren. So werden die herkömmlichen Geschlechterrollen mit diesem Brauch fixiert und den Burschen schon von fünfzehn Jahren an männliches Überlegenheitsgefühl mit Bier und *Weiwerstrich* (d. h. Ausstreichen der Mädchen auf einer Liste) anerzogen – und das Bewußtsein von der Verfügbarkeit der Frauen. So, wie dieser Brauch heute abläuft, ist er nicht nur abstoßend, sondern auch emanzipationsfeindlich und hemmt die dörfliche Entwicklung, was das Verhältnis Männer zu Frauen anbetrifft.

Seine Geschichte könnte anders verlaufen sein. Von der Forschung wird das *Mai-Lehen*, wie der Brauch im Rheinland heißt (Dierker), im allgemeinen mit grundherrlichen Rechten in Verbindung gebracht, wonach die Leibeigenen zur Ehe gezwungen werden konnten, also ein feudal manipulierter Heiratsmarkt ohne Einspruchsrecht der Beteiligten. Nach jüngeren Berichten (Reinsberg-Düringsfeld, S. 179ff.) sei das *Lehnausrufen* in der Schwalm- und Lahngegend früher folgendermaßen zugegangen: Die Burschen, die das erforderliche Alter zur Wahl eines Liebchens hatten, zogen in der Walpurgisnacht unter Gesang und Peitschenknallen, was auf Hirtentraditionen hinweist, eine Stunde vor Mitternacht auf eine Anhöhe außerhalb des Ortes, wo sie ein großes Feuer anzündeten. Dann stellte sich der Anführer auf einen Stein und rief:

«Hier steh ich auf der Höhe
und rufe aus das Lehen,
das erste [zweite und so fort] Lehn,
daß es die Herrn recht wohl verstehn!
Wem soll das sein?»

Darauf antworteten die anderen mit dem Namen eines Burschen und eines Mädchens mit dem Zusatz:

«In diesem Jahr noch zur Ehe»

Mädchen kosten sehr viel Geld!

Höchstangebote beim traditionellen „Weiberstrich" in Leidenhofen / 17 Mädchen versteigert

Mit dem «Weiberstrich» pflegen die Burschen aus Leidenhofen eine alte Tradition. Jedes Jahr am dritten Pfingstfeiertag treffen sie sich in strenger Klausur, um die ortsansässigen Mädchen zu versteigern. Dreiundzwanzig Burschen waren am Dienstag dabei und erwarteten gespannt den Eröffnungsschlag des Präsidenten Otto Werner. Galt es doch, aus einem Angebot von siebzehn jungen Mädchen die jeweilige Favoritin auszuwählen und die Mitbewerber meistbietend zu übertrumpfen.

Oberhessische Presse, 29. 5. 1969

„Weiberstrich" lebt weiter

Leidenhöfer Burschen versteigerten auch „Dorfjagd"

Ebsdorfergrund-Leidenhofen (la). Auch in diesem Jahre veranstalteten die Leidenhöfer Burschen ihren traditionellen „Weiberstrich" wieder am Pfingstdienstag. Erstmals wurde bei der „Versteigerung" der jungen Mädchen ein Angebot von 100,— DM abgegeben.

Darauf folgten wieder Gesang und Peitschenknallen und eine neue Ausrufung, so lange, bis die Reihe der Heiratsfähigen erschöpft war. Die ausgerufenen Paare hatten dann die Verpflichtung, ein Jahr lang mit keiner dritten Person zu tanzen. Eine hübsche Zeichensprache wird im Zusammenhang mit dem Lehnausrufen erwähnt: Am nächsten Sonntag in der Kirche fanden die Mädchen, die einen Liebsten zugesprochen bekommen hatten, einen Blumenstrauß oder einen grünen Maibusch auf ihrem Platz, und wenn das Mädchen mit dem Handel einverstanden war, so befestigte sie ihrerseits einen ähnlichen Buschen am Hut des Burschen, den *Lehnstrauß*.

Hier ist also keine Rede von einer amerikanischen Versteigerung, und die Mädchen hatten durchaus das Recht zur Ablehnung. Der zitierte Bericht stammt aus der Zeit um 1900. Ob allerdings die Beschreibungen älterer Quellen in ihrer harmonisierenden Frische den früheren Tatsachen entsprechen, bleibe offen.

Es liegt auch nahe, den Brauch mit älteren Schäferrechten zu verbinden. Dafür spricht der Ausdruck *Pferch*, in dem alle übriggebliebenen Mädchen en bloc versteigert werden (Weber-Kellermann/Stolle, S. 108f.). Die häufige Abwesenheit der Schäfer während der Sommermonate führte zu dem Bestreben, sich ein Mädchen für die Sonn- und Feiertage zu sichern, was auf solchen Heiratsmärkten geschehen sein mag. Was sich inzwischen mit diesem Brauch für eine gesellschaftliche Entwicklung vollzogen hat, welche Rolle er im jugendlichen Sozialisationsprozeß zu spielen begann und heute spielt, müßte im einzelnen überprüft werden.

Die Opposition besteht zwischen den Burschen, die ein «teures» Mädchen haben und denen, die kein Mädchen oder ein «billiges» haben. Mit Geld kann man das Mädchen mit den besten «Qualitäten» ersteigern. Der Brauch-«Gegenstand» sind also in diesem Falle die Mädchen. Schon diese Analyse zeigt die Bedenklichkeit eines solchen grassierenden Brauches.

Schäferfeste

In der letzten Brauchbeschreibung kamen bereits die Schäfer ins Spiel. Schäfer und Hirten hatten es oft schwer, sich sozial gegen die große Gruppe der Bauern zu behaupten. Ihre Bräuche und Feste dienten vornehmlich dieser Selbstbehauptung und der Dokumentation einer eigenen kulturellen Identität. Exemplarisch hat Hans G. Wackernagel die Kämpfe dargestellt, die sich bis ins 19. Jahrhundert auf Schweizer Boden Hirten und Bauern lieferten, zuweilen unter dem Vorwand von Maskenspielen, die besonders bei den Hirten ausgebildet waren und ihnen das Eindringen als Vermummte in die Dörfer erlaubte. Das nur als Verweis auf vorzügliche Untersuchungen, die aus volkskundlichem Wissen historische Ereignisse neu zu erklären vermögen. In unserem Zusammenhang sind nicht die Hirten, sondern die Schäfer gemeint. Ihre traditionellen Feste waren meistens mit den Jahresversammlungen der Schäferzünfte verbunden (Jacobeit, S. 329ff.; Hornberger, S. 127ff.), denn die zünftigen Schäfer, anders als die einfachen gemeindlichen Schafhirten, versuchten, das handwerklich bürgerliche Innungswesen nachzuahmen und sich damit gesellschaftliche Geltung und Anerkennung zu verschaffen. Dem sollten auch die Schäferfeste dienen mit ihren anspruchsvollen Wettbewerben, denn eine Zunftversammlung war ein Privileg, dem auf diese Weise Glanz verliehen wurde. Das berühmteste Schäferfest ist der Schäfermarkt zu Markgröningen in Württemberg, dem die Feste von Urach und Wildberg ähneln. Er wird am Sankt Bartholomäustag (Bartholomäus gilt als einer der Hirtenpatrone), dem 24. August, gefeiert, historisch jedoch handelt es sich um den Gedächtnistag an die erste dortige Zunftsatzung, die der Landesherr Herzog Eberhard seinen Schäfern 1651 gestiftet hatte. Von ihren achtzehn Punkten beschäftigen sich allein sieben mit

1) Ob ich gleich ein Schäfer bin,
Hab' ich doch ein'n frohen Sinn,
Führ' ich doch ein solches Leben,
Das mit lauter Lust umgeben;
Wechsle meinen Hirtenstab
Nicht mit Kron' und Szepter ab.

2) Wenn dann früh die Sonn' aufgeht
Und der Thau am Grase steht,
Treib' ich ja mit Glockenschalle
Meine Schäflein aus dem Stalle
Auf die grünen Wiesen hin,
Wo ich ganz alleine bin.

3) Meinen Spitz, das treue Thier
Hab' ich allezeit bei mir.
Wenn ich liege oder schlafe,
Dann bewacht er meine Schafe
Und vertreibt mir manches Leid
Bis zur späten Abendzeit.

4) Wird mir dann die Zeit zu lang,
Sing' ich einen Waldgesang;
Dehne mich auf meinem Stecken
Oder kriech' in grüne Hecken,
Und ergreif' die Feldschalmei,
Diese macht mich sorgenfrei.

5) Wenn ich hungrig und durstig bin,
Treib' ich zu der Quelle hin,
Da ich meine Schäflein wasche;
Lang' aus meiner Schäfertasche
Butter, Käs' und Brot herfür,
Oh wie süße schmeckt das mir!

6) Wird es Nacht, so treib ich ein,
Was kann wol erwünschter sein?
So kann ich nach Wunsch und Willen
Meinen Durst mit Molken stillen.
Ei so bleibt es doch dabei:
Lustig ist die Schäferei!

Hoffmann von Fallersleben: Schlesische Volkslieder. 1842, S. 310

dem Schäferfest zu Bartholomäi, war doch Markgröningen Vorbild und Mittelpunkt der süddeutschen Schäferbünde. Gleich im ersten Punkt erhalten die Schäfer die Erlaubnis, jährlich einmal in Markgröningen zusammenzukommen, dort einen Schäferlauf und Tanz «auf öffentlicher Gassen» abzuhalten, wozu die Stadt einen Beitrag zu liefern sich bereit erklärt. Doch wird in den folgenden Punkten die Stiftung insoweit wieder zurückgenommen, als die Schäferzunft jedes Jahr von neuem die Erlaubnis des Landesherrn einholen mußte; die Obrigkeit wollte ihre Einwilligung also vom Wohlverhalten der Schäfer abhängig machen!

In der Zeichensprache der alten Gesellschaftskultur drückte sich diese Unfreiheit der Schäferzunft darin aus, daß alljährlich die Zunftfahne nach dem Schäferlauf bis zum nächsten Jahr auf dem Rathaus deponiert werden mußte. Nach der Versammlung und dem Abschluß der Zunftangelegenheit erhielt jeder Teilnehmer als Zeichen seiner Zugehörigkeit ein buntes Schaflederband: Damit war die Gruppe von den Nicht-Schäfern abgehoben. In einer Darstellung aus dem frühen 19. Jahrhundert, vor Aufhebung der Schäferzunft 1828, heißt es (Reinsberg-Düringsfeld, S. 300ff.): «Nach der achten Frühstunde zieht ein Trupp der Schäferältesten mit Knotenstäben und von der glänzenden Stadtmiliz eskortiert, mit der Schäferlade, Fahne, silbernen Schippen und anderen Insignien, unter Trommelwirbel und Schalmeienmusik in einer ordentlichen Prozession vor die Wohnung ihres Obmanns und holen ihn auf das Rathaus ab, wo die versammelten Schäfer und Knechte ihre Leggelder entrichteten und dagegen sogenannte Schäferzeichen, welche in *Nesteln* (Schleifen) und Bändern bestehen, erhalten.

Nun beginnt eine feierliche Prozession in die Kirche. Voran gehen die Vorsteher Gröningen's in größter Gala, hinter ihnen her die Fahne und Wache; dann folgt eine unübersehbare Menge Schäfer. Hier hält nun der Prediger eine Rede über den guten Hirten.» Die Tatsache eines protestantischen Gottesdienstes an einem katholischen Heiligentag zeigt, daß diese kirchliche Feier als spezifisch für die Gruppe empfunden wurde – unabhängig vom Heiligenkalender. Die Schäfer haben «ihren» Gottesdienst übrigens auch in der Nazizeit als Teil des Festes durchgesetzt. Danach folgt der sogenannte *Hammellauf*, eine Art von Wettrennen auf einem Stoppelfeld mit vielen Zuschauern.

«Ist der Zug in den Schranken, so wird ein Kreis von der Wache und den Zuschauern geschlossen, und die Springenden reihen sich in eine Linie. Die Jünglinge rennen zuerst und darauf die Mädchen. Der Preis für die Ersteren ist der schönste Hammel der Trift, und für die Letzteren ist etwas von Silber oder Kleidung bestimmt.» Auf ein Zeichen «fliegt der Haufe die Reihen hinunter, dem Ziele zu. Neben den Springern reiten die Kampfrichter her, um die Streitigkeiten, die nicht selten vorkommen, zu schlichten. Die jungen Schäfer kommen zurück, und nun folgt der Wettlauf der Mädchen; diese sind leicht und reizend gekleidet; jeder Liebhaber rennt neben seiner eilenden braunen Schönen her und sucht, sie durch sein Beispiel zu ermuntern, oder läuft gar Hand in Hand mit ihr auf das Ziel los.» Das Siegerpaar wird mit goldenen Kronen gekrönt; «die Siegerin hält ihren Preis, und der Sieger führt im Triumphe den schön mit einem Bande gezierten Hammel». Es folgten Tanz und Umtrunk.

Nach Aufhebung der Schäferzunft 1828 verlor sich das Interesse an diesem Fest, so daß die Stadt 1833 seine Einstellung beschloß. Eine spätere Wiederbelebung ging weniger von den Schäfern aus als von den Geschäftsleuten und Schaustellern. Nur unterbrochen von den beiden Weltkriegen ist der Schäferlauf seither alljährlich gefeiert worden. Heute müssen die Mädchen als Erschwerung beim Lauf noch einen Wasserkübel auf dem Kopf balancieren: Zeichen ihres beruflichen Könnens. Auch in den Filialen Wildberg und Urach findet der Wettlauf in ähnlicher Form statt mit der abschließenden Krönung des Siegerpaares, und andere Orte wie

Die Schäferfeste sind oft verbunden mit weiteren Wettspielen wie dem Hahnentanz; das Festprogramm des Schäferlaufes in Markgröningen von 1982 enthält folgende Beschreibung: Auf einer aufgepflanzten Stange sitzt als erster Preis ein Hahn in einem Holzgitter, auf dem ein Becher, gefüllt mit Wasser, steht. Reihum werden zuerst die Mädchen von den Burschen und dann die Burschen von den Mädchen in die Höhe gehoben. Sie sollen den Teller mit dem Kopf berühren und dabei den Becher so entleeren, daß sie nicht naß werden. Das Paar, dem dies am besten gelingt, bekommt den Hahn.

Herbert und Elke Schwedt: Schwäbische Bräuche, S. 117. (vgl. auch hier S. 47)

Rothenburg ob der Tauber feiern gleichfalls Schäfertänze. Ob die Markgröninger oder die Rothenburger das «Urheberrecht» besitzen, ist ein Streitpunkt.

In Hessen, wo man dem süddeutschen Vorbild nach dem Ersten Weltkrieg folgte, veranstaltet seit 1922 der hessische Schafzüchterverband in Hungen alljährlich ein Schäferfest mit Landesleistungshüten, Hirtengottesdienst, buntem Abend und Schäferlauf mit Siegerehrung. Das Landesleistungshüten ist eine echte Probe in beruflicher Tüchtigkeit. Am Umzug nehmen alle Hungener Vereine teil, sogar die Hunde der Hüteteilnehmer! Nur an die türkischen Gastarbeiter hat noch keiner gedacht, obgleich es statistisch erwiesen ist, daß sie durch ihren großen Schaffleischverbrauch der Schäferei einen wesentlichen Auftrieb gegeben haben.

Das ellenlange, oft wiederholte, selbst erdachte Gedicht, das Schäfermeister Müller 1922 bei der Vereinsgründung als Festansprache vortrug, knüpft ganz naiv

Der Schäferlauf in Markgröningen, 1827. Kolorierte Radierung nach einer Zeichnung von Johann Baptist Pflug (1785–1866).

in seinen ersten Zeilen an die Besonderheit des Schäferstandes an, seine Gott- und Naturverbundenheit, womit er dem Beruf seine eigene Würde geben wollte:

«Wir Hirten stehn in Gottes Hand,
wir halten dem Wind und Wetter stand,
wir arbeiten nicht 8 Stunden nur,
uns stellt der Herrgott die Arbeitsuhr.
Wenn Blitz und Hagel krachend fällt,
er betend und treu die Wache hält.
Wir lieben die Heimat, das ärmliche Nest,
und halten an alten Gebräuchen fest!»

Als Oppositionspaare fungieren hier Schäfer und Nicht-Schäfer: Stadtleute und Landleute als Zuschauer. Der Brauchgegenstand ist das reich ausgestattete und von der Obrigkeit «verliehene» Fest als Zeichen der eigenen Identität.

Hammeltanz in Hornberg. (Malerische Darstellungen der badischen Volksfeste von 1823)

Die Reihe der Beispiele für Bräuche, bei denen die Ausübenden mit den Mitteln des Brauches in irgendeiner Weise die soziale Balance herstellen, vorhandene Konflikte durch Brauchhandlungen überwinden oder zumindest offenlegen, könnte erweitert werden (die Knabenschaften in der Schweiz (BÜHLER), die Jungmannschaften in Bayern usw.). Auffällig ist das maskuline System: Die Frauen spielen keine Rolle oder ausdrücklich eine passive als Objekte wie bei der Mädchenversteigerung. Nur die Schäferfrauen agieren auf der gleichen Ebene wie die Männer, auch das vielleicht ein Zeichen der gewollten Unterscheidung zu den Bauerntöchtern.

Um nun auch auf dem Gebiet der Geschlechterrollen eine gewisse Balance wiederherzustellen, sei zum Abschluß dieses Kapitels von einer denkwürdigen Friedensfeier nach dem Siebenjährigen Krieg berichtet, die die Frauen gestalteten und zwar unter dem biblischen Motto: «Da werden sie ihre Schwerter zu Pflugscharen und ihre Spieße zu Sicheln machen!»

Hören wir die Vossische Zeitung, 1773, Nr. 43: «Eine sehr hübsche Variante der Friedensfeiern erlebte Schwelm am 17. März. Es handelt sich um eine aus offenbar rein privater Initiative erwachsene Nachfeier des offiziellen Dankfestes.

Am St. Gerdruthentage den 17ten März, folglich an dem Tage der ersten Gärtnerin, zogen unsre Mädgens hieselbst förmlich auf. Vor dem Zuge her wurden junge Pflanzen von Obstbäumen, Sägen, Leitern etc. getragen; worauf ein Korps Musikanten folgte. Hinter denselben ritt die St. Gerdrut, ein Mädchen in Amazonenputze zu Pferde und commandirte mit einer, mit Blumen und Lorbeerzweigen umflochtenen Gätegabel den Zug. Einige 40 bis 50 gleichförmig gekleidete Mädgens trugen die in Lorbeerkränzen eingefaßten Portraits des Königes und der Königin Majestät, das Preussische Wapen, ingleichen allerhand mit Blumen, schönen Bändern und Sinnschriften ausgeschmückten Kronen. Hinter einem jungen Mädgen in Schäferkleidern, welches eine weisse Fahne trug, worinn die Worte aus Jesaia 2 v. 4: Da werden sie ihre Schwerdter zu Pflugschaaren und ihre Spiesse zu Sicheln machen, mit güldenen Littern eingepräget waren, giengen über 100 schön geputzte Mädgens, welche auf ihren Schultern versilberte und übergulдete und mit Palmen, Lorbeern und Bändern kostbar ausgezierte Schaufeln, Harken, Gabeln usw. trugen, und zu ihren Compagniefahnen blaue mit Blumen und Bandwerk ausgeschmückte und an ihren verguldeten Harken festgemachte Schürztücher erwählet hatten, glänzend einher. Alle waren in Korps eingetheilet und wurden von einigen, mit Ordensbändern ausgezierten Schäferinnen, und zwar statt der Pique mit einem, mit Myrten umwundenen Hirtenstabe in der Hand angeführet. Auf einigen Karren wurde diesen Amazonen Feld- und Gartengeräthschaft, ingleichen allerhand Arten von Feld- und Gartensaamen nachgefahren, welche von einer Escorte von Mädgens in Husarenmontour, mit einem Blumenstraus auf ihren Mützen und einer blanken Sichel in der Hand, gedeckt wurden. Nach diesen Mädgens folgten einige Compagnien Bürger, welche ebenfalls von ihren Chefs in Schäferkleidern commandirt wurden, und mit Sensen und andern zum Ackerbau erforderlichen Instrumenten bewafnet waren, und den Schluß machte endlich ein Fuhrmann mit einem mit Bändern und Lorbeerzweigen prächtig ausgezierten und schön verguldeten Pfluge. Der Zug gieng durch die ganze Stadt und demnächst auf das Feld, woselbst unter einer beständigen Musik und einem unaufhörlichen freudigen Jauchzen und Kanoniren allerhand Feld- und Gartenarbeit vorgenommen, gegraben, gepflüget, gesäet, gemähet und gepflanzt wurde. Als die Mädgens wieder zur Stadt hineingezogen und sich auf dem Markte rangirt hatten, fiel es ihnen ein, daß es nicht übel wäre, wenn sie sich nach einer so sauren Arbeit wieder erholten und sich etwas zu Gute thäten. Sie kamen also auf den unerwarteten spashaften Entschluß, Geissel aufzuheben, und ehe man sichs versahe, wurden die auf dem Markte in grosser Menge versammelte Zuschauer von ihnen umringet, die Vornehmsten, als die Gerichts- und Magistrats- und andere Personen mit einer starken Bedeckung fortgeführet, in ein besonderes Haus gebracht und von einigen dazu Commandirten, mit Schaufeln und Gabeln bewafneten Amazonen genau bewachet, auch nicht eher aus ihrer Geisselschaft losgelassen, bis die von ihnen willkürlich ausgeschriebene Contribution bis zum letzten Heller erleget war.»

Die Frauen sehen sich im Besitz des Friedenswillens in Opposition zu den «anderen», und ihr Brauchgegenstand, mit dem sie ihren Besitz denen geben wollen, die ihn nicht haben, ist ihr schön gestalteter Aufzug.

Ein Frauen-Auflauf à la Bonn

«Wir Frauen kochen schon lange – heute machen wir einen Auflauf!» Zweitausend kamen am Samstag zu einem zentralen Frauenprotesttag in die Bundeshauptstadt. Das Motto dieser von 28 überregionalen Gruppen gemeinsam vorbereiteten Aktion hieß: «Wir machen Putz in Bonn!»
Vom Schlachthof zum Schloß führte ein Demonstrationszug, an dem sich Frauen aus Parteien, Gewerkschaften, Verbänden und autonomen Gruppen beteiligten – ohne aber als abgesandte Sprecherinnen dieser Organisationen aufzutreten. Das Spektrum reichte von Schülerinnen über Ausländerinnen bis zu den munteren «Grauen Pantherinnen» und schloß einige DGB-Gewerkschaften und die SPD ebenso ein wie die DKP mit einigen ihrer Ablegerinnen. [...]
Die Form des Frauenprotests wirkte spielerischer, phantasievoller und unverkrampfter als manche anderen Demonstrationen, die die Bonner über sich ergehen lassen müssen. Lila Luftballons, viele Kinder, verkleidete Frauen. («Die Braut trägt Schwarz» zum Zeichen des Protests gegen das neue Scheidungsfolgenrecht) bestimmten das bunte Bild, zu dem die Wettergöttin strahlenden Sonnenschein lieferte. Mit schmissigen Liedern («Wir sind die Grauen Panther» und «Unsere Oma, die ist toll») machte der Chor der Frauen vom Senioren-Schutzbund Stimmung.

Frankfurter Rundschau, 20. 5. 1985

Daniel Chodowiecki (1726–1801): Aufzug der Landarbeiter mit geschmückten Erntegeräten aus dem 18. Jahrhundert.

Die lieben Verwandten

Die bürgerliche Familie als Ort von Brauchhandlungen

Familienglück. Foto um 1910.

Die Sanftmuth und Geduld, womit du seine Launen, seine Fehler, seine Heftigkeit erträgst, soll ihm die Selbstbeherrschung und Selbstüberwindung erleichtern. Der Eifer, womit du Tag für Tag alle besonderen Berufspflichten erfüllst, soll ihn zur Gewissenhaftigkeit und Treue in seinem Berufe ermuthigen und stärken. Die Klugheit und Wachsamkeit, womit du auf alles, was das Wohl der Familie betrifft, achtest, soll ihn vor unüberlegten Schritten bewahren. [...] Durch wahre Tugend, durch Geduld, Demuth und Gebet wird die Frau zum Schutzengel des Mannes und der ganzen Familie, besiegt seinen Zorn und all seine Leidenschaften. [...] Die erste im Gebet, die erste in der Arbeit, die erste in der Tugend ist die Frau, die Freude des ganzen Hauses. Bei ihr finden alle Trost, ihre Vermittlung bringt alles wieder ins Geleise. [...]

DER ZUSCHAUER IN BAYERN, 1779, S. 78

Das vorangegangene Kapitel hat gezeigt, wie bei den Bauern die Arbeiten des ländlichen Jahres mit ihren Höhepunkten und Pausen im wesentlichen auch das festliche Leben bestimmten. Die bürgerliche Gesellschaft hat sich andere Markierungen für ihren Lebensrhythmus gesetzt, die nicht so einfach auf einen Nenner zu bringen sind. Wenn also jetzt die bürgerliche Familie als Ort von Brauchhandlungen auftritt, so erhebt sich damit die Frage, was für eine soziale Primärform unter diesem Etikett zu verstehen sei und wie sie sich von der bäuerlichen Familie unterscheidet (WEBER-KELLERMANN 1974; 1976). In der vorindustriellen Zeit, also etwa bis 1800, gleichen sich weitgehend die Familienstrukturen auf dem Lande und in den Städten. So hatte sich allmählich das Leitbild der christlichen Familie geformt, unter der rechtsverantwortlichen Führung des *Hausvaters*; als Produkt bürgerlichen und bäuerlichen Wirtschaftsdenkens entstand die gemeinsam arbeitende *Haushaltsfamilie* als dominierende familiäre Sozialform des späten Mittelalters und der frühen Neuzeit. Darunter ist eine familiale Gruppe zu verstehen, die unter einem Dach zusammenlebt und arbeitet, also gemeinsame Produktionsmittel bewirtschaftet. Diese Gruppe umfaßt nicht nur Blutsverwandte, sondern den ganzen Hausverband als Lebens- und Wirtschaftsgemeinschaft, also auch die Mägde, Knechte, Dienstboten, Gesellen, Kontorgehilfen u. ä. m. Selbstverständlich gab es auch andere soziale Erscheinungen, vielerlei Randgruppen in den Städten und Einzelexistenzen. Aber die Haushaltsfamilie galt für die ländliche und städtische Bevölkerung bis ins frühe 19. Jahrhundert leitbildhaft; sie umfaßte «das ganze Haus» im Sinne der Lutherbibel: «Ich und mein Haus wollen dem Herren dienen.» Der Hausvater übte die rechtliche, wirtschaftliche und erzieherische Macht über den gesamten Hausstand aus und vertrat sein *Haus* und alle Innewohnenden öffentlich in der Gemeindeverwaltung. Damit entwickelte sich im gesamten gesellschaftlichen Denken und Handeln eine Art von familiärem, autoritär-patriarchalem Herrschaftsprinzip, Modell politischer Ordnung mit Begriffen wie «Landesvater» und «Landeskinder». Verbunden mit den religiösen Vorstellungen von einem segnenden und strafenden «Gottvater» wurden also die Vertreter politischer Macht in dieses geltende Ordnungssystem integriert.

Auch die rechtliche Form der Eheschließung – als Ergebnis längerer, vor allem kirchenpolitischer Entwicklungen – entsprach diesem Denken. Die Rolle des die Trauung vollziehenden Vormunds übernahm nun der Geistliche, zuerst vor der Kirchentür, dann in der Kirche. Das Tridentiner Konzil von 1563 erhob die Ehe zum Sakrament, entzog damit der Verlobung ihre Rechtswirksamkeit und konzentrierte diese auf den Vorgang der kirchlichen Trauung. Dem widersprach das Rechtsempfinden der protestantischen Reformatoren, die die Heirat als weltliches Rechtsgeschäft betrachteten, so daß die Spaltung der Kirchen im 16. Jahrhundert in Deutschland insbesondere das Eherecht betraf.

Die *industrielle Revolution*, die seit der Wende vom 18. zum 19. Jahrhundert als ein phasenreicher technisch-ökonomischer Prozeß verstanden werden muß, führte nun als Folge des neu entstehenden Fabrik- und Verwaltungswesens zu einer Trennung von Arbeits- und Wohnbereich bei den Arbeitnehmern. Das ist die entscheidende soziale Veränderung im 19. Jahrhundert, die die Auflösung des «ganzen Hauses» mit sich brachte. Statt dessen entwickelte sich die bürgerliche Kleinfamilie oder *Kernfamilie* als neue dominierende Sozialform, die zumeist lediglich aus Eltern und Kindern besteht. Auf dem Land aber blieb die alte Form der gemeinsam wirtschaftenden Hausfamilie erhalten.

Die Französische Revolution von 1789 hatte zudem durch die Gedankenrichtung des Naturrechts eine Befreiung der Einzelpersönlichkeit eingeleitet: Die Eheschließung wurde zu einem Akt des weltlichen bürgerlichen Rechts als Rechts-

Johann Michael Voltz (1784–1858): Das Abendgebet in einer Bürgerfamilie des Biedermeier.

vertrag zwischen zwei Individuen. Ihre Voraussetzung bildete nunmehr lediglich das Einverständnis der beiden Partnerpersonen und nicht mehr der Sippen – zumindest theoretisch.

Mit der obligatorischen Einführung der *Zivilehe* 1875/76 und ihrer Aufnahme in das Bürgerliche Gesetzbuch um 1900 fand die Entwicklung des Eherechtes ihren vorläufigen Abschluß. Während die evangelische Kirche die Eheschließung als Teil der bürgerlichen Gesellschaftsordnung akzeptiert, erkennt die katholische Kirche («Sakramentsnatur der Ehe») die weltliche Eheschließung vor dem Standesamt nicht als bindend an, wenn sie nicht durch die kirchliche Trauung besiegelt wird. In der Gegenwart beginnt sich eine weitere Form eheähnlichen Zusammenlebens durchzusetzen: die Ehe ohne Trauschein.

Mit der Trennung von Arbeitsplatz und Wohnplatz bahnte sich eine gänzlich neue Entwicklung vor allem für die mittelständische Familie an. Zunächst kam es im Zeitalter des Biedermeier (etwa 1815 bis 1850) zu einer neuen *Wohnkultur*. Die Pflege des familiären Innenraumes lag vor allem in den Händen der Hausfrau und Mutter, die hier einen Ausgleich für ihre Isolierung auf Kirche – Küche – Kinder suchte und fand. An der Struktur des bürgerlichen Familienlebens allerdings hatte sich wenig geändert. Weiterhin lief es ab nach den konservativen Regeln eines – dem Bestehenden verhafteten – Patriarchalismus mit einer häuslich reduzierten, unemanzipierten Mutter und traditionell autoritär erzogenen Kindern. Die

Familienfest. Foto um 1925.

Reduktion auf den innerfamiliären Bereich brachte aber andererseits dessen sentimentale Auffüllung mit sich und ein neues Verhältnis zu der Welt der Kinder. Nun gab es eine *Kinderstube* und einen großen Zuwachs an Spielzeug, besonders am Weihnachtsabend, der sich in den Städten zu einem bürgerlichen Bescherfest für die Kinder entwickelte.

Dieser sozialgeschichtliche Hintergrund, der mit geringen Variationen bis weit in unser Jahrhundert bestimmend geblieben ist, muß bei Betrachtung der Familienbräuche berücksichtigt werden. Die Zeit des Nationalsozialismus hat nochmals die Tendenz zu einem Rückschritt in längst vergangene Familienformen gebracht (H. Becker), ohne daß sich allerdings in jenen zwölf Jahren die befohlenen «neuen» Brauchtümer im ganzen haben durchsetzen können. Ein Durchbruch zu individuelleren, von überkommenen gesellschaftlichen Normen befreiten Formen auch des Feierns hat erst in den letzten Jahrzehnten stattgefunden. Von diesen Entwicklungen wird im Zusammenhang der folgenden Themen die Rede sein.

So war es schon immer – und so soll es bleiben! Traditionsgebundenes Verhalten – Wandlungsprozesse

Schwangerschaft und Geburt

Die introvierte, ganz auf das Innenleben der Familie gerichtete Denkweise der bürgerlichen Gesellschaft, die Abschirmung ihrer Kinder von den Erwachsenen und der Außenwelt führte zu einer körper- und sexualfeindlichen Erziehung. Kinder nicht aufzuklären, auch nicht anläßlich der Geburt eines Geschwisterchens, galt als Norm (Weber-Kellermann 1983, S. 108ff.). Die Rolle der Mutter wurde verschwiegen und statt dessen die Legende vom *Klapperstorch* verbreitet.

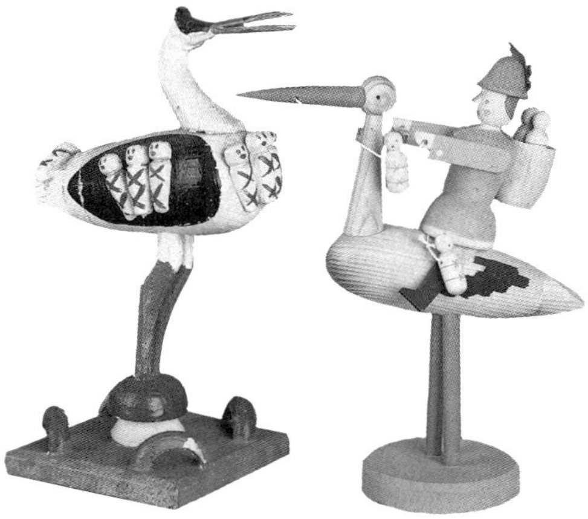

Adebar als Kinderbringer. Erzgebirgische Scherzfiguren um 1900, beliebtes Polterabendgeschenk.

Der Täufling im Taufkleid, 1906.

Herzlichen
zum
Herzlichen Glückwun
zum Geburtstage
zum
Geburt
Herzlichen Glückwunsch zum Gebur
Taufe
gütig

werden ergebenst gebeten, bei der
Tochter Helga am 22 ten 7. 28.
enwärtig zu sein.
Jch gratulire.
Herzlichen Glückwunsch
Schutzengel
Jeden Schritt, den Kindchen
Liebevoll beschütze
Nimm es stets in Deine Hut
Sei der Kleinen Stütze
Herzlichen Glückwunsch zum Geburtstage

Vorangegangene Doppelseite: Geburtstagsglückwunschkarten und -einladungen des 19. und frühen 20. Jahrhunderts.

Hilde. Die Geburt einer gesunden Tochter beehren sich anzuzeigen

Bankdirektor Otto Wendt
und Frau Harriet, geb. Steiner.

Stralsund, den 16. Juli 1904.

Julia

51 cm

3550 g

ist angekommen.

Es freuen sich
Paul, Marie Luise und
Klaus Leidorf

Marburg, den 21. Sept. 1983

Der Adebar, zoologisch ein Sumpfgänger, in der Volksetymologie ein Glückssymbol, brachte also – so die Umfrage des «Atlas der deutschen Volkskunde» um 1930 – in den meisten deutschsprachigen Gegenden die Babys nach einer Legende, die für die Kinder den Geburtsvorgang verhüllen sollte (ZENDER, S. 22, Karte 18–21). Nach trostreichem Begleitbrauch wurde den älteren Geschwistern vielfach bei dieser Gelegenheit eine Storchentüte mit Süßigkeiten beschert. Aufschlußreich ist die Mitteilung, daß die Vorstellung vom Storch als Kinderbringer von Norden nach Süden gewandert ist und sich zuerst bei den gebildeten Schichten der Stadtbevölkerung durchgesetzt hat – wohl verständlich, daß sich auf dem Land die absurde Mythologisierung eines so natürlichen Vorgangs kaum durchsetzen ließ.

In der volkskundlichen Literatur gibt es weitschweifige Ausführungen über die Gestalt dieses mythischen Kinderbringers, wie überhaupt Schwangerschaft und Geburt mit so viel Aberglauben und Aberwissen umgeben waren, daß eine vernünftige Sexualaufklärung keinen Platz darin fand. Die Kirche beider Konfessionen und ihre Vertreter betrieben voll Eifer die Tabuisierung des Geschlechtlichen und damit auch der Geburt, so daß Mutter und Kinder oft in verzweifelte Nöte gerieten, wenn das bevorstehende «freudige Ereignis» vorbereitet werden sollte. Da war der Klapperstorch eine gute Hilfe: Für ein Brüderchen mußte man Streuzucker aufs Fensterbrett legen, für ein Schwesterchen Würfelzucker!

Die Geschichte vom Klapperstorch ist aufklärungsfeindlich und frauenfeindlich zugleich. Die peinliche Verdrängung alles Geschlechtlichen aus dem familiären Gespräch, die Geheimnistuerei der Erwachsenen, die Selbstbescheidung der Mutter auf die alberne Rolle, vom Storch ins Bein gebissen zu werden: Das alles mußte dann bei größeren Kindern, wenn sie «es» erfuhren, den Eindruck des Gemeinen und Zotigen erwecken, was wiederum besonders auf die Mutter und später auf die eigene Frau zurückschlug.

War das Kind geboren, so fand die *Taufe* im allgemeinen erst einige Zeit später statt und wurde meist im kleineren Familienkreis gefeiert. Was alles zur Taufausstattung gehörte, besonders das Taufkleid, ist liebevoll beschrieben worden (PIESKE). Ein größerer Aufwand wurde nur in Großbürgerkreisen betrieben, die sich am Adel orientierten. Silberne Taufbecher und Breischüsseln mit Namensgravierungen waren die standardisierten Patengeschenke, und eine Berliner Großbürgerin stiftete 1896 sogar eine silberne Kanne «zu den Tauffesten ihrer Nachkommen». Jeweils sollte der Name des Täuflings und der Tauftag eingraviert werden. Ähnliche Gedanken zeigen sich in den Devisentassen mit Namen und Taufdaten für die Vitrine (FALKENBERG 1984, S. 56ff.).

Die *Namensgebung* spielte in der bürgerlichen Gesellschaft eine größere Rolle als auf dem Land. In katholischen Familien wurde wohl auch der Kalendername berücksichtigt, vor allem aber kamen bei beiden Konfessionen die Großeltern und die Taufpaten zur Geltung, weshalb sich in den Familien die Namen dauernd wiederholten und so die Individualität des jeweils neuen Erdenbürgers zu kurz kam. Das änderte sich erst wesentlich nach dem Ersten Weltkrieg mit neuen «deutschen» Namen und später vielfach wechselnden Namensmoden.

Geburtstag

Geburtsdatum und Namensheiliger bestimmen nun die großen Kinderfeste *Geburtstag* und *Namenstag*. Seinen kulturgeschichtlichen Weg von der Familienfeier zur Kinderparty hat REGINE FALKENBERG eindrucksvoll geschildert und die Elemente des Festes analysiert: die Gratulation – Binden und Angebinde (BOEHM) – Geburtstagskerzen – Geschenke – Anteilnahme in der Schule – Kindergesellschaften.

William Powell Frith (1819–1909): Many happy returns of the day!

Zu meiner Enkelin Namenstag
ihr jeder etwas bringen mag:
Der Bäcker bringt ein Kuchenbrot,
der Schneider einen Mantel rot,
der Kaufmann schickt ihr, weiß und nett,
ein Puppenkleid, ein Puppenbett,
und schickt auch eine Schachtel rund
mit Schäfer und mit Schäferhund,
mit Hürd' und Bäumchen, paarweis je,
und mit sechs Schafen, weiß wie Schnee;
und eine Lerche, tirili,
seit Sonnenaufgang hör' ich sie –
die singt und schmettert, was sie mag,
zu meines Lieblings Namenstag!

THEODOR FONTANE (1819–1898): Vor dem Sturm. 1878, Kap. 48

Geburtstagsgesellschaft im Garten, um 1934.

Mohrenkopf-Wettessen beim Kindergeburtstag, 1984.

Eine Kulturgeschichte des innerfamiliären Festes Kindergeburtstag zeigt die Bedeutung dieses Tages im historischen Ablauf, im Familienzusammenhang und für die sozialen Beziehungen zu den Verwandten, aber auch zu den anderen Kindern im Freundeskreis. Alle freundlichen Nuancen dieses Beziehungssystems werden deutlich, zum Beispiel in den vielfältigen Formen des Glückwünschens, aber auch die verdeckten sozialen Hierarchien und Machtgefälle. Dann erscheint die Schule als außerfamiliäre Institution, und es werden die traditionellen Ziele der Sozialisation in vielerlei Farben transparent wie Artigsein, Loyalität und Toleranz, die im Kampf gegen Besitzgier und Geltungsbewußtsein erreicht werden sollen. Sie manifestieren sich in ihren Zeichen, den Geschenken an Spielzeug, Büchern und anderen Gegenständen sowie im handlungsreichen Austausch dieser Geschenke.

Die Kinder in ihrer festlichen Kleidung und ihren schönen Frisuren treten in den Vordergrund, stolz auf ihre Rolle als Hauptperson, die sich nur im Kontrast zu den Nebenpersonen verwirklichen kann, bei Spiel und Wettbewerb, an der festlichen Tafel bei Essen und Trinken.

Die subjektive Auszeichnung des Kindes an seinem Tag wird weiterhin sichtbar in einer Fülle ritueller Zeichen wie Kerzen, Blumen und Kuchen, und es ist zu bemerken, daß jenseits von deren materieller Gegenständlichkeit ihre Symbol-«Sprache» insgesamt von den Festteilnehmern beherrscht wird.

Die historische Entwicklung läuft also gewissermaßen vom lieben Kind als Wunschprodukt einer bürgerlichen Artigkeitserziehung zum Kind als selbständigem, liebevoll geführtem Gestalter seines eigenen Festes.

Janosch-Witzkarte, 1984.

Weihnachtsmann und Osterhase

Vom Geburtstags- zum Weihnachtsfest ist nur ein kleiner Schritt, denn Weihnachten wurde zum zweiten großen Schenktermin für Bürgerkinder. Was hat es nun mit Weihnachten als bürgerlicher Familienfeier auf sich? (Umfassend dargestellt Weber-Kellermann 1978.)

Zahlreichen Menschen der jungen Generation – und nicht nur ihnen – ist das Weihnachtsfest in seiner heutigen Form fatal. Warum? Wegen des oft zitierten Konsumterrors? Der falschen Sentimentalität? Schon die weihnachtliche Vaterfigur Weihnachtsmann steht im Zwielicht von Innerlichkeit und Geschäftsinteresse. Man kann auch weitergehen und die Beziehung zwischen dem Typus der bürgerlichen Kernfamilie und unserem deutschen Weihnachtsfest analysieren, dessen kulturelle Ausformung mit all ihren Qualitäten wie auch problematischen Momenten die Bürgerfamilie des 19. Jahrhunderts hervorgebracht hat.

Ausschnitt aus einem für die Eltern geschriebenen und gemalten Weihnachtsbrief, 1926.

Das Weihnachtsfest als strukturell geordnetes, doch wandelbares Brauchsystem wird dominierend bestimmt vom Strukturelement des lichtergeschmückten Tannenbaumes. Wohl hat es immer schon den Brauch gegeben, zur Feier der Jahreswende die Häuser mit grünen Zweigen zu schmücken. Die Römer zierten ihre Häuser zu den Kalenden mit Lorbeerzweigen, und auch für das mittelalterliche Deutschland ist solcher Grünschmuck aus vielerlei Quellen belegt. Aber Weihnachtsbäume waren das nicht. Als geschenktragende Schüttelbäumchen erscheinen sie erstmals in den Zunftstuben der Reformationszeit, also noch nicht im Zusammenhang mit der Familie. Neben der bürgerlichen Handwerkerwelt trat später ein weiterer sozialer Kreis als Träger weihnachtlicher Baumbräuche ins Blickfeld: die europäischen Fürstenhöfe. 1708 schrieb Lieselotte von der Pfalz sehnsüchtig aus Paris von den lichtergeschmückten Buchsbäumchen, die in ihrer Jugend am hannoverschen Hofe üblich gewesen seien. Rund hundert Jahre später, 1816, führte eine gebürtige nassauische Prinzessin und spätere Erzherzogin den brennenden Weihnachtsbaum am österreichischen Hof ein; 1830 brachte ihn Caroline, die

Vorangegangene Seite: Otto Ubbelohde (1867–1922): Der Weihnachtsmann.

Gemahlin Ludwigs I., in die Münchener Residenz; 1840 entzündete die deutschgebürtige Herzogin von Orléans einen Weihnachtsbaum in den Tuilerien, und an den englischen Königshof kam die Sitte durch Albert, den deutschen Gatten der Queen Viktoria. 1820 war der Weihnachtsbaum in die Prager Adelspaläste gewandert, zur gleichen Zeit über Dänemark an den norwegischen Königshof, und auch in Rußland feierten die Aristokraten das Weihnachtsfest dekorativ und repräsentativ unter dem Lichterbaum.

Im Volk aber hatte sich in Deutschland der Weihnachtsbaum um diese Zeit noch keineswegs durchgesetzt. Zunächst machte sich nur die bürgerliche Oberschicht aus den Geschenk- und Umgangsbäumen der Zünfte allmählich ihren eigenen Weihnachtsbaum und fand nach allerlei Umwegen endlich die Verbindung zwischen immergrünem Baum und Kerzenlicht.

Der Weihnachtsbaum im Bürgerhaus der zwanziger Jahre.

Der [Weihnachtsbaum] stand nun in einer Stube in einer Ecke, und seine Zweige waren bis zur Hälfte der Decke so ausgebreitet, daß man darunter stand wie in einer Sommerlaube. An allen Zweigen hingen kostbare Konditor- und Zuckerwaren [...], vergoldetes Obst die Menge, so daß man unter diesem Baum wie in einem Speisegewölbe sich befand. In der Mitte befand sich der Heilige Geist als eine allerliebste Taube von Zukker, zur Rechten hing das Christkind und zur Linken seine Mutter, gar niedlich anzusehen und alles von Zucker, so ich beide vor Liebe wohl hätte fressen mögen, wenn es erlaubt gewesen. Endlich war der ganze Baum mit einem Netz von vielen Tausend vergoldeten und an Schnüren gereihten Haselnüssen gar künstlich überzogen und mit Guirlanden und Bandelotten wie an einem Kronleuchter verzieret. Zwischen allen diesen unbeschreiblichen Kostbarkeiten leuchtete eine unzählige Menge von Wachslichtlein hervor wie Sterne am Himmel, welches ein prächtiger Anblick war!

Simplizianischer Wundergeschichts-Calender auf das Jahr 1795 – Nürnberg.

Im 19. Jahrhundert verbreitete sich dann der Brauch, einen Weihnachtsbaum zu entzünden, mehr und mehr in den Städten. Richtig populär wurde er – auch im Kleinbürgertum – erst nach dem Krieg 1870/71, als er auf den Wunsch des preußischen Königs in den Unterständen und Lazaretten aufgestellt worden war und ihn die Soldaten in einer emotionalen Ausnahmesituation kennenlernten. Danach allerdings vollzog sich seine Ausbreitung in schnellem Tempo von den Städten mit ihren verschiedenen Bevölkerungsschichten auch auf die Dörfer.

Das Entzünden der Kerzen des Weihnachtsbaumes hinter verschlossener Tür im Kreise der Kleinfamilie entsprach dem Bedürfnis nach Intimität und Abschließung nach außen, das kennzeichnend war für das bürgerliche Familienleben des 19. Jahrhunderts. Um diesen zeremoniellen Mittelpunkt rankte sich ein fast liturgisch anmutendes, festliches Programm, das in vielen Familien bis in die Gegenwart gültig geblieben ist: Unter Benutzung zahlreicher traditioneller Requisiten (grüner Zweig und Licht, gemeinsamer Gesang und Spiel, Geschenke, gemeinsames Mahl, gemeinsamer Trunk) gestalten die Eltern als Frucht langer Vorbereitungen einen Abend familiärer, verinnerlichter Harmonie, mit der sie alle Konflikte beschwichtigen und für einige Stunden die Utopie einer heilen Welt hervorzaubern möchten.

So wurde der Heiligabend der bürgerlichen Familie zu einer Art von Institution mit geheiligten, kultivierten und tabuierten Verhaltensnormen im Dienste der Stabilisierung eines patriarchalischen Familienideals (vgl. S. 133).

In einem der Fragebogen des «Atlas der deutschen Volkskunde», der seit 1927 Verbreitungskarten im Sinne der Kulturraumforschung erarbeitet, heißt es im Zusammenhang mit der Weihnachtsbescherung: «Wer bringt am Heiligen Abend nach der Meinung der kleinen Kinder die Geschenke?» (ZENDER, S. 25) Diese Frage spiegelt die verbreitete Meinung wider, daß zum weihnachtlichen Termin die Kinder in Unwissenheit über die Spender ihrer Geschenke bleiben sollen, daß die

Der Weihnachtsbaum im Arbeiterhaus der zwanziger Jahre.

[...] wenn Christkindelzeit war, dann sind wir zu Nachbars rüber gegangen. Bei uns hat's ja nichts 'geben! Wer hat denn damals schon Spielzeug gehabt! Es hat schon Spielzeug gegeben. Aber nicht für uns. Spielzeug auf Weihnachten, so wie heut, das hat's nicht gegeben. Ein Plätzerl oder einen Strumpf, das hat's auf Weihnachten 'geben, aber ein Spielzeug oder mal ein Pferdel...

RICHARD BLANK: Erinnerung eines alten Arbeiters (um 1900). In: Das häusliche Glück, S. 228

Rollen der wahren Geber – Eltern, Großeltern, Paten usw. – von Ersatzfiguren besetzt werden, denen Wunsch und Dankbarkeit der Kinder stellvertretend gelten. Die Antworten aus allen Schulorten des damaligen Deutschland haben in schöner Klarheit die Machtbereiche der Gebergestalten für die Zeit um 1930 abgegrenzt. Zu Weihnachten teilten sich *Weihnachtsmann* und *Christkind* die Ehre, Geschenke zu bringen. Das Christkind schenkte in ganz West-, Südwest- und Süddeutschland und in Schlesien; der Weihnachtsmann dagegen bringt seinen Gabensack uneingeschränkt im gesamten mittel-, nord- und ostdeutschen Gebiet und muß lediglich in Thüringen in verstärktem Maße den *Knecht Ruprecht* neben sich dulden. Die auf den ersten Blick sichtbare grobe Zuordnung des Christkindes zum katholischen, des Weihnachtsmannes zum protestantischen Bereich genügt nur oberflächlichen Ansprüchen. Denn der Befund von 1930 dokumentiert gewissermaßen den Abschluß einer Entwicklung, die sich im 19. Jahrhundert vollzogen hat und zu einer Umkehr der ehemals herrschenden Situation führte, nach der gerade das

Weihnachtsmann-Oblaten, Anfang des 20. Jahrhunderts.

Ein Weihnachtsmarkt als Würfelspiel (rechts).

Thorner Pfefferkuchen
Moabiter Porzelan v. Schumann
Hollmacks Honig u. Pfeffer-kuchen u. Zuckerwaaren Lager
Instrumenten Fabrick von Neumann
43
Spiel waaren Lager von F. Söhlke
Blech waaren von Trachtmann
Pariser Pflastersteine
1 Sgr jedes Stück

Vorgedruckter Glückwunschbriefbogen für Kinder, um 1900.

«weibliche» Christkind für die evangelischen und die männliche Nikolausgestalt für die katholischen Gebiete als Gabenbringer gegolten hatten, wobei sich der Beschertermin auf Weihnachten verschob. Das gabenbringende Christkind ist keineswegs identisch mit dem neugeborenen Erlöserkind in der Wiege, sondern entstammt wohl Umzugsbräuchen, in denen außer Maria und Joseph mit dem Jesuskind engelhafte Gestalten als Herolde und Begleiter mitgingen.

Ausdrucksvoll bezeugt der andere große Gabenbringer, der Weihnachtsmann, brauchmäßige Umformungen als Zeichen der Familiengeschichte des 19. Jahrhunderts. Äußerlich vereinten sich in seiner Gestalt alle Eigenschaften der mittwinterlichen, freundlichen Nikoläuse und der rauhen Perchten. Aber seine Charakteristik neigt sich mehr zu der schenkenden Funktion des Nikolaus. Aus diesen Vorbildern entstand eine mythische Gabenbringergestalt von epochaler Einmaligkeit. Ein Bild seiner entdämonisierten und harmonisierten Figuration schuf Moritz von Schwind (1804–1871) mit seinem «Herr Winter» (1847) für eine Bilderfolge, die die «Münchner Bilderbogen» durch ganz Deutschland und halb Europa verbreiteten. Der Text dazu lautet:

«Die Christnacht ist gekommen. Aus allen Häusern scheint festliches Licht, und das Jauchzen fröhlicher Kinderstimmen dringt auf die mit Schnee bedeckten Straßen. Dort wandert ein alter Mann und schaut an allen Türen, ob man ihm nicht öffnen und den geschmückten Christbaum von ihm als Geschenk annehmen will.»

Damit wurde nichts geringeres publiziert als das erste Konterfei des Weihnachtsmannes. So begann er um die Mitte des vorigen Jahrhunderts seinen Siegeszug. Heute ist die Grenze seines Machtbereiches gegenüber der Atlasverbreitungskarte von 1930 nach Westen und Süden vorgerückt, insbesondere in den Städten, woran die Schokoladenindustrie keinen geringen Anteil hat. Das Entscheidende aber ist, daß dieser Weihnachtsmann nicht auf den Dorfgassen zu finden war und ist, sondern im innerfamiliären Bereich des Bürgerhauses, nicht als eine Umzugsgestalt in einem Trupp, sondern als einzelner, spezieller Gabenbringer in der Bürgerfamilie. Die Assoziation an die bürgerliche Familie läßt sich noch weiterführen. Der Weihnachtsmann ist eine Vaterfigur, unantastbar in seiner Autorität, mythologisch tabuiert und darüber hinaus noch erhöhend und distanzierend ausgestattet mit Qualitäten, die für die kindliche Vorstellung an den grundgütigen Gottvater mit wallendem Glitzerbart erinnern. Welch pädagogisch wirksames Mittel eine derart verklärte Autoritätsfigur den ganzen Dezember hindurch sein kann, weiß jeder aus seiner Erfahrung. Ihre Ausgestaltung gerade innerhalb der Bürgerfamilie des 19. und beginnenden 20. Jahrhunderts gehört verbindlich zu deren kulturellem Struktursystem.

Soweit dieser kurze Hinweis auf die zwei Hauptelemente des bürgerlichen Weihnachtsfestes: den kerzengeschmückten Tannenbaum und den mythologisierten Schenkakt an die Kinder. Der gesamte Ablauf des Familienfestes am Heiligabend gewann etwa seit der Gründerzeit eine feste, traditionelle, fast liturgisch anmutende Reihenfolge:

Verschließen des «Weihnachtszimmers» schon am Vormittag oder Abend zuvor – Schmücken des Weihnachtsbaumes, meist durch die Eltern – gemeinsames Kaffeetrinken der Familie – gemeinsamer Kirchgang – Anzünden der Kerzen meist durch den Vater, während die Kinder vor der Zimmertür warten und durch ein Glöckchen hereingerufen werden – Betreten des Weihnachtszimmers – «Fröhliche Weihnachten» wünschen (mit Küssen und Umarmungen) – Hausmusik, Klavierspielen, Weihnachtsliedersingen – Weihnachtsgeschichte aufsagen oder vorlesen, Gedichte aufsagen – Schenken: Die Geschenke werden auf den Tischen unter Servietten verborgen, oder vom Weihnachtsmann oder einem anderen Gabenbringer gebracht, oder als eingewickelte Päckchen mit Namensschild verteilt.

Dann folgt das Anbieten von Wein und Süßigkeiten, das Anstellen des Radio- oder Fernsehprogramms oder das Anhören weihnachtlicher Schallplatten.

Wenn man davon ausgeht, daß Selektion und Anordnung die beiden Grundoperationen jeder Sprache sind, und wenn man dementsprechend Bräuche als Zeichen- und Handlungssprache im Sinne der Kommunikationsforschung definiert, so zeigt sich zunächst, daß Brauchabläufe aus Invarianten oder Elementen bestehen, die Stellung der Elemente zueinander jedoch nicht beliebig austauschbar ist. Sie sind vielmehr zu einem strukturalen System geordnet, bestimmt durch die Beziehungen der Elemente untereinander. Was bedeutet von da aus das Anzünden der Kerzen am Weihnachtsbaum?

Im innerfamiliären Bereich, der zwei, höchstens drei Generationen umfaßt, stehen sich als Opposition Eltern und Kinder gegenüber: Die Eltern befinden sich am Heiligabend vor der Bescherung im Weihnachtszimmer – der fertiggeschmückte Baum ist ihnen bekannt – sie wollen die Kinder überraschen, ihnen Freude bereiten und können im Tausch die Erfüllung bestimmter Forderungen und Verhaltensgebote erwarten wie Artigsein, Weihnachtsliedersingen, Gedichtaufsagen, Dankbarsein, Sich-der-Weihnachtsstimmung-Anpassen; der Vater übernimmt mit dem Anzünden der Kerzen die führende Rolle.

Die Kinder befinden sich außerhalb des Weihnachtszimmers, sie sind nicht in Kenntnis des fertiggeschmückten Baumes (zumindest die kleineren), sie erwarten den hellen Baum als Überraschung, wollen Freude erfahren und sind sich der damit verbundenen Gebote bewußt; sie haben sich dafür in langen Wochen präpariert und wollen von den Eltern an diesem Abend geführt werden. Die einen sind im Besitz des Wissens um die weihnachtliche Szene – die anderen nicht. Das beschreibt bereits den bürgerlichen weihnachtlichen Geheimniskult, der für Kinder so außerordentlich reizvoll ist. Damit ist für den innerfamiliären Bereich zu diesem Zeitpunkt des Heiligabends die Rolle der Eltern als «Sender» und die der Kinder als «Empfänger» im Kommunikationsprozeß festgelegt. Zugleich und gewissermaßen ganz nebenbei wird auf solche Weise der prozessuale Charakter von Traditionen deutlich, denn jeder Sender war einmal Empfänger, und jeder Empfänger kann in Zukunft zum Sender werden.

Nach den ausgedehnten Vorbereitungen für den Heiligabend, die sich über Tage und Wochen hinziehen und im weiteren Sinne bereits zur «festlichen Zeit» gehören, beginnt die Familie mit dem Anzünden der Kerzen, vielleicht verbunden mit Glöckchenläuten, ihre eigene häusliche Feier: Die Kinder dürfen in das Weihnachtszimmer eintreten. Das ist also der formalisierte Anfang des rituellen Heiligabendbrauches.

Das Geheimnis tat sich auf, wenn am Weihnachtsabend die Christmette gehalten wurde:
Es ist ein Ros entsprungen
Aus einer Wurzel zart ...
Wolfgang sah von der Chorempore auf die Ritter und Fürstinnen, die zwischen dem hohen Säulenaufbau ihrer prunkenden Epitaphien knieten, er sah auch das Schönste von dem großen Flügelaltar: das kleine Lamm zu Füßen des gekreuzigten Heilands, das weißeste Weiß, das es auf Erden und selbst im Wolkenzug des Himmels geben konnte. Der Anblick der stummen, in ihrer Bewegung erstarrten Bilder genügte ihm nicht: sein Herz verlangte ein Zeichen.
Im Sommer schon hatte er, auf Spaziergängen allein hinter den Eltern hergehend, vor sich hingezählt und dabei gefordert: Wenn bei drei, bei sieben, bei zehn ein Schmetterling auffliegt oder eine Lerche ihr Lied beginnt, dann gibt es Gott, sonst ist alles nicht wahr!
Er hatte ein Recht auf diese Frage. Denn auch mit seinem Glauben an den Nikolaus war es nichts gewesen: er hatte ihm so schön geantwortet, hatte seine Schiefertafel gezeigt und ein Gedicht aufgesagt und dann noch vor ihm gebetet. Aber auf einmal fragte der heilige Nikolaus den Vater, ob es nun genug sei; er machte dabei einen richtigen Bückling, nannte ihn Herr Professor und bog den Kopf zur Seite, daß sich der weiße Bart verschob. Es war ja nur Trinzsch, der Pedell von Vaters Gymnasium; der dicke Mantel aber war Großvaters umgestülpter Reisepelz, in den er wohl schnell gesteckt worden war, als er die Hefte zum Korrigieren brachte! Daran mußte Wolfgang denken, als er jetzt auf den Altar der Kirche sah.

EDWIN REDSLOB (1884–1973): Ein Jahrhundert verklingt, S. 17f.

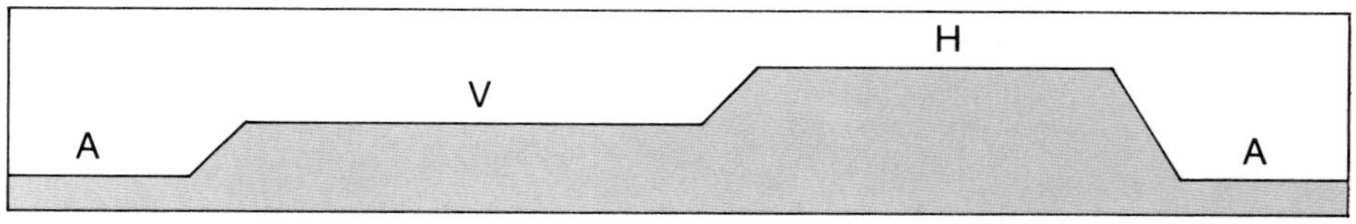

A = Ebene des alltäglichen Lebens
V = Ebene der festlichen Vorbereitungen
H = rituelle Ebene der innerfamiliären Heiligabendfeier

Neujahrskarten um die Jahrhundertwende.

Mit dem Betreten der rituellen Ebene verschmilzt der Doppelraum der Oppositionen «Außen» und «Innen» zum familiären «Innen». Das zeichenhafte Entzünden der Weihnachtskerzen durch den Vater ist also das Symbol für den Beginn des familiären häuslichen Weihnachtsrituals.

Im gleichen Augenblick aber formt sich nun ein neues Oppositionssystem: Wir, die Familie als Eltern und Kinder, und die anderen, die Nicht-Familie. Im Sinne der Kommunikation signalisiert das Anzünden der Kerzen, daß die Wir-Familie ihr internes Weihnachtsfest beginnt und von den «anderen», der Nicht-Familie, dabei nicht gestört werden will. Stillschweigend existiert im kommunikativ-sozialen Sinn die Voraussetzung, daß das Signal von anderen Gruppen der gleichen Gesellschaft verstanden und respektiert wird.

Äußerlich bildeten die Räume einer gutbürgerlichen Etagenwohnung mit ihrer «Putzstube», «Guten Stube» oder «kalten Pracht» die Voraussetzung für die ungestört ausgespielte Familien-Weihnachtsfeier. Hier konnte der Weihnachtsbaum aufgestellt und geschmückt werden, ohne daß die Kinder ihn vorzeitig sahen; hier konnte sich der Weihnachtszauber der Vorbereitungen und Überraschungen ausbreiten, der das bürgerliche Weihnachtsfest erfüllte und auszeichnete. Hier – in der guten Stube – prangte das Symbol, der Weihnachtsbaum. Man denke: ein grüner Tannenbaum mit Waldesduft in der städtischen Etage! Das muß als ein ganz anderes Erlebnis verstanden werden als für den Landbewohner, bei dem Hof und Garten mit zum Wohnbereich gehören und wo hinter der Wiese der Wald beginnt (vgl. S. 91–95). Wenn man im Bürgerhaus mit dem Entzünden der Kerzen eine höhere Ebene des Familienrituals betrat, so betonte man damit die Wahl dieses Zeichens als etwas Außerordentliches. Zugleich aber begann dessen Einordnung in das verfeinerte bürgerliche Prestigeschema: Wettbewerb um den größten Baum, die meisten Kerzen, den kostbarsten Christbaumschmuck. Auch die Dauer des Verbleibens in der Wohnung bis 6. Januar oder gar bis Februar konnte zum Prestige werden, setzte das doch genügenden Wohnraum voraus.

Wenn zum ersten Mal die Kerzen brennen, ist die enge Wir-Familie ganz unter sich, will sie die Intimität und das Ausschließliche ihrer Zusammengehörigkeit gewahrt wissen, wacht sie aber auch eifersüchtig darüber, daß sonst abwesende Söhne und Töchter «zu Hause» sind! Anlaß für manchen Familienkonflikt. Besuche bei entfernteren Familienangehörigen und Freunden erfolgten erst an den Feiertagen – «zwischen den Jahren», wie es heißt – und damit dann freilich auch die obligatorische Bewunderung der jeweiligen Weihnachtsbäume.

Das galt zumindest für das bürgerliche Zeitalter – und noch lange Zeit danach. Dieser Code stand den Teilnehmern des bürgerlichen Kommunikationssystems zur Verfügung; er war von ihnen erdacht – oder erfühlt – und aus überlieferten Elementen neu kombiniert. Die Mitglieder der Wir-Familie fühlten sich durch diese codierte Botschaft ebenso verbunden wie gleichzeitig alle bürgerlichen Wir-Familien, und das setzt – zumindest während des Rituals – eine Homogenität dieser Gruppe voraus, denn sonst könnte der Vorgang der Kommunikation nicht funktionieren.

Soweit der Ansatz einer Analyse. Wendet man sich von daher zu dem Unbehagen, das heute so viele bei allen mit Weihnachten zusammenhängenden Ritualen, also auch beim Weihnachtsbaum und seiner Rolle am Familien-Heiligabend, überkommt, so scheint es, als beträfe das viel weniger den Baum in seinem Kerzenschmuck (was gäbe es eigentlich daran auszusetzen?), als vielmehr das durch ihn codierte Signifikat. Für viele heißt das: Zwang zu familiärer Harmonie, zu Dankbarkeit und heiler Welt just an diesem Termin. Man sollte jedoch nicht unterschätzen, was Weihnachten mit seinen Zeichen auch für junge moderne Familien bedeutet (BIMMER 1972).

Für manche Alleinstehenden heißt es aber auch Ausschluß aus der engeren Familie und das gesteigerte Bewußtsein der Einsamkeit. Nicht ohne Grund steigen an diesem Abend die Selbstmordziffern, sind den ganzen Dezember über die Zeitungen voller Anzeigen, die nach Gesellschaft rufen. Traditionen sind jedoch nicht ewig und unwandelbar – auch die Traditionen des Weihnachtsfestes nicht. Jede Generation soll sich ihre Feste nach ihren Bedürfnissen gestalten – und die Weihnachtszeit betrachten als einen Freiraum des spielenden Menschen im Rhythmus des Jahres.

Österlicher Familientisch um 1960 (linkes Bild).

Eiersuchen im Garten, Holzstich um 1870.

Der andere Jahrestermin, den sich die Bürgerfamilie angeeignet hat und der damit zu den Familienbräuchen gehört, ist *Ostern* mit dem *Osterhasen*. Im Gegensatz zu manchem Versuch, auch den Ursprung des Osterhasen in mythische Fernen zurückzuverlegen, haben zuverlässige Forschungen eine sehr viel jüngere Mythenbildung erwiesen (A. BECKER 1937). Wie es nun im einzelnen dazu kam, gerade dem Osterhasen die Fähigkeit des Eierbringens und -versteckens zuzuschreiben, steht nicht fest. HUGO HEPDINGS entmythologisierende Hypothese

«Kinder», spricht die Mutter Hase,
«putzt euch noch einmal die Nase
mit dem Kohlblatt-Taschentuch!
Nehmt nun Tafel, Stift und Buch!
Tunkt auch eure Schwämmchen ein!
Sind denn eure Pfötchen rein?»
«Ja!» – «Nun marsch, zur Schule gehn!»
«Mütterchen, auf Wiedersehn!»

ALBERT SIXTUS: Die Häschenschule. Ein lustiges Bilderbuch, 1928

Marburger Bäcker mit einem Osterhasen aus Hefeteig, 1965.

klingt verlockend: «Ich kann mich des Gedankens nicht erwehren, daß, wenn jetzt in manchen Gegenden für die Speisenweihe die Osterkuchen gern in Hasenform hergestellt werden, dies nur eine junge, unverstandene Umbildung des Osterlämmchens ist, das leicht, wenn es nicht ein sehr geschickter Bäcker geformt hat, einem Hasen ähnlich sehen konnte. Ob nicht am Ende überhaupt der Osterhase seine Existenz dem mißverstandenen Ostergebildbrot verdankt? Wenn das Kind diesen ‹seinen Osterhasen› mit einigen Ostereiern erhält, drängt sich seinem kindlichen Denken leicht der Schluß auf, dieser Hase habe die merkwürdigen Eier gelegt, und wenn es nicht selbst auf den Gedanken kommt, so wird er ihm von den Erwachsenen suggeriert (ähnlich wie bei den Geburtstagsgeschenken, die das ‹Geburtstagsmännchen› bringt, bei den Nikolausgaben, dem ‹Christkindchen›).» (1927, S. 140). Marburger Bäckereibeobachtungen könnten dieser Überlegung recht geben.

Österliche Glückwunschkarten und Reklamebilder von der Jahrhundertwende bis in die Gegenwart.

Wenn man von dem oft zitierten, vereinzelten medizinischen Beleg der Barockzeit für scherzhafte «Haseneier» absieht (FRANCK), von der «Haserei» als einer Art von Verrücktheit im Sinne der «Verkehrten Welt», so ist ein allgemeineres Wissen um den Kinderglauben an dieses Wundertier nicht vor der zweiten Hälfte des 18. Jahrhunderts anzusetzen. Eine deutlichere Verbreitung findet dann erst im 19. Jahrhundert statt und setzt sich schokoladenfigurenfreundlich fort bis in unsere Gegenwart. Nicht älter ist die Sitte, den Kindern im Haus und im Garten buntgefärbte und später schokoladene Eier am Ostersonntagmorgen zu verstekken. Für die Zeit um etwa 1930 steht die Verbreitung fest, denn auf Karte 32 in dem «Atlas der deutschen Volkskunde» sind die Antworten auf Frage 121c nach dem Spender der Ostereier verzeichnet, und das Zeichen für den Osterhasen füllt in dichter Streuung das gesamte Kartenbild; schwache Konkurrenten sind lediglich der *Fuchs* (um Minden und in der Mark Brandenburg), der *Hahn* (Thüringen und um Halle, Sudeten und Niederbayern), die *Henne* (verstreute Belege, vor allem im Rheinland und an der bayerisch-böhmischen Grenzzone), der *Storch* und vereinzelt sogar *Nikolaus* und *lieber Gott*.

Wie also gelangt wohl gerade der Hase zu dieser Rolle? Ob eine religiöse Verbindung zu konstruieren ist: der Hase als Symbol des Schuldners, der sich mit der österlichen Zahlung der Zinseier entschuldet, scheint mir zweifelhaft. Näher liegt wohl, daß die zahlreichen Märzhasen den Kindern überall begegnen, auf Wiesen und Plätzen, in Gärten und Büschen herumspringen und durch ihr drolliges Aussehen die Kinder entzücken. Dazu kommt vielleicht noch die von HEPDING nahegelegte Verwechslung mit dem Osterlamm. Die Schokoladenindustrie hat jedenfalls den Osterhasen in allen Varianten aufrechter und hockender Stellung vergnüglich multipliziert.

Weihnachtsmann und Osterhase fügen sich gut ein in die Geschichte des bürgerlichen Familienlebens und erfüllen die Festtage mit ihren geheimnisvollen Tätigkeiten in der Bürgerwohnung: zur Freude der Kinder und zu ihrem Schutz vor dem Wissen um materielle Dinge und die Entdeckung von Eltern und Verwandten als den Schenkenden. Der Schenkakt erfolgt also bei diesen bürgerlichen Kinderfesten nur in einer Richtung, und der «Tauschwert» seitens der Kinder besteht, wenn man so will, in Artigkeit, also in der Anpassung an die Normen der Gesellschaft.

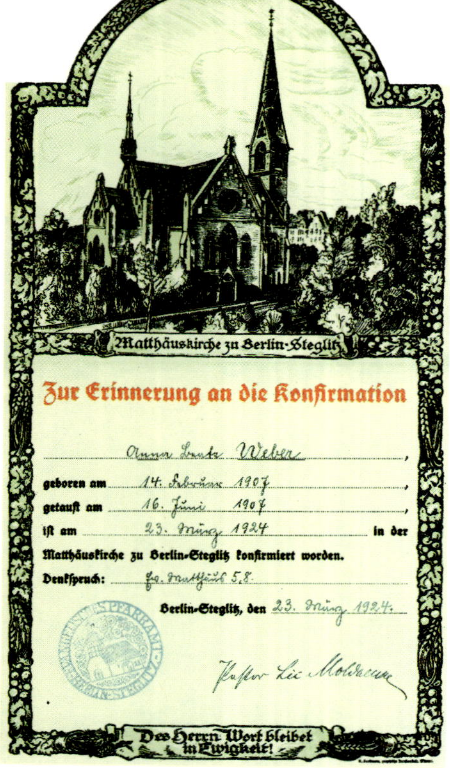

Matthäuskirche zu Berlin-Steglitz

Zur Erinnerung an die Konfirmation

geboren am 14. Februar 1907,
getauft am 16. Juni 1907,
ist am 23. März 1924 in der
Matthäuskirche zu Berlin-Steglitz konfirmiert worden.
Denkspruch: Ev. Matthäus 5.8.
Berlin-Steglitz, den 23. März 1924.

Des Herrn Wort bleibet in Ewigkeit!

Kommunion – Firmung – Konfirmation – Jugendweihe

Kommunion bedeutet sprachlich die Aufnahme in die christliche Glaubensgemeinschaft. Für die Kinder ist seit 1910 durch Papst Pius X. die Erstkommunion in die «Zeit des beginnenden Vernunftgebrauches gelegt», findet also mit acht bis zehn Jahren, meist in der dritten Klasse der Grundschule, statt und zwar am Weißen Sonntag, dem Sonntag nach Ostern. Die Knaben tragen dunkelblaue Anzüge und die Mädchen schöne weiße Kleider, früher mit langen Schleiern wie kleine nonnenhafte Bräute. Mit besonderem Stolz achten sie auf ihre großen, ausgezierten Wachskerzen mit weißen Manschetten und freuen sich an den Süßigkeiten, die sie geschenkt erhalten und die in katholischen Städten in besonderer Form von den Konditoren eigens zu diesem Fest hergestellt und anmutig verpackt werden. Die Feier findet in der Familie mit den Verwandten statt, bei schönem Wetter mit einem Spaziergang durch die Straßen der Stadt, um die Kinder in ihrem niedlichen Putz zu zeigen. Einen großen Einschnitt in ihrem Leben bedeutet die Kommunion nicht.

Anders ist es bei den protestantischen Kindern mit der Konfirmation (d. h. Befestigung im christlichen Glauben), wenn sie vierzehn oder fünfzehn Jahre alt sind. Diese christliche Befestigung, Voraussetzung für eine spätere Patenschaft und kirchliche Trauung, war früher – zumindest in Kleinbürger- und Arbeiterfamilien – auch der Abschluß der Kindheit, denn die Konfirmation fiel zusammen mit dem Schulabschluß und dem Beginn einer Lehre oder eines Dienstes. Das zeigte sich bereits in der Kleidung (Weber-Kellermann 1985, Kap. XIV). Für die Knaben gab es nun zum ersten Mal einen Anzug mit langen Hosen, für die Mädchen ein längeres, meist schwarzes Kleid und Schuhe mit höheren Absätzen. Wie bei den Kommunikanten das bunte Bild, so spielt bei den Konfirmanden der gedruckte Spruch für die Erinnerung die Hauptrolle.

Gemalter Dankesbrief der Konfirmanden an ihren Pfarrer (unten).

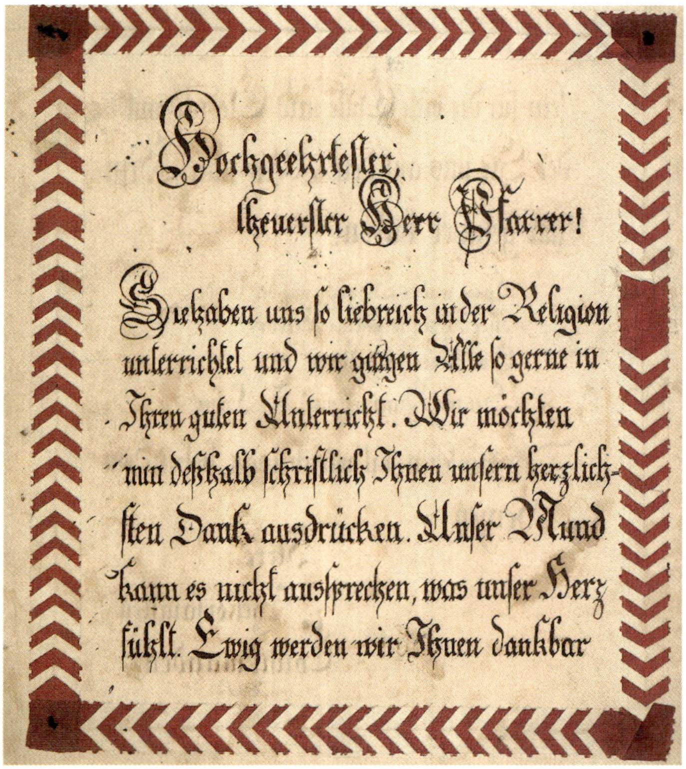

Hochgeehrtester,
theuerster Herr Pfarrer!

Sie haben uns so liebreich in der Religion unterrichtet und wir gingen Alle so gerne in Ihren guten Unterricht. Wir möchten nun deßhalb schriftlich Ihnen unsern herzlichsten Dank ausdrücken. Unser Mund kann es nicht aussprechen, was unser Herz fühlt. Ewig werden wir Ihnen dankbar

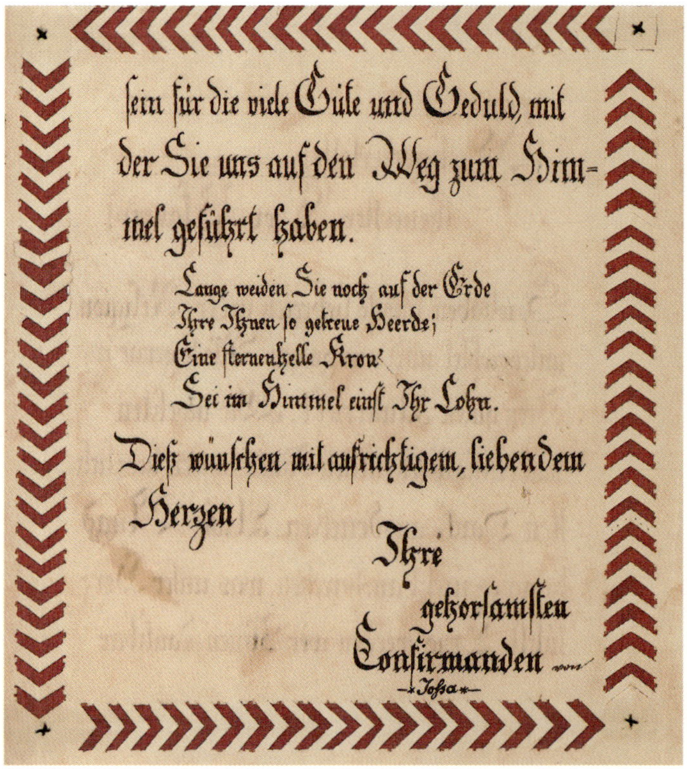

sein für die viele Güte und Geduld, mit der Sie uns auf den Weg zum Himmel geführt haben.

Lange weiden Sie noch auf der Erde
Ihre Ihnen so getreue Heerde;
Eine sternenhelle Kron'
Sei im Himmel einst Ihr Lohn.

Dieß wünschen mit aufrichtigem, liebendem Herzen

Ihre
gehorsamsten
Confirmanden

Bleibet in Mir, und Ich in euch!

Erinnerung an den Tag der Konfirmation

Denkspruch

Alles, was ihr bittet im Gebet, so ihr glaubet, so werdet ihr es empfangen. Matth. 21, 22.

Es muß uns schon
Alles glücklich gehen,
Wenn wir Ihn durch Seinen Sohn
Im Gebet anflehen;

Denn Er will
Uns mit Füll'
Seiner Gunst beschütten,
Wenn wir gläubig bitten.

Anna Margaretha Wagner,
geb. den 15. Dezember 1895
ist nach empfangenem Unterricht im Worte Gottes heute in der ev.-luth.
Kirche zu Großseelheim konfirmiert worden, und nunmehr
zum heiligen Abendmahl zugelassen.

Großseelheim den 3. April 1910

Falke, Pfr.

Sei getreu bis an den Tod, so will Ich dir die Krone des Lebens geben. Offenb. 2, 10.

P. Schnorr.

Ohne Denkspruch No 2
Mit " Serie A.

Druck und Verlag von Ernst Kaufmann Lahr Baden.

Was bedeutet die Konfirmation für Kind und Familie? Ebenso wie auf dem Land verbindet sich bis heute mit diesem Tag eine richtige Familienfeier, wenn auch dieses Fest nach allgemeiner Aussage früher in größerem Kreise gefeiert wurde (SCHULZ). Es reisen oft entfernter wohnende Verwandte an, und ganz selbstverständlich müssen alle Paten kommen. Von ihnen darf der Konfirmand oder die Konfirmandin ein größeres Geschenk erwarten, wobei die heutigen Jugendlichen meist Bargeld bevorzugen. Aber es gibt in manchen Familien auch regelrechte Wunschlisten wie bei Hochzeiten, die vorher zum Abhaken herumgeschickt werden. GABRIELE WOHMANN hat diese Verfahren und ihre Wirkung auf ein ehrliches Kindergemüt boshaft beschrieben:

«Es gibt Paten, die sich kaum rühren anläßlich eines Geburtstags, gibt's! Aber an einer Konfirmation kommt keiner vorbei. Man kann zur Kirche stehen, wie man will, und wir, Vater und ich, wir stehen ihr gar nicht mal so nah, ich meine: nicht übertrieben – aber ich finde, für Feierlichkeiten sorgt sie, das ja. Und so ein Konfirmationswunschzettel sieht dann auch viel stattlicher aus als irgendein anderer. Nun sagte ich also, genau wie zu den andern Söhnen seinerzeit, vor einigen Wochen zum diesjährigen Konfirmanden Kurt: ‹Denk dir Wünsche aus, sie dürfen kostspielig sein, wertbeständig, Dinge fürs Leben wie Werkausgaben, Uhr und Ring, Barometer›; Paten und übriger Verwandtschaft war zugedacht, was sie übernehmen sollten. Wir geben uns Mühe mit unsern Kindern, wahrhaftig. Es kostet uns nebenbei bemerkt auch ein ganz nettes Sümmchen allein fürs Telefonieren. Bis man alles richtig organisiert hat, herrje! Da will Onkel Becker den Globus nicht übernehmen, weil er sich goldene Manschettenknöpfe in den Kopf gesetzt hat, und die hat längst Tante Schneider in petto.» (S. 12 f.)

Man denkt vielleicht an die weit zurückliegenden Weißen Sonntage, bei denen kunstvolle mehrstimmige Messen gesungen wurden. Man hat vielleicht noch das Bild vor Augen, wie die Mädchen mit weißen Kleidern und weißen Kränzchen, mit brennenden Kerzen und einem Perlmuttrosenkranz um das Händchen geschlungen in den Chor der Kirche zogen, um ihr Taufgelübde zu erneuern. Am Schluß wurde häufig noch eine gemeinsame Danksagung gehalten und ein sakramentaler Segen mit der Monstranz gespendet. Sie bedauern ihre Kinder, daß nun alles nüchterner und weniger glanzvoll werden wird...

KARL STELZER: Unser Kind geht zur Erstkommunion. Warum Eltern helfen müssen – wie Eltern helfen können. 1976, S. 96

Kommunionkinder von 1955 und 1910.

Die Konfirmandenstunden, die sich zuweilen über zwei Jahre hinziehen, bringen vielen Jugendlichen eine erste reifere Begegnung mit den Fragen des Glaubens, auch mit philosophischen Problemen, wenn nicht zuweilen noch das Gesangbuchverselernen überwiegt. Die öffentliche Prüfung vor der Konfirmation erweckt wohl Ängste, doch auch ein Gefühl der Sicherheit und des gelungenen Übergangs in ein neues Lebensalter, bestätigt mit einem gedruckten Zeugnis. Nun war ihnen die Teilnahme an den «weltlichen Privilegien und Freuden der Erwachsenen» gestattet, wie es C. BURCKHARDT-SEEBASS (S. 106f.) auch für Basel schildert. «Dann darf ich in die Disco gehen!» antwortete ein Marburger Mädchen auf die Frage, was die Einsegnung für sie bedeutet. Das heißt: Es erweitert sich der Bereich des Erlaubten; in der Familie rechnet man jetzt nicht mehr zu den Kindern und erhält vielleicht sogar den Hausschlüssel.

In katholischen Gebieten wird etwas früher als die Konfirmation die Firmung, in der Regel allerdings im kleineren Familienkreise, begangen. Auf jeden Fall begleiten Eltern und Firmpate den meist zwölf- bis dreizehnjährigen Firmling in die Kirche, wo er bischöflichen Segen und Backenstreich erhält. Meist schließt sich an das Sakrament ein festliches Mittagessen oder Kaffeetrinken an, zu dem, besonders

Konfirmanden von 1920, 1935 und 1979.

auf dem Land, oftmals noch weitere Familienmitglieder stoßen. Da die Kinder jünger als die Konfirmanden sind, wird bei der Firmung der Charakter als «Initiationsritus» weniger deutlich; besonders in der Kleidung drückt – und vor allem drückte – sich doch die erstmals betonte Zugehörigkeit zur Erwachsenenwelt aus: die ersten Pumps! Bescheidener sind auch die Geschenke, die der Firmling bekommt; meist bleibt es bei der typischen Uhr oder einem Schmuckstück.

Die sozialistische Jugend der DDR feiert im gleichen Alter die *Jugendweihe*, zumeist im Monat Mai, nach Absolvierung von zehn politischen Schulungsstunden. 1976 beispielsweise gingen siebenundneunzig Prozent aller Vierzehnjährigen zur Jugendweihe. Es ist heute möglich, ein Jahr später eingesegnet zu werden. Historisch gesehen ist die Jugendweihe eine freigeistige Feier anstelle der Konfirmation, 1859 vom «Bund freireligiöser Gemeinden» eingeführt, also ein atheistischer Kultersatz. In der sozialistischen Bewegung handelte es sich dabei um keine Familienfeier, sondern der Jugendverband blieb unter sich:

«Der Übergang von den Kinderfreunden zu den sozialistischen Jugendlichen war durch die ‹Jugendweihe› markiert. Sie fand alle Jahre vor Schulschluß im Stephaniensaal statt; Musik, Gedicht, Mahnrede im festlichen Gewand erstellten das Programm, ein zündender Sprechchor, von der Schauspielerin Grete Imle mit jugendlichen Arbeitern, die über eine klare und frische Stimme verfügten, sorgfältig einstudiert, war der Höhepunkt der Feier. Man verwendete dafür Texte von Hermann Claudius, einem Enkel des Wandsbecker Boten, den Solopart sprach ein Student; er hieß Franz Machaleck, seine helle, aufrüttelnde Stimme klingt mir zuweilen noch im Ohr. Diese ‹Jugendweihe› sollte wohl so etwas sein, was man heute ‹Jugendbürgerfeier› nennt. Sie war jedoch parteipolitisch gefärbt und richtete sich eindeutig gegen den Bürger, der nicht als ‹Citoyen› verstanden wurde, nicht als eine zu sich gekommene und aus sich in eigener Verantwortlichkeit handelnde Person, sondern polemisch, im marxistisch abschätzigen Sinn als ‹Bourgeois›, als Spießbürger, dem man den Wind der neuen Zeit um die Ohren pfeifen wollte.» (Taucher, S. 54f.)

Seit 1954 gibt es einen «Zentralen Ausschuß für Jugendweihe in der DDR», der über den ideologisch einwandfreien und ausdrucksstarken Ablauf der offiziellen Feier wacht. Aber innerhalb der Familien hat der Tag im allgemeinen eine ähnliche Funktion wie im Westen die Konfirmation. Die Sorgen der Hausfrau gelten der festlichen Kleidung des Kindes und der Bewirtung der zahlreichen Gäste aus der Verwandtschaft, und die Erwartungen der Kinder sind auf die Geschenke gerichtet: «Die Jugendweihe ist zu einem riesigen Konsumfest geworden. Warenhäuser und Einzelhandel veranstalten Wochen zuvor spezielle Modenschauen für die Jugendlichen, auf den Gabentischen häufen sich die Geschenke. Essen und Trinken ist nicht minder üppig. Diese Entwicklung hin zu einer bürgerlich-familiären Ausgestaltung dieses Jugendfestes ist nicht aufzuhalten.»

Jugendweihe in Berlin, um 1965.

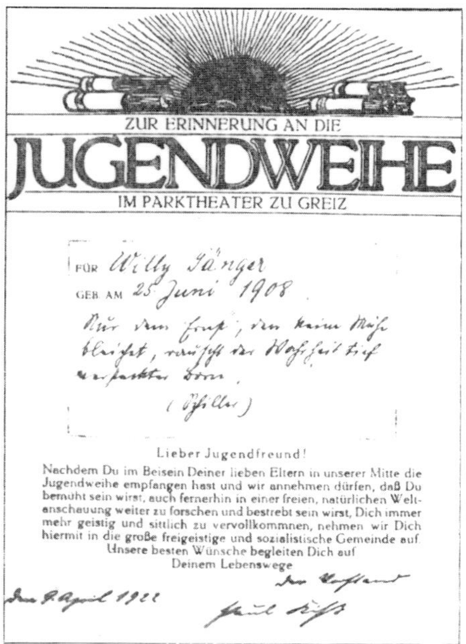

Verlobung und Hochzeit

Die nächsten großen Wendetermine waren auch in der bürgerlichen Familie *Verlobung* und *Hochzeit* eines der Kinder; besonders für die Töchter ging sowohl in erzieherischer als auch in materieller Beziehung eine lange Vorbereitungszeit voraus (Weber-Kellermann 1983).

Die Verlobung war ja in alter Zeit ein Rechtsvertrag zwischen den beiden nun miteinander in Verbindung tretenden Familien gewesen, begleitet von allen möglichen rituellen Zeichen und formelhaften Reden (Weber-Kellermann 1976, S. 15ff. u. a.). Davon ist bis in die Gegenwart der *Verlobungsring* übriggeblieben, der im allgemeinen bei der Trauung vom linken auf den rechten Ringfinger überwechselt – bei katholischen Paaren häufig umgekehrt. Nach dem Bürgerlichen Gesetzbuch (§§ 1297ff.) kann heute aus einem Verlöbnis nicht auf Eingehen einer Ehe geklagt, können Schadensansprüche nur insoweit geltend gemacht werden, als größere Aufwendungen in Erwartung der Ehe entstanden. Damit tritt die Bedeutung der Verlobung in den Bereich einer Freundschaftsfeier zurück, doch hat sie in weiten Kreisen der bürgerlichen Gesellschaft ihre alte verpflichtende Sinngebung bewahrt. Die heutige Jugend hält nicht mehr viel von solchen Bräuchen, und wenn – meist aus Rücksicht auf die Eltern – eine Verlobung stattfindet, dann zur Legitimierung einer Ehe vor der Ehe (Weber-Kellermann 1976, S. 292f.).

In der geordneten Bürgerfamilie des 19. Jahrhunderts waren solche Freiheiten nicht erlaubt. Ein Zeitgenosse des Biedermeier erzählt:

«Töchter sind meist mehrere vorhanden, und wenn sie hübsch und fleißig sind, vertun sie sich bald, wie man das nennt. Ich kenne einen Lehnrichter mit vier wunderschönen Töchtern. Als die älteste 20 und die jüngste 15 Jahre alt war, kam ein Freier und wählte die zweite von oben. Als er beim Vater um ihre Hand anhielt, lachte dieser und sagte: O ja, sollst eine haben, aber die Älteste. Die muß zuerst dran. Ordnung muß gehalten werden! Und der Freier, der bei der Zweiten standhaft verharrte, mußte warten, bis die Älteste auch einen Bräutigam hatte. Die jungen Leute kamen in den Familien zusammen, und dabei fand sich zusammen, was sich liebte. Das Mädchen macht dann die Mutter oder eine Muhme zu seiner Vertrauten, und es beginnt ein Hin- und Herreden, die Väter werden endlich auch sondiert, alles wird reiflich überwogen, bis nach vielen Umschweifen und Verhandlungen die Verlobung zustande kommt. Der nun beginnende Brautstand währt oft 4–5 Jahre, denn man übereilt sich nicht.» (PREUSS, S. 226)

Das hört sich zwar ordentlich und gemütlich an, doch verbergen sich dahinter viele Konflikte, Enttäuschungen, Versagungen, die nicht geäußert werden durften. Dafür hatten die Bräuche keine Sprache. Die Sitte, unverheiratete Frauen bis zu ihrem Tod mit «Fräulein» anzureden, verschärfte noch die Lage.

Hochzeitsleute 1910, 1925 und 1980.

Für die Hochzeit selbst war eine Großzahl von Regeln der Etikette und des Verhaltens zu beobachten, vor allem, was die Kleidung der Braut anbetraf. Zur «weißen Hochzeit» einer bürgerlichen Braut gehörte (und gehört) ein weißes Kleid aus kostbarem Stoff, knöchellang und mit langen Ärmeln, ein elegant drapierter Schleier, modisch mit einem Myrtenkranz oder Orangenblüten befestigt und für das «ganz große Brautkleid» lang über den Rücken herunterwallend. Die Braut braucht weiße Handschuhe und Schuhe, die sie von gesparten Brautpfennigen erwirbt; sie braucht zwei Brautjungfern und zwei Brautführer, denen sie vorher kleine Geschenke überreichen sollte. Der Bräutigam besorgt die Trauringe, möglichst glatt und aus Gold; er bestellt den Brautstrauß, der seiner Braut am Hochzeitstage überreicht wird, und er sorgt auch dafür, daß er selbst ein Myrtensträußchen an den Smoking, Frack oder Gehrock stecken kann. Er denkt an die Ausstattung des Brautwagens, und er bespricht – gemeinsam mit seiner Braut – den Verlauf der kirchlichen Feier mit dem Pfarrer und den Blumen- und Kerzenschmuck in Kirche und Sakristei mit dem Küster. Er überlegt sich, wie der Weg zuerst zum Abholen der Braut, dann zur Kirche und anschließend gemeinsam zur

«Rosmarin und Suppenkraut
wächst in unserem Garten;
unser Ännchen ist die Braut,
soll nicht lang mehr warten!»

«Ein Brieflein schrieb sie mir,
Ich sollt' treu bleiben ihr.
Drauf schickt ich ihr ein Sträußelein
Schön Rosmarin und Nägelein,
Sie soll mein eigen sein.»

«Sie hat mir Treu versprochen,
gab mir ein' Ring dabei,
sie hat die Treu gebrochen,
das Ringlein sprang entzwei.»

Zeichensprache von Blumen und Ring im Volkslied.

Tischkarte bei Hochzeitsessen, um 1900 (Seite 145, oben).

Großbürgerliche Hochzeitsgesellschaft um 1930 (rechts Mitte).

Einladung zu einer großbürgerlichen Hochzeitsfeier und Menukarte, 1893 (Seite 145, unten).

Bei größeren Hochzeiten wurde zum Polterabend gern von den Freunden und Geschwistern ein launiges Theaterstück aufgeführt.

J. N.

17. September 1898.

PROGRAMM.

Der böse Amor

von

Amely von Eschstruth.

PERSONEN:

Juno
Aphrodite
Diana
Vulkan
Amor

Myrthe
Rose
Vergissmeinnicht
Schneeglöckchen
Heckenrose
Marguerite
Sonnenblume
Blumen

Die Laune.

Zuckerfässchen und Salzfässchen.

Tischpause.

Die Frauenbewegung,

ein ästhetischer Vortrag.

IM RAT DER DREI

Ein wässriges Festspiel von Sophie Charlotte v. Sell.

Neptun, wohnhaft im Burggarten zu Schwerin.
Spree-Nixe.
Donau-Nixe.

Die Wetterhexe.

LEBENDE BILDER

Die Spinne

von

Nataly von Eschstruth.

Zum Schluss:

Das Schusterleben

oder

Der bekehrte Dichter.

Ein lustig Stücklein mit Gesang und zwei Paar Stiefeln

von Dr. Georg Brasch.

PERSONEN:

August Bumke, Schuhmacher und Poet.
Amalie, seine Gattin, ein treues frommes Biederweib.
Emma, ihre Freundin, Dienstmädchen bei Rittmeisters.
Ein Paar Husarenstiefel mit niedrigen Absätzen.
Ein Paar Damenstiefel mit hohen Absätzen.

Hochzeitsfeier in feierlicher und angemessener Form zu erfolgen habe. Aber es sind nicht nur die beiden betroffenen Personen, Braut und Bräutigam, auf deren Schultern die organisatorische Vorbereitungslast dieses großen Tages liegt. Die Brauteltern haben ebenfalls alle Hände voll zu tun: Schon in den Jahren vor der Verheiratung ihrer Töchter sorgten sie für deren Brautausstattung, und jetzt kümmern sie sich um die Hochzeitsfeier, verschicken die Einladungen, überlegen die Tischordnung und planen eine schöne Speisenfolge mit den passenden Getränken.

Die nächsten Verwandten denken über die Geschenke und die Tischreden nach, während Freunde und Freundinnen der Brautleute den Polterabend ausgestalten und sich auf das hochzeitliche Tanzvergnügen freuen. Bei näherem Hinschauen ergibt sich, daß jede dieser Phasen des Hochzeitsfestes ihre eigene Geschichte hat, aber auch einen eigenen wechselnden Stellenwert innerhalb der vielen sozialen Gemeinschaften, die solche Bräuche im Verlauf der Zeiten ausgeübt und ausgestaltet, aber auch abgelegt haben.

Da ist zunächst das *weiße Brautkleid*, Zeichen der Reinheit und Jungfräulichkeit der Braut, wie es die kirchliche Moral vorschreibt. Noch vor drei bis vier Generationen hat man in städtischen Mittel- und Kleinbürgerkreisen in Schwarz geheiratet, und erst das Vorbild höfischer Hochzeitskleider brachte im Verlauf des 19. Jahrhunderts das weiße Brautkleid im Bürgertum in Mode. Aber auch an den Höfen ist die Farbe Weiß erst Ende des 18. Jahrhunderts aufgekommen.

Weiß ist die Farbe der Unschuld, und das weiße Hochzeitskleid – ebenso wie der Schleier – entsprechen ganz dem Keuschheitsgebot der Kirche. So setzte sich diese Bekleidung auch nur für die kirchliche Trauung durch, zunächst seitens des Bürgertums und auch hier erst im 19. Jahrhundert als Nachahmung adliger Gepflogenheiten und im Geiste einer auf äußere Repräsentation drängenden, vordergründig kirchlichen Moral. Bis nach der Französischen Revolution hatten sich regionaltypische Kleidungssitten in der Form von Landestrachten in Deutschland erhalten, die auch die Hochzeitskleidung mit einschlossen. Erst als das Bürgertum die Höfe in der internationalen Modegeltung ablöste, als zu Beginn des 19. Jahrhunderts die englische Mode die französische zu verdrängen begann und die Bürger sich internationalisierten, traten die Landestrachten allmählich in die Dörfer zurück. Die Bürger begannen sich ihr eigenes Hochzeitsritual zu entwickeln, zu dem vor allem das weiße Brautkleid gehörte.

Martha Bringemeier (1980, S. 254ff.) betont, daß in dieser Zeit ein neues, individuelles Kleidungsdenken begann und die alte Standesabhängigkeit ablöste. Dazu gehörte auch das leichte Chemisenkleid, und die Mode bezog das helle Brautkleid in den Bereich der festlichen Kleidung mit ein und stattete es nur kostbarer aus. Das weiße Brautkleid war also damals um 1800 noch genauso wenig eindeutig brauchbestimmt wie der Kopfschleier, der ebenfalls zur Mode der besseren Besuchskleidung gehörte. Nur der Myrtenkranz war als hochzeitlicher Schmuck der Braut vorbehalten.

Erst im Verlauf des 19. Jahrhunderts, als die Damenmoden wechselten und Weiß nicht die einzige festliche Farbe blieb, gewann das weiße Kleid als Hochzeitskleid seinen brauchtümlichen Rang. Auch der Schleier erhielt nun bei der Herausbildung dieses speziellen Anzugs für die kirchliche Trauung eine neue Qualität. Kulturgeschichtlich sehr viel älter als das weiße Brautkleid, wird er seit dem 4. Jahrhundert als Symbol der Reinheit getragen, wie der schwarze Schleier als Zeichen christlicher Trauer. Die Sitte der Verschleierung der Frau kommt aus dem Orient, wo man früh zartes Schleiergewebe herzustellen verstand. Der Kopfschleier sollte dort die Frau sowohl vor den unkeuschen Blicken der Männer wie auch vor dem Zugriff gefürchteter Dämonen schützen, und diese Vorstellungen sind zumindest seit dem

Apostel Paulus nachweisbar in das christlich katholische Ritual eingegangen, das ja auch eine Verschleierung des weiblichen Hauptes beim Betreten einer Kirche verlangt. Die Verschleierung der Braut übernahm das Christentum zunächst für die Gottesbräute, die jungen Nonnen. Als Bestandteil der kirchlichen Brautkleidung setzte sich die Mode, einen Schleier zu tragen, seit dem Beginn des 19. Jahrhunderts durch, dann allerdings in schnellem Tempo und allgemeiner Verbreitung.

Wie tief die Vorstellung vom verhüllenden Charakter dieses kleidsamen hochzeitlichen Schmuckelements haftet, beweist eine Vorschrift, die die Zeitschrift «Constanze» in ihrer Hochzeitsnummer vom 22. 6. 1965 veröffentlichte: «Ein kurzes doppeltes Teil [des Tüllschleiers] verhüllt bis zur eigentlichen Trauung das Gesicht. Nach der Trauungszeremonie schlagen Sie dieses lose Teil zurück und kommen mit unverhülltem Gesicht vom Altar.»

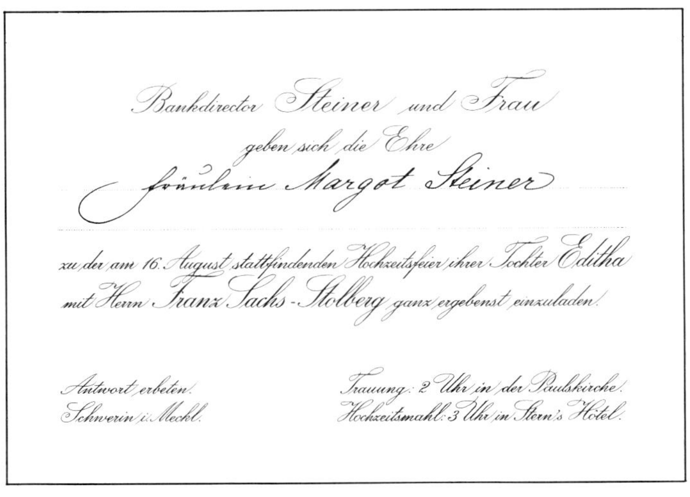

Bankdirector Steiner und Frau
geben sich die Ehre
Fräulein Margot Steiner
zu der am 16. August stattfindenden Hochzeitsfeier ihrer Tochter Editha
mit Herrn Franz Sachs-Stolberg ganz ergebenst einzuladen.

Antwort erbeten.
Schwerin i. Meckl.

Trauung: 2 Uhr in der Paulskirche.
Hochzeitsmahl: 3 Uhr in Stern's Hotel.

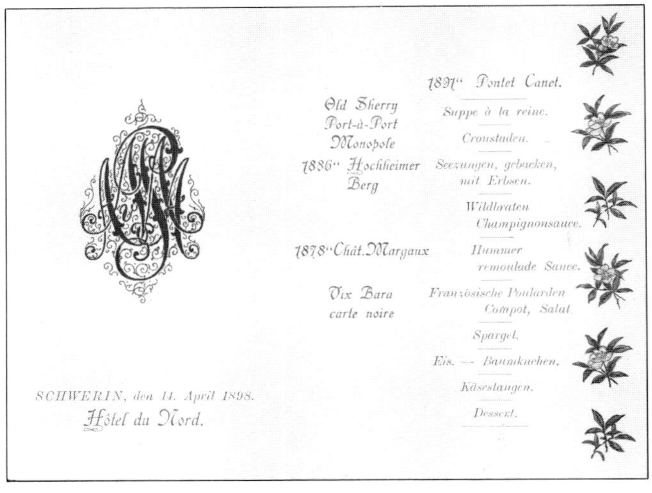

1891er Pontet Canet.

Old Sherry
Port-à-Port
Monopole

Suppe à la reine.

Croustaden.

1886er Hochheimer Berg

Seezungen, gebacken, mit Erbsen.

Wildbraten Champignonsauce.

1878er Chât. Margaux

Hummer remoulade Sauce.

Vix Bara carte noire

Französische Poularden Compot, Salat.

Spargel.

Eis. — Baumkuchen.

Käsestangen.

Dessert.

SCHWERIN, den 14. April 1898.
Hôtel du Nord.

Weiß zu heiraten wurde erst dann allgemein im Bürgertum Mode, als «Altar und Thron» die moralischen Leitbilder prägten, als aber auch mehr und mehr Poesie und Sentimentalität in einer eigenen bürgerlichen Festgestaltung den Hochzeitsakt umrankten. Nun allerdings war kein Halten mehr, und jedes Stadtmädchen träumte von der Hochzeit in Weiß mit Schleier. Nach den Fernsehhochzeiten von Beatrix bis Lady Diana hat die Mode des teuren weißen Brautkleides neuen Auftrieb erhalten.

Auch auf dem Land wich die farbsymbolische Kraft einer zeichenreichen bäuerlichen Hochzeitstracht allmählich dem keuschen einheitlichen Weiß der christlich bürgerlichen Braut. Einen ähnlichen Sinn hat der *grüne Myrtenkranz.* Frisches Grün und Hochzeitsmaien schmückten die Hochzeitsgäste der Antike, und auch die frühen Bildbelege aus Deutschland zeigen vor allem den Bräutigam bekränzt. Älter ist das Rosmarinkraut, das früh aus dem Mittelmeerraum in die deutschen Bauerngärten kam und zum Liebes- und Hochzeitssymbol wurde. Später verdrängte die Myrte das Rosmarin, die ebenfalls aus dem Mittelmeerraum kam und zum kirchlichen Hochzeitszeichen avancierte, als Material für den Jungfernkranz, den nur die unbescholtene Braut tragen durfte! Denn gerade das Kranztragen, das heute ganz abgekommen ist, wurde von der Kirche zum besonderen Zeichen der Reinheit erhöht. Eine Lücke im bräutlichen Myrtenkranz wies nach alten Kirchen- und Gemeindeordnungen auf die verbotenen vorehelichen Freuden der Brautleute hin; ein öffentliches Zeichen der «Schande», was manches Mädchen unglücklich gemacht hat.

Offizier mit Braut, 1972.

Auch der glatte *Fingerring* als Zeichen der ehelichen Bindung ist spät mit dem Christentum und der christlichen Einsegnung der Ehe zu uns gekommen, wohl aus römischer Überlieferung. Er war ein Treuering und konnte erst als Rechtssymbol für das Treueversprechen Geltung gewinnen, als sich die alte germanische Sippenverfassung aufgelöst hatte, als nicht mehr der Ehevertrag durch die im Ring stehenden Gesippen bekräftigt wurde, sondern sich die Ehe auf das persönliche Treuegelöbnis zweier Menschen gründete. Von der Kirche ist er vom Treuering zum Trauring gewandelt worden, zum Zeichen des durch den Priester gesegneten Ehebundes. Aber der Glaube an die Symbolkraft des Ringes und die volkstümliche Vorstellung, daß mit seinem Bestand die Treue verbunden sei, hat sich lange erhalten. Das unauflösliche Rund des glatten Reifs, die Magie des edlen geweihten Metalls, die feierliche Handlung des Überstreifens: das alles trug zum hohen Stellenwert dieses Requisits im Bereich bürgerlicher Moral bei. Auf dem Land sind übrigens Trauringe erst spät in Mode gekommen, während sie in der bürgerlichen Gesellschaft entsprechend dem kirchlichen Sorgegelöbnis des Mannes einen dominanten Stellenwert einnahmen.

Zusammenfassend ist zu sagen, daß die bäuerliche Gesellschaft des 19. Jahrhunderts ältere Brauchschichten bewahrt hat als die bürgerliche, was vor allem mit der Beibehaltung des umfassenden Familiendenkens bei der Eheschließung zusammenhängt. Zumindest beweist sich hier die Dominanz dieser älteren, vornehmlich wirtschaftlich bedingten, den Besitz betonenden Gesichtspunkte. Aber als führende Schicht erhob sich seit 1800 das Bürgertum. Seine kulturelle Formsprache verbreitete sich allmählich auf alle Kreise in Stadt und Land. Äußerlich hatte es seine Verhaltensmuster zum größten Teil aus dem Reservoir höfischer Etikette entnommen; innerlich wurde es geprägt von strenger Kirchenmoral, in deren Befolgung man dem christlichen Keuschheits- und Treuegebot einen besonders hohen, auch nach außen sichtbaren Wert beilegte. Alte Hochzeitsbilder zeigen in ihrer Gestik diese Strenge ehelicher Bindung. Auch heute wird bei keiner anderen Festlichkeit wie bei der Hochzeitsfeier in Stadt und Land so sehr auf «Etikette» geachtet, auf die Erfüllung der Normen, die Meinung der Verwandten, Nachbarn,

Martin Kruse, Berliner evangelischer Bischof, hat an dem Brauch Anstoß genommen, ein Brautpaar nach der Trauung vor der Kirchentür kiloweise mit Reis zu überschütten. Diese auch in der Bundesrepublik zunehmend verbreitete Sitte, die aus südlichen Ländern stamme und dort das junge Paar vor künftiger Not bewahren solle, sei hierzulande eine Unsitte. «In einer Welt voller Hunger dürfen wir nicht so mit dem täglichen Brot umgehen», schreibt Kruse in der evangelischen Wochenzeitung «Berliner Sonntagsblatt» weiter. Er macht den Vorschlag, dem jungen Paar zur Trauung statt Reis einen Baum zum Pflanzen mitzubringen.

FRANKFURTER RUNDSCHAU, 28.9.1984. Das Bewerfen mit körnerreichen Früchten galt übrigens auch bei uns als Glückwunsch.

Kollegen, die Vielfalt der festlichen Speisenfolge. Die Briefkästen der Illustrierten sind voll von Anfragen darüber, was sich für Braut und Bräutigam, für Brautjungfern und Brautführer, für die Brauteltern und sonstigen Verwandten «gehöre». Und von Zeit zu Zeit veröffentlichen dann die Frauenzeitschriften vielbegehrte Sonderhefte zu diesem Thema. Die darin gegebenen Ratschläge offenbaren in schöner Deutlichkeit, daß auch der moderne Mensch oftmals nicht auf traditionelle, bürgerliche Verhaltensnormen bei dieser Gelegenheit verzichten will. Und die Brautleute mischen dann an diesem ihrem «Ehrentag» all jene Brauchelemente zu einer bildhaften und für sie sinnreichen Festesfolge, die Rechtsgeschichte und Volksleben bunt gestaltet haben. Sie fügen dem häufig ein anachronistisches bürgerliches Standesprestige hinzu, das manche Hochzeitsfeier zu einem Quell familiärer Verschuldung werden läßt.

Anders denken und handeln viele der heutigen jungen Generation. Eine Mode der siebziger Jahre, das «Brautkleid in Bunt», brachte übrigens nun auch in der Sprache der Farben die Abkehr vom kirchlichen Keuschheitsideal.

Die Hochzeit – wenn sie überhaupt noch gefeiert wird und man nicht die Ehe ohne Trauschein und damit auch ohne Eingangsbräuche vorzieht – hat also in der bürgerlichen Gesellschaft einen hohen Stellenwert, den der Brautvater mit der Ausgestaltung des Festes akzentuiert. Damit – und mit einer reichlichen Aussteuer – entließ er früher die Tochter aus seiner Sorgepflicht und gab sie in die Hand des Ehemannes (Weber-Kellermann 1983). Eine moderne, berufstätige, von Emanzipationsgedanken erfüllte Frauengeneration blickt mit Befremden auf diese Zeit und diese Bräuche, die so deutlich die weibliche Abhängigkeit von Elternhaus und Ehemann dokumentieren.

Gestickte Sprüche – für Haus und Küche, um 1900.

Häusliche Geselligkeit und Jubiläumsfeste

Die Definition von Brauch als regelmäßig wiederkehrendes formalisiertes Ereignis im Zusammenhang der Kommunikation muß auch hinter der Frage nach Familienbräuchen stehen. Bei den bisherigen Beispielen war die Sachlage unproblematisch. Aber was ist im alltäglichen und alljährlichen Verlauf häuslichen Lebens als Brauch zu bezeichnen und was als individuelle und wandelbare Verhaltensweise?

Schon die Begrüßung der Familienmitglieder am Morgen, die Verabschiedung beim Verlassen des Hauses, die «Gute-Nacht»-Wünsche können familienspezifisch normiert sein – vom altmodischen «Guten Morgen» bis zum neumodischen «Hallo», das wohl von den Amerikanern stammt. Wie verhält man sich bei Tisch? Gibt es normierte Anfangs- und Schlußformeln (Bringéus)? Welche Tischsitten sind verbindlich? Gibt es Traditionen der Speisekarte – nicht nur bei Festen, sondern auch an gewöhnlichen Wochentagen wie: montags Eintopf, freitags Fisch? Gibt es Fernsehnormen (H. Schäfer)? Hat der Vater einen regelmäßigen Herrenabend, die Mutter ein Kaffeekränzchen, haben die Kinder fest geordnete Zusammenkünfte? Besteht eine Hausordnung, die die notwendigen Hausarbeiten verteilt, also eine traditionelle oder eine neu eingeführte Arbeitsteilung?

Zu derartigen Fragestellungen ist von sozialwissenschaftlicher und besonders volkskundlicher Seite noch wenig Material gesammelt worden. Dabei könnten solche Studien nicht nur über die kulturellen Formen, sondern auch über die jeweiligen Vorstellungen von Familienkultur, Erziehungsidealen und den Rollen der Mitglieder Auskunft geben. Eine gute Quelle sind Benimmbücher, Kinderjournale und Jungmädchenromane (Eicke; Krumrey).

Deutlicher wird der Charakter von Familienbräuchen bei den *Jubiläen*, besonders den Ehrentagen zur Wiederkehr des elterlichen Hochzeitstages (Manns). Der Begriff Jubiläum wurde aus dem kirchlichen Bereich (Jubeljahr = Heiliges Jahr) auf private und öffentliche Gelegenheiten übertragen. Zu beachtenswerten Ausmaßen entwickelte sich dabei die Wiederkehr des Hochzeitstages, was ein großes Bedürfnis nach Anlässen für Familienfeiern zu beweisen scheint. Von den wiederkehrenden Hochzeitstagen werden nach fünfundzwanzig Jahren die *Silberne*, nach fünfzig Jahren die *Goldene* und nach sechzig Jahren die *Diamantene Hochzeit* gefeiert. Außerdem sind folgende Bezeichnungen bekannt: *Kupferhochzeit* (nach sieben Jahren), *Rosenhochzeit* (nach zehn Jahren), *Porzellanhochzeit* (nach zwanzig Jahren), *Perlenhochzeit* (nach dreißig Jahren), *Rubinhochzeit* (nach vierzig Jahren), *Eiserne Hochzeit* (nach fünfundsechzig Jahren), *Gnadenhochzeit* (nach siebzig Jahren), *Kronjuwelenhochzeit* (nach fünfundsiebzig Jahren). Die *Goldene Hochzeit* (ältere Bezeichnung: *Jubelhochzeit*) ist bereits für das 16. Jahrhundert in Süddeutschland belegt.

Silberhochzeitspaar, um 1925.

Unserem lieben Günther
die herzlichsten
Glückwünsche zum
50. Wiegenfest
wünschen
2 Freunde und 1 Freundin

50.

Guten Morgen, liebe Muttl, aufgewacht, heut ist es soweit, Du hast die 50 voll gemacht. Trotz allem bist Du noch ganz schön jung, Deine 5 Kinder und 4 Enkelkinder halten Dich ganz schön in Schwung. Dies ist ein Grund zum Feiern heut', es tanzt an die ganze Meut'. Und die nächsten 50 noch einmal mit Pep und Elan, wünscht Dir, liebe Mutti, der ganze Clan, Papa, Ingo, Birgit mit Dieter, Marion mit Ferdi, Claudia mit Ulli, Sybille mit Stefan. Und zum Schluß nicht zu vergessen ein Küßchen für die Nanny, Betina, Diana, Florian und Timmy!

In der Vielzahl solcher Familienfeste zeigt sich einerseits eine optimistische Haltung, eine «Zustimmung zur Welt» (Pieper). Andererseits könnte hier der Alltag durchbrochen und eine neue Lebensmöglichkeit reflektiert werden. Dafür sprechen oft zu beobachtende Aktivitäten wie Renovieren der Wohnung, Haushaltsanschaffungen (neue Ehebetten), sinnige Geschenke (ein Pelz, ein schönes Schmuckstück), ehefördernde Versprechungen und Abmachungen, eine nachgeholte Hochzeitsreise. Für den Ablauf selbst gibt es vorgegebene Verhaltensmuster, die Kirche und Konsum unterstützen: Wiederholung der Trauung, silbernes oder goldenes Kränzchen und Sträußchen, Ständchen, vorgegebene Glückwünsche und Aufführungen, Blumengebinde.

Bei alledem bleibt das Bedenken bestehen, daß solche Familienbräuche bei brauchmäßiger Durchformung und Normierung schließlich – wie das Weihnachtsfest – zu einer künstlichen Harmonisierung führen und den Weg zum kreativen Gestalten verbauen. Sie werden zum gesellschaftlichen Zwang, auch zum Prestigebeweis und entfernen sich damit von ihrer eigentlichen Funktion, alternden Menschen ein Gefühl bleibender Zusammengehörigkeit und des Eingebettetseins in die Familie zu geben.

Es erhebt sich also hier die Problematik einer Ambivalenz der Bräuche, sind sie doch auf der einen gesellschaftlichen Seite Gerüst, Stütze und Anleitung für die freundliche Gestaltung des Lebens, und können sie leider ebenso auf der anderen Seite zum unerträglichen Zwang und manchmal sogar zum Trauma werden (Bringéus 1978).

In den letzten zwei bis drei Jahrzehnten ist die moderne städtische Familie im allgemeinen immer mehr von einer aufwendigen Festgestaltung abgekommen, was gleichbedeutend sein könnte mit der Ablehnung von Prestigezeichen in der Form von festlichem oder feierlichem Verhalten. Prestigebedürfnisse haben sich demgegenüber zum Teil auf andere Ebenen verlagert, auf das Auto, die Sommerreise, bestimmte Sportarten. Aber was die Familienbräuche anbetrifft, so macht sich in der jüngeren Generation eine weitreichende Abstinenz bemerkbar, die wohl als Rückschlag gegen deren Überbetonung in der früheren bürgerlichen Gesellschaft zu betrachten ist.

Goldene Hochzeit, um 1925.

Tod und Trauer

Eine solche neue Einstellung verändert besonders sichtbar das Verhalten bei *Tod* und *Trauer.*

Es kann hier nicht die Geschichte des Todes mit den ihn umgebenden Riten dargestellt werden. In Ariès' wichtigem Buch (1976) zeigt er den Weg von einer geschlossenen bürgerlichen Struktur – beginnend mit Testament und Grabbestimmungen über die streng geordneten Bestattungsfeierlichkeiten und den Leichenkondukt zu den Trauerriten in Bewirtung, Kleidung, Gedenken und Friedhofskult (z. B. Irle, Metken 1984) – zu aufgelösten Einzelelementen.

Das Sterben beginnt schon mit der Vereinsamung der Alten, ihrer stillschweigenden Aussonderung (Elias, S. 8 ff.), der mangelnden familiären Identifizierung mit ihrer Altengeneration. Das endgültige Sterben und der Tod werden dann völlig aus dem Familienleben ins Krankenhaus delegiert und der Sterbende oft allein gelassen. Dazu kommt die Sprachlosigkeit des modernen Menschen in allen gefühlsschweren Situationen, und es fehlen sowohl dem Sterbenden wie seiner Familie oft die Worte, die den Abschied erwärmen könnten. Hier war ein traditionell geprägter Wortschatz als gesellschaftliche Anleitung sowohl hilfreich wie auch – nach heutigem Verständnis – grausam, aber er umfaßte eben das Leben als Einheit von der Geburt bis zum Tod und als seinen sozialen Ort die Familie. Solche Vorstellungen verdrängt man heute mehr und mehr – wie den Tod überhaupt.

Diese Haltung setzt sich nach dem Sterben fort, wenn alle notwendigen Aktivitäten bezahlten Institutionen übertragen werden, Bestattungsanstalten (W. Fuchs, S. 159 ff.), die mit Pietät die notwendigen Schritte unternehmen, bis der Tote unter der Erde ist. Das Begräbnis führt dann nochmals die Familie zusammen, die Rede des Pfarrers würdigt sein Leben. In den gedruckten Leichenpredigten älterer Zeit, besonders des Barock (Lenz), manifestieren sich neben ihrem theologischen Wert gesellschaftliche Lebensanschauungen und städtische Einschätzungen – nicht nur für Fürstenhäuser und Hochadel, sondern auch für die verschiedenen Schichten und Gruppen des Bürgertums: Geistliche, Schulmeister, Gelehrte, Patrizier,

Jesus! † Maria! † Josef!

„Christus mein Leben,
darum Sterben mein Gewinn".
(St. Paulus.)

†

Zum christlichen Andenken

an meinen lieben Gatten, unseren guten Vater, Bruder, Schwager, Onkel und Vetter, den wohlachtbaren

Herrn Josef Niesen.

Der liebe Verstorbene war geboren am 1. Juli 1879 in Bullay und vermählte sich am 17. Mai 1910 mit Maria Eva Binz zu glücklicher Ehe, die Gott mit sechs Kindern segnete, von denen zwei ihm im Tode vorausgingen. In seinem Leben wie auch in seinem Leiden und Sterben bewährte er sich mit der Schlichtheit seines Wesens als treuer Christ: in seiner Familie als Gatte und Vater, in der Pfarrfamilie als langjähriges Mitglied des Kirchenvorstandes und Kirchenrechner.

Unter dem Segen unserer heiligen Kirche, die er so bekenntnismutig geliebt, ging er heute Morgen 7 Uhr ein in das ewige Reich Christi. Er ruhe in Frieden!

Um ein stilles Gebet für seine Seelenruhe bitten:

Die tieftrauernden Angehörigen.

Bullay und Ravengiersburg, den 5. April 1946.

Die Beerdigung mit anschließendem Seelenamt findet statt am Montag, dem 8. April 1946, morgens 9 Uhr.

Simon, Zell

Leopold von Kalckreuth (1855–1928): Eine Witwe.

seltener Handwerker (LERNER). Diese Texte informieren über die Personalia des Verstorbenen als Nachweis christlichen Lebenswandels nach dem Schema: Abkunft, Taufe, gehorsame Kindheit und Erziehung, standesgemäße Verehelichung und vorbildliches Familienleben, dann öffentlicher Lebensweg und Verdienste in der Gemeinschaft, schließlich das religiöse Leben und gottgefällige Sterben. Damit sind gewissermaßen die ideologischen Vorstellungen des patrizischen Familienlebens jener Zeit in ständischem Selbstbewußtsein hervorgehoben und dokumentiert. Der kleine Mann hatte sich mit einer allgemein gehaltenen, unpersönlichen Predigt zu begnügen.

In abgeschwächter Form ist das bis heute ähnlich geblieben. Frühere ausgedehnte Leichenmähler werden heute durch ein Kaffeetrinken in einem Restaurant ersetzt, das noch einmal die Hinterbliebenen vereint.

Philipp Franck (1860–1944): Berliner Totengräber beim Weißbier.

In der *Todesanzeige* wird der Verstorbene zum letzten Mal den Lebenden bekannt gemacht. Die Sitte wurde zuerst in Herrscherkreisen angewandt, in der Renaissance mit ausführlichen Lobpreisungen auf großformatigen Gedenkblättern (ältester Beleg ist die Leichenfeier Friedrichs III. in Wien 1493). Seit der Mitte des 18. Jahrhunderts wurde zuerst in Belgien und Frankreich ein kleines «Billet d'enterrement» üblich, was sich dann auch in Deutschland einbürgerte. Vom späten 18. Jahrhundert bis zum Biedermeier schufen Kupferstecher allegorische Gedenkblätter zur Einlage in Bibel und Gesangbuch oder als Wandschmuck; auch allgemein gehaltene Kupferstiche, in die man den Namen des Verstorbenen handschriftlich eintragen konnte, kamen auf. Aus der rückseitigen Beschriftung von Andachtsbildern erwuchs das *Sterbebild*, in dem ein Drucktext die handschriftliche Eintragung ersetzte. Das hat sich dann im 19. Jahrhundert, besonders in Deutschland, schnell durchgesetzt und führte allmählich zur Todesanzeige an Verwandte und Bekannte, privat verschickt und in der Zeitung gedruckt. Dieses

Letzte-in-der-Zeitung-Stehen verlieh dem Verstorbenen eine Art von Bedeutsamkeit, einen Nachruhm durch Gedrucktes, einen Hauch von Dauer und Ewigkeit. Und dieser Brauch der gedruckten Todesanzeige dürfte in Stadt und Land am nachhaltigsten geübt und auch heute streng befolgt werden. Ihre Formulierungen sind einheitlich klischiert, und der Tod erscheint in manifesten Bildern (W. Fuchs, S. 83 ff.). Ein weiteres Totengedenken bezeugt sich in der katholischen Kirche durch Totenmessen und Seelenämter.

Ähnlich ist die Funktion der *Grabsteine*, die heute allgemein die Kreuze und älteren Totenbretter (Huber) ersetzen. Die Friedhöfe (Derwein) lagen ja ursprünglich bei den Kirchen und waren deren Asyl- und Immunitätsrecht unterstellt. Nach dem 16./17. Jahrhundert, als in den Städten die Bevölkerung außerordentlich zunahm, wurden sie nach außerhalb verlegt, und entsprechend dem bürgerlichen Repräsentationsbedürfnis des 19. Jahrhunderts nahmen die Familiengrüfte mit ihren aufwendigen Grabdenkmälern auffallend zu. Hier verbanden sich Totengedenken und Familienprestige zu einer großartigen, dem Adel mit seinen Erbbegräbnissen nachahmenden Figuration. Damit wiederholte sich die soziale Schichtung der Gesellschaft auch auf dem Friedhof.

Die Kinder mißachten das Trauerjahr

Frau Edith Z. aus Münster:
Vor einem halben Jahr verlor ich (51) meinen über alles geliebten Mann, und es tut mir unsagbar weh, daß mein Sohn (30) vor Ablauf des Trauerjahres heiraten will. Auch seine Verlobte hält es trotz meiner Einwände nicht für erforderlich, die vorgeschriebene Trauerzeit abzuwarten. Ich finde diese Einstellung so schockierend, daß ich fest entschlossen bin, nicht an der Hochzeitsfeier teilzunehmen.
Frau Barbara antwortet:
Wenn Sie glauben, daß der Schmerz um den Tod Ihres Mannes jede andere Gefühlsregung in Ihnen erstickt, sollten Sie tatsächlich der Hochzeit Ihres Sohnes fernbleiben. Dieser Rat bedeutet keineswegs, daß ich den Entschluß des jungen Paares verdamme. Das Glück, den Bund fürs Leben zu schließen, klammert die Trauer, daß der Vater diesen schönen Tag nicht mehr miterlebt, nicht aus.

Hören und Sehen 14, 1982

Anders sieht es mit der auf die *Bestattung* (W. Fuchs, S. 136 ff.) folgenden Trauerzeit aus, die früher das sogenannte Trauerjahr umfaßte mit der Verpflichtung zu schwarzer Trauerkleidung für die nächsten Verwandten. In Berlin gab es ein Spezialkaufhaus, «Webers Trauermagazin», das die passende Trauerausstattung für alle Betroffenen in jeder Preislage verkaufte. Seine Angestellten wären vorzügliche Gewährsleute für die herrschenden und auch von diesem Geschäft befestigten Trauerkleidungssitten gewesen. Diese äußere Dokumentation der Trauer hat sich in den Städten fast ganz verloren. Man sieht kaum noch schwarzgekleidete Menschen auf den Straßen. Am deutlichsten war einst die Witwe ausgezeichnet mit dem Trauerschleier am Hut, und das mindeste Verhaltensmuster, auch bei beschränkten Mitteln, bestand im Tragen von schwarzen Strümpfen. Heute sind die Leidtragenden bei Begräbnissen kaum noch durchgängig schwarz gekleidet.

Soll man aus solchem Brauchverlust für die moderne Stadtgesellschaft auf eine Unfähigkeit zu trauern schließen? Wohl kaum. Es war gezeigt worden, daß die komplizierten, nach außen gerichteten Trauersitten der Dorfgesellschaft durchaus nicht nur dem Gefühl des Trauerns entsprachen, sondern auch dorfhierarchische Beziehungen aufzeigen sollten (vgl. S. 40). Solche Motivationen spielten in den Städten in der neueren Zeit keine so hervorstechende Rolle und treten heute in einer technisch rationalisierten Welt, die äußere Formen zunehmend ablehnt, weiter zurück. Auch vorgebliche Überbleibsel aus einer magischen Weltschau sprechen nicht dagegen, denn wenn heute die Hinterbliebenen drei Handvoll Erde auf den Sarg werfen, so wollen sie damit nicht den Wiedergänger bannen, sondern den Toten grüßen («Erde zu Erde!») und das Amt der Totengräber stellvertretend vorwegnehmen.

Auch die Tatsache der Berufsarbeit verbietet den meisten soziale Abstinenzen, wie sie mit der Trauerkleidung zusammenhängen. Für Vorstellungen vom allmählichen Verschwinden des Verstorbenen aus dem Bewußtsein, wie es durch Trauer- und Halbtrauerkleidung angedeutet werden sollte, hat die moderne Welt kein Verständnis mehr. Man möchte seine Trauerarbeit besser ohne derartige Zeichen leisten, die nur zu neugierigen Blicken und Fragen Anlaß geben, und zwar auf einer anderen innerlichen Stufe des Bewußtseins. Aber das alles sind Bewegungen, die nicht konform, sondern mehr individuell ablaufen und nur als Tendenzen vermerkt werden können. Eine Zeichensprache haben sie meist nur in deren Ablehnung und Verneinung entwickelt. Ob das alles dazu führt, die Zuflucht in einer verschämten und einsamen Trauer zu suchen, wie Ariès meint (S. 60), bleibt offen.

Man läßt es sich was kosten

Familienbräuche und Konsumverhalten

Das Schenken

In den meisten hier geschilderten Familienbräuchen spielt das Schenken eine große Rolle, und zwar vor allem das Beschenken der Kinder, das ganz andere Ausmaße angenommen hat als in der alten Dorfgesellschaft. Die Wortgeschichte von *schenken* kennt die umfassende Bedeutung von «geben» erst für das späte Mittelhochdeutsche; früher hatte es, mit der Grundbedeutung von «schief halten», den Sinn von «einschenken» in ein Trinkgefäß. JACOB GRIMM nun behandelte 1848 in seiner Berliner Akademierede ausführlich die sprachgeschichtliche Möglichkeit, «die beiden bedeutungen des gießens und gebens [zu] einigen», und kommt zu dem Schluß: «so lehren beide verba geben und schenken einstimmig, daß unsere gastfreien vorfahren aus dem darreichen des trunks den abstracten begriff des gebens überhaupt ableiteten.» (S. 205) Aber noch einen zweiten Begriff sieht er inhaltlich und wortgeschichtlich aufs engste mit «geben» gekoppelt, und zwar *binden*, womit er das hohe Alter von *Angebinde* durch die Sprache bestätigt sieht. Angebinde nun im Sinne von eingebundenem oder angeheftetem Geschenk, wie es der Pate dem Täufling gibt, führt hin zu einer Beziehung zwischen Geschenk und Recht.

Die sprachgeschichtliche Herleitung des Wortes *schenken* sagt etwas darüber aus, daß diese zwischenmenschliche Handlung älter ist als *tauschen* und *markten* (MAUSS). Auch beim Schenken handelt es sich um eine Aktion auf Gegenseitigkeit, deren Normen rechtlich oder zumindest gewohnheitsrechtlich und brauchmäßig festgelegt sind. Besonders deutlich wurde dieser rechtsmoralische Hintergrund bei den ehemaligen Minnegaben und Brautgeschenken.

Noch strenger geregelt werden die Gebeverpflichtungen zwischen Arbeitgeber und Arbeitnehmer, zwischen Dienstherrschaft und Gesinde. Die neunundfünfzig verschiedenen Gesindeordnungen, die noch um die letzte Jahrhundertwende in Deutschland galten, bestimmten genau die Pflichten der Dienstboten gegenüber den Dienstherren und umgekehrt das ganze Jahr hindurch. Zu Weihnachten gehörten auf dem Land der Weihnachtstaler, ein Paar Schuhe, Hemd und Hose oder Kleiderstoff sowie eine Schürze zu den vereinbarten Bestandteilen einer Naturallöhnung, die zu diesem Termin fällig wurde. Aber auch in der Stadt waren ähnliche Weihnachtsgeschenke für die Dienstboten üblich. In der quantitativen Ungleichheit des Gebens und Nehmens äußerte sich der Kontrast der sozialen Rangstufen.

In diesen Bereichen des Volkslebens erleben die Teilnehmenden das Schenken also im Sinne der Gegenseitigkeit: Der Gebende ist sich seiner Pflichten gegenüber dem Nehmenden bewußt, aber auch der aus dem Geben erwachsenen Rechte; der Nehmende kennt seine Rechte gegenüber dem Gebenden, aber auch die Pflichten, die ihm wiederum aus der Annahme des Geschenkes entstehen. Dieses Wechselspiel trifft auf die Erwachsenen wie auf die Kinder gleichermaßen zu. Immer ist in

Das schöne poesie-verklärte Fest mit seinem Tannenduft und seinem Lichterglanz nähert sich wieder; aber in die kindliche Vorfreude, die wir schon empfinden, in die selige Gebestimmung drängen sich auch wieder die alten Sorgen: Was schenken wir unseren Lieben? Was kaufen wir unseren Freunden? Wie bewältigen wir am besten die Pflichtgeschenke, denen wir uns nicht entziehen können? Mancher arme Teufel, der froh wäre, wenn er seinem kleinen Mädchen ein Paar tüchtige Schuhe auf den Weihnachtstisch stellen könnte, wird bitter lächeln, wenn er von unseren «Sorgen» hört – und doch sind es Sorgen, und wir atmen erleichtert auf, wenn wir das Kapitel erledigt haben.
Das Weihnachtsfest ist das Fest des Herzens, das Fest der Liebe, und das Schenken soll nur ein Ausdruck dieser Liebe sein. Es gibt aber Kreise, in denen das Schenken schon eine Art unangenehmen Geschäftes geworden ist. Immer größer wird die Anzahl derer, die man beschenken muß.

Weihnachtsgeschenke. Zeitgemäße Betrachtungen von EMIL PESCHKAU. In: DIE GARTENLAUBE, 1888

irgendeinem Sinne das Prinzip des «do ut des» entscheidend: Ich gebe, damit du mir gibst.

Der alte Sinn des Schenkens beruhte auf der unlösbaren Einheit von Person und Sache. Damit war seine Eigenschaft als materiell-geistiges Bindeglied zwischen Gebenden und Nehmenden begründet: Das Gegebene soll eins werden mit dem Nehmenden *(Angebinde)*, ihm einen Zuwachs an Eigenschaften im Sinne des Gebenden verleihen, ihn mit dem Gebenden verbinden.

Von solchen alten Bedeutungsinhalten hat sich gerade zu Weihnachten manches bewahrt. Mit dem Aussuchen und Einkaufen der Geschenke beginnt sozusagen schon der festliche Teil, und ideenlose Geldgeschenke unter Verwandten und Freunden gelten bei vielen als unpassend und der Norm widersprechend. In unserer modernen Industriegesellschaft gehört also das Schenken zum emotionalen Innenraum der engeren und erweiterten Familie. Das beinhaltet Positives und Negatives: Schenken aus Liebe und Güte und Schenken als Korrektivum für mancherlei moralische Schuldgefühle aus dem vergangenen Jahr.

Damit fängt schon das große Unbehagen gerade beim Phänomen Schenken an. Bei den Erwachsenen expandiert das weihnachtliche Schenken in allen seinen Dimensionen – sowohl was die Gaben selbst, als auch den Kreis der Beschenkten betrifft. Das Sozialprestige wurde in der bürgerlichen Gesellschaft mehr und mehr zum Leitfaden des weihnachtlichen Schenkverhaltens, lustvoll vom Handel erkannt und benutzt und immer wieder anreizend in die Werbung einbezogen.

Daß besonders die Kinder zu Weihnachten bedacht wurden, ist seit dem 16. Jahrhundert belegt, doch wir erfuhren, daß der Heiligabend ganz allgemein erst im Biedermeier zum Bescherfest für Kinder wurde. Seit eben dieser Zeit hat sich der alte Schenkrhythmus entscheidend für die Gruppe der Kinder geändert und sie aus dem Gesetz der unmittelbaren Gegenseitigkeit entlassen. Das Verhältnis ist ein einseitiges geworden, denn Weihnachtsmann und Christkind kann man nicht beschenken, es sei denn durch Artigkeit. Man weiß auch nicht genau, was sie bringen werden, selbst wenn der Wunschzettel rechtzeitig abgeschickt wurde. Der Bereich, aus dem sie kommen und in den sie sich das übrige Jahr hindurch wieder zurückziehen, liegt als Himmel, Wichtelland, Paradies oder Werkstatt des Weihnachtsmannes in mythisch-unerreichbarer Ferne, so daß das Kind den Gabenspendern nicht einmal danken kann, sondern ihrer Gebemacht von Süßem und Bitterem ausgeliefert ist. Diese für die kindliche Welt absolute Anonymität der Schenkenden oder auch die Konzentration auf einzelne und einzigartige mythische Gestalten, die im 19. Jahrhundert aufkamen, läuft parallel mit einer großen Zunahme des Schenkrepertoires. Denn nie zuvor wurde, von Jahr zu Jahr sich mehrend, so viel verschiedenes und neuartiges Spielzeug geschenkt wie von den weihnachtlichen Gabenbringern des 19. Jahrhunderts. Die Suche nach den gesellschaftlichen Hintergründen für einen solchen Zuwachs an Gebemacht führt in das Familienleben dieser Epoche, das im Vergleich zu früher ein neues Aussehen und eine neue Struktur gewann. Auch der Geist des Schenkens blieb davon nicht unbeeinflußt.

Gewiß weiß man seit langem, daß es seit den Römern Neujahrsgeschenke gibt, die nach Festlegung des Geburtstags Christi auf den 25. Dezember zu Weihnachtsgeschenken wurden im Sinne von Glückwunschgaben. Sie leben fort in den Geldspenden an Brief- und Zeitungsträger, an Mülleute, Hausmeister und Schornsteinfeger zum 1. Januar. Aber über das Weihnachtsfest als häusliche Geschenkfeier mit dem Christkind als legendärem Gabenbringer ist erst aus nachreformatorischen Feiern der Städte zu hören. In den Stadthaushalten formte sich allmählich unter dem Einfluß höfischer Geschenkriten das Gabenfest um den Weihnachtsbaum. Barocke Bildfreude und aufklärerische Erziehungstendenzen mögen zusätzlich den Boden für die übernatürlichen Gabenbringer bereitet haben. Das

Die Glückwunschkarten-Industrie.

Hauptmotiv liefert jedoch die Sozialgeschichte der bürgerlichen Familie (vgl. S. 118f.). Der gleiche Mechanismus mit dem geheimnisvollen Gabenbringer wiederholte sich dann noch einmal zu Ostern mit dem Osterhasen. Davon profitiert heute die Schokoladenindustrie, die mit zahllosen Varianten von Hasen und Eiern ihre Produktion oft schon ab Weihnachten am Osterfest ausrichtet.

Glückwunschkarten

Auch das Verschicken von gedruckten Glückwunschkarten zu diesen Terminen gehört mehr oder weniger zum Konsumbereich. Schon im schmuck- und schreibfreudigen Barock entwickelte sich eine wahre Blüte derartiger Kleindrucke.

Neben diesem Entwicklungsstrang, der zunehmend die Erwachsenen der Oberschicht betraf, läuft ein zweiter zunächst in die Kinderwelt des 19. Jahrhunderts. Schullehrer und Kantoren begannen seit dem ausgehenden 18. Jahrhundert, die Kinder zu säuberlich geschriebenen und gemalten Weihnachts- und Neujahrsbriefen anzuhalten. Bald nahm sich aber die populäre Druckgraphik dieses Themas an, und die Kinder konnten sich hübsche gedruckte Briefformulare kaufen, die nur noch in Schönschrift ausgefüllt werden wollten. Die Texte empfahlen ihnen die Lehrer aus Lesebüchern, oder sie entnahmen sie gedruckten Sammlungen wie «Kindliche Wünsche für häusliche Feste».

Ein dritter Strang mündet nun in die Geschichte der gedruckten Weihnachts- und Neujahrskarten. England soll ihre Heimat sein: Die erste gedruckte Weihnachtskarte produzierte 1843 der Maler Horsley für seinen Freund Sir Henry Cole, und etwa tausend Stück davon wurden für einen Schilling verkauft (BUDAY, S. 6). In Deutschland ist der Druck von Neujahrskarten – seit 1872 in Hamburg –

dem der Weihnachtskarten vorangegangen. Bei den Bildmotiven war die Christgeburt nicht vorherrschend, sondern Postbote und Weihnachtsmann, Christkind und Engel in traulich altdeutscher Umgebung beherrschten die Szenerie; der Weihnachtsbaum in Kaiserhaus und Hütte, mit Familie, Kindern und Brautpaar, im Schützengraben und in Deutsch-Südwestafrika; in den dreißiger Jahren erschienen auf den Karten Mickymäuse, «das deutsche Kind» und der Führer, schließlich «der Frontsoldat» und das Winterhilfswerk.

In den Nachkriegsjahren wurden Weihnachts- und Neujahrswünsche immer mehr kombiniert, so daß sich die Bildmotive vermischen und verwischen. Das verstärkt den Eindruck des Unpersönlichen, den die Kartenproduktion zunehmend angenommen hat. Die ausgedehnte Mode des Kartenschreibens zum Jahreswechsel hängt wohl mit der postalischen Entwicklung überhaupt zusammen. 1869

Zum Muttertag falt
ich die Hände
und schicke mein
Gebet hinan,
dafür zu danken
ohne Ende
was meine Mutter
mir getan.

führte man zunächst in Österreich-Ungarn die Postkarte als «Correspondenzkarte» ein, 1870 auch in den deutschen Ländern. 1872, nach Gründung der Deutschen Reichspost, wurden dann auch die ersten Ansichtskarten postalisch zugelassen. Aber der eigentliche Boom der Bildkarte setzte erst nach 1895 ein, als neue Druck- und Prägetechniken immer attraktivere Muster ermöglichten. Nach 1900 trat dann die Fotografie auf den Plan. Die Unsitte des massenhaften, unpersönlichen Verschickens von Weihnachts- und Neujahrskarten ist aus Amerika zu uns gekommen, belebte in enormer Weise die Glückwunschkartenindustrie und hat wohl in den letzten Jahren ihren Höhepunkt überschritten.

So erweitert sich die Funktion der Familienbräuche gewissermaßen auf die Ebene, Arbeitgeber zu sein. Das wiederum führt zu einer ausgedehnten Werbung mit den Motiven der angesprochenen Bräuche, und so entsteht eine Art von dialektischem Verhältnis zwischen Brauch und Werbung.

Muttertag

Es sei nun abschließend von einem Familienbrauch die Rede, der in besonderem Maße auf Konsum, vor allem von Blumen, gegründet ist: dem *Muttertag*.

Der Mai ist auch in den Städten erfüllt von der Zuwendung zur blühenden Natur. Diese Gestimmtheit findet ihre kommerzielle Ausnutzung am zweiten Maisonntag, dem Muttertag. In Amerika hatte A. Reeves Jarvis einen Aufruf für

„Zum Muttertag hat sie mich teurer gemacht!"

einen Muttergedenktag am zweiten Maisonntag im Jahre 1908 verbreitet; seit 1912 nahm sich die Methodistenkirche des Gedankens an, und 1914 erklärte ihn der Kongreß der USA zum offiziellen Feiertag. Gleichzeitig hatte auch England eine Muttertagsbewegung, die hier auf ältere Traditionen zurückging. John Meier sieht den *Mothering Sunday* in England, der seit langem am Sonntag Lätare gefeiert wurde, in einer doppelten Sinngebung in bezug auf die Mutterkirche als auch auf ein volkstümliches Familienfest. Im Lauf einer neueren Entwicklung löste sich der Familienbrauch immer mehr vom kirchlichen Festtermin. Aus dem *Mothering day* wurde *Mothers day*: an einem Sonntag im Jahr sollen die Kinder ihrer Mutter den Dank für alle Fürsorge und Liebe in Worten und Geschenken aussprechen. Die englische und die amerikanische Brauchsetzung traten zunächst miteinander in Konkurrenz, aber dann setzte sich die amerikanische Form durch, die von

Firmenreklame zum Muttertag.

volkserzieherischen Kreisen, dann aber vor allem von der Geschäftswelt schnell popularisiert wurde. Der Termin löste sich auch in England von Lätare, und es mag wohl wahr sein, daß die Blumenhändler den 2. Maisonntag maßgeblich als Brauchtermin mitbestimmten.

Von Amerika aus kam der Muttertag also nach Europa und über die Heilsarmee 1917 in die Schweiz (Strübin 1956); 1919 wurde er in Schweden von der Gattin eines Volksschuldirektors eingeführt; in Holland erst 1932. Nach Österreich gelangte er durch die Mutter eines Bundespräsidenten und durch Frauenorganisationen, wurde aber nur in Städten verbreitet. In Italien fand er zunächst überhaupt keinen Eingang. In Deutschland gewann er nach dem Ersten Weltkrieg mit dem Hinweis auf die Leistungen und Opfer der Mütter im Krieg einen emotionalen Widerhall und breitete sich seit 1922 über ganz Deutschland mit einer allmählichen

Kinder gratulieren mit vielerlei Handarbeiten zum Muttertag.

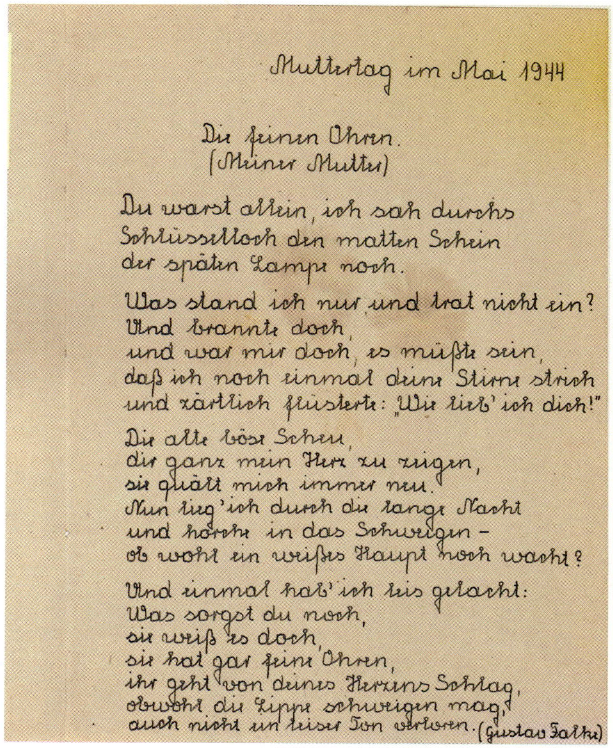
Muttertag im Mai 1944

Die feinen Ohren.
(Meiner Mutter)

Du warst allein, ich sah durchs
Schlüsselloch den matten Schein
der späten Lampe noch.

Was stand ich nur und trat nicht ein?
Und brannte doch,
und war mir doch, es müßte sein,
daß ich noch einmal deine Stirne strich
und zärtlich flüsterte: „Wie lieb' ich dich!"

Die alte böse Scheu,
die ganz mein Herz zu zeigen,
sie quält mich immer neu.
Nun lieg' ich durch die lange Nacht
und horche in das Schweigen –
ob wohl ein weißes Haupt noch wacht?

Und einmal hab' ich leis gelacht:
Was sorgst du noch,
sie weiß es doch,
sie hat gar feine Ohren,
ihr geht von deines Herzens Schlag,
obwohl die Lippe schweigen mag,
auch nicht ein leiser Ton verloren. (Gustav Falke)

Loslösung vom Weltkriegsmotiv aus. Nun sollten alle Mütter mit diesem Festtag gemeint sein. Ende der zwanziger Jahre hat der «Atlas der deutschen Volkskunde» als Fragen 33 und 34 den Muttertag im deutschen Sprachraum behandelt. Die Antworten und die betreffende Karte 125 zeigen deutlich, wie die Feier damals hauptsächlich in den großen und mittleren Städten aufgekommen war und sich von da aus mit Verkehr und Handel in die kleineren Städte und zögernd aufs Land fortsetzte. Warenhäuser und Blumengeschäfte sind die Werbezentralen, unterstützt von Zeitungsinseraten und -artikeln. Der Muttertag ist eine Angelegenheit städtisch-bürgerlicher Kreise geblieben, bäuerlicher Geisteshaltung eigentlich fremd. Nach 1933 wurde er als offizieller Feiertag eingeführt und im Rahmen eines biologisch bestimmten Mutterkultes gedeutet. Er erlangte eine außerordentliche Popularität. Der Muttertag jedenfalls ist «gelenkter», von außen eingeführter Maibrauch, der sich zunächst besonders an die Kinder richtete und an ihre Sparbüchsen. Allmählich bemächtigte sich die ganze Schenkindustrie dieses Termins und rief auch die Väter zu größeren Geschenkaktivitäten auf, so daß mehr und mehr eine Vermarktung des Muttertages eintrat. Es entstand eine Art von Muttertags-Fieber.

Nachdenkliche Menschen sehen diese Entwicklung mit Schrecken. Zum einen ist die terminliche Festlegung auf einen bestimmten Tag, um seiner Mutter freundlich zu gedenken, schlecht einsehbar. Zum anderen drängt sich der Verdacht auf, daß Blumen und Pralinen nicht nur über das schlechte Gewissen der Familienangehörigen hinwegtäuschen sollen, sondern auch über die vernachlässigte Situation der Frauen überhaupt.

«Wir fordern Recht statt Rosen!» schrieben schon 1971 demonstrierende Frauen in Frankfurt am Main auf ihre Transparente. Inzwischen ist die Gegenbewegung gegen diesen Termin, der unter dem Slogan «Der Mutter gedenken, der Mutter schenken!» dem Handel, aber nicht den Frauen nutzt, immer stärker geworden.

Bräuche der bürgerlichen Gesellschaft – Städtebräuche

Schützengilden, Handwerkszünfte und Vereine als Braucherfinder und Brauchverbreiter

Schützenfeste

Schießscheiben aus Österreich.

Als Rembrandt (1606–1669) im Jahre 1642 sein berühmtes Bild malte, das nachträglich und irreführend als «Die Nachtwache» betitelt worden ist, dokumentierte er damit die Sammlung zur Parade einer niederländischen Schützengesellschaft in einer schattigen Straße. Es war ein Auftragsgemälde, bestellt von den wohlhabenden Mitgliedern einer hochangesehenen, bürgerlich-städtischen Vereinigung. Die Herren, die das Bild für den großen Versammlungssaal der Amsterdamer Büchsenschützen in ihrem Zunfthaus wünschten, wurden enttäuscht, denn sie hätten sich lieber zechend und schmausend beim Schützenmahl porträtiert gesehen, ein jeder an dem Platz, der ihm nach seinem Rang zukam. Für das bewegte Bild des großen Rembrandt hatten sie kein Verständnis, und der Schützenmeister bestellte ein anderes konventionelles Porträt bei einem anderen Maler.

Rembrandt hatte für sein Gemälde den Moment gewählt, da sich die Schützenzunft in voller prächtiger Kleidung zum Aufzug sammelt; der Trommelwirbel des Mannes zur Rechten ruft die Mitglieder herbei, alles ist in Bewegung, und die Organisation der Parade mit ihrem hierarchisch-repräsentativen Rollenspiel hat noch nicht durchgegriffen. Wir sehen also den Beginn eines *Schützenfestes.* In den Niederlanden, wo in den Städten keine aristokratische Führungsschicht existierte, spielte das reiche Patriziat eine große Rolle. Hier gelang es nun gerade den Schützengesellschaften, eine Kommunikation zwischen dieser reichen Oberschicht und der allgemeinen Bürgerschaft herzustellen und damit eine gewisse Homogenität der Kultur herbeizuführen, ohne daß eine allzu scharfe Trennung der ständischen Gruppierungen stattfand.

In Deutschland lagen die Dinge etwas anders. Es sei vorausgeschickt, daß es zwei Arten von volkstümlichen Schießvergnügen gibt: das Armbrust- oder Bogenschießen und das Schießen mit dem Gewehr. Das Bogen- und Armbrustschießen, die ältere Form (mit dem Schutzheiligen Sebastian), geriet nach Erfindung des Schießpulvers mehr und mehr in Vergessenheit und wird heute nur noch in einigen Orten am Niederrhein (Sauermann u. a.) und in Schleswig-Holstein (Köstlin 1976) geübt. Was das Ziel anbetrifft, so ist auch hier die ältere Form der hölzerne Vogel an einer hochaufgerichteten Stange, während für das Büchsenschießen später die Schießscheiben aufkamen (Braun). Die im späten Mittelalter und der frühen Neuzeit entstandenen Schützengilden besaßen ganz konkrete ordnungs- und militärpolitische Funktionen, besonders als Stadtwehren. Sie fanden ihre bedeutsame Rolle in den Auseinandersetzungen zwischen den Städten und den Feudalherrschaften, wobei gerade das Vogelschießen als Ausformung einer bürgerlichen Gegenkultur gegen die höfischen Figurationen angesehen werden darf. Aus diesem historischen Grundbestand, aus der Nachfolge der mittelalterlichen Wehreigenschaften erklären sich übrigens auch viele Brauchelemente von anderen Stadtfesten, zum Beispiel das Fahnenschwenken und andere soldatische Züge. Zudem übernah-

Rembrandt van Rijn (1606–1669): Die Nachtwache (1642).

men die Schützengilden manches aus den Traditionen der Innungen und Zünfte, schufen sich besondere Uniformen, gestickte Fahnen, Wappen, Chroniken, Schützenketten und Prunkgeräte. Auch regelten sie ihre Hierarchie entsprechend den Zünften und nannten ihre Anführer *Schützenmeister, Kleinodienmeister* und *Pritschenmeister,* also derjenige, der die schlechten Schützen beim Scheibenschießen pritschte und auch heute auf Schützenfesten als Spaßmacher fungiert. Für ihre Feste und Geselligkeiten errichteten sie – wohlhabende Stadtbürger, die sie meist waren – Schützen- und Gaffelhäuser. Ehre und Wehre sind die Parolen des Schützenwesens und dürfen nicht verletzt werden.

Wer in die Schützengilde aufgenommen werden wollte, mußte «reputierlich» sein und brauchte empfehlende Paten wie später bei einem englischen Club. Nach einer längeren Probezeit wurde er dann zum Schützeneid zugelassen. Mit diesem Eid mußte er Gehorsam und Treue schwören und beeiden, daß er «ihre Heimelichkeit nit vermelden werde». Das Schützenwesen vermittelte ein enges bürgerliches Gemeinschaftsgefühl und garantierte dem einzelnen und seiner Familie Schutz und Beistand, so bei Todesfällen; auch das Begräbnis übernahm die Gilde, die sich dann zusätzlich als Totengilde bezeichnen durfte. Doch blieben die Schützengesellschaften nicht nur auf die Städte beschränkt, nachdem man auch die Bauern als tauglich zur Kriegführung anerkannt hatte. Voll Stolz ahmte das Land die Schießgebräuche der Städte nach, und so finden sich seit dem 16./17. Jahrhundert auch auf vielen Dörfern Schützenbruderschaften (Köstlin 1976, S. 71 ff.).

Im 17./18. Jahrhundert, als der Gedanke der Bürgerwehr an Wichtigkeit verlor, verfiel auch das Schützenwesen und erholte sich erst wieder durch anknüpfende Vereinsgründungen im 19. Jahrhundert. Die ersten Neubelebungen begannen im Rheinland bereits kurz nach der Französischen Revolution, und die Schützengesellschaften erinnerten sich nun an ihre alten demokratischen Traditionen. Überall entstanden von neuem diese typischen Männervereine mit alter Überlieferung und neuer Organisation, den veränderten gesellschaftlichen Verhältnissen entsprechend. Nun wurden die Mitglieder der Schützenvereine auf andere Weise wie ihre

Eduard Meyerheim (1808–1879): Der Schützenkönig.

Vorväter aktiv: Das Schützenfest gedieh zur Hauptsache, und *Königsschießen* und *Vogelschießen* blieben bis heute dessen Mittelpunkt. Eine Ausstellung über das Sauerländer Schützenwesen fand 1983 statt (Sauermann u. a.).

In einer Beschreibung des alljährlich im August ablaufenden Schützenfestes in Oberkirchen/Sauerland läßt sich einiges nachlesen (Kemper) über das enge lokalpatriotische Standesdenken der Schützenbrüder, das 1869 in dem Ausschluß der Dienstboten, Lehrlinge usw. kulminiert, «wenn solche nicht Söhne hiesiger Einwohner sind». Dieser Paragraph blieb fünfunddreißig Jahre bestehen, und man kann sich seine Auswirkungen leicht ausmalen (Köstlin 1976, S. 128 ff.).

Hier soll nun von einer ausgeprägten Schützenvereinigung und ihrem Fest in Schleswig-Holstein die Rede sein, von der *Lütjenburger Schützen-Totengilde* von 1719. Das bürgerliche Gildenwesen konnte sich in dieser ländlichen Gegend erst spät entfalten. Die ersten Gilden der kleinen, 1275 gegründeten Stadt entstanden 1625, also mitten im Dreißigjährigen Krieg und den großen Pestepidemien: zuerst die Totengilde, die sich offenbar um die Bergung der Toten verdient gemacht hat, dann nach einem großen Stadtbrand die Schützen- und Brandgilde, welche sich mit der Totengilde zusammenschloß. Solche Zeugnisse beweisen die große Bedeutung,

«Schützen heran, auf den Plan, offen ist die Scheibenbahn, Büchsenschall überall, piff paff puff es hall. Herrlich ist die Schützenlust, froh und frei klopft jede Brust.» So klingt's hierzulande vielerorts, wenn über zwölftausend Schützenvereine und Schützengilden in der Bundesrepublik ihre Schützenfeste feiern. Höhepunkt ist jeweils der Kampf um die Königswürde, die auf dem Schießstand errungen werden muß und für den Schützenkönig zwar sehr erfreulich, aber in der Regel auch recht kostspielig ist. Die Schützengesellschaften haben in Deutschland eine lange Tradition. Sie reicht bis ins 11. Jahrhundert zurück.
Damals entstand das Schützenwesen in den mittelalterlichen Städten, um gegen Überfälle aller Art zu sichern. Heutzutage fühlen sich die Schützenbrüder nicht zuletzt als Brauchtumpfleger; neben vielem Brauchtum hat sich in ihren Reihen allerdings auch manche Geisteshaltung konserviert, die nicht jedermanns Sache ist.

Frankfurter Rundschau, Juni 1985

die die Gilden für das Gemeindeleben besaßen. Infolge der dauernden Fehden und Kriege und einer nur losen Gerichtsbarkeit war die innere Festigkeit solcher Zusammenschlüsse um so wichtiger und konnte nur durch strenge Disziplin erhalten werden – und durch eine regelmäßige Gildegebühr. Sogar ein gewisses Strafrecht stand den Gildemeistern zu.

Der alte Wehrcharakter der Gilde lebt besonders in ihren paramilitärischen Zeichen bis heute weiter: Unter dem *(Schützen)-König* stehen *Fähnrich*, *Leutnant* und *Adjutant*, der traditionell einen Säbel trägt. Auch Fahne, Schellenbaum, Trommel und Adler der Gilde sind militärische Attribute – der Adler auf der Stange, nach dem geschossen wird, ein «militärisches Relikt aus der Römerzeit», wie es im Jubiläumsheft der Gilde zu lesen steht. Das Vogelschießen findet seit 1769 alle zwei Jahre am Dienstag und Mittwoch nach Pfingsten auf dem Gojenberge statt, hatten doch kirchliche Verbote für eine terminliche Verlegung weg von den eigentlichen Feiertagen gesorgt. Die Chronik berichtet über zwei Jahrhunderte Vogelschießen, Feiern und Tanzen und führt die Schützenkönige in langer Liste auf. Unter Hitler machte die Arbeitsfront das nun jährliche Bürgervogelschießen zum «Volksfest für jedermann», was immer dieses aufgesetzte soziale Etikett bedeuten mochte. Bis 1939 dauerte die Freude, dann kam der Krieg; erst 1951 konnte die Gilde wieder zu neuem Leben erweckt werden mit jährlichem Vogelschießen auf einem neuem Schützenplatz am Vogelsang – und heute wieder am alten Platz.

«So ist alles wieder wie 1719. Alt sind die Embleme, Sitten und Gebräuche», schreibt der Chronist, «alt war das Rathaus von 1719, und vermutlich beinahe ebenso alt ist das Rathaus von 1969, aber jung ist die jeweilige lebende Generation der Gilde mit neuen Ideen in alten Bahnen!»

Das sagt etwas aus über den Geist der Schleswig-Holsteiner Schützengilden. Ihre Zahl ist Legion, und alle Jahre wieder zu Pfingsten sind die Zeitungen gefüllt von Selbst- und Fremddarstellungen der Gilden und ihrer Schützenfeste. Immer noch stellen die Honoratioren die meisten Mitglieder, und Schützenkönig zu werden ist neben den Schießqualitäten eine Geldfrage bei den damit verbundenen großen Verpflichtungen. Das Schützenfest wurde zu einer Art von Qualitätsmarke für zahlreiche kleinstädtische Festlichkeiten.

So feiern die Laubacher im hessischen Vogelsberggebiet Anfang Juni den «Ausschuß», eigentlich als Ehrung für den dort residierenden Grafen Solms, später von einem 48er-Demokraten als parodistisches Militärfest erneuert und als Schützenfest mit einem *Hammelkönig* sehr kunstvoll inszeniert (Weber-Kellermann/Stolle, S. 71 f.).

Nach der Kindheitserinnerung von Helene Lange (1848–1930) über das Schützenfest in Oldenburg um 1860 hat sich in hundert Jahren nicht viel geändert. Schützenfeste sind besonders in Nord- und Westdeutschland verbreitet, aber auch Bayern hat seine Schützenvereine (Moser 1966), von denen die Berchtesgadener Weihnachtsschützen schon genannt wurden.

Aber das aufregendste waren natürlich die Schießstände. Der stolze Adler, der oben auf der Stange thronte und Szepter und Reichsadler spreizte, wurde allmählich seiner Gliedmaßen beraubt. Atemlos beobachtete man das Schießen der Väter und Bekannten. Mein Vater war ein sehr sicherer Schütze, und bei jedem Schuß, der saß, jubelte mein Kinderherz. Aber eine tiefe Enttäuschung ergriff mich, als er einmal, nur noch um einen Schuß vom Schützenkönig entfernt, versagte. Mein Onkel, der neben mir stand, sagte schon vorher: «Paß auf, nun schießt Papa vorbei.» Und so geschah's. Er lachte, als er mich so fassungslos dastehen sah und erklärte: «Er will nicht Schützenkönig werden.» Das war nämlich wegen der damit verbundenen Bräuche, ein sehr kostspieliges Vergnügen. Aber daß man nicht sein halbes oder meinetwegen auch sein ganzes Vermögen dafür hingeben sollte, Schützenkönig zu werden, das war mir unfaßlich.

Helene Lange (1848–1930):
Lebenserinnerungen. 1921

Alpenländische Armbrustschützen (oben und ganz unten).

Der Schützenkönig mit seinen Stellvertretern, Lütjenburg, Niedersachsen.

Handwerkerbräuche

Wie die Geschichte der Schützenvereine zeigt, hängen Stadtbräuche meist mit Handwerk und Zunft zusammen und zeichnen sich daher oft durch ausgefeilte, gewissermaßen professionelle Gestaltungen aus. Die Geschichte vieler Stadtbräuche geht in das Mittelalter und die frühe Neuzeit zurück, als die Handwerkerzünfte wirtschaftlich und kulturell führend in den Gemeinden waren und ihre Lehrlinge und Gesellen bei festlichen Gelegenheiten das betreffende Handwerk stolz repräsentierten. Auf die Arbeitsbräuche des Handwerks sei nur verwiesen. Bekannt sind das *Hänseln* der Neulinge (RAUERS), die formenreich ausgestalteten Gesellentaufen, die Bräuche des Bauhandwerks (KRAMER 1958; EUGEN WEISS), die so vieles aufnahmen und wiederum durch ihre wandernden Gesellen ausstrahlten. Das alles kann hier nicht ausführlich abgehandelt werden. Wie stark das zünftlerische Handwerk mit seinen Bräuchen das städtische Festwesen prägte, sei an einigen Beispielen vorgestellt.

In der frühen Neuzeit gab oft das glücklich überstandene Ende von Pest- und Choleraepidemien bis ins 18. Jahrhundert den Anlaß für prunkvoll ausgeführte Freudenfeste seitens der Zunftgenossen. Dazu gehört beispielsweise der Nürnberger und Münchener *Schäfflertanz* zur Faschingszeit, der früher alle sieben Jahre aufgeführt wurde zur Erinnerung an das Pestjahr 1517 und heute wieder folkloristisch belebt wird. In einem großen Umzug, angeführt von zwei Spaßmachern, kommen die Schäffler, die mit Buchsbaum geschmückte Faßreifen tragen. Der Tanz, den sie an bestimmten Stationen aufführen, besteht im kunstvollen Schwingen der Reifen: In deren Innenseite stehen in leichten Vertiefungen kleine gefüllte Weingläser, die sie nicht ausleeren dürfen! Also wird das Reifenschwingen zum Zeichen großer handwerklicher Geschicklichkeit.

Schwerttanz in Oberbayern.

Das althergebrachte Fischerstechen [auf dem Starnberger See] vor dem Floß der Majestäten, an welchem sich alle Fischer beteiligten, gestaltete sich zu einem ungemein erregenden, phantastischen Turnier. Wilder Beifall bellte jedesmal auf, wenn ein Lanzenmann seinen Gegner von der Spitze des anderen Bootes stieß. Die dunkle Gestalt des Bezwungenen reckte sich, die lange Stange entglitt ihm, der Mensch taumelte und plumpste in das hoch aufzischende Wasser.
«Hurra! Hoch! Hurra, Franzl!» schrie es überall, und ein Klatschen begann, während der stolze Sieger sich vor den Majestäten verneigte. Als das Fischerstechen endlich vorüber war und die besten Kämpfer reich beschenkt davonruderten, krachten die Salutschüsse, und gleich darauf zischten von den Flößen im Wasser dichte, prasselnde Feuergarben auf, die sich wie bunt glitzernde Fontänen zeltgleich im dunklen Himmel vereinten und schließlich als funkelndes Sternenmeer auf den See herunterregneten. Staunendes Beifallsjubeln, Musik, Krachen und Prasseln, Funkeln und Leuchten vermischten sich zu einem magisch belebten Zauberbild.

OSKAR MARIA GRAF (1894–1967): Das Leben meiner Mutter. 1982, S. 180f.

Germanenfreundliche Heimatforschung hat seit dem 19. Jahrhundert bis in die Gegenwart solche Feste oft mißdeutet und als «uralt» bis ins germanische Altertum zurückverfolgen wollen. Das ist ganz sicher falsch und führt nur zu hohlem Pathos, wo die Freude an der munteren Choreographie und den kunstvollen Sprüngen viel angebrachter ist. Zu solchen oft mißdeuteten Brauchübungen gehören auch die *Schwertertänze*, die gern in historischen Kostümen als Schautänze zelebriert werden (Traunstein, Oberstdorf u. a.). Der Höhepunkt der Tanzvorführung ist die *Rose*: Dabei bewegen sich die Tänzer im Kreis und fügen ihre Schwerter in der Mitte als eine Art von Geflecht zusammen. Manchmal wurde der Vortänzer auf diesen zusammengesteckten Schwertspitzen emporgehoben.

Männertänze mit hölzernen oder eisernen Schwertern und oft artistischen Tanzsprüngen haben sicher eine alte Tradition in ganz Europa (WOLFRAM 1936). Ihre Beherrschung gehörte häufig zu den Pflichtübungen für junge Burschen bei der Aufnahme in die Burschenschaft oder die Zunft. Seit dem Mittelalter waren es vor allem die Zünfte der Schmiede, die den Schwerttanz als Schaustellung zu besonderen Stadtfesten pflegten. In unserer Epoche nun hat sich der Folklorismus mit der Ausgestaltung historischer Stadtfeste solch malerischer Erscheinungen angenommen (MOSER 1966, S. 127ff.).

In die gleiche Gruppe der Handwerkerbräuche, mit denen sich die einzelnen Zünfte glanzvoll repräsentieren, gehören der *Münchner Metzgersprung*, das *Nürnberger Schembartlaufen*, das *Ulmer Fischerstechen* und manch anderer. Ein Brauch der Schifferzunft, das Ulmer Fischerstechen, der auf ritterliche Turnierbräuche zurückgeht, hat sich vielfach gewandelt, aber bis heute als großes Volksfest in Ulm, Nürnberg und anderswo erhalten; fand es eigentlich an einem Dienstag im August statt, wird es heute im Juli abgehalten. Eine ausführliche Schilderung aus der Mitte des 19. Jahrhunderts zeigt die komplizierte sportliche Leistung, die hier gefordert wurde; das Ulmer Stechen war so berühmt, daß die Fischer ihre Künste auch in Augsburg und sogar in Wien vorgeführt haben.

Auch heute marschiert der Fischerzug durch den Metzgerturm auf den Turnierplatz vor der Stadtmauer von Ulm. Sechzehn Paare treten gruppenweise beim Stechen gegeneinander an. Vom Ruf der Fanfaren auf den Weg in die Flußmitte geschickt, stellt sich dann beim Wassermarsch der Tambours das Können der einzelnen Paare heraus. Sieger ist der trockenste Teilnehmer mit dem größten Stehvermögen. In eineinhalb Stunden fällt die Entscheidung zwischen den *Schalksnarren, Bauer* und *Bäuerin, Ulmer Spatz* und *Ulmer Schneider, Ober-* und *Unterländer, Kuhhirt* und *Ratsherr, Faust* und *Mephisto, Tell* und *Geßler, Karl V.* und *Moritz von Sachsen, Gustav Adolf von Schweden* und *Wallenstein, Krettenweber* und *Polizei, Türkenlouis* und *Großwesir, Schwanenwirtin* und *Max Emanuel von Bayern* und den *Weißfischern.* Es ist also dafür gesorgt, daß der Kampf auch inhaltlich als Opposition empfunden wird. Am folgenden Wochenende ist nach halb elf Uhr abends auf der Donau zwischen Herd- und Gänstorbrücke eine abendliche Lichter-Serenade vorgesehen. Am Sonntag werden erneut der Festzug und Fischertanz gezeigt, gefolgt von einem Wachauer Nachmittag bei der Hundskomödie in der Friedrichsau. Die Schwörfeier am *Schwörmontag* (von «geschworener Montag», an dem Gericht gehalten werden konnte) findet um elf Uhr auf dem Weinhof statt, und um halb vier Uhr nachmittags wird zum zweiten Mal das Fischerstechen ausgetragen.

Seit dreißig Jahren sind auch die Bamberger auf der Regnitz unter die Stecher gegangen und bieten mit ihrem Klein-Venedig eine reizvolle Kulisse.

Ein besonders herzhafter Zunftbrauch war der *Metzgersprung in München,* zwei Wochen vor Fasching. Er bestand aus einem Umzug der – in München sehr großen – Metzgerzunft, der auf dem Marienplatz endete. Dann sprach der Altgeselle die Lehrlinge frei, die darauf als Gesellentaufe in das Wasserbecken des Brunnens sprangen, wo Äpfel und Nüsse schwammen. Diese Dinge warfen sie in die johlende Kinderschar, und mit einer großen Spritzerei endete das Fest. Die Lehrlinge trugen übrigens Schafsfelle, ringsum mit Kalbsschwänzen benäht. Ein Zeichen ihrer Zunft? Ein Fastnachtsulk? Ein Schutz vor dem eiskalten Wasser zu dieser Zeit? Oder alles zusammen? Seit 1934 wird der Brauch, den man 1896 zuletzt gesehen hatte, immer wieder aufgeführt.

Leipziger Illustrierte: Der Metzgersprung in München, 1893 (unten links).

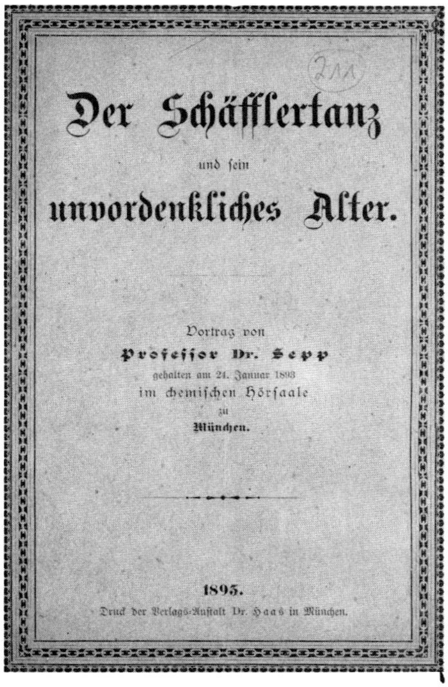

Der Schäfflertanz

und sein

unvordenkliches Alter.

Vortrag von

Professor Dr. Sepp

gehalten am 21. Januar 1893

im chemischen Hörsaale

zu

München.

1893.

Druck der Verlags-Anstalt Dr. Haas in München.

Also begann ich am andern Tag mir Arbeit zu suchen. Ich las auch die Zeitung; da fiel mein Blick auf eine Notiz über den *Schäfflertanz*, und ich entnahm ihr, daß derselbe am 20. Februar auch vor dem Hause des Gastwirts Zirngibl aufgeführt würde. Trotz der großen Bitterkeit, die in mir aufstieg, als ich an die Kosten eines solchen Tanzes, die zum mindesten an die hundert Mark betragen, dachte, konnte ich es doch nicht unterlassen, mich andern Tags unter die Menge der Zuschauer zu mischen.
Da sah ich, wie sie alle, der Vater, die Mutter, die Stiefbrüder und auch das Gesinde, an den Fenstern standen und mit vergnügten Mienen und strahlendem Lächeln für die Hochrufe dankten und die Mutter eine Handvoll Silberstücke in die Mütze des Meisters warf, während sie den Tag vorher ihr Kind hungern sah, ohne zu helfen.

LENA CHRIST (1881–1920): Erinnerungen einer Überflüssigen. 1970, S. 244 f.

Nürnberger Schembartläufer von 1511.

Auch der berühmte *Nürnberger Schembartlauf* ist ursprünglich ein Zunftbrauch der Metzger (Roller, Brüggemann). Er wird auf ein Zunftprivileg zurückgeführt, das den Fleischhackern der Stadt Nürnberg für ihre Treue zum Rat 1349 in einem Bürgeraufstand von Kaiser Karl IV. verliehen wurde. So berichtet es die Einleitung in den zahlreichen überlieferten, zum Teil schön illustrierten Schembartbüchern (Brüggemann hat zweiundfünfzig derartige Schembartbücher veröffentlicht). Auch im «Scheinpartspruch» des Hans Sachs von 1539 wird gemeldet, daß der Lauf nichts anderes sei als die Widerspiegelung dieses historischen Ereignisses. Also ein Zeugnis der bürgerlichen Treue zur Obrigkeit, zu den Vornehmen, von denen ja die Metzger ihren Verdienst hatten, vielleicht sogar ein Brauchzwang: Der Rat forderte die Metzger alljährlich auf, ihren Brauch zu üben; auch alte, kränkliche Handwerksgenossen wurden zur Teilnahme befohlen (Moser 1955, S. 119). Es handelt sich um einen Maskentanz durch die Stadt in sehr kostbarer und vielgestaltiger Gewandung (Nowotny). Schon seit dem 16. Jahrhundert haben dann die Metzger vielfach das Recht des Maskentanzes an andere Gruppen, besonders an reiche Patriziersöhne, abgegeben; sie selbst traten nur noch mehr oder weniger als Manager auf, da sie ja das eigentliche Privileg besaßen. Der Name *Schembart* bedeutet bärtige Scheme, also Maske, und erfuhr später eine Umetymologisierung in «Schönbart». Das ist im Zusammenhang mit der Aufnahme höfischer Elemente zu sehen, der glatten schönen Masken, und hieß nun soviel wie: «Schön ohne Bart!»

Der dramatische Ablauf des Brauches verlief traditionell folgendermaßen (Dünninger-Schopf, S. 45): Der Zug wurde von Vorläufern in Narrenkleidung eröffnet, einem Räumer und Platzmacher *(Pikelheringe)*, die dazu einen Kolben benutzten. Die Gestalt des Vorläufers hat sich in vielen Straßenbräuchen bis heute erhalten. Sie geht zurück auf den höfischen Dienstleistungsberuf des Läufers, der platzmachend vor der fürstlichen Kutsche herlief (Oettermann). Als nächste Figur kam ein meist berittener Narr, der aus einem Sack die Kinder mit Nüssen bewarf; ihm folgte ein weiterer Narr mit einem Korb mit Dufteiern für die Frauen und Mädchen (Eier mit Rosenwasser als höfische Sitte). Dann kam der Haupttrupp der Schembartleute: Die schönen Masken – zuerst in weißen, später in sehr prunkvollen Kostümen – tanzten durch die Straßen mit grünen Buschen in der Hand, die später dazu dienten, Schießwaffen zum Lärmen zu verbergen. Die prunkvolle Ausgestaltung hing vor allem auch mit der Aufnahme der Patriziersöhne in die Läuferrotten zusammen, mit dem Aufkommen des Schaulaufens, mit dem man Prestige zeigen konnte. Die verschiedenen *Rotten* hielten auf bestimmten Plätzen, wo sich kleine dramatische Aufführungen meist derb-verspottender und rügender Art entwickelten. Ursprünglich fuhr als Schluß des ganzen Umzugs die *Schembarthölle* durch die Straßen, die in den verschiedensten Gestalten erschien: als Burg, Turm, Drachen, Menschenfresser und auch als ein prachtvolles Schiff auf Rädern. Später kam die Hölle gewissermaßen als Gegenzug, um den Plan des Umzugs zu stören. Vor dem Rathaus wurde sie erstürmt und verbrannt. Das geschah etwa nach dem Topos: die Burg erstürmen; aber was speziell hinter diesen wechselnden Bildern zu suchen ist, darüber geben auch die Schembartbücher keine Auskunft. Das Schiff auf Rädern erscheint nur als ein Bild unter anderen, auch 1539 beim letzten prachtvollen Schembartlauf, ehe er von der Obrigkeit verboten wurde – wohl im Zusammenhang mit der entschiedenen Protestantisierung der Stadt Nürnberg. Welche Art von Spannungen dem Narrenkampf vor dem Rathaus zugrunde lagen, ob die reichen Patrizier mit ihrer außerordentlichen Repräsentationslust hier eine Gegengruppe im Gefolge der «Hölle» fanden: darüber kann es

Vorangegangene Seite: Das Narrenschiff beim Nürnberger Schembartlauf von 1539.

nur Vermutungen geben. Das großartige Schiff auf Rädern jedenfalls hat die Forschung nachdrücklicher beschäftigt als solche sozialen Bezüge und die abenteuerlichsten Deutungen zutage gefördert, besonders auf dem Gebiet germanischer Kontinuität bis in die Bronzezeit! ROLLER (S. 99f.) hat diese falschen Interpretationen überzeugend zurückweisen können und ihren methodischen Fehler vor allem in der Überbetonung des Formalen entdeckt. Funktionale und soziale Gebundenheiten wurden überhaupt nicht beachtet. Der Schembartlauf mit dem Räderschiff erweist sich als sehr gutes Beispiel dafür, daß eine Herleitung nur aufgrund einiger äußerlicher Elemente unmöglich ist. Immer muß der Gesamtkomplex des Brauches in seinen sozialen Verstrebungen und seiner Zeitgebundenheit gesehen werden. Richtig und wichtig von der Form her dürfte sein, daß die «Hölle» der erste belegte Motivwagen in einem fastnächtlichen Umzug ist.

Mit dem Schembartlauf, der nachweislich auf Handwerkerbräuche zurückgeht, eröffnet sich das weite Feld der *städtischen Karnevalsfeste* mit ihren Umzügen, die hier in ihrem Zusammenhang mit Handwerkszünften, -gilden und -gaffeln dargestellt werden.

Über Herkunft und Bedeutung des Wortes *Fastnacht* sind sich die Wissenschaftler nicht einig (MOSER 1972). Heißt es ursprünglich *vasnat*, wie 1206 WOLFRAM VON ESCHENBACH in seinem «Parzival» schreibt? oder *vastenaht* mit t? Hängt der Wortstamm mit «sich kleiden, sich bewickeln» zusammen oder mit «schmausen, sich vergnügen», mit dem ausgiebigen Trinken als «Faßnacht», mit «faseln» – im Sinne von «Unsinn treiben» oder mit «faseln» im Sinne von «fruchtbar sein, gedeihen»? Am wahrscheinlichsten erscheint die Verbindung mit der vorösterlichen Fastenzeit, in der «Fastnacht» eben der Abschluß vor diesen kargen Wochen ist. Jetzt darf man noch einmal prassen und toben! Fastnachtsbräuche sind funktionell von daher mehr an katholische Landschaften gebunden.

Das Wort *Karneval* kam erst um 1700 über Italien nach Deutschland mit verschiedenen Deutungen: Einleuchtend ist *carne vale*, also «Fleisch lebe wohl» für die nun anbrechenden fleischlosen Fastenwochen. «Schiffskarren», also *carrus navalis*, läßt sich sprachlich nur schwer belegen, wenn dieses Wagenschiff auch in der brauchgeschichtlichen Tradition als Umzugsrequisit erscheint: ein Märchenschiff, das zu Wasser und zu Land fahren kann. Damit ist das Verrückte dieser Brauchperiode angedeutet, das in andere Beziehungen Gerückte, das in den Maskierungen kulminiert: Eine «Verkehrte Welt» ersteht, in der sich die alltäglichen Normen und Werte in ihr Gegenteil verwandeln:

Das Verbotene ist erlaubt – das Schöne wird häßlich und das Häßliche schön – die Ordnung wird zur Unordnung und gebiert eine neue Ordnung – das Saubere wird schmutzig – oben dreht sich nach unten – die Narren richten über die Klugen – das Geschlossene öffnet sich, und sogar das Weibliche wird männlich und umgekehrt. Dazu kommt die aufwendige, kunstvolle und sinnreiche Vorbereitung und Ausstattung des Unsinns, die Ästhetik des närrischen Augenblicks.

In diesen Ausdrucksformen zeigt sich paradigmatisch ein Stück Weltvorstellung der jeweiligen Gesellschaft. So wird der Karneval zur letzten tollen Phase in einer langen Brauchperiode, ehe die alltäglichen Ordnungen wieder einziehen.

Den Abschluß bildet vom Brauch her das Begraben der Fastnacht, eine Brauchparodie, und von kirchlicher Seite her der Aschermittwoch. Von diesem Termin an bedecken bis zum Mittwoch der Karwoche die bilderreichen Hunger- und Fastentücher die Altäre und gelten die strengen Regeln für Wohlverhalten und Fastenspeisen (MOSER 1966, S. 135f.). Sie sind wohl der hauptsächliche Grund für die üppige Vorfastenzeit, die Fastnacht.

Viele Fastnachtsbräuche haben ein hohes Alter, doch unbekümmert um Stilreinheit und historische Echtheit der Kostümierung mischen die Narren für ihre

Sitte, Brauch und Überlieferung beeinflussen gar nicht mehr das, was wir heute mit Karneval bezeichnen. Der heutige Karneval – genau wie Weihnachten und alle übrigen Industrietage der Seele – wird erstens von der Gastwirte- und Hotelier-Innung, zweitens von einer Clique von Tonnen-Rednern, Reimern und Musikanten und drittens von einer von beiden Gruppen bestellten Gruppe von Funktionären – die gleichzeitig möglichst Sekt-Hersteller, Schnaps-Fabrikanten oder Bier-Brauer sind – maßgeblich beeinflußt.

WOLFGANG NEUSS in einem Spiegel-Gespräch mit dem Karnevalspräsidenten und Sektfabrikanten LIESSEM über den Kölner Karneval 1958.

Bedürfnisse die verschiedensten Elemente. Als Beispiel sei die bunte Geschichte des *Kölner Karnevals* ausgebreitet (KLERSCH). Er geht auf das mittelalterliche Zunftbürgertum der Stadt Köln zurück, seit 1385 eine freie Reichsstadt. Ihre selbstbewußte, reiche Bevölkerung hatte schon damals das Bedürfnis, sich auch in ihren Repräsentationszeichen gegen den übermächtigen Klerus abzusetzen. Man lebte gerade in der Innenstadt mit lebhaftem Handel und Gewerbe und vielen Fremden wie auf einer Schaubühne und besonders vor dem großen österlichen Fasten in freier Ausgelassenheit. Die Brauchtradition begann ganz bescheiden mit Heischeumzügen der Gesellen und Lehrlinge, die *Offergeld* für ihren Umtrunk verlangten, sich dazu vermummten und die Bürger auch scherzhaft belästigten, was durch Polizeiverbote (eine wichtige Quelle für die Brauchforschung) überliefert ist. Um 1400 (1388 war die Universität gegründet worden!) wird sogar von umstürzlerischen Aktionen unter dem Deckmantel der Maskierungen berichtet. Seitdem häuften sich die Verbote und deren Übertretungen; neue handwerkliche und gewerbliche «Bruderschaften» mit «schwarzen Kassen» sollten vor allem vermieden werden. Dennoch artikulierten sich politische Spannungen zwischen Handwerk und Patriziat bis 1500 immer wieder im Fastnachtstreiben. Denn diese Saison mit ihren Freiheiten wirkte stets wie ein Ventil auf die aufgestauten Unzufriedenheiten der verschiedenen Gruppen. Andere sozialkulturelle Einflüsse kamen aus der Aristokratie. Bei seinen Stadtbesuchen ergötzte der Landadel die Bürgerschaft durch Ritterspiele und brachte beispielsweise die mehrfarbige Kostümierung ein: verschiedenfarbige Hosenbeine und Wämser. Aber auch diese Turniere wurden im 15. Jahrhundert aus Sicherheitsgründen verboten, konnte doch nach Meinung der Obrigkeit zu leicht aus Spiel Ernst werden.

Eine neue Phase begann im 16. Jahrhundert, dem Zeitalter der Reformation. Die Reformatoren bekämpften grundsätzlich die Fastnachtsbräuche mit dem Argument, daß sie durch die Aufhebung der kirchlichen Fastenzeit ihren Sinn verloren hätten. Dagegen trat das katholische Köln auf den Plan, und obgleich man zuvor so vieles am Fastnachtstreiben auszusetzen gehabt hatte, stilisierte man nun den Brauch zum pflegenswerten religiösen Zeichen. Eine neue ideologische Wertschätzung trat ein, und der Rat bestärkte noch die Ausübenden in ihrem Verhalten: Üppiges Essen, das Brauchmerkmal der Verschwendung, nahm überhand, und am «fetten Donnerstag» in der Woche vor Fastnacht begann das Backen der *Muzemandeln*, in schwimmendem Fett gebackene mandelförmige Kuchen nach Klosterrezept. Daher rührt auch ihr Spottname *Nonnefürzchen*. Die Klöster, besonders die Frauenklöster, feierten kräftig mit und steuerten feine Backrezepte und manches Possenspiel bei. In vornehmen Häusern veranstaltete man Larvenfeste, während volksfestartige Straßenumzüge der einfachen Leute damals noch nicht stattfanden. Zu groß waren Stadtarmut und soziale Ungleichheit.

Gegen Übertreibungen und «Schamlosigkeiten» in Klöstern und Patrizierhäusern zogen nun bald die Jesuiten mit einer ausgefeilten Bußpropaganda zu Felde. Dazu stürzten dauernde Kriege die Menschen in Unsicherheit und Furcht, und erst nach 1648, dem Ende des Dreißigjährigen Krieges, begannen neue Aktivitäten, die aber schon wieder 1657 mit einem Verbot der fastnächtlichen Mummerei und des Waffentragens endeten, entsprechend den alten obrigkeitlichen Befürchtungen, daß sich unter dem Mantel der Volksfeste revolutionäre Bewegungen entwickeln könnten. Das ganze 17. und 18. Jahrhundert war erfüllt von mehr individuellen Einzelformen des Fastnachtstreibens, wobei sich auch Festelemente aus dem italienischen Karneval einschlichen. Im 18. Jahrhundert jedoch mit dem Aufsteigen des Handwerks übernahmen wieder die Zünfte die Hauptrolle, und zwar nunmehr in einem ausgeprägten Straßenkarneval. Die Kinder der Gildemeister eröffneten am Fastnachtssonntag in einem großen Mummenschanz das Fest. Dann gab es

TRAUER-ANZEIGE.

Tiefbetrübt teile ich allen Verwandten und Bekannten mit, daß heute meine geliebte 3½ Jahre alte mit größter Geduld getragene

Letzte Hose

nach einem sechsmonatlichen Aufenthalt im städtischen Kleiderschrank an den Folgen eines tückischen Mottenfraßes, ihr verschlissenes Dasein beendete. Bei Sturm und Wetter hat sie mich stets bekleidet und obwohl sie manchen Sturm durch sich gehen ließ, war sie doch gegen Gasangriffe unempfindlich.

Zerlumpt, verschossen und mit Insektenpulver eingespritzt liegt sie nun da und wartet man geduldig auf eine neue Kleiderkarte.

Die in Ihr so schön verlebten Stunden sichern ihr ein treues Andenken.

Die tieftrauernden Hinterbliebenen

Max Kleiderbügel
Heinrich Schlafrock
Fritz Strumpfband, Gerichtsvollzieher a. D.
Die Direktoren verschiedener Leihhäuser

Humor ist eine bitterernste Sache

Harte Arbeit für das Brauchtum: In Köln wurden die künftigen Karnevalisten geprüft

Für die zur Ausschüttung von moralischem und materiellem Verdienst anstehenden Künstler aus dem Volke ist es schwer, genau auf jenem schmalen Grat zu wandeln, der durch das Karnevalistengebot «Von Zoten frei – die Narretei» gegeben ist. Auch über das, was sonst erlaubt ist, entscheidet vielfach neben dem Inhalt einer Rede die Art der Darbietung.
Klassisches Beispiel aus früheren Jahren ist folgender Absatz einer Büttenrede, gehalten mitten im heiligen Köln: «Beim letzten Papsttreffen kamen die Kardinäle mit dicken amerikanischen Wagen angefahren. Wenn man denkt, daß die in Nazareth mal mit 'nem Esel angefangen haben! Sie können ruhig lachen, den Witz hab' ich von einem Pater. Wir haben ja nichts gegen die Kirche: Wir essen einmal wöchentlich Götterspeise, im Keller lagert Trittenheimer Altärchen, und nähen tun wir mit einer Pfaff...»

DIE WELT, 29. 11. 1964

Straßentheater, zum Teil durch Studenten initiierte Theaterstücke und Narrenspiele und am Dienstag einen Korso mit brennenden Lichtern. Seit dieser Zeit hat sich die italienische Bezeichnung *Karneval* eingebürgert.

Seit dem Barock steht im Mittelpunkt des Treibens die Gestalt des «Narren», vom Hofnarren der Fürstenhöfe hergeleitet. Von ihm wird Schlagfertigkeit und Redegewandtheit erwartet. Über die Schützengilden, wo der Narr als Scheibenweiser und Schußansager seine Witze machte, gelangte er als Pritschenmeister in den Straßenkarneval. Die Schützenfeste waren gewissermaßen die «Turniere» der Bürger im Wettbewerb mit den Aristokraten, und Köln stand an erster Stelle im deutschen Schützenwesen. Ein berühmter Pritschenmeister des 16. Jahrhunderts hatte den Spitznamen *Gecke Bähn* (der jecke, verrückte Bernhard), und daraus entstand – schon damals in einer Art von historistischem Denken – die feste Kölner Narrenfigur des *Gecken-Bähnchen.*

Der Kölner Karneval von 1884.

Entscheidend spielten im 18. Jahrhundert sozial- und wirtschaftsgeschichtliche Entwicklungen für das Stadtfest eine Rolle: Die *Bauerbänke* der *Kappesbauern* (Kohlbauern, also Ackerbürger) am Stadtrand wandten sich mit einem eigenständigen Festverhalten gegen die feinen Redouten der Honoratioren und Patrizier in der Innenstadt. Es bildete sich also eine soziale Opposition heraus, die eine Spannung zwischen dem Straßenkarneval und den Bällen der Oberschicht begründete.

Einen großen Einschnitt für die Geschichte des Kölner Karnevals aber bedeutete in der napoleonischen Zeit die französische Besatzung seit 1794. Auch gegen die Gaffeln und Zünfte als revolutionäre Gefahr für die Besatzungsmacht, vor allem aber gegen die Adligen war dann das totale Maskenverbot von 1795 gerichtet, das der französische Stadtkommandant erließ: «Die Übelgesinnten werden sicherlich nicht verfehlen, durch das, was Ihr Karneval nennt, einige Unordnungen herbeizuführen, woraus die Aristokratenhorde ihren Vorteil zu ziehen wissen wird.» Jetzt wandte sich also eine adelsfeindliche Volksregierung gegen einen möglichen Aufruhr der Oberschicht! Erst 1801 wurden die Verbote gelockert, und die Kölner durften wieder feiern, allerdings unter gewissen Bedingungen, die sieben Punkte umfaßten:

- «Jeder, der sich maskiert oder verkleidet im Karneval auf den Straßen zeigt, darf keinen Degen, keinen Säbel oder eine andere Waffe tragen.
- Auf den religiösen Kult bezügliche Masken sind verboten, ebenso solche, die die öffentliche Ordnung stören könnten.
- Es ist verboten, unter dem Schutz der Masken jemanden zu insultieren oder in Läden und Häuser einzudringen.

Wiener Carnevals-Rebus von 1900.

Ob draußen es stürmt, regnet oder schneit,
hier fühlen stets wir uns sicher geborgen,
vergessen den Kummer, das tägliche Leid,
sind von den kleinlichen Sorgen befreit.
Was einst den Göttern war ihr Walhall,
ist Narrhallesen ihr Karneval!

Vereinslied der Karnevalisten aus Kassel.
(DÜRKOP 1977, S. 217)

– Die Besucher von Bällen und Redouten müssen ein dezentes Kostüm tragen.
– Auf die Aufforderung der Polizei hin muß sich jeder Maskierte zu der Polizei oder zum Rathause begeben, um auf Fragen zu antworten.
– Wer sich maskieren will, muß für 45 Centimes beim Wohltätigkeitsbüro eine Erlaubniskarte lösen.
– Zuwiderhandelnde werden verhaftet.»

Diese Bedingungen waren auch diktiert von dem Bestreben Napoleons, seinen Frieden mit der Kirche zu machen. Erst 1811 wurde der Straßenkarneval in vollem Umfang wieder erlaubt. Köln war immer noch französisch besetzt, und es ist nun interessant und spricht für eine neue demokratische Gesinnung, daß die französischen Besatzungstruppen am ehesten unter der Leitung der Zünfte und Gaffeln das Volksfest wieder aufleben lassen wollten. Eindrucksvoll berührt der Bericht, wie 1812 vor dem Abmarsch nach Rußland die Franzosen gemeinsam mit den Kölner Bürgern das Fastnachtsbegraben zelebrierten, das durch die Bauerbänke in den Brauch Eingang gefunden hatte. «Das Trompetercorps in seinen weißen Mänteln, die Mann und Roß umhüllten, von den blitzenden Helmen wallte der Trauerflor, ritt der Bahre [des verstorbenen Karneval] voran, die von einer Abteilung Trauer tragender Reiter umgeben war, selbst die silbernen Pauken waren in Trauerflor gehüllt, und dumpf dröhnte der Trauermarsch vor dem in ernster Stille durch die Straße nach dem Neumarkt ziehenden Leichenzug.» (KLERSCH, S. 69)

Das Illustrierte Blatt: Faschings-Bilderbogen über die Verkehrte Welt, 1921.

Die Brauchausübenden bedienen sich bei besonderen Gelegenheiten stets gerne parodistischer Formgebungen, deren Wirkung auf der völligen Umkehr der eigentlichen, allseits bekannten Funktion besteht. Neben bestimmten Rechtsformen (fastnächtliche Rügegerichte) und kirchlichen Riten (Kirmespredigten) liefern vor allem Krankheit, Tod und Begräbnis den Stoff für zahlreiche brauchtümliche Parodien wie beispielsweise satirische Testamente und Todesanzeigen, Faschingsbegraben, Leichenpredigten am Grab der letzten Schnapsflasche u. ä. Der hier geschilderte Trauerzug war eine solche Parodie. Makaber war es, daß die Angehörigen der französischen Armee, die hier mit so ernstem Pomp die tote Fastnacht begruben, bald nach Rußland aufbrechen sollten, von wo es für viele von ihnen keine Wiederkehr gab – und nicht einmal ein Leichenbegängnis.

Wenn also in Köln nun mit Unterstützung der französischen Besatzungstruppen der alte Volkskarneval der Zünfte und Gaffeln auch wieder auflebte, so hatten die dauernden Verbote ihm doch ernste Schäden zugefügt, von denen er sich lange nicht erholen konnte. Seine Figurationen waren in Form und Inhalt weitgehend zerstört.

Die Erneuerung des Kölner Karnevals im 19. Jahrhundert ging von einer bürgerlich-romantischen geistigen Bewegung aus: vom Kölner Wallraf-Kreis, einer Gruppe um Ferdinand Franz Wallraf (1748–1824), dem Gründer des Museums, das 1824 aufgrund seiner Sammlung entstand, und des Kölner Museumswesens überhaupt. 1823 zeigte sich dann der Kölner Karneval in einem neuen Gewand, dessen Schnittmuster bis heute ähnlich geblieben ist: Der *Bähnegeck* wurde zum *Prinzen Karneval* erhoben und ein neuer Typ des Schauzuges geschaffen. Die romantischen Erneuerer erfanden einen organisierten Aufmarsch im volkstümelnden Geist des Historismus jener Zeit. Sie verstanden sich als «Verehrer alter Volkstümlichkeit» und entwarfen 1823 ein entsprechendes historisches Programm, das den späteren Umzug prägte. Es umfaßte fünfzehn Nummern:

Bannerträger, Trompeter, Gecke Bähnche, den späteren Prinz Karneval, Fähnrich und Führer, «Knächte und Mädcher», Kölnische Funken und Kommandanten, Colonia mit vier geharnischten Rittern, Trompeterkorps, Leibgarde zu Pferd mit Maskenzügen, Musikkorps und Minister in vierspännigen Wagen, Zeremonienmeister in sechsspännigen Wagen, König Karneval im achtspännigen Triumphwagen mit Begleitung, zu seinen Füßen der Hofnarr, Nachzug.

1825 kam dann auch der *Bauer* ins Spiel als vorgeblicher Repräsentant der Bauerbänke; langsam entwickelte sich der *Elferrat*, der zur Erinnerung an den freiheitlichen Geist der Französischen Revolution bis heute mit der Jakobinermütze kostümiert ist.

«Prinz Karneval als strahlender Held ersetzte nun den ‹alten rohen Hans-Wurst› und bestieg den Thron seiner kurzen Herrschaft; zu ihm gesellten sich allmählich ‹Bauer› und ‹Jungfrau› (von einem Mann dargestellt) als historisch-symbolische, feststehende Begleitfiguren. Die Prinzengarde, die ‹kölnischen Funken›, in denen – das Militär verspottend – die alten Zunftgruppen der Handwerker nachlebten, die mannigfaltigsten, an alte Überlieferungen wie an neue Zeitereignisse knüpfenden Maskierungen: Sie alle bilden mit Büttenrede, Karnevalslied und -zeitung die Grundelemente eines seitdem kontinuierlichen Festverlaufes.» (Klersch, S. 84)

Der alte Goethe wurde zum Rosenmontagszug von 1823 eingeladen, sagte aber mit einem etwas gestelzten Gedicht ab. Daß er sich jedoch mit dem Thema beschäftigt hat, beweist nicht nur der oft zitierte Text, in dem er den Dom zu Köln mit dem dortigen Karneval vergleicht. Er hat auch eine Art von volkskundlichem Fragebogen erdacht, der gar nicht so altmodisch anmutet.

Im Lauf der nächsten hundert Jahre entartete das Fest vom spannungsgeladenen dramatischen Straßenspiel zum Riesenumzugsulk mit ungeheurem finanziellen Aufwand und unternehmerfreundlichen Reklameinteressen. Der Funktionärscharakter der Berufskarnevalisten entfaltete sich besonders bei den Krätzchensängern und der *Bütt*, die ebenfalls aus dem romantischen Karneval stammt. Sie wurde damals von einer kräftigen Waschfrau in den Versammlungssaal getragen, um den Rednern der Generalversammlung eigentlich nur als stützender Rednerstuhl zu dienen. Ihr Vorgänger war ein Kinder-Laufkorb, der allegorisch die Eigenschaft der vorgetragenen Ideen als Geisteskinder darstellen sollte.

Der Rosenmontagsumzug (von «rasender Montag») mit seinen Riesenmasken, die den alten Prozessionscharakter verraten (Beitl), degradierte die Kölner Bevölkerung zu passiven Zuschauern; doch feiern sie oft genug neben dem großen Umzug ihre eigenen stadtteiltypischen Festlichkeiten.

Köln und *Mainz* mit ähnlicher Karnevalsgeschichte (Schwedt 1977) beeinflussen seit Jahren durch die Fernsehübertragungen zunehmend die Volksfestlichkeiten zahlreicher Ortschaften bis über die Grenzen der DDR.

Was hat die moderne Welt mit ihren Massenmedien aus dem Kölner Karneval gemacht? Hat sich sein Brauchtum völlig verbraucht? In Köln gibt es rund vierzig Karnevalsgesellschaften und noch einmal sechzig Vereine, die eine spezielle Karnevalssitzung veranstalten; es gibt unter anderem eine «Prinzengarde e. V. 1906», ein «Festkomitee des Kölner Karnevals von 1923 e. V.», es gibt außerdem einen «Bund deutscher Karneval e. V.», dem etwa achthundert Karnevalsgesellschaften angehören. Auf diese Weise ist die Zeit zwischen dem 11. 11., an dem der rheinische Karneval beginnt, und dem Aschermittwoch gut auszufüllen. Und die Büttenredner, inzwischen ein regelrechter Beruf, sind an manchen Sonn- und Feiertagen zwölfmal angefordert. 1964 berichtete «Die Welt» darüber unter dem Ausspruch des Vereinsvorsitzenden als Überschrift: «Der Fastelowend ist eine viel zu ernste Sache, als daß man darüber lachen könnte.»

Mainz übernahm wohl im allgemeinen die Organisationsformen des Kölner Karnevals, doch seine zahlreichen Vereine mit Versammlungen in geschlossenem Kreis ermöglichten es anfänglich den Unzufriedenen, sich politisch zu solidarisieren und zu diskutieren. 1950 posaunten die Büttenredner: «Wir wollen nicht Atomgranaten, wir wollen auch kein Bundesheer! Wir wollen die Vereinten

Goethes Fragebogen von 1824 zum Cölnischen Carneval:

1) Man wünscht zu erfahren den ersten Anstoß und Anlaß. (Schon vorm Jahr hat etwas Ähnliches Statt gefunden, welchen sittlichen und sonstigen Betrachtungen fand man sich damals zu einen solchem Unternehmen geneigt.)
2) Wie war es in den ältern Zeiten?
3) Wie unter den Franzosen?
4) Wer hat das Jahr über den Gedanken fortgehegt und das Unternehmen aufgewunden? Wie schloßen sich so viele Theilnehmer im Einklang an?
5) Einwirkung der Behörden, Gilden, Klubbs, Resourcen und wie diese Gesellschaften alle heißen mögen.
6) Wie bildete sich die Hauptleitung?
7) Wie war das Vorläufige bereitet?
8) Verhältniß zum Militair.
9) Verhältniß zur Geistlichkeit.
10) Eigentliches Fest.
11) Hauptperson des Dramas.
12) Verbündete.
13) Sporadisch Theilnehmende.
14) Beschreibung des Zugs. (geht schon aus dem Programm hervor, wie denn alles was aus den gedruckten Blättern sich entnehmen läßt, nicht zu wiederholen wäre.)
15) Nähere Beschreibung der ersten und bedeutendsten Masken, besonders auch der Leibgarden *pag.* 4 bezeichnet.
16) Alter Saal Gürzenich?
17) Vielleicht einiger Aufschluß über den lustigen Vorschlag zur Verschönerung der Stadt, in dem Manifest in Knittelversen einheimischer Sprache.
18) Nähere Notiz von Eigenthümlichkeiten. *Der Cölnische Bannerrath; die Cölnischen Funken pp.*
19) Ferner wünscht man alle Gedichte, auch das weniger Bedeutende.
20) Auch Beschreibung der aufgeführten Triumphbogen. Inschriften, allenfalls symbolischen Darstellungen und was sonst die Anschauung ins Einzelne befördern kann.

Ich werde zwar aus dem schon mitgetheilten einen kleinen Aufsatz zusammen stellen, der in Scherz und Ernst hinlänglichen Begriff von der höchst interessanten Feyer giebt; doch wünschte ich, um recht gründlich und charakteristisch zu verfahren, daß ein geistreicher Theilnehmer nur mit leichter Feder obige Puncte frey und leicht beantwortete. Man könnte ganz offen gegen mich seyn und das, was man allenfalls vor dem Publicum nicht aussprechen wollte, mit Klammern bezeichnen, nur würde man sehr schnell zu Werke gehen, weil das laufende Stück von Kunst und Alterthum sich seinem Abschluß nähert. Ich würde indeß was sich aus den gesendeten Papieren entwickeln ließe benutzen, ihm eine bestimmte Form geben und nur abschließen, wenn das genaue Detail, wodurch die Anschauung erst glänzend erscheint, durch die Geneigtheit der Cölner Freunde mitgetheilt wäre.

Johann Wolfgang von Goethe: Weimarer Ausgabe der gesammelten Werke, Bd. IV, S. 38

Staaten der ganzen Welt, sonst gar nichts mehr!» (Keim, S. 228). Das wurde anders, als das Fernsehen seit den sechziger Jahren vornehmlich die Mainzer Prunksitzungen in alle Wohnzimmer überträgt – mehr als drei Stunden lang – und die Büttenredner um die Plätze kämpfen. «Mainz bleibt Mainz, wie es singt und lacht!» Das bedeutet eine Werbung großen Stils, eine Monopolstellung des Mainzer Karnevals, der damit zum Vorbild unendlich vieler Kleinstadt- und sogar Landfestlichkeiten geworden ist.

Die Phrygiermütze der Jakobiner aus der Französischen Revolution trägt neuerdings auch der Elferrat der Fastnacht von *Herbstein*, dem einzigen traditionellen, schön ausgeformten Fastnachtsfest in Nordhessen mit gänzlich anderen Kostümelementen (Weber-Kellermann/Stolle, S. 83–92). Aber Mainz bleibt Mainz! Es soll damit gesagt werden, daß die großen Massenmedien solchen Volksfesten

Karl Hofer (1878–1955): Großer Karneval.

Auch uns, in Ehren sei's gesagt,
hat einst der Karneval behagt,
besonders und zu allermeist,
in einer Stadt, die *München* heißt.

Wilhelm Busch (1832–1908)

vieles von ihrer lokalen Identität durch allzu breite Veröffentlichung nehmen. Doch bleiben genug Mainzer, die sich ihr eigenes Fest bewahren, und viele Besucher, die alles unmittelbar erleben wollen.

Was ist aus dem alten Kölner Karneval geworden? Was einmal Parodie auf den preußischen Militarismus war wie Verleihung von Orden (Neumann), Schaftstiefel-Paraden, Beförderungen in scherzhafte Rangstufen u. ä., kommt heute als pompöser Ernst, der von niemand so feierlich zelebriert wird wie von den rheinischen Ulk-Funktionären.

Ganz anders sah der Fasching in den Königs- und Kaiserstädten München und Wien aus, wo ein festfreudiger, eleganter Hof die Stadtfeste prägte und sich von ihnen prägen ließ. Friedrich Sieber hat solche dialektischen Prozesse für den Dresdner Hof unter August dem Starken dargestellt (1960).

Der *Münchener Fasching* ist seit dem Mittelalter als höfisches Fest bezeugt. Die Gegenreformation beschränkte die festlichen Freuden, aber seit 1600 lebten sie wieder auf unter dem Zustrom venezianischer Masken und bürgerlicher Schauzüge. Doch blieb der höfische Charakter typisch für den Münchener Fasching, wenn auch wechselnd im Zeitgeschmack. Gottfried Keller (1819–1890) hat den

Basler Fasnachtsgestalten: Harlekine und Waggis.

Münchener Fasching um 1840 anschaulich aus eigenem Erleben in seinem «Grünen Heinrich» geschildert und schon für diese Zeit den Einfluß der Künstler bescheinigt. 1893 wurde die erste bürgerliche «Münchener Carnevalsgesellschaft» gegründet, die spätere «Narrhalla»; nun kamen Faschingszeitungen und -umzüge auf und 1894 der erste gewählte Faschingsprinz. Diese Erscheinungen prägten seitdem die Entwicklung des Münchener Faschings; sein eigentliches Charakteristikum blieben bis heute die von Künstlern gestalteten Feste und Atelierbälle, bei denen sich jedoch eine starke soziale Differenzierung beobachten läßt. Der Münchener Fasching findet im Saal statt – und das tatsächlich, nachdem 1970 der letzte Umzug veranstaltet wurde. Berühmt ist der Tanz der Marktfrauen am Faschingsdienstag auf dem Viktualienmarkt, ein seltener Fall, bei dem sich die Frauen aktiv darstellen – allerdings in einer bewußten Gegenform gegen das «Weibliche».

Kölner Karnevalsumzug in altdeutschem Gepränge um 1900 – ähnlich dem Aufzug des Prinzenpaars in München.

Vor den Toren Münchens, und auch das gehört zur Lebenswelt der Stadt, wird der Wintersport als Ski-Fasching mit in den Festbetrieb einbezogen. Auch hier ist die «Verkehrte Welt» Trumpf, und statt des flotten Sportlers dominiert der plumpe Ungeschick.

Ein anderes großes Stadtfest ist die *Basler Fasnacht*, also ihre Feier in einer seit 1529 protestantischen Stadt. Dort beginnt sie, wenn überall sonst der Karneval endet: am Montag nach Aschermittwoch. Die Terminierung hängt nach Trümpy und Hoffmann-Krayer eben mit dem Einzug der Reformation in die Stadt zusammen, wodurch ein Aschermittwoch seine Bedeutung verlor. 1546 waren sogar alle fastnächtlichen Lustbarkeiten überhaupt untersagt worden. Die Wahl des neuen Termins bestimmten ausschließlich die Zünfte als Brauchträger und -innovatoren, denn der Montag nach Aschermittwoch war ihr alter Festtag, der

Hirschmontag mit üppigen Schmäusen und Gastereien. Dieser Tag war aber auch – vielleicht schon vor der Reformation – traditioneller Termin für eine allgemeine Musterung der männlichen Jugend, was für die Zünfte den Beginn einer Feierwoche bedeutete. Damit ist eine Reihe von militärischen Elementen in die Basler Fasnacht eingedrungen, vor allem Trommel und Pfeife als die wichtigsten Musikinstrumente und der sogenannte *Morgenstreich* am Dienstag um vier Uhr. Die phantasievolle Ausgestaltung der Basler Fasnacht mit Cliquen, Schnitzelbank und Laterne ist nicht älter als das 19. Jahrhundert und ein Umzug mit politischen Karikaturen erstmals für 1809 belegt. Seit 1848 gehört die Basler Fasnacht zum «Eigentum des Volkes», wie die «Basler Nationalzeitung» 1850 schrieb. Auf die vielfältige Geschichte dieses Stadtfestes, das häufig von der Spannung zwischen Groß- und Klein-Basel lebte, sich aber 1910 durch die Bildung eines Komitees selbst institutionalisierte, kann hier nicht eingegangen werden. Entscheidend in unserem Zusammenhang ist die wichtige Rolle der Zünfte bei seiner Entstehung und Ausgestaltung, die später die Kleinbürger und Arbeiter übernahmen.

Regional benachbart, aber doch wieder anders strukturiert, ist die *alemannische Fasnet* der Städtchen der Schwarzwaldregion – ausstrahlend auf Dorf und flaches Land. Eines besitzen sie jedoch gemeinsam, nämlich die bürgerlich-zunftmäßige Ordnung. Kein Elzacher *Schuddig*, der nicht mit blankgeputzten, schwarzen Schuhen und blütenweißen Handschuhen erscheint und sich alle paar Jahre ein neues feuerrotes Fleckelgewand (LEIBBRAND) anschafft, wenn das auch viel Geld kostet; mehr als tausend Mark mit allem Zubehör! Kein Überlinger *Hansele*, der nicht im makellosen *Flecklehäs* mit der handwerklich perfekt geflochtenen Karbatsche zu knallen versteht; kein Stockacher Zimmermann, der nicht im blütenweißen Hemd und sauberem Lederkoller, bühnenmäßig geschminkt, zum Narrenbaumsetzen antritt.

Für Ordnung sorgt die Narrenzunft; und für ihren Zunftmeister sind die närrischen Tage mit ihren Vor- und Nachwehen eine harte Arbeitszeit. Ein Blick auf die berühmtesten alemannischen Fasnetsorte:

«Rottweil ist ein Narrennest – schon vor langer Zeit gewest!» So sagen die Rottweiler von sich, und tatsächlich ist das Narrenlaufen in diesem alemannischen Städtchen seit dem 16. Jahrhundert nachzuweisen. Bereits im 17. Jahrhundert gestalteten junge Bürgersöhne, die *Engelsgesellen*, das Fastnachtsgeschehen (SCHWEDT 1984, S. 65). 1903 hat die Rottweiler Bürgerschaft ihre Narrenzunft wieder gegründet mit einem Zunftmeister und mehr als tausend Mitgliedern, die alljährlich das *Narren* als eine ernste und wichtige Sache betreiben (BAUSINGER 1980). Am Fastnachtsdienstag morgens vor acht Uhr steht der Meister der Narrenzunft am Schwarzen Tor und kontrolliert seine Narren, ob sie auch zunftmäßig gekleidet sind: sauber und ordentlich mit weißen Handschuhen und blankgeputzten, schwarzen Stiefeln und vorschriftsmäßigem *Häs* (Kleid). Manche haben die Holzmaske hochgesetzt, so daß man erkennen kann, wie viele weibliche Teilnehmer heutzutage unter den etwa tausend Springern sind. Das wäre früher nicht möglich gewesen, aber nun mischt sich der Stolz auf das ererbte Familienkostüm mit Emanzipationsbedürfnissen: Die modernen Mädchen möchten den vielgepriesenen Spaß des *Narrens* nicht nur den Männern und Burschen überlassen.

Pünktlich um acht Uhr beginnt dann der große Narrensprung durch das Schwarze Tor, begleitet von einer mitreißenden Marschmusik und dem Klang der Schellen – ein unvergeßliches Schauspiel! Die Narren tragen dünngeschnitzte und lebensvoll lackierte Holzmasken, wobei jeder Maskentyp seine besondere Physiognomie, sein besonderes Kostüm, seine besondere Gestik hat. Der *G'schellnarr* trägt kiloschwere Glocken und verbirgt sein Gesicht unter einer leuchtend glatten Larve; ein weißes Tuch bedeutet die Reinheit des Narren und der Fuchsschwanz

Vor dem Ersten Weltkrieg war die Maximilianstraße der Mittelpunkt eines Korsos, in dem reiche Mitbürger in geschmückten Zweispännern fuhren, wohlverproviantiert mit Krapfen und Süßigkeiten, die sie unters Volk warfen, mehr noch freilich mit Konfetti und Luftschlangen, mit denen sie stürmische Schlachten ausfochten. Noch gewaltiger waren die Vorräte der Zuschauer, die aus allen offenen Fenstern quollen, unter denen immer Kinder und Erwachsene drängelten und hüpften, um die an einem Schnürchen tanzende Orange oder Wurst zu ergattern. Pierrots und Pierretten, aus der besten Gesellschaft, zogen in weißen Wolken durch die Straßen, die Radfahrervereine hatten ihre berühmten Artisten gestellt, die in drolligen Verkleidungen die Freitreppen des Hoftheaters auf und nieder fuhren. Das glänzendste Schauspiel aber boten die Offiziere, die auf edlen Pferden heransprengten, als Buren, Hereros, Indianer jeweils echt bis in die Sattelknöpfe und durch ihre noble, fröhliche und oft tollkühne Ritterlichkeit den Ton angebend, den dann auch der sogenannte kleine Mann gerne aufnahm, indem er darüber wachte, daß sich nirgends Unflätrei und Pöbelhaftigkeit einschlich.

EUGEN ROTH (1895–1976): Münchner Fasching. In: Lebenslauf in Anekdoten. 1962 seine Schläue. Sein Drillichgewand ist mit heraldischen Mustern bemalt, die ihre höfische Herkunft nicht verleugnen können; heute trifft man oft – im gleichen Stil – auf eine Bemalung mit ganz modernen Bildern (SCHWEDT 1975). Der *Schantle* mit seiner aggressiven Bißlarve und seinem kreuzstichbestickten Kaftan erinnert an das Handelsleben Rottweils; er soll einen jüdischen Kaufmann darstellen. Das *Fransenkleidle* beschenkt die Kinder mit Orangen und Bonbons.

Wie fühlt sich ein Neunzehnjähriger, wenn er mit der Seriosität des erfolgreichen Rottweiler Kaufmanns als *Schantle* durch die Fasnet wandelt, das Narrenbuch unter dem Arm? Oder als jovialer *Fransenkleidle* aus seinem Korb oder Karton Orangen unter die schreienden Kinder wirft? Diese springen drei Schritt vor und zwei zurück und rufen im Rhythmus: «Narro, Narro, siebe Sih (sieben Söhne), siebe Sih sin Narro g'si (gewesen)!»

Alemannische Fasnet:
Villinger Morbili und Surhebel (links oben).
Rottweiler G'schellnarr und Schantle mit Narrenbuch (links unten).
Rottweiler Guller (Hahnenreiter, großes Bild).
Elzacher Schuddig (rechts oben).
Rottweiler Federehannes (Mitte rechts).
Villinger Narro (rechts unten).

Ein weiterer traditioneller Typ ist der *Federehannes* mit wilder Teufelsmaske, federbenähtem Gewand und einem langen Stecken, den er für seine wilden Sprünge braucht. Er vor allem stellt die erotische Beziehung zu den weiblichen Zuschauern her und wuselt ihnen mit dem Fuchsschwanz, den er an einer langen Stange befestigt hat, unter den Röcken. Aber so ausschweifend er sich auch gebärdet, so kennt er doch die Grenzen seiner Rolle, die er nach den Geboten der Narrenzunft nicht überschreiten darf. In dieser Zucht inmitten fastnächtlicher Freiheit liegt einer der Unterschiede zu den großstädtischen karnevalistischen Umtrieben. Übrigens kommt der Federehannes bei den heutigen weiblichen Hosenmoden nicht recht auf seine Kosten. Aber auch früher betrieben diese Masken keine «Fruchtbarkeitsmagie», wie man in alter und leider auch neuerer Literatur lesen kann, sondern befreien sich für die Zeit der Fasnet von den Tabus der herrschenden

Gesellschaft. Die «Verkehrte Welt» der Fastnachtstage ähnelt einem Antisystem der alltäglichen Verhältnisse, einer systematischen Aufhebung der gültigen Normen und ihrer Verkehrung ins Gegenteil, ein Autoritätsabbau, ersetzt durch die Autoritätsentfaltung der Narren. Ein Hauptmotiv ist die vorübergehende Befreiung von sexuellen Tabus, die von der gesellschaftlichen Moral gesetzt wurden. Das äußert sich spielerisch beispielsweise als Schimpfgeste, wenn der gleiche Fuchsschwanz, der eben unter einem weiblichen Rock war, den zuschauenden Honoratioren unter die Nase fährt als Aufforderung zu sexueller Freiheit. Das ist die Rolle der vielen Federehannes', deren Zahl in jedem Jahr zunimmt, denn da «kann man am meisten was machen», sagen die jungen Leute. Die derbe Komik auf dem Gebiet des Sexuellen und auch Fäkalischen hat jedenfalls mit Fruchtbarkeitsriten nichts zu tun (MOSER 1967, S. 198f.).

Elzacher Schuddig.

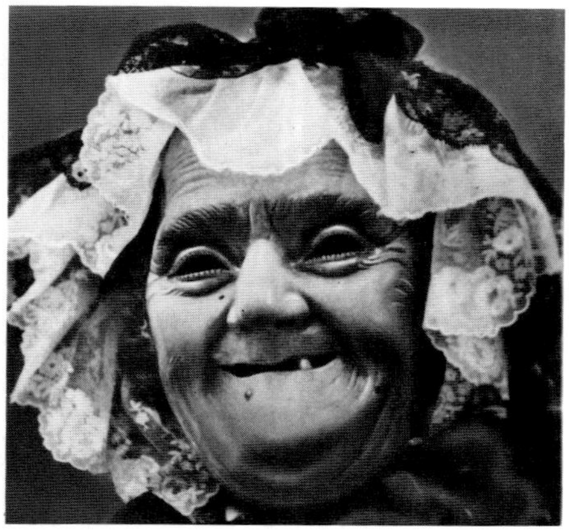

Villinger Morbili.

Was sind die Motoren beim Spiel des *Brieler Rössle*, der wohl anstrengendsten Rolle in der Rottweiler Fasnet? Sein Spieler darf die Peitschenhiebe der Treiber nicht fürchten, wenn sie ihm die weißen Gänsefedern vom Kopf geschlagen haben, muß er sie ins Wirtshaus führen! Der *Guller* dagegen, der Hahnenreiter, stolziert gravitätisch durch die Menge und verneigt sich hin und wieder vor den Damen. Es handelt sich dabei um ein neueres Kostüm, deshalb steht er auch ein wenig außerhalb der anderen Rottweiler Maskierungen.

Selbstbewußtsein und Bürgerstolz präsentieren sich bei der alemannischen Fasnet in der Schönheit und Kostbarkeit von Kostüm und Maske (KUTTER). Eigene Maskenschnitzer sind oft das ganze Jahr über mit der Herstellung der Holzlarven beschäftigt, denn manche Ortschaften, die neu mit der Fasnet beginnen, bestellen gleich fünfzig Masken auf einmal. Früher, sagt der Maskenschnitzer Tränkle, habe er fünfunddreißig Mustermasken der einzelnen Ortschaften auf einem langen Balken in seiner Werkstatt gehabt, aber die habe er mit der Zeit alle an amerikanische Offiziere verkauft.

In Orten wie Elzach besitzt ein «aktiver Fastnächtler» zuweilen sechs bis acht verschiedene Masken, und wenn man ihn beim Fastnachtstreiben unter der Maske erkannt hat, so springt er heim und maskiert sich neu. Für das Kostüm scheut der Narr keine Kosten, wenn eine komplette Gewandung auch zwischen tausend und zweitausend Mark kostet, ein Preis, der sich auf das handwerkliche Qualitätsbedürfnis zurückführen läßt. Aber kein echter Rottweiler oder Elzacher oder Villinger, der nicht seine Ehre darin sähe, an Fasnet narren zu gehen.

Lange Vorbereitungen werden in Rottweil der Herstellung schön gemalter *Narrenbücher* gewidmet, in denen man die Unarten und kleinen Sünden der Stadtbewohner verspottet. Aus diesen Schriften lesen die Narren flüsternd, geschützt durch ihre Masken, öffentlich vor, umgeben von einem ganzen Schwarm Neugieriger. Das ist eine liebenswürdige Art von Volksjustiz, die damit versöhnlich endet, daß der Betroffene bei dem Narren Pralinen «schnupfen» darf.

Funktionierende Bräuche mit traditionsreicher Geschichte und eindrucksvollem Äußeren finden sich vielleicht nicht zufällig besonders im Bereich der Antisitte: Bräuche sind Kommunikationsakte. Gesellschaftskritik ist noch immer am ehesten verstanden worden, wenn sie mit Witz und Humor vorgetragen wurde. Allerdings sollte man dabei nicht übersehen, daß die Tage der Narrenfreiheit gezählt sind (SCHARFE 1980).

Lied des Elzacher Nachtwächters beim Taganrufen:

Steht auf im Namen – hätt ich's gwißt,
wer unter uns Narren der Hauptmann ist!
Sechs Uhr ist schon längst vorbei,
und wir Narren sind alle frei.
Die Sonne steht hoch über den Wolken,
und d'fule Mägd hän no nit g'molke!
Jetzt kommt die liebe Fastnachtszeit,
die uns Narren all erfreut.
Und wer so nit erstanden isch,
der weiß au nit, daß Fasnet isch.

Auch das benachbarte Villingen hat seine Narrenzunft und seine traditionsreichen Gestalten: den *Narro*, als Nachfahren der höfischen Welt der Renaissance und des Barock, wenn er sich im bemalten *Drillichhäs* und mit steifer Halskrause im gemessenen Tanzschritt vergangener Jahrhunderte präsentiert; das *Mäschgerle* in schöner ausdrucksvoller Holzmaske, angetan in der alten Villinger Tracht, den *Surhebel* als Typ des kleinstädtischen Griesgrams und die *Wuescht*, deren lumpige

Maskierung auch ärmeren Villingern Gelegenheit gab, das Maskentreiben mitzumachen; schließlich noch die Fuhrleute mit dem Esel, die eine ähnliche Szene aufzuführen haben wie die Rottweiler Rößle-Treiber.

All diese traditionellen Maskentypen narren auch heute. Aber sie weichen mehr und mehr einem ausufernden Umzugswesen, in dem neue miauende und krähende «Narrenzünfte» die alte Fastnachtsordnung mit modernen Elementen des Kölner und Mainzer Fernsehkarnevals überschwemmen. Da helfen keine Ermahnungen der Zunftgetreuen, die Mode siegt über die Tradition oder mischt sich mit ihr zu neuen Brauchformen.

In Stockach am Bodensee hat man das Fastnachtstreiben streng historisch eingefärbt. Der Erznarr Hans Kuoni aus dem 14. Jahrhundert wurde zum Erzvater der Stockacher Fasnet. Zu seinem Gedenken führt der *Narrenbüttel* den Zug der Hansele in die Stadt hinein, war doch den Stockacher Narren schon seit Jahrhunderten das Privileg einer fastnächtlichen Herrschaftszeit verliehen. In einer großen Versammlung auf dem Rathausplatz tritt alljährlich das Narrengericht zusammen. In früheren Zeiten verlas sein Wortführer die Missetaten und Dummheiten der Stadtbewohner vom letzten Jahr aus einem dicken Narrenbuch, denn jede widerrechtliche Handlung war durch Ratsbeschluß in dieses Buch eingetragen worden. Doch artete dieser Gebrauch allmählich in Grobheiten aus, gar zu harte Kritik wollte man nicht hören, und deshalb hat das Narrenbuch in Stockach schon lange seine Rolle ausgespielt. Heute ruft der Meister des Narrengerichts den Büttel auf, den Stadtrat herauszuführen. Der muß die Schlüssel und damit das Stadtrecht für die Fastnachtszeit dem Narrengericht übergeben, das in grünen Samtschauben erschienen ist, der mittelalterlichen Kleidung der Rechtspersonen. Wenn er unter großem Jubel der Bevölkerung das Regiment übernommen hat, marschiert der ganze Zug hinter der Musik zum Stadtrand. Voran springen die Hansele und neben ihnen die Platzmacher mit der Pritsche. Dann kommen in Marschreihe die Zimmerleute, die Zunft geschlossen in Lederkoller und weißen Hemden. Ihnen folgen die Stockacher Frauen mit der Goldhaube, in der kostbaren Tracht der Bodensee-Städterinnen.

Villinger Narro.

Am vorbereiteten Platz liegt der *Narrenbaum* bereit, ein zwanzig bis fünfundzwanzig Meter langer Baumstamm mit Tannenwipfel, der nun kunstgerecht und umständlich von den Zimmerleuten vermessen wird als Beginn einer breit ausgespielten parodistischen Szene. Für die nächsten zwei Stunden sind sie die Herren der Spiele, denn sie haben die Aufgabe, den Narrenbaum sicher in die Stadt zu transportieren und an einem bestimmten traditionellen Platz an der Hauptstraße aufzurichten. Das geschieht mit viel gespieltem handwerklich-zünftlerischem Ernst und Witz, aber auch mit Geschrei und mit zahlreichen sinnvoll-sinnlosen Scheinhandlungen. Der Zug in die Stadt wird so zu einem Fest für alle Akteure und Zuschauer. Ein Zimmerer lenkt den Baum mit einem Holzpflug als Steuer, zwei Räumer und Platzmacher halten die Straße frei. An der Spitze des Zuges ziehen die Kinder den Pflug als Scheinarbeit an einem langen Seil. Eine Unmenge von Hindernissen ist zu überwinden: So steht zum Beispiel ein Zeitungsstand im Weg und wird einfach überfahren, mag der Besitzer auch noch soviel jammern. Der Narrenbaum hat «Vorfahrt» auf der Straße. Die Spannung steigert sich, je näher man dem traditionellen Narrenbaumplatz kommt. Als letztes Hindernis steht ein Auto quer – Zimmerleute dreschen darauf ein und räumen es weg, damit der Stockacher Narrenbaum aufgerichtet werden kann.

Nun noch ein paar Bemerkungen zu den Kostümen (KUTTER). Als besonders «urtümlich» sind stets die Elzacher *Schuddige* gefeiert worden. In Elzach kennt man nicht die schönen, glatten höfischen Masken, sondern mehr sogenannte Schreckmasken wie das *Bäregefrieß*, die *Langnase* und richtige Teufelsmasken. In

Der Narr, der jetzt in Freuden lebt,
hat Weib und Kind vom Bett erhebt.
Hört ihr Mädchen, laßt euch sagen,
ihr müßt's mit keinem G'scheiten wagen:
denn was der G'scheite hat getrieben,
das wird schon längst in der Wiege liegen.
Das, was aber der Narr getan,
das steht jeder Zeit wohl an!
Ihr Mütter, wenn der Narren Zeit rückt an,
hängt euren Töchtern Schlösser an.
Und wenn der Narr den Schlüssel hat,
so denket, was ich euch gesagt!
Ihr Mädchen, nehmt euch wohl in acht,
daß man euch keinen Tambur macht!

«Grätterlet» aus Tettnang am Bodensee beim Umzug in Lindau.

Elzacher Latscharilied

In Elzach um die Fasnachtszeit,
Da ist es wunderschön,
Da kann man schon seit alter Zeit
Die wilden Schuttig sehn.
Mit viel Gebrumm und Trallaho
Verbringen sie die Zeit,
Bis Dienstag früh, so gegen neun
Beginnt die Latschigkeit.
Drum ziehen wir, wie's immer war,
Durch's Städtchen kreuz und quer,
Und holen uns nach altem Brauch
Den neuen Vorstand her.
Und hängt er dann am Narrenseil,
Dann singen wir ihm zum Gruß,
Das neueste Latscharilied
Von Anfang bis zum Schluß:

Aus einem Flugblatt des Latschari-Vereins, 1959

Endinger Narrenblatt.

der Gewandung ähnelt der Elzacher Schuddig den Bodensee-Flecklegewändern: Sein Kleid ist aus hochrotem Stoff, aus vielen aneinandergenähten ausgestanzten Stoffstreifen – heute in Anzugform, sogar mit Bügelfalten. Auf seinem Kopf trägt er einen Dreispitz aus Stroh, der mit Schneckenhäusern dicht besetzt ist und an seinen drei Ecken rote Bollen hat wie die Hüte der Mädchen aus dem Gutachtal. Seitlich ist der Hut an der Holzmaske festgeschnallt, so daß der Maskenträger nicht erkannt wird. Der Name *Schuddig* kommt von *Schaute, Schote, Schudi* = Narr.

Den Abschluß der närrischen Tage bildet häufig das parodistische Begräbnis der Fastnacht um Mitternacht, wenn der *Aschermittwoch* beginnt.

So bunt wie sich die Formelemente der Fastnacht mischen, so unbekümmert überdecken und überschneiden sich auch die historischen Schichten. Die Dörfer haben sich vielfach an den Formen der kleinstädtischen Fasnet orientiert oder auch ihren eigenen Stil gefunden, wenn sie nicht auf ältere regionale Traditionen zurückgreifen konnten. Die alemannisch-schwäbische Fasnet präsentiert also das Phänomen eines ausgeprägten und ausgefeilten Fastnachtstreibens in kleinen und kleinsten Städten und eines eifersüchtig gehüteten und ständig erneuerten Besitzes an wertvollen Holzmasken und ausgepichten Kostümen. Die Sozialgeschichte verrät eine Tradition, die auf Zunftwesen und Handel zurückführt. Belegt sind in den meisten Orten Fastnachtsbräuche seit der frühen Neuzeit, also seit dem 15./16. Jahrhundert. Im 19. Jahrhundert erfolgte fast überall ein Rückgang der Fastnachtsbräuche; sie wurden erst im späteren Verlauf durch Erneuerungsbewegungen wieder belebt, und Fastnachtsbräuche entwickelten eine neue Blüte. Wenn also die alemannische Fasnet in den Kulturbereich bürgerlich-städtischen Lebens gehört, dann muß sie in ihren Zeichen auch die sozialkulturellen Bewegungen dieses Lebens mitgemacht haben.

Die alte ständische Gesellschaft äußerte sich in einer ausgeformten Gruppenrepräsentation, bei der sich der eine Stand vom anderen streng abhob – etwa nach dem Modell: Kaiser – König – Edelmann – Bürger – Bauer – Bettelmann. Immer wurde eine Orientierung an der nächsthöheren Gruppe und eine peinliche Abgrenzung zu der nächstunteren versucht. Darüber hinaus strebte jede Gruppe nach einer eigenen Identität, die sich in typischen Zeichen ausdrücken wollte. Die Kulturgeschichte beweist, wie gut diese Bemühungen in vielerlei Beziehung gelungen sind. Im 19. Jahrhundert nun veränderte sich das alte Sozialmodell: Die Bürger übernahmen die Führung in Handel, Wissenschaft und Technik; das «Volk» ließ sich schlecht definieren und wurde gern als bäuerliche Dekoration verstanden, denn erst allmählich gelangte die gesellschaftliche und hierarchische Vielfalt der Landbevölkerung in ein allgemeineres Bewußtsein. Die neu entstehende Gruppe der Fabrik- und Landarbeiter, der besitzlosen Lohnempfänger aber geriet ganz ins Abseits kultureller Wahrnehmung. Und die Bräuche? Sie wurden entweder neu

organisiert als Schaugepränge, ähnlich den alten feudalen Aufführungen (wie zum Beispiel 1823 der Kölner Karneval) oder ins Ländlich-Bäurische verdrängt.

Ende des 19. Jahrhunderts nun war die *Bürgerschaft* so weit, sich ein neues eigenes Repräsentationsbedürfnis zu leisten: Das Bürgertum umfaßte nun eine geteilte Gruppe von Besitzbürgern und Bourgeois, die aristokratische Gebärden imitierten, von Bildungsbürgern, die nationalen Historismus auf ihre Fahnen schrieben und von Kleinbürgern, die emsig darauf bedacht waren, sich vom Proletariat, also der Arbeiterschaft, in ihren Festen und Feiern und allen anderen Formen der Kultur abzugrenzen. Diese Tendenz hat KÖSTLIN auch bei den Schützengilden beobachtet und beschrieben, wie das Modell Gilde durch soziale Institutionen die Proletarisierung gehemmt hat (vgl. S. 160ff.). Um sich nun ihre eigenen Figurationen zu schaffen, griffen die Klein- und Mittelbürger weder nach den weit entfernten Kulturvorbildern des Adels noch nach den abstrakten Schemen des Historismus der Bildungsbürger, sondern bedienten sich aus dem Kulturbesitz ihrer eigenen Vergangenheit: den Zeichen der Zünfte, des Handwerkerstolzes. Dazu kamen zuweilen auch die von der Romantik neu entdeckten Werte des Mittelalterlich-Altdeutschen. Und aus all diesen Elementen schufen sie sich eine neue Art von Repräsentation und Reputierlichkeit, von eigener Kultur, auch von neuen Herrschaftssystemen und Freizeithierarchien in einer sich verändernden Gesellschaft.

Für diese Entwicklungen sind die alemannischen Fastnachtsbräuche deutliche Zeichen. Heute kommt die Mode der Nostalgie dazu, die Freude am «Echten», Ererbten, Übriggebliebenen in allen Zeitwirren. BAUSINGER sagt (Fasnacht, S. 12), daß in der Fasnacht eine totale und elementare Entgrenzung erfahren wird, die mit Beschreibungen wie «soziale Ventilsitte» nicht erfaßt werden kann.

Der «Tübinger Arbeitskreis für Fasnachtsforschung», 1961 begründet, führte unter der Leitung von Hermann Bausinger zwischen 1962 und 1968 sieben

Stockacher Fasnetszeitung.

Arbeitstagungen mit Wissenschaftlern und interessierten «Narren» durch und veröffentlichte drei dicke Bände. Damit erweckten Bausinger und seine Mitarbeiter, motiviert wohl auch durch die fundierten Leitgedanken HANS MOSERS, ein neues Verständnis für diesen Brauchbereich, der sich in der traditionellen Volkskunde so viele romantische und irrationale Mißdeutungen hat gefallen lassen müssen. Die Tübinger Fasnachtsforschung, Hans Mosers Arbeiten und was ihnen nachfolgte, dürfen als ein Markstein auf dem Weg der modernen Brauchforschung verstanden werden. Sie haben die Vorstellung vom dämonischen Faszinosum der Fastnacht als etwas vage Urtümlichem zerschlagen und statt dessen das gesellschaftliche Faszinosum von etwas historisch und sozial Differenziertem zum Thema gemacht.

Bisher wurden in diesem Kapitel Bräuche in Verbindung mit ihren Trägergruppen, den Gilden und Zünften, beschrieben und dabei ihre historisch variierende Rolle in gesellschaftlichen Emanzipations- und Änderungsprozessen beleuchtet. Von der Bezauberung durch Masken und den volkskundlichen Theorien (MEULI), die sich um ihre Deutung entwickelt haben, war dabei weniger die Rede. Das gehört in einen anderen wissenschaftsgeschichtlichen Zusammenhang. Der Eindruck, den eine Gruppe von Maskengestalten in voller Aktion ausübt, soll damit nicht beiseite geschoben werden. Sie faszinieren durch den gleichen starren und doch erregten Gesichtsausdruck, sie blecken, grinsen, lächeln alle unbewegt und unentwegt in gleicher Weise, während ihre Körper schwingen und springen. Das wirkt nicht nur komisch, sondern auch zuweilen erschreckend und jedenfalls aus dem Alltag entrückend, auch ohne dabei an die Wiederkehr der toten Ahnen oder an Fruchtbarkeitsdämonen zu denken. Eine sozialpsychologische Befragung der Maskenträger nach ihren Motiven und Gefühlen in all den vielfältigen Vermummungsriten und -stilen des Hegaus hat systematisch noch nicht stattgefunden. Was empfinden sie bei ihrer Verwandlung? Nur den Reiz der Anonymität oder einen Zuwachs von Kräften als Mitglieder einer ritualen Gruppe? Davon wird noch zu reden sein.

Fasnachts-Zeitung Mi-au

Redaktion: Vermutlich bei der Einweihung der neuen Klä̈ranlage
Telefon: 455
Nur in dringenden Fällen, da Explosionsgefahr

In Worten und in Bildern
Wir nur Tatsachen schildern
Erspäht und Erlauscht vom Katzenmusikverein »Miau« e. V. Villingen a. Schwarzw.

Bezugspreis: Nur für Pontarlierer umesunscht
Bankkonto: Wegen Sparmaßnahmen mit Rotstift gestrichen

95. Jahrgang — Erscheint 365 mol überhaupt nit — Fasnet 1967

Klein- und großstädtische Karnevalszeitungen.

1968 mit KÖLNER ROSENMONTAGSZEITUNG
Offizielles Organ des Festkomitees des Kölner Karnevals von 1823 e.V.
Preis 70 Pfennig

Kölner Stadt-Anzünder

Kiesinger und Brandt meinen:
Schwarz-Rot wird mit allem fertig
Finden Sie auch?

Ist Peter Müller eine Frau?
Endlich: Der saubere Witz
Mode für die tollen Tage
Würfeln Sie keine Sex
Max Merkel macht Theater
Mädchen zum Selbstmachen

Wenn Sie Schwarz-Rot nicht mögen, probier ich es mal ganz ohne. (Sehen Sie sich die letzte Seite an)

Pfund wiegt weniger
Zu Karneval auch Liter-Abwertung geplant

Wieder Entführungen vorgesehen
CDU jetzt gegen Schützenpanzer
Rhein steht endgültig in Flammen

Neben Gilden und Zünften sind es in neuerer Zeit die Vereine in den Städten, die als Träger von Bräuchen fungieren. Wenn es auch richtig ist, Vereine als freiwillige Interessenverbände zu definieren (FREUDENTHAL 1968, S. 11) – etwa im Gegensatz zum Statuscharakter der dörflichen Burschenschaften –, so ist damit nicht etwa ihr dauernd gleichbleibender, durch Statuten fixierter Charakter festgelegt. Sie sind keine statischen, zeitlosen Gebilde, sondern ändern sich in der Auseinandersetzung mit der sie umgebenden Gesellschaft. Ihre wichtigste Funktion ist das Entstehen eines neuen Wir-Gefühls, eines vereinseigenen Kompetenzbewußtseins, einer Normenkonformität mit äußeren Zeichen. Die drei Karnevalsvereine der Stadt Kassel (DÜRKOP), die übrigens erst seit dem festliebenden König Jérome karnevalistische Aktivitäten entwickelt hat, sind ein gut untersuchtes Beispiel. Ihre Mitglieder empfinden die Entlastungsfunktion der Vereinsgeselligkeit, die sie mit großem Aufwand pflegen – die festliche Kompensation gegenüber dem glanzlosen Alltagsleben, wohl auch die andere Hierarchie und Rollenmöglichkeit. Der Verein mit seinen Festveranstaltungen wird als ein Refugium erlebt, in dem man wenigstens zeitweise vor den Forderungen des Alltags geschützt ist. Daß sich dabei neue Komplikationen ergeben können, daß emanzipatorische und kreative Ziele nur bedingt erreicht werden, daß die Freizeit einen vom Arbeitsleben ganz abgelösten Charakter erhält, ist in dieser Untersuchung deutlich geworden. Und dabei stellt sich schließlich die Frage, ob der Vereinszweck denn gerade der – für Kassel gar nicht typische – Karneval sein muß, oder ob dieser Inhalt austauschbar ist? «Karneval ist überall!», schreibt G. DÜRKOP am Schluß ihrer Arbeit. Das Problem der *Vereine als Brauchträger* bedarf noch mehrerer derartiger Untersuchungen.

Recht und Ordnung

Bräuche als Regeln und Muster für sozialen Kontakt

Wie in den bisherigen Kapiteln, so können auch in diesem Bräuche nur exemplarisch vorgestellt werden in dem Bemühen, Motive und Ziele der brauchausübenden Gruppen hinter ihren zeichenhaften Handlungen aufzuspüren. Die bestimmenden Faktoren sind hier Ordnung und Rüge, wie KARL S. KRAMER zwei entscheidende Kapitel seiner rechtlichen Volkskunde überschrieb (KRAMER 1974, S. 17ff. und 82ff.). Bräuche wirken dabei als Regeln und Muster für den sozialen Kontakt zwischen den Gruppenangehörigen und dürfen, solange das Normensystem der Gruppe funktioniert, nicht mißachtet werden. Dabei kann es vorkommen, daß in Bräuchen im Verlauf historischer Entwicklung und gesellschaftlicher Diffusion gewissermaßen nur noch Scheingefechte geliefert werden, aber durch die Tatsache ihrer festlichen Ausgestaltung beweisen die Brauchträger, wie wichtig ihnen der Brauchinhalt auch unter verändertem Kontext geblieben ist.

Der Basler Lällenkönig (Lälle = Zunge); bewegliche Spottmaske des 16. Jahrhunderts an der Rheinbrücke.

Bräuche als Ausdruck von Zustimmung

Wichtig für die Gemeindeordnung und die Lebensbedingungen der Bürger waren die Gemeindegrenzen und der Besitz an Feld und Wald. Darauf beziehen sich die vielerorts geübten *Grenzgangfeste*, von denen hier beispielhaft das große Fest in Biedenkopf/Oberhessen beschrieben wird (WEBER-KELLERMANN/STOLLE, S. 74f.). Alle sieben Jahre feiern die Biedenkopfer ihr Grenzgangfest, das mindestens bis ins 17. Jahrhundert zurückreichen soll. Wegen des großen Waldreichtums in der Umgebung mußte die Grenze des Stadtbezirks immer von neuem festgelegt werden. Dazu diente die Grenzbegehung, doch gleichzeitig hatte sie auch eine erzieherische Funktion, denn die Jugendlichen sollten sich bei diesem brauchmäßig fixierten Ausflug die Grenzlinie des Stadtbezirkes merken! Hauptbesitz der Stadt und ihr Reichtum ist der Wald. Biedenkopf war mit seinem Schloß einst landgräflicher Sitz und beherrschte das «Hinterland». Daher erklärt sich auch der traditionelle Ruf des Grenzgangfestes: «Der Wald ist unser!»

Zur Organisation des Grenzgangfestes schließen sich die Bürger in «Straßenvereinen» zusammen, die das Grenzgangfest vorbereiten. Sie bauen sich kleine «Erholungshäuschen» im Wald, denn der Wald spielt die Hauptrolle. Die verheirateten Männer der jeweiligen Straßenvereine bilden je eine *Gesellschaft*, und die ledigen formieren sich als *Burschenschaften* in ihren angestammten Gasthäusern, während die Mädchen die Fahnen, Uniformen und Requisiten instand setzen. Jede Gesellschaft wählt für je dreißig Mitglieder einen Anführer, einen Stellvertreter und drei bis neun Fahnenträger; das Grenzgangskomitee aber ist eine permanente Einrichtung als Vorstand des Grenzgangsvereins. Der Brauch wirkt durch und durch militärisch organisiert: Der Anführer heißt *Männerhauptmann* und wird von den Männerführern gewählt. Die vereinigten Burschenschaften wählen eben-

Der Biedenkopfer Grenzgang von 1970

Das Grenzgangkomitee hatte 1970 folgenden «Zeitplan» für die Aufstellung auf dem Marktplatz veröffentlicht:

5.00 Uhr Beginn des Weckrufes durch die Kapellen und Böllerschüsse
5.30 Uhr Ende des Weckens
5.35 Uhr Abholen der Gesellschaft
5.40 Uhr Abholen der Stadtfahne mit Komitee beim Vorsitzenden, Marsch zum Treffpunkt mit dem Bürgerobersten
5.50 Uhr Einmarsch der Burschenobersten mit Reitern
5.55 Uhr Einmarsch des Bürgerobersten mit Reitern.

Meldung des Burschenobersten an Bürgerobersten.
Meldung des Männerhauptmannes an Bürgerobersten. Oberst begrüßt – läßt rühren.
Totenehrung.
Bürgermeister spricht kurze Gedenkworte. Gang zum Ehrenmal:
Bürgermeister, Komiteemitglieder. Bürgeroberst läßt still stehen, präsentieren und Fahnen senken.
Kapelle: «Ich hatt' einen Kameraden» – Glockenläuten. Kranzniederlegung – Gedenkminute.
Oberst: Gewehr ab und rühren.
Bürgermeister geht zur Tribüne zurück.
Kapelle: «Alte Kameraden».
Ansprache des Bürgermeisters auf der Tribüne – endend mit dreifachem «Hoch!» Kapelle: Deutschlandlied (3. Strophe) zum Mitsingen.
Oberst kommandiert: «Grenzgang marsch!»
Kapelle: Grenzmarsch.

Dann bewegt sich der Zug erst durch die Stadt, an der Stadtgrenze entlang, aus der Stadt hinaus zum 1. Ziel, dem Frühstücksplatz. Dort ist für jede Gesellschaft ein Faß vorbereitet [...]. Nun treten die Fahnenträger in Aktion: sie versuchen, die Fremden, die Nichtorganisierten «unter die Fahne zu nehmen», d. h. sie werden unter dem Fahnentuch dreimal hochgehoben, dürfen dann mit den anderen trinken und sich mit Geld lösen –, durchweg Ritualien, die an die Hänselbräuche der Handwerker erinnern, an die Initiation von Lehrlingen und Gesellen. Von den Biedenkopfern wird das als freiwillige Eingliederung von Gästen in die Männergesellschaft und Burschenschaften verstanden. – Dann bekommen die Neulinge ein Fähnchen angesteckt und gehören nun zu der «Gesellschaft», die sie unter die Fahne nahm.
Der Mohr verfolgt mit seinem Trommler die gleichen Ziele, besonders im Hinblick auf Prominente, und es gilt als Ehre, vom Mohren gefangen zu werden. Er greift sich bestimmte Leute heraus, die er «auf den Grenzstein huppt», d. h. sie werden dreimal auf den Grenzstein beim Frühstücksplatz aufgesetzt, während der Mohr spricht: «Der Stein – die Grenze – in Ewigkeit!» Damit ist die alte Bedeutung des Grenzsteins bestärkt, und die Neulinge müssen gleichfalls zahlen und dürfen sich nicht lumpen lassen! Das Geld wird der Mohr später mit seinen Begleitern teilen; gute Einnahmen sind ihnen sicher. Nach mehreren Stunden Frühstückszeit marschieren dann die Gesellschaften, die Musikkapelle voran und in beschwingter Stimmung zu weiteren Rastplätzen.

falls ihren *Burschenhauptmann* und dazu die Wettläufer, die mit den *Sapeuren* die Ordnung des Zuges aufrechterhalten sollen. Das Komitee bestimmt den *Bürgeroberst* und wählt vor allem einen *Mohr*, die heimliche Hauptperson des Festes, eine sehr begehrte Rolle, die manchmal ein paar tausend Mark einbringt! Früher mußte es unbedingt ein Einheimischer sein. Der Mohr trägt eine schwarze Uniform, einen Turban und ist schwarz angemalt. Man erklärt ihn so, daß früher beim Grenzgang ein Mohr mitgeführt wurde als Schreckgestalt für die Grenzfrevler! Möglich ist aber auch eine Erinnerung an die Gala-Mohren, die im Barock an den Höfen üblich waren. Der Grenzgang in Biedenkopf, dessen ältere Bedeutung als Grenzbegehung schon lange nicht mehr aktuell ist, erhält sich als Fest der Biedenkopfer Bürgerschaft mit militärischen Regeln, nationalem Heimatgedanken und einem gewissen exklusiven Flair, wenn sich *Bürgeroberst* und *Offiziere* mit eigenem oder geliehenem Reitpferd im Reitdreß präsentieren können. Biedenkopf ist eine wohlhabende kleine Industriestadt mit einer größeren gesellschaftlichen Oberschicht. Solche Interpretationen hören die Biedenkopfer nicht gern und pochen auf die gemeinschaftsbildende Kraft ihres Festes («Hinterländer Geschichtsblätter» 50/1971). Das mag im einzelnen zutreffen. Im ganzen aber – davon überzeugt die Anschauung – manifestiert sich hier das hierarchische Bild einer selbstbewußten Stadtbevölkerung, und ich wüßte nicht, was an einer solchen Feststellung ehrenrührig wäre. Brauch ist also hier formalisierte Zustimmung zu den herrschenden Ordnungen.

Bräuche als Ausdruck von Protest

Auf der entgegengesetzten Seite stehen die Bräuche des Protestes und der Rüge. Da sich die ältere Volkskunde, wie schon wiederholt betont, stets mehr an die äußeren Formen gehalten hat als an die Inhalte, die die Ausübenden damit zum Ausdruck bringen wollen, sind Zeugnisse darüber, wie Bräuche zu speziellen Protestaktionen genutzt wurden, verhältnismäßig selten. Man erfährt nur am Rande von solchen Aktionen, meist nur durch polizeiliche und damit aktenkundig gewordene Verbote. So in der Geschichte des Kölner Karnevals für die Franzosenzeit und manches andere mehr.

Auffallend ist in älteren Berichten, wie sehr gerade in den Städten größere Brauchbegehungen polizeilich und sogar militärisch bewacht wurden, wenn sich das auch in den Darstellungen nach frommer Teilnahme anhören soll. So verlief der *Münchener Fronleichnamszug* vor etwa hundert Jahren nach Reinsberg-Düringsfeld (S. 207f.) für eine Prozession und einen Bürgerbrauch recht ungewöhnlich:

«Marienplatz und alle Straßen, durch die der Zug kam, waren mit Brettern belegt und dünn mit Gras bestreut, alle Häuser mit Maien geschmückt. Vier Trompeter eröffneten den Zug, und ihnen folgten die Zünfte mit ihren Fahnen. [...] Hinterher kamen die Schulmädchen in Weiß mit Blumenkränzen und -körben. Die Prozession umfaßte nicht nur die ganze Geistlichkeit, alle Klöster und Bruderschaften, sondern auch der König mit seinem Hofe, sämtliche Behörden, Körperschaften und Beamten folgten; der Raum für die Prozession wird durch aufgestelltes Militär vom Andrang der schaulustigen Menge freigehalten, die Prozession selbst teilweise von der königlichen Hatschiergarde begleitet, welche mit ihren Hellebarden, ihren blau- und gelbgestreiften Fracks, ihren gelben kurzen Hosen, weißen Strümpfen und hohen Federhüten uns in die Zeit der Schweizer Garden zurückversetzt, und von einer Truppenabteilung geschlossen, hinter welcher in langem dichtgedrängten Zuge die große Masse des Volkes folgt.» Ein eigenartiges Schaugepränge, das nach dieser Schilderung eher einen militärischen als einen religiösen Charakter verrät. Immer gegenwärtig war der Obrigkeit bei solchen Massenzusammenkünften ganz offensichtlich die Gefahr revolutionärer Aktionen – selbst zu Fronleichnam.

Ähnliches ist auch bei großen Festlichkeiten im deutschen Norden zu beobachten. Hier sei das *Klootschießen* und das daraus entstandene *Bosseln* erwähnt, Heimatspiele der Friesen zwischen Ems und Weser. Ähnlich wie das Bosselspiel auf den vereisten Marschen im Winter spielt sich das *Wattenbosseln* bei Ebbe an der Nordseeküste im Sommer ab (HANSEN 1939, S. 66ff.). Mannschaften der Dorfburschen messen sich bei vielbesuchten Wettkämpfen mit bis zu 20000 Zuschauern im Schleudern von Holzkugeln über eine vorbestimmte Bahn. Dabei standen die Spieler schließlich bis zu den Knien im aufsteigenden Wasser, und Käkler und Mäkler, die kritisierenden Zuschauer bei den Wettkämpfen, gehörten wesentlich mit dazu. Eigentlich ist das Wort *bosseln* gleichbedeutend mit «stoßen» und wurde früher für «Kegel schieben» gebraucht. So gehört auch das Wattenbosseln in den großen Bereich der Kugelspiele, die als Konkurrenzspiele zweier Mannschaften seit alten Zeiten weit verbreitet sind.

Mit *Klooten* sind hartgewordene und gefrorene Kluten aus Marscherde gemeint, gefährliche Wurfgeschosse. Über den Ursprung dieser Spiele gibt es bei den Friesen zwei Lesarten: Die eine meint, daß man die an einer Leine befestigte schwere Kugel benutzte, um sie mit Wucht über treibendes kostbares Strandgut zu werfen, das man so an Land ziehen konnte. Die andere führt diesen Wurfsport auf alte Kämpfe mit den vom Wasser kommenden Eindringlingen zurück, wobei die Klooten als Munition dienten. Belege von solchen Kämpfen finden sich bis ins Mittelalter, aber in der Neuzeit wurde die Übung zum sportlichen Wettkampf zwischen den Mannschaften verschiedener Orte.

Johann Mettenleiter (1750–1825): Eislauf und Eisschießen. Kupferstich, 1788.

Daß es dabei oft wild zuging, zeigen die seit 1731 überlieferten obrigkeitlichen Verbote in Ostfriesland und Jeverland, die sogar von den Kanzeln verlesen, jedoch immer wieder von den Burschen «vergessen» wurden. So erließ Fürst Georg Albrecht von Ostfriesland 1731 ein Edikt, in dem er das Klootschießen wegen «Unordnung mit Saufen, Fressen, Schelten, greulichen Fluchen und Schwören, Schlagen und Verwunden und anderem, groben zum Ärgerniß frommer Leute und der Jugend zum bösen Exempel dienenden Excessen» strengstens untersagte.

Hinter allerhöchstem moralisierenden Unmut war oft die Furcht vor sozialen Unruhen verborgen, die zuweilen auf solchen Volksfesten, wo sich viele trafen und ihre Sorgen und Probleme untereinander besprachen, ihren Anfang nahmen. Darüber erfahren wir nur durch Edikte und Verbote und wissen nicht, ob sich unter dem Mantel des Brauches aufrührerische Aktionen abspielten. Dem wollte die Herrschaft mit ihren Erlassen von vornherein entgegenwirken. Das galt vielleicht auch für die Klootenschießer, junge Burschen, die sich ihrer Kraft bewußt wurden. Ihnen konnte man allerdings die Freude am Klooten und Bosseln auf die Dauer nicht nehmen. Das Spiel fand als Wettkampf zwischen den Mannschaften verschiedener Gemeinden statt und hatte eine ähnliche Funktion wie andere burschenschaftliche Konkurrenzaktionen, wie sie bereits bei den (vgl. S. 102 bis 107) Maibaumbräuchen der Burschenschaften ausführlich vorgestellt wurden.

So lebte dieser alte Sportwettkampf aus sich heraus bis in die Mitte des 19. Jahrhunderts; wie so viele ältere Bräuche fand er keinen Eingang mehr in die neue Industriegesellschaft und siechte langsam dahin. Da traten um 1880 die alten «heimatverbundenen» Klootschießer auf den Plan, allen voran der Rüstringer Friese U. Lübben, und versuchten eine Neubelebung durch feste Organisationsformen, Zusammenbindung der verstreuten Gruppen und größere spektakuläre Feldkämpfe. Es entstanden Klootschießvereine, und 1902 schlossen sich alle Klootschießer zu einem Verband zusammen.

Aber neben solchen vagen Hinweisen auf Ausschreitungen im Schatten von Bräuchen existiert eine gewissermaßen legalisierte Gattung von Rügebräuchen. Diese Form der Volksjustiz im Rahmen einer sozialen Kontrolle hat besonders in die Fastnachtsbräuche Eingang gefunden: sei es als regelrechtes Narrengericht, das verborgene Vergehen aburteilt, sei es als spottende (Schweizer) *Schnitzelbank*, als (Rottweiler) *Narrenbuch*, als Elzacher *Taganrufen.* Vom *Haberfeldtreiben* als oberbayrischer Bauernfeme (ZIPPERER; KRAMER 1969, S. 84f.) soll hier nur am Rande die Rede sein. Nachweislich lebte der Brauch seit dem 18. Jahrhundert bis etwa 1900, als er wegen seiner Exzesse polizeilich verboten wurde. Es handelte sich um eine nächtliche interne Gerichtsbarkeit, vorgenommen an denjenigen, die die ungeschriebenen Normen der Gruppe verletzt hatten.

Ähnliches erfolgte durch das *Charivari*, eine Lärmjustiz mit improvisierten Instrumenten (MEULI 1953). Solche Dinge spielten sich auch in den Städten ab. So berichtet FREUDENTHAL (1960/61, S. 95), wie in Hamburg im Winter 1918/19 ein Schlächter zu einem Schandumzug in einem mit toten Katzen und Ratten dekorierten Wagen von seinen empörten Kunden gezwungen wurde. Diese Volksjustiz hatte dann häufig ein Nachspiel vor den öffentlichen Gerichten, was die Aktanten aber wenig berührte. Ihre Gruppe wußten sie hinter sich. Parallelen zu heutigen Aktionen gegen das Unrecht einzelner, die materielle Vormachtstellungen innehaben, wie Hausbesetzungen u. ä., sind schnell zu ziehen.

Ein anderes tradiertes brauchmäßiges Rechtsmittel waren Wüstungen, Hauszerstörungen, Heimsuchungen (Schweiz), auch in Form des Dachabdeckens oder als Verladen eines Pfluges, Mistwagens, Kinderwagens auf das Dach. Das geschah, wenn die gültige Norm verletzt worden war, besonders im Hause: Wenn zum Beispiel offenkundig wurde, daß die Frau das Regiment im Hause führte (KRAMER 1974, S. 74). Rügebräuche sind nach KRAMER (1974, S. 78f.) «gemeinschaftliche oder gemeinschaftsbezogene Handlungen mit Straffunktion, die gegen einzelne oder mehrere innerhalb der gleichen Gruppe bei Verstößen gegen die als allgemein verbindlich erachtete Sitte gerichtet sind. [...] Häufig beziehen sich die durch sie geahndeten Verstöße auf Dinge, die nur in einer begrenzten Gruppe in dem für sie gültigen Ordnungssystem verbindlich geregelt sind. [...] Der Anlaß bildet das auslösende Moment, jedoch kann die Anwendung an einen bestimmten, brauchtümlich wichtigen Termin, wie Fastnacht oder Kirchweih, fixiert sein.»

Nach SCHARFE (1970, S. 50ff.) sind sie das Instrument sozialer Kontrolle. Er bringt hier die wichtigen sozialwissenschaftlichen Fragen ein nach Sanktionsform und -intensität, nach den Chancen der Sanktion und ihrer Effizienz. Damit erweitert er das Gebiet wesentlich in Richtung auf viele Arten oppositionellen Handelns. Der Rügebrauch kann entweder von einer sozial unterdrückten Gruppe ausgehen wie Knechte, Arbeiter, Lehrlinge, Soldaten, Schüler – oder von einer Altersgruppe. Dann sind Jugendliche, meist die Burschen, Ausübende der Rügebräuche, allerdings während des Brauchablaufs auch im Besitz der Macht. Die Erwachsenen halten sich zurück, unterstützen sie aber im Hintergrund, wenn sie sich nicht selbst betroffen fühlen.

Will man der Interpretation von SCHARFE folgen, so handelt es sich um einen gesellschaftlichen Trick, einen «Akt repressiver Toleranz, mit dessen Hilfe die noch nicht ganz Angepaßten, indem ihnen scheinbar Freiheiten zugestanden werden, schließlich voll adaptiert werden. Sie erlernen durch ein erlaubtes Spielchen die Spielregeln.» Die scheinbar Kontrollierenden werden damit unbemerkt zu den Kontrollierten. Das ist ein anregender Gedankengang, der nebenbei auch wieder etwas über den Traditionsprozeß von Bräuchen aussagt. Er verweist die

Ende der fünfziger Jahre unseres Jahrhunderts kam es in einem kleinen Ort der Eifel zu einem Konflikt, bei dessen Schilderung – in der Presse so gut wie in wissenschaftlichen Zeitschriften – üppig mit dem Begriff Sitte operiert wurde, der aber gerade geeignet ist, die Problematik des Begriffes augenfällig zu machen. Ein junger Mann aus einem Nachbardorf hatte sich in ein Mädchen des Orts verliebt. Die Burschen aus dem Dorf verlangten von ihm, dem Herkommen entsprechend, eine Geldspende für einen gemeinsamen Umtrunk; aber der Mann ging nicht darauf ein. Dies führte zu einer ersten Sanktion: Eine Sägemehlspur wurde vom Haus des Mädchens bis zu dem des zwei Kilometer entfernten Liebhabers gestreut. Als dieser sich auch weiterhin und bis zur Hochzeit selber sträubte, brachten die Burschen des kleinen Orts dem jungen Paar am Hochzeitsabende eine schimpfliche Katzenmusik dar – das heißt sie traten auf wie die oberbayerischen Haberer, vollführten einen Höllenlärm mit Topfdeckeln, Blechgeräten und anderen Lärminstrumenten. Diese Darbietung wurde wochenlang Abend für Abend fortgesetzt. Der Bräutigam ging vor Gericht und erreichte eine einstweilige Verfügung gegen die Belästigung, aber der Lärm ging weiter, auch nachdem ein Dutzend der Burschen namentlich verklagt und vom Gericht gewarnt war: an ihre Stelle traten andere, meist vermummte Gestalten. Die Sanktionen gipfelten schließlich in der sogenannten *Eselshochzeit* – bei einer solchen wird das Paar in einer mimischen Darbietung zu Eseln erklärt, und außerdem wird festgelegt, daß «auch die Kinder aus der betreffenden Ehe fortan ‹Eselskinder› heißen sollen». Das Gericht hatte vorsorglich diese Eselshochzeit als ehrverletzend verboten. Dieses Verbot wurde jedoch dadurch umgangen, daß ganz offiziell die Durchführung eines großen Volksfestes mit einem Eselsschauspiel beantragt wurde; die behördliche Genehmigung wurde erteilt, und an dem betreffenden Tag im Sommer 1958 strömten 15000 Menschen aus der näheren und weiteren Umgebung in dem 70-Personen-Ort zusammen, um dort gegen eine Eintrittsgebühr von 1,50 DM das Eselsschauspiel mitzuerleben.

HERMANN BAUSINGER: Volkskunde. 1973, S. 130f.

Rügebräuche in den Bereich des gruppenbestimmenden Sozialisationsprozesses mit dem Ziel der Anpassung, und dem ist wohl in vieler Hinsicht zuzustimmen – zumindest was die ländlichen, burschenschaftlich geübten Rügebräuche anbetrifft. In der dörflichen, nicht institutionalisierten Edukation gilt als Instrumentarium Zusehen und Mitmachen – und dazu gehören auch die Bräuche. Sanktionen setzen jedoch ein sozialpsychisches Gleichgewichtssystem voraus. Deshalb konnten die harten Sanktionen der Eifelburschen nicht greifen (LUTZ) und den Ortsfremden nicht integrieren, denn er verstand nicht die Sprache dieser Bräuche und hatte kein Interesse an einer Adaption. In der städtischen Gesellschaft trifft das so nicht zu, da die zu rügenden Konflikte ganz andere sein können als gruppeneigene Normverstöße. Darauf wird im Kapitel über Arbeiterbräuche zurückgekommen.

Krienser Wöschwib beim Grüdisdienstag in Luzern.

Rügebräuche und die Rolle der Frauen

Eine soziale Gruppe wird bei der Darstellung von Brauchzusammenhängen stets vernachlässigt: die Frauen. Am Rande nur treten sie auf als fleißige Näherinnen und Flechterinnen bei den festlichen Vorbereitungen, als Bäckerinnen und Köchinnen, wenn die Burschen oder Kinder Eier und Speck gesammelt haben, als von Burschen gespielte Weibsgestalten wie die Kölner Karnevalsjungfrau und die Herbsteiner Tirolerin, als schmückendes Beiwerk wie die Funkenmariechen, als

Daß Frauen zu der Kultur, in der wir leben, über die Jahrtausende hin offiziell und direkt so gut wie nichts beitragen durften, ist nicht nur eine entsetzliche, beschämende und skandalöse Tatsache für Frauen –, es ist, genau genommen, diejenige Schwachstelle der Kultur, aus der heraus sie selbstzerstörerisch wird, nämlich ihre Unfähigkeit zur Reife. Jedoch bringt es der Fähigkeit zur Reife nicht näher, wenn an die Stelle des Männlichkeitswahns der Weiblichkeitswahn gesetzt wird und wenn die Errungenschaften vernünftigen Denkens, nur weil Männer sie hervorgebracht haben, von Frauen zugunsten einer Idealisierung vorrationaler Menschheitsetappen über Bord geworfen werden. [...] Es gibt keinen Weg vorbei an der Persönlichkeitsbildung, an rationalen Modellen der Konfliktlösung, das heißt auch an der Auseinandersetzung und Zusammenarbeit mit Andersdenkenden und, selbstverständlich, Andersgeschlechtlichen. Autonomie ist eine Aufgabe für jedermann, und Frauen, die sich auf ihre Weiblichkeit als einen Wert zurückziehen, handeln im Grunde, wie es ihnen andressiert wurde: sie reagieren mit einem großangelegten Ausweichmanöver auf die Herausforderung der Realität an ihre ganze Person.

Christa Wolf: Voraussetzungen einer Erzählung. Kassandra. 1983, S. 115 f.

passive Gegenstände der Versteigerung, oder aber als Objekte der moralisch-sozialen Rüge wie das Mädchen mit dem Schandmaien, die Braut mit dem Strohkranz oder gar die Hausfrau, die tüchtiger ist als ihr Mann.

Der Einwand, daß heutzutage Frauen vielfach aktiv an den Bräuchen beteiligt sind, die Familienkostüme tragen dürfen wie in Rottweil, eigene Cliquen bilden dürfen wie in Basel, greift nicht, denn sie schlüpfen damit nur in Männerrollen, ohne eine eigene Identität zu erlangen. Es muß doch jedem Volkskundler und noch mehr jeder Volkskundlerin zu denken geben, daß Frauen bis in die Gegenwart im Bereich der Bräuche im allgemeinen nur jenen Part spielen, den eine patriarchalisch-autoritär geordnete Gesellschaft den Frauen überhaupt auch in der Alltagswelt zumißt. Haben die Frauen das nie erkannt und sich nie als Frauen dagegen aufgelehnt?

Ein Hoffnungsschimmer scheint am Horizont aufzutauchen und sich zu einem gegen die Männerherrschaft gerichteten weiblichen Rügebrauch zu verdichten: die *Weiberfastnacht.* Was hat es damit auf sich? Historisch ist sie bis ins 14. Jahrhundert zu verfolgen, als in den Städten die Ehefrauen der heiratsfähigen Familien, zuweilen auch Witwen und Töchter, in der Fastnachtszeit zu einem eigenen Mahl geladen wurden – gesondert übrigens dann auch die Freudenmädchen der Stadt: also die Frauen insgesamt in schöner «Solidarität»!

Später wurde es dann üblich, in den Städten *Weiberzechen* zu veranstalten, die obrigkeitlich geduldet und sogar gefördert wurden, so am Donnerstag vor Fastnacht oder am Funkensonntag (Spamer 1936, S. 44 ff.; Becker 1913). Sie ahmten die Männerbräuche nach, hielten ein Weibergericht über die Männer mit Schweigegebot. Sie veranstalteten Maskenumgänge, verlangten und erhielten gewünschte Gaben. In der Regel tagten die Weiberzechen in den Wirtshäusern und duldeten keinen männlichen Gast. Aus dem 19. Jahrhundert sind Berichte über weinselige Sitzungen im Rathaus bekannt, das an diesem Tag für männliche Besucher geschlossen war.

In München tanzen am Faschingsdienstag die Marktfrauen auf dem Viktualienmarkt, und kein Mann darf sich ihrer Tanzaufforderung entziehen. Ein schwacher Abglanz ist das Recht auf gelegentliche Damenwahl bei den Fastnachtsbällen. Beliebt war und ist das Frauenrecht, an «ihrem» Tag den Männern (im Rheinland bricht um elf Uhr die Weiberfastnacht aus) am *schmutzigen* (= fetten) Donnerstag Mütze oder Hut wegzunehmen und auch in den Büros den Schlips abzuschneiden, sie also des Zeichens der Männlichkeit zu berauben. Auf dem Kölner *Wieverfastelovend* erscheinen die Frauen in Männerkleidung, trinken unter lautem Lärmen ausgiebig Bier und Korn und verspotten mit derb-sexuellen Reden die Männer. Das ist auch heute so, und jeder Mann, der gefällt, muß sich von ihnen *bützen* (= küssen) lassen. Ein wenig erinnert das alles an das Unwesen, das die Flachsbrecherinnen trieben (vgl. S. 56).

Klersch (S. 202) meint, daß die Kölner Frauen erst nach dem Krieg durch den Gleichberechtigungsparagraphen im Grundgesetz Auftrieb bekommen und den Donnerstag vor Rosenmontag zu «ihrem» Tag gemacht und sogar Führungsfunktionen erhalten hätten. Denn 1950 eröffneten die Marktfrauen der Kölner Großmarkthalle um zehn Uhr offiziell die Fastnacht! 1953 war das schon wieder vorbei, und die Ouvertüre bildet nach wie vor das Prinzenessen.

Von einer «Befreiung» der Frauen ist nicht viel zu entdecken – abgesehen vielleicht von dem Erlebnis, daß jede Art von weiblicher Solidarisierung den Männern Angst einjagt und den Frauen Durchsetzungskräfte verleiht. An einem einzigen Tag im Jahr? Die Frauen sollten ihre Gemeinsamkeiten öfter erproben und mit besseren Zielen. Auf die Walpurgisnacht vor dem 1. Mai und ihre heutige Inanspruchnahme durch die Frauenbewegung wurde schon verwiesen.

Arbeiterbräuche

Der Erste Mai als Feiertag der Arbeitnehmer

Plakat zum 1. Mai 1901 im »Vorwärts«.

Will-Erich Peuckert (1895–1969) hat in seinem volkskundlichen Resümee, das er bereits 1951 zog, die Überzeugung von der Geschlossenheit schichtengebundener Kulturen ausgesprochen. Jede Gruppe trage ihre eigenen Werte, eigenen Gesetzlichkeiten und ihre eigene Logik in sich. Deshalb könne weder die Kultur der bürgerlichen Welt noch diejenige der Arbeiter nach den Kategorien der bäuerlichen geordnet und beschrieben werden (Volkskunde, S. 19). Dem ist voll zuzustimmen, aber die Volkskundler haben sich zunächst auch nach dem Krieg nur unvollkommen danach gerichtet. Als Wilhelm Brepohl (1893–1975) seine «Ruhrvolkskunde» im Jahr 1957 mit einem gänzlich neuen theoretischen Ansatz schrieb, vereinigte er in seinem Brauchkapitel (S. 227ff.) dann doch wieder nur den verdünnten Aufguß von Trümmer- und Schwundformen, obgleich er eingangs selbst ausgesprochen hatte, daß das übliche Brauchrepertoire als soziales Korrelativ zu ländlich-bäuerlichen Strukturen zu verstehen sei und deshalb im Arbeitermilieu nicht mehr fasse.

Arbeitervolkskunde als Thema war in der Weimarer Republik aufgekommen (Peuckert 1930; Rumpf). Damit hatte man zwar den Arbeiter für die Volkskunde entdeckt, aber noch keine neuen Methoden für eine Erforschung seines Lebens. So erschöpfte sich die Forschung außerhalb der Volkskunde in Elendsschilderungen (Rühle), die sicher die Wahrheit berichteten, aber aus der Mitleidsperspektive heraus nicht den Weg zu einer systematischen Untersuchung von Arbeiterkultur fanden. Seit Riehl (1857) waren die Arbeiter, die Proletarier, den Volkskundlern unheimlich gewesen. Man wollte sie – wie schon Riehl – auf der untersten Stufe der Gesellschaft festbannen und tat sich schwer mit ihrer Einordnung in ein theoretisch fixiertes Gesellschaftssystem der drei Stände: die Aristokratie und die Bauern als Mächte des Beharrens und das Bürgertum mit dem Proletariat als Mächte der Bewegung. So war es am leichtesten, die Proletarier unstrukturiert an den Schluß zu setzen. Wenn die Arbeiter schon nicht dahin kämen, «neidlos, entsagungsvoll, um Gottes willen zu arbeiten», dann wäre es das Beste, wenn sie sich als Gesellschaftsgruppe «dem alten Bürgertum anreihen» (Riehl; dazu Bausinger 1973).

Nach dem Zweiten Weltkrieg setzte sich zuerst die DDR-Volkskunde diesen Gegenstand als Ziel: Lebensweise und kulturelle Leistungen der werktätigen Klassen und Schichten. Hervorragende Arbeiten auf diesem Gebiet sind die «Lieder demokratischen Charakters» von Wolfgang Steinitz (1905–1967), deren zwei Bände er auf weiten Strecken dem Arbeiterlied gewidmet hat. Trotz vieler Ansätze (Jacobeit, Strobach, Mohrmann) ist jedoch eine geschlossene Arbeitervolkskunde auch in der DDR bisher nicht erschienen. Die Grundlagen dafür hat Jürgen Kuczynski in seinem großangelegten Werk über Alltagsgeschichte geliefert (1980–1982). Aber für einen größeren Überblick der Arbeiterkultur fehlen wohl noch zureichende volkskundliche Vorarbeiten. Das gilt auch für die Volkskunde in der Bundesrepublik, wo etwa seit 1970 auf diesem Gebiet gearbeitet wird. Feste und Feiern wurden jedoch kaum behandelt.

Anders steht es mit speziellen Einzelgruppen aus der Arbeiterschaft wie den Bergleuten (HEILFURTH; SIEBER 1959; TENFELDE) oder den Seeleuten (STAMMLER; PEESCH). Doch darauf kann hier nur verwiesen werden.

Als Beispiel für ein Phänomen der Arbeiterkultur seien der Maibaum und die Veranstaltungen zum *1. Mai* gewählt. Der Baum war ja schon einmal im Brauchzusammenhang aufgetaucht, bei den Wettkämpfen der dörflichen Burschenschaften (vgl. S. 102). Jetzt erscheint er als *Freiheitsbaum*, als politisches Zeichen einer demokratischen Bewegung. Zur Geschichte der Maifeier (SCHWERDTFEGER): 1889 erhob der Pariser Julikongreß der Internationalen Arbeitervereinigung den 1. Mai zum internationalen sozialistischen Weltfeiertag und erzwang mit Demonstrationen weitgehend Arbeitsruhe. Das war ein großer Erfolg der Arbeiterschaft. FRIEDRICH ENGELS (1820–1895) schrieb damals: «[...] heute, wo ich diese Zeilen schreibe, hält das europäische und amerikanische Proletariat Heerschau über seine zum ersten Male mobil gemachten Streitkräfte, mobil gemacht als ein Heer, unter einer Fahne und für ein nächstes Ziel, den [...] gesetzlich festzustellenden, achtstündigen Normalarbeitstag. Und das Schauspiel des heutigen Tages wird den Kapitalisten und Grundherrn aller Länder die Augen öffnen, daß heute die Proletarier aller Länder in der Tat vereinigt sind. Stände nur Marx noch neben mir, dies mit eigenen Augen zu sehen!»

Gegenrevolutionäre Darstellung: «Die Jakobiner Schwindelköpfe zu Worms müssen ihren Freiheitsbaum selbst ausgraben!»

Der Termin wurde von der Internationale mit Hinweis darauf gewählt, daß eine solche Kundgebung bereits vom Amerikanischen Arbeiterbund für den 1. Mai 1890 beschlossen worden sei. Doch haben bei der Entstehung der proletarischen Maifeier auch ältere Traditionen eine Rolle gespielt; so in den USA der *moving day* (R. WEISS) als Stichtag für ländliche Ablieferungstermine, Arbeitsverträge und als alter Gesindewechseltermin, und in Deutschland eine Fülle von Frühlingsbräuchen. Das Brauchzeichen, der Maibaum, stand dabei im Hintergrund. Er gehörte auch nicht, wie oft behauptet, als Freiheitsbaum zu den Insignien der Französischen Revolution (TRÜMPY 1961); dort standen zuerst Kokarde und Trikolore im Vordergrund. Aber seit 1790 verwendete man Maistange und Kranz als dekorative Elemente. Am 1. Jahrestag des Bastillensturmes waren die Mauern mit Maistangen besetzt; eine trug sogar eine Fahne mit der Aufschrift *Liberté.* Seit 1792 gibt es überall Zeugnisse für den Freiheitsbaum als republikanisches Symbol, das sich schnell über ganz Frankreich verbreitete: der *Arbre de la liberté.* Er wurde nun auch zum politischen Kultobjekt. 1792 gelangte er mit der Revolution in die Schweiz – und auch nach Deutschland: er ist in Mainz bereits für 1793 belegt. GEORG FORSTER (1754–1794), der Weltreisende und begeisterte Revolutionär, hat das Aufstellen des Freiheitsbaums in Mainz freudig geschildert und eine Rede dazu gehalten: «Mit Vorwissen und Erlaubnis des fränkischen Generals [Custiné] zogen die neuen Republikaner, geführt von ihrem Präsidenten, in Begleitung der Feldmusik des Heeres – den Freiheitsbaum mit dreifarbigen Bändern und roter Mütze tragend und Freiheitshymnen anstimmend, unter dem Zulauf eines unzählbaren Volkes auf den Markt; mit einem heiligen Feuereifer zersprengten sie in wenigen Augenblicken die Klammern, welche das Denkmal des Übermuts ihrer Tyrannen und der Erniedrigung ihrer Mitbürger so lange Zeit emporgehalten hatten, und pflanzten den mit den Insignien der Unabhängigkeit geschmückten Baum an seine Stelle. Es lebe die Freiheit! Es lebe das Volk! Es lebe die Republik! erscholl ein unaufhörliches Jubelgeschrei, bis der Zug wieder in den Saal der Gesellschaft zurückgekehrt war.» (JÄCKEL, S. 267f.) Und in seiner Rede bei dieser Aufpflanzung eines Baumes bezieht er sich auf dessen symbolische Traditionskraft: «Ach, wenn der unreine Hauch einiger niedrigen Glieder des Despotismus hier noch den Gipfel des Freiheitsbaumes angreifen würde, so glaubt doch, daß dieser Hauch zu schwach ist, einen Zweig zu brechen, und daß der ehrwürdige Stamm, zu fest eingewurzelt, den Anstrengungen der Aufwiegler widerstehen würde!» Er schloß mit dem Ausruf: «Mögen die Tyrannen über dem Rheine erzittern, wenn sie hören, daß die Mainzer frei sind!» (Jäckel, S. 292 ff.)

In den badischen Freiheitskämpfen wurde er zum Zeichen revolutionärer Gesinnung. Wie sehr die Bevölkerung den alten Maibaum zum neuen Freiheitsbaum stilisierte, zeigt ein Kindheitserlebnis des Völkerpsychologen Wilhelm Wundt (1832–1920) aus dem Vormärz in Baden: «Meine Eltern wohnten damals in einem Städtchen oder vielmehr großen Dorf im mittleren Baden mit Namen Heidelsheim. Ich saß an dem Tage, an dem ich gerade mein erstes Jahr Volksschule glücklich zurückgelegt hatte, etwa um die Zeit zwischen 1838 und 1840, auf der Treppe

Errichtung des Freiheitsbaums in Zweibrücken/Pfalz, 11. Februar 1793.

meines Vaterhauses, da bewegte sich über den vor mir liegenden Marktplatz ein bunter Zug von Menschen, deren Anführer einen riesigen Baum herbeischleppten, den sie inmitten des Platzes aufrichteten und von dem man mir sagte, es sei ein *Freiheitsbaum.* Konnte ich auch keinen deutlichen Begriff mit diesem Wort verbinden, so tagte mir doch allmählich von ungefähr seine Bedeutung, als sich bei Einbruch der Dunkelheit eine große Menge vor dem Hause des gegenüber wohnenden Bürgermeisters ansammelte und plötzlich ein helles Feuer vor dem Gebäude aufflammte. Ich sehe dann noch vor mir die ernste Gestalt des Amtmanns aus der Nachbarschaft im Zimmer meiner Eltern auf und ab wandeln und hierauf ein Schwadron Dragoner über den Platz reiten, vor der sich die Menge nach allen Winden zerstreute. Das war eine richtige Dorfrevolution, und in derselben

Es war am Donnerstag, den 1. Mai 1890. Man sah bereits in den frühen Vormittagsstunden sonntäglich gekleidete Gruppen von Arbeiterfamilien hinausziehen ins Freie. Wie war das nur möglich? An einem Arbeitstage wagten die Proletarierscharen nicht zu arbeiten, dem Unternehmer damit den Profit zu kürzen? Sie wagten zu feiern an einem Tage, der nicht von Staat oder Kirche als Feiertag festgelegt worden war?

Der 1. Mai 1910 in der sozialdemokratischen Zeitschrift «Der wahre Jacob».

Gegend, in der sich später hauptsächlich die badische Revolution des Sommers 1849 abspielte, ereignete sich dieses seltsame Vorspiel.» (Wundt 1920, S. 3f.)

Aber allmählich geriet der Baum in dieser Funktion in Vergessenheit und lebte nur in den Bauernbräuchen der Dörfer weiter, die ihn ihrerseits aus den mailichen Figurationen des Adels übernommen und ihren eigenen festlichen Bedürfnissen angepaßt hatten.

Die Internationale der Arbeiter übernahm, wie gesagt, zunächst nicht allgemein das alte Zeichen Freiheitsbaum. Sie hatte genug mit der Durchsetzung eines freien Arbeitstages zu tun, wie es Adelheid Popp (1869–1939) eindrücklich schildert:

«Wie war ich froh, einen Gleichgesinnten in der Fabrik zu wissen! Er bei den Männern, ich bei den Frauen, es mußte gelingen, die Arbeitsruhe am 1. Mai durchzusetzen. Und doch es gelang nicht. Die Leute hingen zu sehr an dem Fabrikanten und konnten noch nicht begreifen, daß die Arbeiter aus eigener Entschließung etwas unternehmen könnten. Allen, die am 1. Mai nicht zur Arbeit kommen würden, wurde die Entlassung angedroht. Noch am letzten April bemühte ich mich, die Arbeiterinnen meines Saales zu einer gemeinsamen Kundgebung für die Arbeitsruhe am 1. Mai zu bewegen. Ich schlug vor, alle sollten, wenn der ‹Herr› erscheine, aufstehen, und ich würde ihm unser Ansuchen vortragen. Das gemeinsame Aufstehen sollte die Solidarität bekunden. Viele waren mit mir aufrichtig einverstanden, aber die alten Arbeiterinnen, die schon Jahrzehnte in der Fabrik arbeiteten, fanden, man dürfe das dem ‹Herrn› nicht antun. Und so blieben alle sitzen, als er kam. Nun wollte ich allein, nur für mich, die Freigabe erbitten, abends wurde aber mitgeteilt: Wer am 1. Mai nicht arbeitet, kann bis Montag zuhause bleiben. Das schreckte mich. Ich war ein armes Mädchen, der 1. Mai fiel auf einen Donnerstag, konnte ich eine halbe Woche verlieren? Schließlich wäre ich davor nicht zurückgeschreckt, aber ich hatte Angst, dann überhaupt entlassen zu werden, wo aber war wieder so gute Arbeit zu bekommen? Und was sollte aus meiner alten Mutter werden, wenn ich längere Zeit arbeitslos blieb? Die ganze trübe Vergangenheit stieg vor mir auf – und ich fügte mich. Ich fügte mich mit geballten Fäusten und empörtem Herzen.» (Popp, S. 77ff.). Doch im nächsten Jahr kann auch sie den Arbeitertag feiern.

Die Kämpfe der Arbeiterschaft waren stets auf ganz konkrete Ziele gerichtet: gleiche Rechte für Mann und Frau, Verkürzung der Arbeitszeit, soziale Hilfen für die Schwachen usw. Eines der wenigen Mittel, die sie einsetzen konnten, war ein gemeinsames Bewußtsein, eine unbedingte Solidarität. Solche Gesinnung verlangte nach Zeichen und fand sie beispielsweise in der roten Ansteckelke und im Maibaum, vor allem aber in den gemeinsamen Wanderungen ins Grüne. Ottilie Baader (1847–1925) hat beglückt vom 1. Mai 1890 der Berliner Arbeiter erzählt und gegenübergestellt, wie sie und ihre Freunde diesen erkämpften freien Tag in der Natur statt in den Maschinenhallen empfanden, den Gesang ihrer Lieder statt des Lärmes der Arbeit.

Für die Arbeiterinnen war es ein ganz neues Gefühl der Selbstbestätigung, unter dem Symbol des Maitages für die Rechte der Arbeiterschaft zu agitieren.

Immer wieder hatten die sozialistischen Führer gegen die Waldfest- und Volksfeststimmung zu wettern, die sich in die Maidemonstrationen einschleichen wollte, gegen die «Verbürgerlichung» im Rahmen einer allgemeinen frühlingshaften Mailust. So blieben bei allem Sinnenwandel auch in der sozialistischen Frühlingsfeier die Darstellungsmittel, die Brauchformen die alten: Umzug, Fahnen, Musik, Festkleid und schließlich Umtrunk. Dieser Prozeß der Aneignung, der aus einem Tag der erkämpften Arbeitsruhe einen tatsächlichen Feiertag machte, erfüllt von dem Hochgefühl, daß es der eigene ist: dieser Prozeß wartet noch auf eine kulturwissenschaftliche Untersuchung.

Jawohl, die Arbeiter hatten es gewagt, sich selbst nach eigenem Willen einen Feiertag zu schaffen, und nicht nur die Arbeiter Berlins waren so vermessen, sondern die der ganzen Welt. Auf dem Internationalen Sozialistenkongreß zu Paris im Juli 1889, dem Hundertjahrestag der großen Französischen Revolution, war der 1. Mai als Weltfeiertag der Arbeit eingesetzt worden. [...] Als ich an diesem ersten Maitag im Kreise lieber Menschen hinauswanderte ... war es herzbewegend für uns alle, als wir unsere geliebte Marseillaise von einem Leierkasten ertönen hörten. [...] Nur wer weiß, daß bis zur Aufhebung des Sozialistengesetzes unsere Lieder verboten waren, wird unsere Freude begreifen.

Ottilie Baader (1847–1925): Ein steiniger Weg. 1979, S. 31f.

Die politische Geschichte des 1. Mai kann hier nicht im einzelnen nachgezeichnet werden. Noch bis zum Ersten Weltkrieg währte in vielen Betrieben der Kampf der Arbeiter und Arbeiterinnen um die Arbeitsruhe an diesem Tag. Immer wieder kam es zu Entlassungen als Folge der Teilnahme an Maidemonstrationen (HOLEK). Es ging ja nicht nur um einen freien Tag, sondern um die Durchsetzung wichtiger Forderungen wie das allgemeine, gleiche, direkte und geheime Wahlrecht auch für Frauen und den Achtstundentag – und damit auch weiterhin um mehr Freizeit für die eigene Selbstverwirklichung.

Der Erste Weltkrieg setzte eine schmerzhafte Zäsur für diesen Tag der Arbeiter-Internationale. Nun standen sich auch die Arbeiter in den Schützengräben feindlich gegenüber. Der 1. Mai wurde für die Sozialisten zum Tag des Kampfes gegen den Krieg mit verbotenen Demonstrationen, in deren Verlauf 1916 Karl Liebknecht verhaftet wurde. Nach dem Krieg wurde 1919 der 1. Mai zum gesetzlichen Feiertag erklärt – und damit politisch entschärft. Aber das galt nicht in allen deutschen Ländern, und die konservativen Kräfte betrieben seine Abschaffung. Auch innerhalb der Arbeiterschaft schwankte die Einstellung zu diesem Termin, dessen kämpferischer Charakter immer mehr verkam. Das veränderte sich mit neuen Impulsen seit dem 1. Mai 1927, an dem wieder mächtige Kundgebungen stattfanden. 1928 demonstrierten beispielsweise in Berlin mehr als 500000 Arbeiter und Angestellte. 1929 verbot der Berliner Polizeipräsident Zörgiebel die Maidemonstration der KPD, und als die Arbeiter trotzdem marschierten, gab es blutige Zusammenstöße, 1200 Verhaftungen und dreiunddreißig Tote. Als «Blutmai» ging dieser Tag in die Arbeitergeschichte ein. In den folgenden Jahren verstärkten sich die Widerstände. Unter Hitler dann vollzog sich eine Vereinnahmung des 1. Mai, eine ideologische Gleichschaltung, und am 15. April 1933 wurde er zum gesetzlichen «Volksfeiertag» erklärt, was die Sozialisten verachtungsvoll bekämpften.

Die Nazis gaben dem Fest heroische Formen und führten vor allem den Maibaum wieder ein als Festrequisit. Für Berlin kam der Baum aus Bayern (MOSER 1961, S. 152), und 1934 «weihte» Adolf Hitler auf dem Lustgarten «den größten Maibaum der Welt», womit ein Hinweis auf die Internationalität im Sinne von Herrschaftsansprüchen gegeben war. Damit setzte in Stadt und Land eine wahre Maibauminflation ein, wie MOSER schreibt, wobei der oberbayerische Figurenmaibaum zum beliebten Vorbild wurde. Die Errichtung eines politischen Maibaums feierte ein NS-Wissenschaftler als «entscheidende Anerkennung und tätige Ehrung unseres völkischen arteigenen Brauchtums» (STROBEL, S. 118). Und er fügt noch für die Arbeiter hinzu: «[...] so steht heute das ganze Volk treu zu seinem Führer und bekundet an jedem 1. Mai den Willen, unter seiner Führung, als Arbeiter im tiefsten Sinne des Wortes, aufzubrechen in den Kampf für Freiheit und Brot, für Volk und Vaterland.» Damit war schon 1937 das imperialistische Ziel angedeutet, das auch hinter solchen Bräuchen stand.

Nach dem Krieg am 1. Mai 1946 kam es weltweit zu mächtigen Kundgebungen für Frieden, Demokratie und Sozialismus. In Berlin fanden damals und in den folgenden Jahren am Reichstag Massendemonstrationen mit einem großen, mit roten Bändern geschmückten Maibaum statt. Bis heute stehen die Veranstaltungen am 1. Mai unter übergreifenden politischen Themen, wobei versucht wird, den internationalen Charakter im Sinne einer weltweiten Verbundenheit zu bewahren.

Es dürfte kaum einen anderen Brauch geben, der sich für eine große Menschengruppe so nah an der Lebensrealität abspielt wie der 1. Mai und in dem die Arbeiter sich selbst entdecken können: «[...] als Tag der demonstrativen Selbstdarstellung» der Arbeiterschaft, «an dem einerseits eine proletarische Gegenöffentlichkeit herstellbar war, und zum anderen identitätsstiftende Formen der Eigendefinition vermittelt werden konnten» (KORFF 1979, S. 94).

1.-Mai-Kundgebung auf dem Münchner Königsplatz, 1975.

1. Mai

Für uns ist er kein Tag der Feste,
kein Tag der friedlichen Schalmei –
er ist uns keine leere Geste,
Weltkampftag ist der 1. Mai!
Der Arbeiter in allen Ländern erwacht,
erhebt sich aus seiner Elends-Nacht;
reibt sich die müden Augen klar:
Schluß! Herbei!
Heraus aus der Fabrik!
Die Werkstatt verlassen!
Mit roten Fahnen gefüllt die Straßen!
Aus dem letzten Kellerwinkel
Herbei! Herbei!
1. Mai!

JOHN HEARTFIELD (1891–1968): Maifestzeitung KPD, 1927

Verhaltensformen – Verhaltensnormen

Kinderbräuche, Schulbräuche, Studentenbräuche, Bürobräuche

Strih, strah, stroh!
Der Summerdag is do!
Der Summer und der Winter,
Das sinn Geschwisterkinder,
Summerdag! Staabaus!
Blost em Winter die Aage aus!

Strih, strah, stroh!
Der Summerdag is do!
Ich hör die Schlissel klinge,
Was werre se uns denn bringe?
Rote Wein un Bretzl drein.
Was noch dazu? Paar neue Schuh.

Strih, strah, stroh,
Der Summerdag is do!
Heut übers Johr do sinn mer widder do.
O du alter Stockfisch,
Wann mer kommt, do hoscht nix,
Gibscht uns alle Johr nix;
Strih, strah, stroh,
Der Summerdag is do!

Heidelberger Sommertagslied. (ALBERT BECKER: Pfälzer Frühlingsfeiern. S. 45)

Unter dieser offenen Überschrift versammelt sich eine Reihe von Bräuchen, deren Trägergruppen bisher nicht gesondert in Erscheinung traten: die Schulkinder, die Studenten und die Büroangestellten.

Schulkinder

Noch den Mainzer Freiheitsbaum vor Augen, sei hier auf einen Kinderbrauch der gleichen Revolutionszeit hingewiesen: Nach einem Beleg von 1798 wurde in Neustadt an der Hardt das Fest des *Sommertags* am Sonntag Lätare zu einem Tag der Volkssouveränität umfunktioniert. Die Kinder der Franzosenfreunde, festlich gekleidet und jedes einen weißgeschälten Stab in der Hand, zogen hinter einer Nationalfahne und vier Tafeln mit den Freiheitsgesetzen durch den Ort zu einem Festplatz, wo unter Jubel zwei Freiheitsbäume gepflanzt wurden, einer für die Knaben und einer für die Mädchen. Das war so etwas wie ein Zeichen für neue Gleichberechtigung von Mann und Frau als selbständige Persönlichkeiten nach naturrechtlicher Anschauung. Auf den Festakt folgte ein Spiel der Kinder, in dem sie mit verteilten Rollen den Kampf um Troja darstellten!

Daß eine solche Koppelung des älteren pfälzischen Brauches mit dem damals fortschrittlichen Gedankengut keine Ausnahme war, zeigt eine dann folgende längere Verbotszeit im Zusammenhang mit der Demokratenverfolgung durch Metternich. Man hatte den *Sommertag* mit dem republikanischen Hambacher Fest 1832 in Verbindung gebracht und auf die Liste der «bedrohlichen Volksfeste» gesetzt. Wieder einmal fürchtete die Obrigkeit den «Mißbrauch der Bräuche zu revolutionären Umtrieben». Für die Pfalz führten diese jahrzehntelangen Polizeiverbote zu einer Verharmlosung und Zurücknahme in bescheidene Kinder-Heischegänge, bis um 1900, also unter völlig veränderten historischen Verhältnissen, von den Städten aus sehr erfolgreiche Wiederbelebungsversuche einsetzten. 1893 konstituierte sich neben Mannheim und Ludwigshafen vor allem der Heidelberger Sommertag, bei dem um 1900 zwei- bis dreitausend Kinder mitzogen! Alle trugen Sommertagsstecken mit einer Brezel und einem ausgeblasenen Ei an der Spitze. Mitten im Zuge wandelt auch heute eine Reihe von pyramidenförmigen Gestellen mit, die mit Stroh oder Tannengrün umwickelt sind und von unsichtbaren Knaben getragen werden. Sie stellen Sommer und Winter dar: Der eine wird vertrieben, der andere ins Land geholt. Die Kinder singen dazu das Heidelberger Sommertagslied, das aus älteren Heischeliedern hervorgegangen ist (BECKER 1908, S. 9ff.).

Dieser große Heidelberger Sommertag besitzt nun nicht nur in der Pfalz eine Fülle von Parallelfesten, teils mit neuer, teils mit älterer Geschichte wie das heute noch sehr lebendige *Forster Lätarespiel.* Er hat schon um 1900 auch weit über die pfälzischen Grenzen hinaus bis nach Thüringen ausgestrahlt und den berühmten

Eisenacher Sommergewinn nachhaltig beeinflußt. Doch davon soll noch später die Rede sein.

Hier werden zunächst einige Kinderfeste als Schulfeste beschrieben, Ausflugsbräuche der Kinder, wie zum Beispiel das *Ruethenfest* in Landsberg. Es ist wohl auf Schulwanderungen der Kinder in die Auenwälder zurückzuführen, wo sie Ruten schnitten (KAPFHAMMER, S. 230ff.). «Das Landsberger Ruethenfest ist seinem Ursprung nach nichts anderes als der aus dem Mittelalter stammende Brauch des Rutengehens der Schuljugend, freilich in seiner langen Entwicklung stark verändert und erst in jüngerer Zeit mit dem Glanz ausgestattet, der dann später bei historischen Festen üblich geworden ist.

Wenn die schöne Jahreszeit gekommen war, zog die Schuljugend mit ihren Lehrern ins Freie; die Mädchen schmückten sich mit Blumen, die Buben brachen die grünen Zweige von Birken, Pappeln oder Buchen, und nun ging es mit dem von der Natur entlehnten Festschmuck und unter fröhlichem Singen an einen bestimmten Platz, wo das eigentliche Fest mit Spielen, mit Tanzen und Singen, Essen und Trinken seinen Verlauf nahm.» (GRADMANN)

Aus dem Jahr 1426 erzählt der Priester Andreas von Regensburg, so berichtet GRADMANN, von einem solchen Gang ins Grüne. «Scolares virgatum ibant», heißt es bei ihm, «die Schüler gingen zum Rüteln».

Die verschiedenen Namen der an vielen Orten zum Teil heute noch üblichen gleichartigen Feste sind Bezeichnungen für die gleiche Sache: *Rutenfeste* in Ravensburg und Weingarten, Bopfingen, Lindau und Augsburg (bis 1812), *Riedenfest* in Aichach, die Rothenburger *Häfelskirchweih*, der Ansbacher *Fähnleinstag*, das Nördlinger *Stabenfest* und Kaufbeurer *Tänzelfest*, um einige zu nennen. All diesen Festen gemeinsam ist der Umzug der festlich geschmückten Schuljugend und die unter den Augen der Eltern und Lehrer sich abspielenden Lustbarkeiten im Freien.

Manches Festelement könnte mit Verkleidungsbräuchen und dem *Knabenbischofsfest* zusammenhängen, bei dem der fleißigste Klosterschüler einen Tag lang die Rolle des Bischofs spielen durfte – also eine Art von «Verkehrter Welt». So wird von Kinderbischofsspielen in den Klosterschulen berichtet, bei denen vierundzwanzig Stunden lang ein Schüler die Herrschaft übernahm und zwar am 28. Dezember, dem Tag der *Unschuldigen Kindlein*, oder auch am *Gregoriustag* (PETZOLDT, S. 146f.).

Auch beim *Ruethenfest* könnte es sich um ein älteres Kinderfrühlingsfest mit vertauschten Rollen handeln: Die Kinder handhaben die schlimmen Ruten als Sommergrün. Dazu kam dann der Historismus des 19. Jahrhunderts, der allmählich aus dem Kinderfest ein selbstbewußtes Stadtfest großen Stils geformt hat. Alle fünf Jahre findet es unter der Schirmherrschaft des bayerischen Ministerpräsidenten statt.

Ein alter Schulbrauch steht auch hinter der *Dinkelsbühler Kinderzeche*. Rechnungen in den katholischen Kirchenpflegebüchern bezeugen den Brauch seit 1635 (PETZOLDT, S. 154f.). An einem Termin zu Ende Juli zogen die Knaben der Lateinschule nach einem Stadtumzug auf die Wiesen, wo sie festlich bewirtet und beschenkt wurden. Dieser Schulbrauch, der zunächst nur die Bedeutung der Lateinschüler für die Stadtgesellschaft betonen sollte, erlebte schon im 19. Jahrhundert manche Wandlung. Bereits 1803 in der Zeit der Napoleonskriege erhielt die Sache einen militärischen Anstrich durch die Uniformierung eines neunzehn Mann starken *Knabenbataillons* und einer Knabenkapelle mit dem Namen *Türkische Musik*; diese Bezeichnung hing mit der Janitscharenmusik zusammen, die mit den Türkenkriegen nach Mitteleuropa gekommen war und zur Umgestaltung der Militärkapellen führte. Die Kinder organisierten sich also nun militärisch, und ein *Kleinobrist* führte ihren Umzug an. Das war das Zeichen für eine breitere Ver-

Aufstellung zur Dinkelsbühler Kinderzeche, um 1970.

Schallet heute, Jubellieder

Schallet heute, Jubellieder,
tönt von Süd, Nord, Ost und West!
Freudespendend kehret wieder
dieses frohe Jubelfest.

Festlich wogt die bunte Menge,
Freude winkt allüberall,
rauschend mischt sich ins Gesänge
Pauken- und Trompetenschall.

Aber Unschuld, Schmuck der Jugend,
bleibst uns rein und unversehrt:
denn nur fleckenlose Tugend
gibt der Freude wahren Wert!

Lied bei der Dinkelsbühler Kinderzeche von Kantor LUDWIG ELIAS NOTTNAGEL, 1815.

öffentlichung des Festes; immer mehr Fremde kamen nach Dinkelsbühl, der *Schießwasen* wurde zum Festplatz mit Jahrmarkt, Bier- und Weinhütten, und zur Huldigung der Stadt erklang als Festlied ein Lehrerpoem. 1848 fand eine weitere Folklorisierung statt: Die Knaben erschienen nun in schwedischen Uniformen entsprechend der Lokalsage, die dann seit 1897 mit einem Historienspiel «Die Kinderzeche» den Mittelpunkt des Festes bildet. Eine Episode aus dem Dreißigjährigen Krieg wurde zum Thema erkoren: Dabei sollte ein Mädchen, die *Kinderlore*, mit der Kinderschar den plündernden Schweden entgegengezogen sein und deren Oberst zur Verschonung der Stadt Dinkelsbühl bewogen haben. Das Festspiel hat inzwischen alles andere überdeckt, und die Festspieler laufen im Schülerumzug mit, immer neue Trachtengruppen gesellen sich dazu, und nur das Kinderbeschenken ist übrig geblieben. Die Kinder erhalten eine mit Süßigkeiten gefüllte Tüte, die *Kinderzechgucken.*

Herbstlicher Laternenumzug der Kinder.

Hat sich hier also ein Kinderbrauch zu einem Volksfest als Fremdenattraktion verwandelt, so ist das *Lichterschwemmen* in Fürstenfeldbruck erst neuerdings zu einem Schülerbrauch geworden. Im Heimatkundeunterricht erzählte ein Lehrer 1949 im oberbayerischen Fürstenfeldbruck seinen Schülern, daß im Jahr 1785 im Dezember beinahe eine Hochwasserkatastrophe über den Ort gekommen wäre: Die Amper, ein Nebenfluß der Isar, drohte über die Ufer zu treten. Da kamen die Bauern am Tag der heiligen Luzia, dem 13. Dezember, in der Klosterkirche von Fürstenfeldbruck zusammen, jeder mit einer einfachen Nachbildung seines Hauses, und baten um Schutz. Die Überschwemmung trat nicht ein, und die Bauern gelobten, sich jedes Jahr zum gleichen Termin dankbar dieser Rettung zu erinnern. Archivalisch ist die Handlung als Erwachsenenbrauch von 1706 bis 1871 nachweisbar (Kapfhammer, S. 166). Doch wurde das Gelöbnis dann vergessen, und erst durch die Bastelfreude dieses Lehrers und seiner Schüler ist in unseren Tagen aus der alten Geschichte ein adventlicher Lichterbrauch neu entstanden. Die Jungen bauen Häuschen aus dicker Pappe oder leichtem Holz, stellen Kerzen hinein, die in der Pfarrkirche am 13. Dezember geweiht werden. Dann setzen sie die Häuser auf der Amper aus, nachdem man sie zuvor auf ihre «Seetüchtigkeit» hin geprüft hat. Es ist ein schönes Schauspiel, wenn die erleuchteten Häuschen in der Winternacht den Fluß hinunterschwimmen.

Der 13. Dezember war ein wichtiger Termin, denn vor Einführung des Gregorianischen Kalenders im Jahre 1582, nach dem wir heute rechnen, galt dieser Tag als der kürzeste des Jahres und war also das eigentliche Neujahr. Damit hat sich das Datum im Volksgedächtnis eine ungenaue Bedeutung bewahrt, die dann auf solche Bräuche wirkte.

Schließlich sei noch von einem weit verbreiteten Kinderbrauch die Rede, dem herbstlichen *Laterne-Gehen*, das alljährlich mehr kleine Anhänger findet und zum *Martinstag* am 11. November kulminiert. Von Holland und Norddeutschland ausstrahlend hat sich der Brauch immer mehr nach Süden ausgebreitet, wobei die Kindergärten und Grundschulen zu lebhaften Brauchverbreitern geworden sind. Lampions werden gebastelt, und nichts gleicht dem Stolz eines kleinen Kindes, wenn es im dämmerigen Dunkel mit seiner Laterne noch auf der Straße sein darf. In hübsch gemachten Anleitungsbüchern (Mondschein) wird alles vermittelt, was zur Freude der Kinder an Bastelgegenständen und Liedern beitragen kann. In älterer Zeit liefen nur größere Kinder mit ausgeschnittenen Kürbissen, in die sie ein Licht steckten. Der Verleger Reinhard Piper (1879–1953) berichtet darüber in seinen Kindheitserinnerungen: «An warmen Abenden zogen wir die Straße in breiter Reihe auf und ab mit unseren Laternen. Das waren keine gekauften Papierlaternen, sondern richtige ausgehöhlte Kürbisse, in die man mit vier Löchern ein Gesicht geschnitten und eine Kerze hineingesteckt hatte.

Nun sangen wir:

Laterne, Laterne!
Sonne, Mond und Sterne!
Lösch aus mein Licht, lösch aus mein Licht,
Aber meine Laterne nicht!

Und es war immer sehr schmerzlich, wenn man endlich, endlich doch ins Bett mußte.» (S. 20)

In Düsseldorf muß das Laufen der Kinder einem illuminierten Mummenschanz geglichen haben und ist bis heute lebendig.

Konfessionell läßt sich dieser Kinderbrauch nicht zuordnen. In katholischen Landschaften steht der Aufzug des reitenden Sankt Martin im Vordergrund, dem die Kinder singend nachziehen und der eine Zwischenrolle zwischen dem Heiligen einnimmt, der gütig mit dem Armen seinen Mantel teilt, und dem terminlichen Vorreiter des kinderfreundlichen Sankt Nikolaus am 6. Dezember. Aber auch die Protestanten haben nicht nur die herbstlichen Laternenbräuche besonders stark entwickelt, sondern auch eigene Martinsbräuche.

Zum Martinstag nun fanden diese kindlichen Lichtumzüge besonders in Thüringen eine ausgeprägte Form, und von dort aus hat der Martinstag einen Bedeutungswandel erfahren: er wurde zum Gedenktag an Martin Luthers Geburtstag. So kamen am Abend des 10. November in Erfurt Tausende von Kindern mit Papierlampions auf dem Domplatz zusammen, wo von den Domstufen aus Musik und Gesang erschallten.

Wenn man diese formalisierten Kinderbräuche betrachtet (Petzoldt, S. 146–185), dann lassen sich mindestens zwei Gruppen unterscheiden: Eine größere Gruppe, bei der die Kinder nur das Alibi für ein Volksfest liefern und in ihren Kostümen zur Repräsentation der Eltern dienen, und eine kleinere, bei der die Kinder die Hauptpersonen geblieben oder geworden sind. Vielleicht sagt das etwas aus über die Einstellung der jeweiligen Gesellschaft zu ihren Kindern. Die Rolle der Kinder in Bräuchen sollte einmal in diesem sozialpsychologischen Zusammenhang genauer untersucht werden, abgesehen von der gar zu einfachen These, daß alte vollständige Bräuche allmählich zu Kinder- und Heischebräuchen absinken. Zuweilen tragen auch die Medien zu neuen Brauchsetzungen bei.

Lichterschwemmen in Fürstenfeldbruck (linkes Bild).

Martinssingen der Kinder mit Papierlaternen.

Laterne, Laterne

In vielen Gemeinden marschieren Spielmannszüge und Feuerwehrkapellen vorneweg, gefolgt von einer begeistert singenden Kinderschar. Am Schluß des Marsches wartet dann meist eine Überraschung auf die Kleinen. Süßigkeiten oder gar ein kleines Feuerwerk. Falls in Ihrem Wohnort noch kein Laternenumzug organisiert wurde – ergreifen Sie doch einfach die Initiative! Fragen Sie bei Nachbarn und Kindergärten, es werden sich bestimmt genug Eltern mit ihren Kindern finden, die Ihrer Idee freudig zustimmen.

Neue Revue, Oktober 1984

Zwei Abc-Schützen mit Schultüten von 1926 und 1976.

Für Schulkinder beginnt ganz allgemein der Schulbesuch mit einer festlichen Auszeichnung: der *Schultüte.* LEOPOLD SCHMIDT (1966, S. 260–274) hat Forschungs- und Kulturgeschichte dieses Brauches ausführlich untersucht – zumindest für Wien, wo er offenbar durch «reichsdeutschen» Einfluß erst nach dem letzten Krieg aufgekommen ist. Ähnliches gilt auch für Bayern. Für Mittel- und Norddeutschland ist ein viel älteres Entstehungsdatum zu verbuchen, das der «Atlas der deutschen Volkskunde» (Bd. 5, Karte 98) für 1930 als altüberliefert dokumentiert. ERICH KÄSTNER (1899–1974) berichtet von seiner Dresdner Einschulung mit der Zuckertüte wie von einem ganz selbstverständlichen Brauch: «Herr Bremser setzte uns, der Größe nach, in die Bankreihen und notierte sich die Namen. Die Eltern standen, dichtgedrängt, an den Wänden und in den Gängen, nickten ihren Söhnen ermutigend zu und bewachten die Zuckertüten. Das war ihre Hauptaufgabe. Sie hielten kleine, mittelgroße und riesige Zuckertüten in den Händen, verglichen die Tütengrößen und waren, je nachdem, neidisch oder stolz. Meine Zuckertüte hättet ihr sehen müssen! Sie war bunt wie hundert Ansichtskarten, schwer wie ein Kohleneimer und reichte mir bis zur Nasenspitze! Ich saß vergnügt auf meinem Platz, zwinkerte meiner Mutter zu und kam mir vor wie ein Zuckertütenfürst. Ein paar Jungen weinten herzzerbrechend und rannten zu ihren aufgeregten Mamas. Doch das ging bald vorüber. Herr Bremser verabschiedete uns; und die Eltern, die Kinder und die Zuckertüten stiefelten gesprächig nach Hause. Ich trug meine Tüte wie eine Fahnenstange vor mir her. Manchmal setzte ich sie ächzend aufs Pflaster. Manchmal griff meine Mutter zu. Wir schwitzten wie die Möbelträger. Auch eine süße Last bleibt eine Last.» (S. 78 f.)

Die Herkunft der Vorstellung von einer Zuckertüte für den Erstkläßler wird gern mit der Fabel vom Zuckertütenbaum in Verbindung gebracht, der im Schulkeller wachse und von dem der Lehrer für die braven Schulanfänger die Zuckertüten pflücke (WÄHLER, S. 361, der den Brauch auf die Philantropen Basedow und Salzmann aus dem Ende des 18. Jahrhunderts zurückführt). Nun liegt der formale Vergleich mit den Storchentüten nahe, die Kinder bei der Geburt eines Geschwisterchens angeblich vom Storch zum Trost mitgebracht bekamen (vgl. S. 124). Aber ähnliches ist nicht dasselbe und die Trostfunktion der Schultüte nicht ihre einzige. Die meisten Kinder sind ja durchaus stolz und glücklich, wenn sie das Tor vom Kleinkinderalter zum Schulkindstatus durchschritten haben, wenn sie aus der Grauzone der frühen Kindheit in ein mehr individuelles Stadium gelangt sind. Die vorwiegend städtische Verbreitung des Brauches gibt zu denken. Auf den Dörfern war zuweilen das Schenken großer Kuchenbrezeln an die erste Schulklasse üblich. Aber das ist etwas anderes als die Zuckertüte, die sich auch strukturalistisch interpretieren läßt.

Mit dem ersten Schultag überschreiten die Kinder die Grenze vom Nicht-Schulkind zum Schulkind, also vom Unwissenden zu demjenigen, dem nun das Erlernen von Wissen ermöglicht wird. Deshalb erhält das Kind an diesem Tag eine zeichenhafte Auszeichnung. Die Schultüte ist das Symbol für die öffentliche Unterscheidung des Kindes von den jüngeren Nichtschülern, aber auch von den älteren Schulbesuchern, die sich schon länger im Status der Schüler befinden. Die anfängliche Konzentration des Brauches auf die Städte beweist das Interesse des bildungsbeflissenen Bürgertums am Schulbesuch seiner Kinder. Um 1850 erschien in Dresden ein von der «Allgemeinen deutschen Lehrerzeitung» empfohlenes Bilderbuch mit dem Titel: «Zuckertütenbuch für alle Kinder, die zum ersten Mal in die Schule gehen» (SCHOBER). In den zwanziger Jahren gab es nochmals ein Bilderbuch «Der Zuckertütenbaum» von A. SIXTUS. Später hat sich der Schultütenbrauch als Kindermode auch auf dem Land verbreitet. Aber inhaltlich war er dort nicht beheimatet, denn der Schulbesuch stellte in der Dorfgesellschaft keinen besonderen Wert dar. Schularbeitenmachen und Bücherlesen, also Lernen im institutionalisierten Zusammenhang, galt mehr oder weniger als überflüssig gegenüber dem praktischen Erlernen der Bauernarbeit durch frühzeitiges Helfen und Mitmachen. Darüber ist schon viel geschrieben worden (Weber-Kellermann 1979, S. 170; zuletzt Innerhofer). Es gab also im Gegensatz zur Stadt auf dem Land seitens der Eltern keinen Anlaß, diesen Termin im Kinderleben durch ein besonderes Zeichen hervorzuheben. Wenn das geschah, dann durch den Lehrer, der dem schulischen Lernen damit einen sichtbaren Wert verleihen wollte, auch um die Kinder zu motivieren, war doch die Schulzeit die einzige Periode einer Begegnung mit außerbäuerlicher Kultur im Leben der Dorfkinder. Man sollte erwähnen, daß sich in horizontaler Sicht wiederum eine Schultütenhierarchie eingeschlichen hat: ein Wettbewerb unter den Schultütenbesitzern, wer die größte hat.

In Weisel/Kaub erhalten die Kinder zur Einschulung große Kuchenbrezeln, um 1937.

In der DDR hat sich inzwischen beim Abgang aus dem Kindergarten ein «Abschieds- oder Zuckertütenfest» eingebürgert, bei dem die Kinder gewissermaßen probeweise eine kleine Zuckertüte erhalten (Schober).

Nicht nur der Schulanfang erfährt eine so eindrucksvolle brauchmäßige Prägung. Das ganze Schulleben ist erfüllt von den verschiedensten brauchähnlichen Verhaltensweisen und -normen, die sich einerseits die Kinder selber schaffen und die andererseits von der Schulordnung vorgegeben und aufgesetzt werden. Leider ist das Gebiet schulischen Lebens bisher von der Volkskunde ganz vernachlässigt worden, und so kann ich auch hier nur versuchen, Licht auf einige Teilaspekte zu werfen.

Wie bei vielen Gebieten der Kinderkultur sind vor allem Autobiographien für die Schulbräuche heranzuziehen. Hier wird aus eigenem Erleben und Erleiden beschrieben, wie die Hierarchien von Klasse zu Klasse und auch innerhalb der sozialen Klassen funktionierten, wie Machtstrukturen unter den Schülern verfestigt und deren Gesetze befolgt, aber auch Freundschaft und Solidarität eingeübt wurden (Weber-Kellermann 1979). Ganze Kataloge wären aufzustellen, denn jede Schulgemeinschaft schuf sich ihre eigenen Gesetze, die allerdings in Internaten besonders rigoros gehandhabt wurden. So berichtet Hans Carossa (1878–1956),

1933

In diesem Jahr kam ich Ostern in die Schule.
Es gibt noch ein Bild, das mich mit einer großen Schultüte zeigt, die bei uns Zuckertüte hieß. Meine Zuckertüte war zu zwei Dritteln mit Papier vollgestopft. Nur oben lagen ein wenig Obst, Schokolade und Bonbons.
In der Klasse wollte natürlich jeder jedem in die Zuckertüte sehen. Ich lehnte ab, ein paar andere Jungen auch. Wir schämten uns, weil man tiefer als eine Handbreit nicht hineinsehen durfte, ohne das Papier zu bemerken.
Meine Großmutter hatte mich in die Schule begleitet. Weder mein Vater noch meine Mutter hatten dafür Zeit. Meine Mutter bekam von ihrem Dienstherrn nicht frei, und mein Vater lief irgendwo auf der Suche nach Arbeit herum.
Das war schon bitter für mich. Die anderen Kinder waren mit ihren Eltern gekommen oder doch wenigstens mit einem Elternteil. Einige Väter, die ihre Sprößlinge in die Schule begleiteten, kamen in der braunen Uniform der SA, denn wenige Wochen vorher war Adolf Hitler Reichskanzler geworden.

Max von der Grün (* 1926): Wie war das eigentlich? 1979, S. 44

ganze Gymnasiastengeschlechter hätten an den Formen gearbeitet, die die Würde der Anstaltsgemeinschaft ausdrückten. Dabei handelte es sich vor allem um extrem ausgefeilte Grußformen, deren Nichtbefolgung harte Sanktionen nach sich zogen (S. 40).

Der junge Gymnasiast Carossa begann gleich in den ersten Tagen «etwas Gesetzhaftes zu ahnen, wonach jede Klasse ängstlich darauf achtete, daß ihr die nächstniedrige, die sie noch eben selbst gewesen war, ja nicht zu nahe komme» (S. 12). Das waren freilich Einübungen in eine Gesellschaftsordnung – wir schreiben Gründerzeit und Kaiserreich –, die erschrocken machen vor der Selbstverständlichkeit eines Klassengeistes in jedem Sinne dieses Wörtes. Wesentlich trug dazu die Schülermode der Klassenmützen bei, in der sich außerhalb der Schule noch zusätzlich die soziale Absetzung von den Nicht-Gymnasiasten ausdrückte.

Zu den blütenbunten Bäumchen,
kommen Hummeln her,
möchten gerne Zucker haben,
und sie betteln sehr.
Doch der Meister Hoppelpoppel
sagt: «Ihr seid nicht klug!
Ei – dann werden ja die Tüten
gar nicht süß genug!»

A. Sixtus: Der Zuckertütenbaum, um 1920

Seite aus dem Bilderbuch: «Der Zuckertütenbaum.»

Was nun die Disziplinierungs- und Sozialisationsmaßnahmen von oben, also seitens der Lehrer anbetraf, so bestanden sie vornehmlich aus Lohn und Strafe, letztere in der hilflosen Form der Prügelstrafe, die erst 1971 an deutschen Schulen endgültig verboten wurde. Ihre oft fast ritualisierte Ausübung gehört auch zu den Schulbräuchen!

«Im Herbste 1855 trat bei uns der nassauische Predigtamtskandidat Wilhelm Christ ein, welcher zum Glück schon nach sechs Wochen wieder abzog. Ich sage zum Glück, denn ein längerer Verkehr mit diesem Menschen würde uns ganz verdorben haben. Seine Sitten waren nicht schlecht, aber burschikos und roh; er machte ganz den Eindruck eines lustigen, wüsten Studenten; sein Hauptvergnügen war, uns zu schlagen, und er betrieb seine Peinigungen ganz systematisch. Beim Übersetzen mußten wir zu zweien links und rechts neben ihm stehen und das für alle gemeinsame Buch der eine mit der linken, der andere mit der rechten Hand vor ihm in der Schwebe halten. Er selbst, zwischen uns sitzend, wiegte sich auf den Hinterbeinen seines Stuhles, indem seine beiden Hände auf unseren Schultern ruhten. Sobald nun etwas falsch gemacht wurde, schlug seine Hand mehr oder weniger hart auf die Wange in ihrer Nähe, und so sollten wir richtig und schön übersetzen, während wir fortwährend in Angst vor einem plötzlichen Schlage schwebten. Alles wurde mit Schlägen bestraft. Jede Kleinigkeit, jedes Vergessen, Zuspätkommen oder Offenlassen der Tür kostete soundso viel Schläge. Die wurden nicht etwa sofort erteilt, sondern angeschrieben. Es wurde richtig Buch darüber geführt, und am Sonnabend war Zahltag. Dann stellte der Unmensch das eine Bein auf einen Stuhl, nahm einen nach dem anderen vor und legte ihn über das hochgestellte Bein und streichelte längere Zeit den sonst zum Sitzen dienenden Körperteil, bis dann unerwartet ein derber Schlag erfolgte, sei es mit der Hand oder einem geeigneten Stück Holz. Diese Exekution hieß das Überlegen. Wir hielten das Wort für den in der Welt dafür üblichen Terminus technicus, und ich fand einen Trost darin, daß der verhaßte Brauch schon bei den Römern bestanden haben müsse, denn ich fand im lateinischen Vokabularium ‹überlegen = consultare›. Wieder einmal stand der Sonnabend bevor, und ein langes Sündenregister harrte der Erledigung.» (DEUSSEN, S. 31)

Die hier geschilderten, mit Sadismus gemischten Erziehungsprozeduren waren kein Einzelfall und gehörten zu der auch in den Familien befolgten Regel, daß eben Prügel manchmal nötig seien und «noch niemand geschadet hätten!» Es ist beschämend, daß die einzige volkskundliche Publikation zu diesem Thema noch 1964 in das gleiche Horn bläst. WALTER HÄVERNICK (1905–1983) stellt die Prügelstrafe in einen traditionellen Zusammenhang von Familie als dem verantwortlichen Hort für den Heranwachsenden. Und deshalb sei es traditionell gegeben, daß das Schlagen von Kindern in vielen Familien zum normalen Ritual gehöre; dafür bietet er eine geradezu horrende «wissenschaftliche» Legitimierung. Er bezeichnet das planvolle Schlagen der Kinder und Jugendlichen im Familienbereich als «von der Sitte gebilligte feste Form des Strafvollzuges», der von den Jugendlichen als Teil des elterlichen Schutzes empfunden und akzeptiert würde! Damit wiederholt er die alte Vorstellung von der Familie als einer Institution, die unabhängig von den Bewegungen der Gesamtgesellschaft auf traditionellen Verhaltensmustern beharren solle. Hävernicks ahistorische, undynamische Auffassung dessen, was «Sitte» sei, führt ihn weiterhin zur unreflektierten Verteidigung von groben Auswirkungen der rein kräftemäßigen Überlegenheitsverhältnisse in Elternhaus und Schule und damit zur scheinwissenschaftlichen Verteidigung eines autoritären Prügelprinzips überhaupt, wie es in vergangenen Jahrhunderten zur Norm gehört haben mag. Nicht Erziehung als Prozeß des Autonomwerdens, sondern Schläge als selbstverständlicher Teil der sogenannten elterlichen «munt».

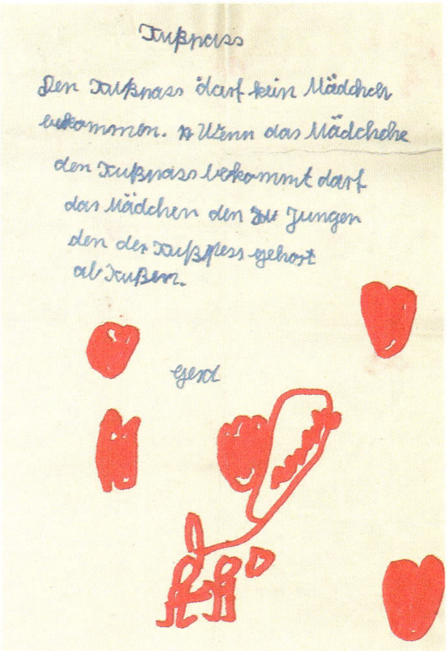

«Kußpaß», den sich die Kinder der 3. und 4. Klasse einer Marburger Grundschule gegenseitig ausstellen, 1982.

Was eine solche Auffassung für den Entwicklungsvorgang der Kinder bedeutet, hat Hävernick nur im konservativsten Sinne zu Ende gedacht.

«Denn Menschen, die schon als Kinder nur auf die Dimension von Befehlen und Gehorchen eingeschworen wurden, finden später nichts Außergewöhnliches am Quälen und Gequältwerden, am Vernichten und Vernichtetwerden, am scheinbar zufälligen, schicksalhaften Spiel von Macht und Ohnmacht; insbesondere dann nicht, wenn das Kollektiv ökonomisch in Bedrängnis gerät. Der Zusammenhang von Demokratie und Erziehung unter den gegebenen gesellschaftlichen Verhältnissen ist so beunruhigend, daß man Hävernicks Thesen nicht unkommentiert lassen kann. Denn eine Gesellschaft, die durch Prügel – und seien sie normiert – in ihren Fugen gehalten werden soll, ist danach.» (Horn, S. 16f.)

Es geht also nicht nur um das unerhört Entehrende der Prügelstrafe, das tiefe Trauma, das sie auf ein sensibles Kind ausüben muß, es geht auch um die gesellschaftlichen Konsequenzen, die solche ritualisierten Machtausübungen nach sich ziehen. Die Erinnerungen an die Lehrerprügel sind in den Autobiographien unzählbar. So berichtet Ernst Barlach (1870–1938) über den Stil dieser Schuljustiz:

«Tiek mit dem Menschenaffenbart, dieser Schulmeister von altem Schrot und Korn, der zur Andacht früh auf der Orgel aufs schönste präludierte, aber zur Einleitung des Unterrichts zuweilen ohne erkennbares Übelwollen zum Pult ging, den Stock hervorholte und die ganze Klasse verprügelte – gemütlich, selbstverständlich, ‹doch man so›, weil Prügeln gut tut, sowohl dem, der gibt, wie dem, der nimmt. Demnächst blies der Wind seiner Laune einen andern Strich, dann gab es Halloh, und wir unterbrachen Rechnen, Singen und Zeichnen, um dem andern Tiek, einem leibhaftigen Narren, seine eigenen Faxen widerzuspielen. Wir kollerten auf die Bänke nieder, wenn wir nach dem rechten auch das linke Bein in die Luft strecken wollten, wie Tiek vorschlug – aber nach manchen bösen Montagsstunden standen wir Sextaner auf dem Korridor zuhauf in der Pause und wiesen einander mit ernsten Mienen die Folgen des genossenen Unterrichts.» (S. 15)

Der negative Typ des deutschen Volksschullehrers hat mit seiner Prügelerziehung Geschichte gemacht und zu dem «stolzen» Ausspruch beigetragen: «Der deutsche Schulmeister hat die Franzosen mit schlagen helfen!» (Fabrikant Fritz Kalle 1907)

Dabei hatte alles ganz anders angefangen, denn mit der Einführung der allgemeinen Schulpflicht zu Anfang des 19. Jahrhunderts bahnte sich ein Durchbruch durch die ständische Gesellschaft an, eine emanzipatorische Mobilisierung der geistigen Kräfte. Daß diese Möglichkeiten zu Ende des Jahrhunderts in Schuldressur ausmündeten, dazu hatten die Prügelrituale nicht wenig beigetragen – übrigens nicht nur in Deutschland (Egardt). So ist die endgültige Aufhebung dieses Erziehungsmittels ein deutliches Zeichen für die Veränderung der Gesellschaft.

Zeigt die schulische Prügelstrafe die üblichen Konsequenzen eines machtbedingten Oben-Unten-Mechanismus, so gibt es andere Bräuche der Schulkinder, in denen sie seit jeher ihre Autonomie erproben: ihre *Spiele im Freien* ohne Aufsicht und Beeinflussung von Erwachsenen. Die Motive und Themen dieser Spiele könnte man folgendermaßen ordnen:

«Erster und Letzter»	Normen und Wertsysteme der Kinder
«Auf Ehrenwort!»	Geheime Bünde und Freundschaftsrituale
«Wer traut sich?»	Mut- und Kraftproben
«Anschlag für mich!»	Verstecken und Finden
«Puck – Puck – Puck –, wer soll das sein?»	Rollenspiele
«Vater – Mutter – Kind»	Familien-Nachahmungsspiele
«Schön feierlich zu Grabe tragen»	Begräbnisspiele

Ludwig Richter (1803–1884): Harter und süßer Schulbeginn. Früher Beleg für eine Schultüte.

Es war ein altpreußisches, wahrhaft spartanisches Ideal: fünf bis sechs Rohrstockhiebe auf die mit männlicher Selbstverleugnung eigenhändig strammgezogenen Hosen. Manchmal bekam der Rohrstock den Namen des zuletzt Verprügelten. Das war schlimm, aber zugleich ehrenvoll, wenn befohlen wurde: «Krause, hol mal den Grosz aus dem Pult!» Der Rohrstock wurde nämlich wie Schwamm und Kreide für die Tafel im Pult aufbewahrt, und es wurde immer für eine Woche ein besonderer Rohrstockwart dafür bestimmt – eine Art Ehre, wie sie in den alten preußischen Regimentern dem Profossen zuteil wurde, der dafür sorgen mußte, daß die Weidenruten für das Spießrutenlaufen auch ordentlich biegsam waren.

George Grosz (1893–1959): Ein kleines Ja und ein großes Nein. 1955, S. 41

Jungen beim Spiel auf dem Schulhof 1978.

Prügelstrafe in der Schule 1842 (Theodor Hosemann, 1807–1875) und in der Gegenwart.

«Der Himmel ist gerecht!» — Spiele mit Kirche, Ewigkeit und Paradies
«Wir wollen siegen oder untergehn!» — Kriegsspiele und Wettkämpfe
«David gegen Goliath» — Angriffe auf die Welt der Erwachsenen
«Harte Währungen» — Sammeln und Tauschen
«Vorhang auf und zu!» — Theaterspielen

So frei fühlen sich Kinder bei ihren Spielen im Freien. In einer derartig geordneten Sammlung (Weber-Kellermann/Falkenberg, S. 319ff.) gelangten wir zu dem Schluß, daß Kinder nicht unbedingt Erwachsensein spielen und die Erwachsenenwelt nachahmen. «Im Spiel selbst lernt das Kind die ersten Formen gesellschaftlicher Tätigkeit und zwischenmenschlicher Beziehungen (außerhalb des Elternhauses und später der Schule) kennen; es muß sich der Spielgruppe einordnen, es muß sich den von der Gruppe gesetzten Spielregeln fügen, es muß im Wettbewerb mit den Spielkameraden seine Geschicklichkeit, Kraft, Schnelligkeit, seinen Mut und seine Ausdauer beweisen.» (Peesch 1957, S. 92) Doch bei den Spielen im Freien sind nicht die erwachsenen Bezugspersonen die Autoritäten, sondern die kindlichen Anführer. Wohl spielen sie «Gesellschaft», aber ihre eigene, wohl erlernen sie Anpassung, aber an die Herrschaftsansprüche ihrer eigenen Gruppe – und die sind durchaus nicht immer identisch mit denjenigen ihrer Eltern. Während die Schule die Kinder diszipliniert, erproben sie im Straßenspiel ihre Grenzen. So wirkt das freie Kinderspiel auch emanzipatorisch und regt dazu an, Wertbezüge aus traditionellen Regeln zu lösen und neu zu kombinieren. Auch das kindliche Straßenspiel gehört also zu den Bräuchen der Schulkinder.

«[...] wir schritten zu einem richtigen Flitzbogenduell nach den Regeln, die wir durch gelegentliche Erzählungen meines Vaters aus seiner Studentenzeit kannten. Zehn Schritte wurden abgemessen, und auf mein Kommando ‹los› schossen wir beide unsere gefiederten Pfeile mit einer angeschärften Stricknadel als Spitze aufeinander ab. Bruder Hans hatte gut gezielt. Sein Pfeil traf meine Nasenspitze und drang unter der Haut bis zur Nasenwurzel vor. Unser darauf folgendes gemeinschaftliches Geschrei rief den Vater herbei, der den steckengebliebenen Pfeil herausriß und sich darauf zur Züchtigung des Missetäters durch Ausziehen seines Pfeifenrohres rüstete. Das widerstritt meinem Rechtsgefühl. Ich trat entschieden zwischen Vater und Bruder und sagte: ‹Vater, Hans kann nichts dafür, wir haben

Das studentische Stammbuch, eine Art von Poesiealbum unserer biedermeierlichen Vorväter (oben).

Gruppenbild aus der »Goldenen Burschenschaft« von 1829.

uns duelliert.› Ich sehe noch das verdutzte Gesicht meines Vaters, der doch gerechter Weise nicht strafen konnte, was er selbst getan hatte und für ehrenhaft hielt. Er steckte auch ruhig sein Pfeifenrohr wieder in die Schwammdose und sagte nur: ‹Laßt künftig solche Dummheiten bleiben›.» (Siemens, S. 10)

Diese Jugenderinnerung stellt sowohl das vorher Gesagte makaber unter Beweis und belegt sogleich einen Grundsatz studentischer Tugenden: die Ehre! Nicht mehr als einen Denkanstoß will dieser kurze Absatz bieten, denn auch eine Volkskunde der Studenten steht noch aus. Sicher begegnete uns bisher einiges zu diesem Thema: sowohl als Quelle in den Handwerkerbräuchen des Hänselns (Rauers, S. 62–86, hat dem Hänseln an Universitäten und Schulen sogar ein eigenes Kapitel gewidmet) wie als Ausstrahlung an die Schulen in Gestalt der Klassenmützen (Weber-Kellermann 1985, S. 183ff.). Damit ist schon angedeutet, daß bei dem Wort «Studentenbräuche» zuerst an Korps und Burschenschaften und ihre Riten gedacht wird. Da geraten die Stammbücher mit ihren Wappen und Devisen und später ihren Freundschaftsversen ins Gedächtnis; da denkt man an den Karzer und universitätseigene Gerechtsamkeiten.

Entscheidend wird die wechselvolle Geschichte der Burschenschaften im 19. Jahrhundert («Talare, Wichs und Jeans» 1977, S. 29ff.), beginnend mit den

Freiheitskriegen, an denen die Studentenschaft begeistert teilnahm und 1815 in Jena die sogenannte Ur-Burschenschaft gründete. Ihren ersten Höhepunkt bildete 1817 das Wartburgfest in Eisenach, aber in der folgenden regressiven Periode und nach der Ermordung Kotzebues wurden die progressiven Burschenschaften verboten und gerieten in den Untergrund. Sie konnten ihre Gesinnung nur noch durch Kleidung ausdrücken, durch Filzhut, Kokarde und Backenbart, durch die «altdeutsche Tracht», dann zum Zeichen ihrer Solidarität mit den unterdrückten Polen durch die schnürenbesetzte Pekesche, den *Polenrock*. Auf dem Hambacher Fest 1832 traten sie nochmals geschlossen auf und proklamierten die Verbrüderung aller Völker gegen die Heilige Allianz der Fürsten unter der schwarz-rot-goldenen Fahne. Doch mit der Demagogenverfolgung fanden ihre Aktivitäten ein Ende. Nach 1848 kam es dann zur Gründung der «Allgemeinen Studentenschaft». Nun zogen sie sich auf ihre geselligen Funktionen zurück noch ganz im Geist des Biedermeier. Im Kaiserreich vollzog sich dann zunehmend ihre Anpassung an die herrschende Gesellschaftsschicht, der sie später auch anzugehören wünschten. Eine lebhafte Ausgestaltung ihrer Verhaltensnormen in hierarchisch gegliederten Verbänden fand statt. Die Tendenz war eine elitäre Abhebung vom gewöhnlichen *Philister*, dem Nicht-Akademiker, und damit die akademische Ornamentierung des Großbürgertums.

Das alles kann hier nur angedeutet werden: Das ausgiebige Festleben («Stiftungsfeste») mit strengen Trinksitten und Grußformeln und vor allem ein äußerst differenziertes Kleidungsritual, das früher auch im Stadtbild in Erscheinung trat und heute mehr auf die Verbindungshäuser konzentriert bleibt.

Über den Anachronismus der Korporationen und ihrer Bräuche in der heutigen Gesellschaft ist manches gesagt worden (Schäfer 1977). Doch die Volkskunde hat weder ihre Rituale und Kleidungssitten bisher in ausreichendem Maße als kulturelle Zeichen untersucht («Talare, Wichs und Jeans» 1977) noch das Studentenleben der Gegenwart überhaupt oder die Antikleidung der Studentenbewegung.

Die Korporationen wiederholen heute mit ihren Ordnungen und Zeichen die tiefe gesellschaftliche Staffelung der alten Ordinarienuniversität und bleiben auf diesem überholten Standpunkt stehen. Daher sind sie tatsächlich anachronistisch. Den mühsamen Weg der Universitäten zu demokratischen Institutionen an ihren kulturellen Zeichen zu beschreiben oder doch wenigstens zu dokumentieren – auch die Rolle der Frauen zu entdecken – wäre ein dankenswertes volkskundliches Thema.

Als ein beobachtetes Beispiel gewandelten Studentenbrauches sei das *Maiansingen* genannt (Weber-Kellermann/Stolle, S. 105 f.). Das Ansingen des Maimonats um Mitternacht zum 1. Mai ist ein vielfach geübter Brauch auf dem Land, aber auch in kleinen Städten. In Marburg gab es einen Maiengang der Schulknaben. Aber Ende des 19. Jahrhunderts okkupierten die Studenten den Brauch für sich; Edward Schröder (1858–1942), der 1889 als Professor für Germanistik nach Marburg kam, fand ihn schon vor und hat ihn beschrieben: «In der Walpurgisnacht 1889 zogen da die Mitglieder des Korps Hasso-Nassovia von ihrer Kneipe hinab, die Füchse in hellgrünen Kneipjacken voran machten in der Nähe meiner Wohnung in der Ritterstraße Halt und zündeten mitgebrachte Kerzen an. Als ich ihnen neugierig folgte, sah ich, wie sie auf dem Marktplatz, von einer großen Menschenmenge erwartet, unter dem Schutze der Polizei einen Kreis schlossen und dann das Geibelsche Lied ‹Der Mai ist gekommen› anstimmten, nach dessen Absingen sie in geordnetem Zuge zum Korpshause zurückkehrten. Ich beobachtete aber über mir auf dem Schloßberg und auf der anderen Seite der Lahn Fackelschein und Feuerbrände an verschiedenen Stellen, wo offenbar das gleiche Lied bereits verklungen war.» (S. 100 f.)

Revers
welcher von den Studirenden vor der Immatriculation zu unterschreiben ist.

Nachdem die nachstehenden Auszüge aus den Gesetzen, nämlich:
1) Aus dem Bundestags-Beschlusse vom 20. September 1819 über die in Ansehung der Universitäten zu ergreifenden Maassregeln.
§. 3. «Die seit langer Zeit bestehenden Gesetze gegen geheime oder nicht autorisirte Verbindungen auf den Universitäten, sollen in ihrer ganzen Kraft und Strenge aufrecht erhalten, und insbesondere auf den seit einigen Jahren gestifteten,

Erinnerungsfoto um 1900 aus der Zeit als Burschenschaftler.

unter dem Namen der allgemeinen Burschenschaft bekannten Verein und um so bestimmter ausgedehnt werden, als diesem Verein die schlechterdings unzulässige Voraussetzung einer fortdauernden Gemeinschaft und Correspondenz zwischen den verschiedenen Universitäten zum Grunde liegt. Den Regierungs-Bevollmächtigten soll in Ansehung dieses Punktes eine vorzügliche Wachsamkeit zur Pflicht gemacht werden.»
«Die Regierungen vereinigen sich darüber, dass Individuen, die nach Bekanntmachung des gegenwärtigen Beschlusses erweislich in *geheimen oder nicht autorisirten Verbindungen* geblieben, oder in solche getreten sind, bei keinem öffentlichen Amte zugelassen werden sollen.»

Massnahmen gegen politische Verbindungen an den Universitäten, 1820

Über das Aufkommen dieses Studentenbrauches erfuhr SCHRÖDER, daß die Hasso-Nassoven 1872 oder 1873 in der Mainacht in der Ledererschen Terrasse das gleiche Lied angestimmt hatten, das damals noch nicht so verbreitet und gewissermaßen ein «Schlager» war. Emanuel Geibel (1815–1884) hat es gedichtet und der Pfarrer Justus Wilhelm Lyra (1822–1882) im Jahre 1842 vertont. Eine Frau Ruppersberg, die mehrere Söhne beim Korps hatte, fragte am nächsten Morgen nach dem Text des Liedes und bewunderte so sehr den schönen Gesang, daß «ihr zuliebe die Korpsbrüder in den nächsten Jahren regelmäßig vor ihrer Wohnung erschienen und ihr mit dem gleichen Gesange huldigten». Als sie gestorben war, verlegten sie ihren mailichen Mitternachtsgesang auf den ihrer Kneipe naheliegenden Marktplatz, was zuerst einen Auflauf und ein Strafmandat einbrachte. Im nächsten Jahr sicherte man sich vorher die Erlaubnis, und seitdem war das

Studentenulk beim Ketzerbachfest in Marburg, 1975.

Maiansingen ein Marburger Studentenbrauch der Hasso-Nassoven, die ihn mit ihrer Semesterantrittskneipe verbanden. Die anderen Marburger Verbindungen suchten sich nun ihrerseits feste Plätze in der Marburger Umgebung für ähnliche Walpurgisfeiern, die sie mit nächtlichen Feuern und Flammensprüngen ausstatteten. Das ging so weit, daß der Sagenforscher Hermann von Pfister damals in der Oberhessischen Presse einen Artikel veröffentlichte, in dem er die Marburger Arminen als die Bewahrer eines uralten germanischen Brauches pries!

Aber zurück zum Maiansingen auf dem Marburger Marktplatz. Der Brauch hat sich – mit Unterbrechungen – bis in die sechziger Jahre dieses Jahrhunderts erhalten, als ich ihn selbst in der von Schröder dargestellten Form mehrmals am Marktbrunnen erlebte. Dann begann die Zeit der Studentenbewegung, der dieser Aufmarsch der Korporierten als ein Marburger studentisches Charakteristikum mißfiel. Es kam zu Gegenkundgebungen und Schlägereien, und als 1969 die Hasso-Nassoven mit ihrem Lied auf den Schloßberg auswichen, zogen ihnen die progressiven Studenten, die Marseillaise singend, von der anderen Seite kampfesmutig entgegen. Auch das habe ich miterlebt. Es wurde dann das Mailied doch noch in Grüppchen gesungen, aber der studentische Stadtbrauch war damit zu Ende und findet wohl heute hauptsächlich in den Verbindungshäusern statt. – Das Maiansingen hat inzwischen der Verkehrsverein zu einem großen und eindrucksvollen

Nach vieler Leute Meinung heute,
sind Corpsstudenten eine Meute,
die Wein und Bier aus vollen Humpen
sich in den fetten Wanst rein pumpen.

Wenn mittags sie mit Katerknochen
endlich aus dem Bett gekrochen
dann greifen sie zum nächsten Schoppen:
man sieht sie Doppelköpfe kloppen,
und lauthals Saufgesänge plärren
und auf Befehl der alten Herren
mit Stulpenstiefel, Hut und Degen
verstaubte Rituale pflegen,
um später dann durch Protektionen
in einem Aufsichtsrat zu thronen!

Sie hau'n sich Schwarten in die Schädel
und schwängern arme Bauernmädel,
worauf sie roh und rülpsend protzen
und sich den seidnen Schlips bekotzen!
Politisch sind sie braun wie Scheiße,
sie kümmert Oder nicht noch Neisse!
Sie fordern Riga und auch Posen
und sind der Erzfeind der Franzosen!
Die dritte Welt ist ihnen egal,
kurzum: Verbindung, ein Skandal!

Der Mensch, der dieses klar erkannt,
hat sich mit Grausen abgewandt!
Geht hin zu den verquirlten Massen,
die in der Mensa Essen fassen,
die Leib an Leib im Hörsaal schlummern
als lebende Matrikelnummern
und wandelndes Inkognito.

Da flattert plötzlich doch ein Wisch
vom Corps Irminsul auf den Tisch:
Man lädt ihn ein zu frohem Trunk,
der Mensch ist voll Erleichterung,
denn Essen, Trinken und nichts löhnen
muß selbst den ärgsten Tropf versöhnen!
«Da geh ich hin an einem Tag!»

HANDZETTEL «CORPS IRMINSUL», Hamburg, 1983

Stadtfest mit Menschenmassen und nächtlichem Bierausschank auf dem Marktplatz umfunktioniert. Auch korporierte Studenten sind dabei, sie spielen aber keine besondere Rolle mehr.

Wie ist dieser Wandel eines Studentenbrauches, über dessen Anfangsphase wir so gut unterrichtet sind, volkskundlich-sozialwissenschaftlich zu interpretieren? Die Korpsstudenten waren die Initiatoren. Von einer persönlichen Huldigung gingen sie zu einem größeren Stadtpublikum als Partner über, dem sie nun das Mailied in ihrer festlichsten Kleidung und mit Kerzenbeleuchtung gewissermaßen darbrachten, wenn auch zuerst unter polizeilicher Bewachung. Nach strukturaler Gesetzmäßigkeit schenkten sie damit der Stadtbevölkerung, was diese nicht hatte: den feierlichen Beginn des Maimonats. Und die Stadtbevölkerung nahm ein solches Geschenk von «ihren» Studenten, die schwerpunktmäßig in der kleinen Universitätsstadt den kulturellen und wirtschaftlichen Mittelpunkt bildeten, mit freudiger Zustimmung entgegen. Die Hasso-Nassoven vertraten also die Universität, wie sie damals war, und die Kommunikation funktionierte lange Zeit. Aber als die Studentenbewegung ein Nachdenken über alle alten Formen universitären Lebens verlangte, verstanden die Hasso-Nassoven nicht, daß das auch sie und ihren öffentlichen Auftritt betraf. Es ging ja nicht um Geibels freundliches Mailied. Wer sollte dagegen etwas haben? Aber der Aufzug am Markt war das Zeichen für den nunmehr unangemessenen und elitären Anspruch, als Repräsentanten der Marburger Studenten der Stadt den Mai einzubringen. Das konnte eine riesig angewachsene progressive Studentenschaft weder verstehen noch dulden und empfand diesen Auftritt als Anmaßung und als Versuch, die sozialen Verhältnisse von 1900 in einer total veränderten Gesellschaft für die Universität zu stabilisieren. Nichts paßte mehr zusammen, und als die Korpsstudenten aufs Schloß auswichen und sich damit ihres Dialogpartners, der Stadtbevölkerung, beraubten, hatten sie ihren Brauch gewissermaßen selbst beendet. Die Marburger haben seine Fortsetzung nun in eigene Hände genommen – jenseits der Universität.

Korporationen bei der Fronleichnamsprozession in Marburg in den siebziger Jahren.

Über Studentenbräuche außerhalb der traditionellen Korporationsriten wäre noch manches zu sagen, vor allem über ihren Wandel nach der Studentenbewegung. Die Formen der zwischenmenschlichen Begegnung sind freier und lockerer geworden; alle Studenten duzen sich, was noch bis in die sechziger Jahre kaum denkbar war. Der Begrüßungshandschlag ist unter Studenten abgekommen und dem zwanglosen «Hallo» gewichen, einem amerikanischen Begrüßungsbrauch. Während es früher zum Beispiel üblich war, zu Prüfungen im dunklen Anzug oder Kleid zu erscheinen (auch die prüfenden Professoren waren dunkel angezogen), wird heute ein derartiger Aufwand nicht mehr getrieben und damit die Prüfungssituation entritualisiert. Es war auch allgemein üblich, nach bestandener Promotion ein Fest mit Freunden und Professoren zu feiern, bei dem der «frischgebackene» Doktor mit einem Doktorhut aus Pappe und mancher launigen Rede mit Hu-ja-ja-Refrain ausgezeichnet wurde. Freilich gibt es auch heute noch solche Feste, die wunderbar und unvergeßlich sein können. Aber wenn sie gefeiert werden *müssen*, so verstärken sie auch den Normendruck, und so ist der Zwang zum Feiern mehr und mehr verschwunden. Niemand fühlt sich mehr verpflichtet, sich auf eine bestimmte Weise festlich zu verhalten.

Man mag den Verlust brauchtümlicher oder festlicher Formen im Universitätsleben bedauern, doch die Befreiung vom Trauma des aufgezwungenen Festes ist zu begrüßen (Bringéus 1978). Feste verbinden, aber sie können auch ausschließen.

Wenn nun die moderne studentische Jugend das Veranstalten oder Nicht-Veranstalten von Festen und deren Befreiung von Etiketten in eigene Verfügung übernommen hat, so ist das nicht als ungezogene Formlosigkeit abzuwerten, sondern auch anzuerkennen als ein Akt menschlicher Emanzipation.

Bürobräuche

Zu diesem Thema können im Rahmen dieser Untersuchung nur Fragen gestellt werden; dabei müßte es doch eigentlich Bürobräuche geben, seit es das Büro gibt. Aber dieses Stichwort steht in keinem Register. Wie begrüßt und verabschiedet man sich im Büro? Wie redet man sich an? Wie feiert man Geburtstage, Beförderungen und Jubiläen? Was schenkt man zu Verlobungen, Hochzeiten, Geburten? Wie begeht man den Einstand eines jungen Kollegen und den Abschied eines alten? Wie verhält man sich bei einem Todesfall? Wie verlaufen Betriebsfeste und -ausflüge? Wie äußern sich die Bürohierarchien? Gibt es eine bestimmte Form des Spottens und Hänselns, der Zustimmung, der Abneigung, des Protestes, aber auch der Versöhnung und Besänftigung?

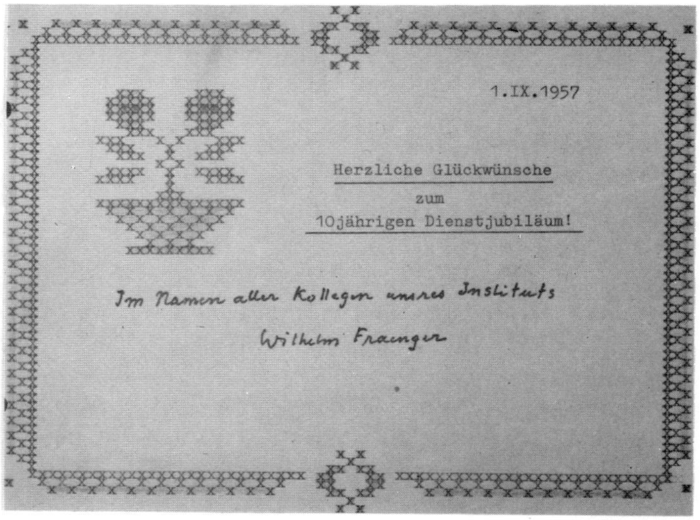

Allerlei Bürobräuche, Einladungen zu Betriebsfesten, mustergetippte Glückwünsche.

Menschen, die einen so großen Zeitraum ihres Lebens miteinander verbringen, müssen doch Kommunikationsbräuche entwickelt haben. Ein Phänomen kann vielleicht ausgemacht werden: Am *Valentinstag*, dem 14. Februar, für den die Floristen so lebhaft werben, werden vor allem in den Büros Blumen an die lieben weiblichen Untergebenen und Kolleginnen geschenkt. Er ist ein Termin für freundliche, harmonisierende Bürobräuche geworden.

Eine Erscheinung des Bürolebens ist besonders erwähnenswert: die Schreibmaschinenkunst, mit der so manches Jubiläum verschönt wird. Das *Mustertippen* als Gestaltungsspielerei, ausgeführt von den Sekretärinnen als den wahrhaft Kompetenten auf der Schreibmaschine, kann zu phantasievollen, durch die Technik gebändigten Bildkompositionen führen, die die betriebsinternen Glückwunschadressen schmücken: ausgeführt mit dem Werkzeug der eigenen Arbeitswelt (Peesch 1968).

Folklorismus

Flucht aus einer unbequemen Gegenwart?

Mit den Arbeiten von HANS MOSER (1962, 1964) begann eine neue Ära der Brauchforschung, wurde der Folklorismus als Forschungsthema entdeckt. In theoretischen und analytischen Untersuchungen zeigten dann HERMANN BAUSINGER (1966), WOLFGANG BRÜCKNER (1965), KONRAD KÖSTLIN (1970), ANDREAS C. BIMMER (1972) u. a., wie fruchtbar sich diese neue Betrachtungsweise für die Gegenwartsvolkskunde auswirkt. Hier seien die Grundgedanken zusammengefaßt:

Als Folklorismus ist die Tendenz zu bezeichnen, in volkstümlichen Überlieferungen das unveränderte Fortleben angeblich «uralter», am liebsten «germanischer», kultischer Formen zu erkennen und zu aktualisieren. Es wird damit ein Rückgriff auf vorindustrielle Formen der Volkskultur vorgenommen, eine Orientierung hin auf eine vorgeblich humane Welt als Fluchtort aus einer unübersichtlichen und oft unbegreifbaren Gegenwart. Doch solche Illusionen überzeugen nicht, denn die Welt des Folklorismus ist eine Welt aus zweiter Hand, organisiert, gestellt, sentimental, unrealistisch; der Versuch, überholte Werte wiederzubeleben. Deshalb bleiben diese Bemühungen meist gesellschaftlich unproduktiv. Da sich die Darbietungen des Folklorismus besonders beim Reisegeschäft bezahlt machen, sind auf diesem Feld die spektakulärsten Erscheinungen zu beobachten. Volkskultur gerät hier in das Interessenfeld der Kommunen und des Tourismus.

Programm zum Hessentag 1974 in Fritzlar.

Den städtischen Urlauber zieht oft die Sehnsucht nach einer verloren geglaubten «heilen Welt» in ländliche Gegenden, eine Sehnsucht, die durch die Gesundheits- und Reformbewegungen verstärkt wird. Er sucht nach einer Art von Gegenwelt, in der altdeutsche Fachwerkhäuser, Trachten und Volkstanz unter der Linde noch lebendig zu sein scheinen. So gewinnen folkloristische Darbietungen für den Besucher oft eine Ausweichfunktion. Er betritt Regionen, die ihm bis dahin weitgehend unbekannt waren. Schöne Trachten und Tänze als Urlaubskulisse steigern den Fremdenverkehr und werden im Dienst der Touristenwerbung gern vermarktet. So wird Volkskultur zur Ware, ohne daß es der Urlauber recht bemerkt.

Wie sieht die Sache nun von seiten der Einheimischen aus, also vielfach der Akteure in diesem Folklorismusgeschäft? Die Vorstellung, daß es sich hier um altväterliche Leute handelt, für die die überlieferten Bräuche des 19. Jahrhunderts ein selbstverständlicher Besitz geblieben sind, ist ganz sicher irrig. Zu jeder Zeit hat die Bevölkerung auch des abgelegensten Walddorfes, besonders die jugendliche, das Bedürfnis gehabt, modern zu sein und den Anschluß an die zivilisatorischen und modischen Bewegungen der jeweiligen Gegenwart zu erreichen. Um so überraschender mußte nun auf diese Landbewohner das Interesse wirken, das die städtischen Urlauber an ihren oft abgelebten und für sie selbst funktionslos gewordenen Kleidungssitten, Trachten, Tänzen und Bräuchen bekundeten. Um aber die Erwartungen der Urlauber zu erfüllen, präsentierten sich die Einheimischen im überlieferten heimatlichen Stil, der damit einen neuen Wert erhielt. Mit seiner alten Funktion im dörflichen Leben hatte das kaum noch etwas zu tun. Die Wünsche der Fremden wie der Einheimischen begegnen sich nun in einer gemeinsamen Tendenz, in einem Charakterzug, den viele folkloristische Bemühungen zum Ziel haben: «Uralt» sollen die Bräuche sein und möglichst in germanisch-mythische Vorzeit zurückreichen.

Die alten Germanen
Zur Mythologisierung von Bräuchen

Die Germanen führen den Festzug an beim Eisenacher «Sommergewinn».

Der Wunsch, den heimischen Brauch in ungebrochener Kontinuität bis in die graue germanische Vorzeit zurückzuführen, ist oft der Vater des Gedankens in der merkwürdigen Zwangsvorstellung, daß nur ein unvordenkliches Alter den Bräuchen einen kulturellen Wert verleihen könne. Nicht immer sind Brauchfälschungen in diesem Sinne so leicht zu entlarven wie im folgenden Beispiel.

Im oberbayerischen Dorf Kirchseeon hat der Vorstand des Trachtenvereins im Jahre 1953 nachweislich einen Brauch für die winterliche Touristenwerbung regelrecht erfunden: Eine Gruppe Einheimischer tanzt und musiziert mit übergroßen grotesken Holzmasken, die der Trachtenverein hat schnitzen lassen und die er nach den Vorführungen aufbewahrt. Der Brauch wird als «mittwinterlicher Dämonenlauf» und «uralter Kulttanz» in einer Werbeschrift des Trachtenvereins bezeichnet, ohne daß tatsächlich auch nur die Spur einer derartigen Tradition in Kirchseeon belegbar wäre (Moser 1962, S. 204f.). Im Touristenheftchen steht: «Im Grunde ist der Perchtentanz nichts anderes als ein uralter Sonnentanz, in dessen Mitte Frau Percht steht.» Das ist ein äußerst extremes Beispiel einer Vermarktung von Bräuchen als produzierbare Ware für den unwissenden Urlauber.

Eine Neigung zur Germanisierung ist ja seit der Romantik, seit den Brüdern Grimm bei der Aufsammlung und Interpretation von Bräuchen zu beobachten. Kein Wunder, wenn ihre zahlreichen Epigonen unter Lehrern und Heimatpflegern den gleichen Weg beschritten und den Ursprung ihrer Heimatbräuche ebenfalls bei den Germanen suchen wollten. Das führte auch in der Wissenschaft zu einer «Kontinuitätstheorie», die wissenschaftlich nicht haltbar war und ideologisch in dem Augenblick anrüchig wurde, als die Nationalsozialisten sie begierig übernahmen (Höfler). Allzu gut paßte sie in das Bild vom nordisch-germanischen Herrenmenschen, der kulturführend in Europa gewesen sein sollte.

Die Überreste solcher Verzerrungen geistern noch in vielen erneuerten Volksfestkommentaren herum. So übermittelt der Folklorismus zuweilen völlig überholte Werte, die konservierend, aber nicht aktivierend wirken. Ein Musterbeispiel für eine derartige langandauernde und in der Gegenwart ideologisch-mythologisch kulminierende Brauchfolklorisierung ist der *Further Drachenstich*.

Die Stadt Furth im äußersten östlichen Winkel des Bayerischen Waldes, drei Kilometer von der tschechischen Grenze entfernt, wirbt um den Besuch der Fremden mit einem Festspiel zum Mythenthema Drachenstich.

Die Hauptpersonen sind der *Schwarze Ritter*, die *Ritterin*, der *Weiße Ritter* und dazu der *Drachen*. Die Stadt macht große Anstrengungen, um mit ihrem Drachenstich den Tourismus zu beleben und betont die lange Überlieferung des Spiels. Tatsächlich beweisen alte Ratsrechnungen von 1665, daß schon damals das Spiel im Gange war und das Gestell des Drachen von einem Mann getragen und bewegt wurde, der dafür von der Stadt acht Kreuzer und drei Heller erhielt!

Die Hauptfiguren entstammen einem volkstümlichen Zwischenspiel, eingefügt in die feierliche Fronleichnamsprozession früherer Jahrhunderte. Darin wird, der Sankt-Georgs-Legende folgend, die Königstochter von einem edlen Ritter erlöst, der den Drachen ersticht.

«Ach edler treuer Rittersheld,
weil er den Drachen hat angefällt
zu seinem Schwerte und Rittertanz',
verehr' ich ihm ein' schön Ehrenkranz!»

So heißt es in den alten naiven Texten des Spiels. Obwohl die Geistlichkeit in dieser Szene eine Verweltlichung des heiligen Tages argwöhnte, zog gerade der Drachenstich schon frühzeitig die Wallfahrer an. Sie scheuten selbst fünfzehnstündige Fußmärsche nicht, um den Lindwurm bluten zu sehen, was durch mit Ochsenblut gefüllte Schweinsblasen anschaulich vorgeführt wurde. Später überwucherte das Spiel die Prozession, und geistliche und weltliche Obrigkeiten wollten den Greuel verbieten, aber die Stadt blieb Sieger in diesem Kampf und übernahm seit 1890 die weltliche Organisation des Spiels. Der Theaterverein und ein neugegründeter Festausschuß leiteten damals bereits einen zeitgemäßen Folklorisierungsprozeß ein. Die harmlose Spielszene wandelte sich zur Theaterimitation, der neue Märchenheld zu einem Siegfried in Wagnerscher Prägung. Im Geist des Historismus umgaben Stadtväter und Gymnasiallehrer die Aufführung mehr und mehr mit bildungsbürgerlichen poetischen Zügen. Dabei spielte der Neuerwerb eines monströsen Drachens eine wesentliche Rolle: Die Münchner Oper wollte 1912 ihren Siegfried-Drachen erneuern, und die Further erwarben das ausgediente Opernungetüm für dreißig Mark und vollzogen damit immer entschiedener die Wandlung vom Sankt-Georgs-Spiel zum germanischen Nibelungen-Mythos. Diese Ausweitung hielt an, bis die Further das Spektakel nach dem Zweiten Weltkrieg zu einem ideologisierten Freilichttheater mit einem Riesendrachen umfunktionierten – und zu einem recht einträglichen Geschäft mit den Fremden.

Leider ist das nicht so unbedenklich, wie es von außen erscheint. Denn das neue, 1952 gedichtete und seitdem alljährlich aufgeführte Festspiel benutzt die Grenzlandsituation der Stadt zu handfester Politisierung. Eine Schlacht aus den Hussitenkriegen, die Vertreibung katholischer Bauern aus ihren Dörfern und ihre freundliche Aufnahme im Schloß der Ritterin bilden den Beginn der Handlung. Gegenpart ist der Herr von Kamerau, der böse Zwingherr, der das Volk unterdrückt und die Ritterin zur Heirat erpressen will. Das Flüchtlingsproblem wird also mit sozial-historischen Fakten verkoppelt.

Das Programmheft verrät diese Tendenz: «Im Zusammen- und Gegenspiel mit dem Volk gewinnen die alten Gestalten einen packenden Gegenwartssinn. Der Kampf des Weißen Ritters mit dem Drachen wird zu einem doppelten Sinnbild: Er stellt den Sieg des Guten über das Böse dar und die Schicksalsaufgabe des Grenzlandes.» Und so wird der Drache unversehens zum Symbol des Dunklen, Bösen, das aus dem Osten kommt und das nur von einem strahlenden Siegfried unter den Segnungen des christlichen Abendlandes überwunden werden kann!

Der Festausschuß in Furth schreibt 1970 in seiner Chronik: «Man sieht den Ursprung dieser Festlichkeit in der christlichen St.-Georgs-Legende oder auch im Brauchtum germanischer und keltischer Vorfahren, um deren Opferstätten sich solche Symbole vom Kampf des Guten gegen das Böse, des Lichts gegen die Finsternis rankten. – Gut 5 Jahrhunderte hat der Drachenstich überdauert; entgegen allen Anfeindungen und Verboten ist er heute zu weltweiter Bedeutung gelangt.»

Das gibt es nirgends wie in Furth, daß beim Ende eines Heimatspiels alle Kirchenglocken zu läuten beginnen, auch wenn es 10 Uhr in der Nacht ist. Und das gibt es nirgends wie in Furth, daß im Augenblick zuvor viele tausend Menschen den Atem anhalten: Wird er ihn treffen? Wird er ihn töten!
MÜNCHNER MERKUR, 21. 8. 1954

Der weiße Ritter und die Ritterin beim «Further Drachenstich».

Bei solcher Deutung hört der Spaß am aktionsreichen Volksschauspiel auf. Die Wirkung auf die Zuschauer wird durch den gewaltigen Aufwand noch verstärkt: Der Drachenstich ist eine der größten Schaustellungen im ostbayerischen Raum mit über tausend Kostümierten, zweihundert Pferden, zahlreichen Musikgruppen und Festwagen! Dazu kommt, daß ein Großteil der Festzugsteilnehmer von der Bundeswehr gestellt wird und daß die Hauptakteure des Festspiels Berufsschauspieler sind. Der Drache ist heute auf einen Unimog montiert und wird mit einem Elektromotor bewegt. Kartenbestellungen «sind wegen des großen Andranges ratsam», schreiben die Zeitungen. Die Preise im Urlaubsmaßstab garantieren bei zehn- bis fünfzigtausend Besuchern im Verlaufe der Saison ein gutes Geschäft. Bei einer solchen monströsen Schaustellung wurde Tradition durch Ideologie überwuchert, und das Fest hat sich weit von seiner Quelle entfernt.

Die übliche Rummelplatzszene bei allen Volksfesten (rechts oben).

Zwiegespräch zwischen dem Herrn Winter und der Frau Sunna beim «Sommergewinn» in Eisenach.

In diesem Beispiel aus dem modernen Folklorismus lassen sich gefährliche Möglichkeiten solcher «Volkstumspflege» erkennen. In einem vorgeblich statischen Gesellschaftsbild wird alten Mythen eine heroische Zeitlosigkeit angedichtet, die ihnen im Verständnis der Zuschauer Gültigkeit verleihen soll. Siegfried, der Weiße Ritter und der ungeschlachte böse Drache: Dieses Kontrahentenpaar, bei dem der Sieger von vornherein feststeht, kann für jedes ideologische Feindbild eingesetzt werden. So werden ideologiekritische Nachdenklichkeiten von vornherein durch die Kraft der Mythologie beiseite geschoben.

Wie schon gesagt, sind solche Folklorisierungsbestrebungen nicht neu, und es sei noch ein weiteres Beispiel angeführt, bei dem bereits die BRÜDER GRIMM ihre Finger im Spiel hatten: der Kampf zwischen Winter und Sommer am Sonntag Lätare vor Ostern. Was hat es mit diesem Frühlingsbrauch (vgl. S. 214) auf sich?

Der Strohkegel als Dürrmaske beim Sommertagsumzug in Heidelberg.

Programm des Eisenacher Sommergewinn von 1954

I.
1. Sommergewinntransparent; 2. Fanfarenbläser; 3. Germanengruppe mit Feuerrad; 4. Germanen zu Pferde; 5. Wagen der Veteranen; 6. Musikkapelle; 7. Kindergruppe «Schneeflocken»; 8. König Winter; 9. Strohkegel; 10. Pinguinengruppe mit Eisbären; 11. Riesenfliegenpilz mit Waldgeist und Wurzelmännchen; 12. Förstergruppe; 13. Kindergruppe «Holzhauer und Holzweiblein»; 14. Köhlerwagen; 15. Spinnstubenwagen (mit Frau Holle); 16. Musikkapelle

II.
17. Wagen «Wartburg – Heidelberger Schloß» (Wahrzeichen der Städte Eisenach und Heidelberg, in denen der Brauch des Winteraustreibens – Sommergewinnes heute seine Hauptpflegestätten hat.) als Wagen der Einheit

III.
18. Frühlingsbote zu Pferde; 19. Wagen «Maler Lenz»; 20. Kindergruppe «Schneeglöckchen»; 21. Wagen der Zitherklubs; 22. Volkstanzgruppen; 23. Wagen «Frühlingsblüten»; 24. Kindergruppe «Storch mit Gefolge»; 25. Wagen der Imker (Bienenkorb); 26. Wagen mit dem größten Osterei; 27. Hasen-Hochzeitszug; 28. Musikkapelle; 29. Wagen der Frau Sunna; 30. Schmetterlinge auf Fahrrädern; 31. Wagen mit dem großen Sonnenwurm; 32. Wagen «Petri-Heil!»; 33. Wagen «Das große Füllhorn»; 34. Kindergruppe mit Blumengewinden und Feststäben; 35. Wagen «Das große Vogelnest»; 36. Wagen mit einem Mandolinenorchester; 37. Kindergruppen: Junge Pioniere, Sportler, Gruppe mit Gartenwerkzeugen; 39. Schiff vom Hellgrafenhof; 40. Wagen «Zeisiggrund»

IV.
41. Die große Überraschung: Henner und Frieder, die Eisenacher Originale.

Während in der älteren Überlieferung in Westdeutschland und hier besonders in der Pfalz die Form des Sommereinholens und Winteraustreibens überwog, wurde in Thüringen, in Böhmen und Schlesien seit altersher der *Tod ausgetrieben*, zuweilen kombiniert mit dem Einholen des Sommers als einem Kinderfest. Diese Brauchfigurationen interessierten bereits die Brüder Grimm. Im 24. Kapitel ihrer «Deutschen Mythologie» (Göttingen 1835) stilisierten sie die beiden Stroh- und Laubgestalten zu allegorischen nordischen Riesen, die die beiden feindlichen Jahreszeiten verkörpern, und setzten den «Tod» mit dem «Winter» gleich. «Alles ist ganz heidnisch gedacht und gefaßt», schreibt Grimm, «der herbeigeholte, aus seinem Schlaf geweckte, tapfere Sommer, der überwundene, in den Kot niedergeworfene, in Banden gelegte, mit Stäben geschlagene, geblendete, ausgetriebene Winter sind Halbgötter oder Riesen des Altertums.» Die Tatsache, daß Lätare als «Totensonntag» gefeiert wird, schien diese These zu bestätigen: Die Deutung wurde mehr als hundert Jahre immer von neuem wiederholt (Uhland) und abgeschrieben, bis die neuere Forschung die alten romantischen Denkfehler entdeckte und berichtigte (Sieber 1968). Nach Sieber handelt es sich bei den beiden «Riesen» nicht um ein statisches Überdauern aus heidnischer Vorzeit; vielmehr ist die Gestalt des Todes zum ersten Mal 1366 in einem Prager Synodalverbot erwähnt worden. Es untersagt den Mißbrauch, daß die Leute zu Mittfasten Bildnisse des Todes zu den nahen Flüssen tragen und dort ertränken, um den Tod von ihres Ortes Grenzen zu vertreiben, also eine personifizierte Hinrichtung von Krankheit und Gefahr. Das war freilich nicht gottgefällig, aber bei den andauernden Seuchen, Pest- und Choleraepidemien sehr verständlich.

In der Georgenvorstadt von Eisenach werden zum «Sommergewinn» die Häuser mit bunten Eiern, Brezeln und dem Abbild des Hahns geschmückt.

Die bewegte Geschichte des Brauches, dessen Modell sowohl in den Anti-Papst-Flugschriften der Reformation wie im Dreißigjährigen Krieg eine Rolle spielte, sei hier nur erwähnt. Sommer und Winter, Sommer und Tod bilden darin so etwas wie eine Antithese, einen Bewegungsrhythmus, durch den das Üble hinausbefördert und das Gute hereingeholt wird, und das entspricht einem in vielen Bräuchen wiederkehrenden vitalen Grundtrieb des Lebens. Jedoch auch die mittel- und ostdeutschen Bräuche des Todaustreibens verkümmerten – wie die pfälzischen – mit Aufklärung und Industrialisierung um 1800 zu harmlosen Kinder-Heischegängen, bis gegen Ende des 19. Jahrhunderts in Eisenach eine geradezu exemplarische Neubelebung einsetzte. Plötzlich tauchte nämlich in den Chroniken des Hochstifts Hersfeld eine Quelle auf, die selbst bedeutende Wissenschaftler irreführte: der angeblich älteste Beleg für das Nebeneinander von Winter- und Todesgestalt aus dem Jahre 1286 im Eisenacher Raum! Und von dort aus sei dann der Brauch des Todaustreibens nach Norden und Osten weiter ausgestrahlt.

Dieser «uralte» Beleg aber, der plötzlich Eisenach zur Urquelle des *Sommergewinns* erhob, ist erwiesenermaßen eine Fälschung, gut gemeint und sehr geschickt ausgeführt von dem Eisenacher Turnlehrer Heinrich Goldner. Ausführlich referiert er die vorgebliche Urkunde, die von einem Besuch des Klosters Georgenthal bei Eisenach berichte und von einem dort beobachteten prozessionsähnlichen Umzug mit dem Namen *Todaustreiben* am Sonntag Lätare mit einem angeputzten Strohmann, den die Prozessionsteilnehmer dann im Wasser ersäuft hätten. Unter reichlicher Benutzung der Grimmschen «Mythologie» hatte der eifrige Turnlehrer den Beleg zusammengebastelt, der nun Urkundencharakter erhielt. 1897 war es dann endlich so weit, und der erste Eisenacher *Sommergewinn* wurde mit diesem pseudohistorischen Hintergrund gefeiert. Den Kenner erinnerte zwar manches ein bißchen penetrant an den 1893 erneuerten Heidelberger Lätaretag – auch waren zahlreiche Korrespondenzen zwischen den beiden Festkomitees in Heidelberg und Eisenach hin und her gegangen. Aber das tat der Freude keinen Abbruch, als das Fest unter beträchtlicher Kostenbeteiligung der Stadtverwaltung nach den Ideen

Goldners in Eisenach über die Bühne ging. Über tausend Kinder mit Feststäben (nach Heidelberger Vorbild), große Wagen mit den Gestalten der leuchtenden *Sunna* und des gefesselten Winters, des Riesen *Reif* mit seinen eisigen Begleitern, dazu allerlei Elfen, Trachtengruppen usw. zogen, angeführt von drei «Germanen», durch die Stadt. Ein neu gedichtetes, mit den Kindern eingeübtes Sommergewinnslied und eine Musikkapelle gaben der Sache den musikalischen Nachdruck. Höhepunkt war das abschließende Streitgespräch zwischen Frau Sunna und Herrn Winter, eine Neudichtung nach dem Muster der ritterlichen Wettgespräche, in dem sich Sommer und Winter gegenseitig ihre Verdienste vorhalten und sich die des Sommers als die größeren herausstellen. Anstelle des Winters wurde dann am Schluß ein Strohkegel verbrannt. An Ludwig Uhlands (1787–1862) Texte, die gerade 1893 in der dritten Auflage erschienen waren, konnte man sich trefflich halten (vgl. Abb. S. 214).

In beiden Städten Heidelberg und Eisenach gehört seitdem bis heute der *Sommertag* beziehungsweise der *Sommergewinn* zu den großen Volksfesten des Frühlings, die die Bewohner als ein ihnen zugehöriges lokales Charakteristikum empfinden. Dabei verbindet sich das Fest in Eisenach mit einem grandiosen Festzug, bei dem die getreuen Germanen voranmarschieren und Frau Sunna und Herr Reif mit ihrem dramatischen Dialog den Mittelpunkt bilden. Hahn, Brezel und Ei, die dem Festzug vorangetragen werden und die in dem im Jahr 1922 entstandenen Festgruß «Gut Ei und Kikeriki» wiederkehren, aber auch traditionsgemäß die Häuserfronten der idyllischen Georgenvorstadt zieren: Eier mit Stoff- und Binsenmarkdekor, Hähne aus Brotteig geknetet und mit Hühnerfedern besteckt, knusprig gebackene Brezeln und selbstgemachte Blumengirlanden aus buntem Seidenpapier werden in immer neuen Kombinationen an den Straßenseiten der Häuser im Wettbewerb um die schönste Fassade befestigt. Die Gestalt des Hahnes, der als Nachfolger des früheren Binsenmarkvogels als der «heilige Geist» vom Sommergewinn anzusprechen ist, kehrt seit einigen Jahren auch im Festumzug als große Pappmaske wieder. Sie erinnert mit ihrem stelzenden Gang an die traditionelle Figur des *Guller* im Rottweiler «Narrensprung» und wird von den Zuschauern ebenso freudig begrüßt wie die Hasengruppe der Kinder, die schon seit mehreren Jahrzehnten zum Sommergefolge gehört. Die großen Aufsetzköpfe entstammen der südthüringischen Maskenindustrie. Die Kinder sind Dekoration, freilich farbig und vielfältig, dem Einfallsreichtum der Lehrer entsprechend (Wähler, S. 427 ff.; Weber-Kellermann 1972, S. 301 ff.). Wo die Brauchhandlung einen Kampf zwischen Sommer und Winter darstellt, wie ihn zum Beispiel schon Sebastian Franck 1543 geschildert hat, dürfte diese Allegorie auf die Turnierkämpfe der Ritterzeit zurückzuführen sein. Auch die Streitgespräche der beiden Gestalten, die Ludwig Uhland 1844/45 popularisierte, gehören zum Typ der höfischen Ritterdichtung oder der lehrhaften Dialogliteratur des 16. Jahrhunderts. Mit den alten Germanen haben diese Spiele jedenfalls nichts zu tun, sondern sie wurden in den verschiedensten Landschaften aus unterschiedlichen Elementen zusammengefügt.

Kinder in großen Hahnmasken aus Pappmaché sind beliebte Figuren beim Eisenacher Umzug zum «Sommergewinn».

In Heidelberg ist der Charakter des Kinderumzuges bestimmend geblieben – das Zwiegespräch zwischen Sommer und Winter fehlt. Der Sommertag gehört zu den Stadtfesten, denen die jeweiligen Veranstalter so viele Zutaten beimengen können, wie immer sie wollen. Was dabei an Lokalkolorit, Festfreude oder auch Rummel herauskommt, bleibe hier unbewertet. Von tüchtigen Heimatpflegern und Verkehrsdirektoren organisiert, werden ja oft landesübliche «Volksfeste» wiederentdeckt oder gar neue erfunden. Dabei können Bräuche und Festtrachten oft in Zusammenhänge gelangen, in die sie eigentlich nicht hineingehören; sie werden nur um des Schaugepränges wegen versetzt oder auch wegen bestimmter Ideologisierungsziele. Das erstere kann durchaus amüsant sein, das letztere sollte nicht unwidersprochen bleiben, besonders wenn die alten Germanen als Verursacher eine peinliche Rolle spielen.

In diesem Zusammenhang verdient der *Tanz der Wilden Männle* im bayerischen Oberstdorf Erwähnung, gern als «uralter Volks-Tanz» apostrophiert, «der sich als der älteste Kulttanz aus grauer Vorzeit bis in unsere Tage erhalten hat», wie 1957 eine große süddeutsche Regionalzeitung schrieb (BAUSINGER 1966, S. 179 ff.). Er sei ein pantomimischer Tanz germanischen Ursprungs, wahrscheinlich dem Gott Thor gewidmet! Angeblich mythische Herkunft und dämonische Fruchtbarkeitsfunktionen mit Keulenschwingen und Stampfen brachten dem Tanz auch in der NS-Zeit Erfolg und die Unterstützung des Reichspropagandaamtes, der Gebirgstrachten- und Heimatschutzvereine, aber auch der zeitgenössischen Volkskunde.

Tanz der «Wilden Männle» in Oberstdorf/ Bayern.

OBERSTDORF. – Die «Wilden Männle», tanzende und springende Gestalten aus grauer Vorzeit, die alle fünf Jahre losgelassen werden, sind in diesem Sommer wieder da. Die heidnischen Kobolde und Unheil-Verscheucher, die früher in fast allen Gebieten der Alpen zu Hause waren, haben sich nur noch in Oberstdorf in der Urform erhalten. Ihr Kulttanz vermittelt noch die Wildnis und Urgewalt der Bergwelt.

So zu lesen in der SÜDDEUTSCHEN ZEITUNG, 31. 5. 1985.

Tatsächlich – das haben HERMANN BAUSINGER, HANS MOSER u. a. bündig festgestellt (1962, S. 191; KAPFHAMMER, S. 306–309) – geht die erste archivalische Bezeugung auf 1811 zurück, als man dem Trierer Kurfürsten Clemens Wenzeslaus anläßlich seines Besuches in Oberstdorf einen originellen Empfang bereiten wollte. Das ist den Oberstdorfern mit dem *Wild-Männle-Tanz* offenbar gelungen, denn es folgten Einladungen an die Darsteller nach Lindau, Konstanz und in die Schweiz. Nun könnte man so argumentieren, daß hier nur die Schlußphase einer langen volkstümlichen Entwicklung belegt sei, wie sie beispielsweise die Bildteppiche des Mittelalters dokumentieren und später die Wilde-Leute-Masken barocker Festumzüge. Aber solche Traditionen führen nicht in mythisch-kultische Tiefen, sondern eher zu höfischem Festspiel mit Revuecharakter. Dabei ging es darum, sich gesellschaftlich darzustellen, aber nicht, sich mimisch zu verstellen (SIEBER 1960, S. 148 ff.). BAUSINGER führt aus (S. 186), wie die Wilden-Leute im adligen Welttheater der Renaissance und des Barock die erotische Rolle innerhalb der Gegenwelt zum Höfischen übernahmen. Als dann später das «Volk» diese Rollen adaptierte, spielten die Bauernburschen, die nun als Wilde-Männer tanzten, gewissermaßen ihre eigene Urtümlichkeit und mythologisierten sich selbst. Sie reproduzierten das Bild, das die höfische Gesellschaft von ihnen entworfen hatte.

Es ist bezeichnend, daß ihre erste Vorstellung 1793 einem adligen Publikum galt, später den Stadtbürgern und noch später nach längeren Umgestaltungsprozessen den städtischen Urlaubern, die Oberstdorf besuchten. Mit germanischer Kontinuität hat es jedenfalls nichts zu tun, wenn nun in fünfjährigem Turnus von Mai bis September die Wilden-Männle, von Kopf bis Fuß in Tannenbart gehüllt, auf einer einfachen Kulissenbühne ihre Sprungschritte tanzen.

Zum «Germanentrend» in der Brauchdeutung wäre noch manches zu sagen: zum Beispiel im Zusammenhang mit den beliebten Schwerttänzen, die doch nichts anderes sind als kunstvolle Gesellentänze der Zünfte. Überall sprießen organisierte Brauchveranstaltungen wie Pilze aus der Erde, die an «uralte Überlieferungen» anknüpfen möchten, oft motiviert durch den wachsenden Fremdenverkehr. Ihr Wert als kulturelle Leistungen bestimmter Gruppen und als deren soziale Selbstrepräsentation soll nicht herabgesetzt werden. Jede Gestaltung, die aus eigener Initiative erwächst, gewinnt schon dadurch eine kulturale Qualität. Aber vorsichtig sollten Gestalter und Zuschauer von Volksfesten mit der «Deutung» ihrer Bräuche sein und sich nicht im Nebel unkritischer, mythischer Ideologisierungen verlieren.

Heimat

Zur Ideologisierung von Bräuchen

«Heimat: Das ist der Lindenbaum, unter dem Vater Staat und Mutter Natur einträchtig im Kreise ihrer Lieben beieinander sitzen und sich freuen, daß alles ist und bleibt, wie es immer war.» Dieses Zitat aus einer Besprechung der Fernseh-Serie «Heimat» von 1984 (Der Spiegel 40/1984, S. 253) ist zwar boshaft, aber erfaßt doch manches, was zum Heimatbegriff im Folklorismusprozeß der Bräuche zu sagen ist. Über Heimat ist letzthin auch seitens der Volkskunde viel geschrieben worden (vor allem Greverus 1972 und 1979; von Bredow/Foltin 1981 u. a.).

Seit dem Zeitalter der Fluchten, Umsiedlungen und Vertreibungen, seit Heimatverlust und Heimatgewinn, seit der Völkerwanderung der Gastarbeiter haben Heimat und Heimweh im modisch gewordenen Nostalgiebereich auch für die Wissenschaft neues Interesse gewonnen – jenseits von Blut-und-Boden-Dampf und Fremdenfeindlichkeit, Elemente, die freilich auch immer wieder hindurchdringen.

«Heimat» ist, wie die Forschergruppe um A. C. Bimmer 1973 feststellte, kein Begriff der Wissenschaft (S. 28). Er müßte jedesmal vor seiner Benutzung neu definiert werden, um die jeweils zutreffende Bedeutung aus der unscharfen Diffusion, in der dieses deutsche Wort oft verschwimmt, herauszufinden. Wenn hier von Heimatbewußtsein im Zusammenhang mit Bräuchen die Rede ist, so soll damit beleuchtet werden, wie weit die brauchausübenden Gruppen eine lokale Identifikation anstreben, oder inwieweit übergeordnete Organisationsinstanzen einen politischen Heimatbegriff und ein «stimmiges», ihnen genehmes Heimatgefühl einbringen wollen. Seit der Französischen Revolution beginnen folkloristische Bestrebungen bei Nationalfesten, in denen Heimat und Vaterland eine große emotionale Einheit bilden (Hansen 1976, S. 36ff.). Am Ursprung staatlich organisierter Nationalfeiern mit Massenaufmärschen als Festelement für alle Volksschichten steht also die Französische Revolution.

Das *Hambacher Fest* von 1832 (vgl. S. 192) vereinte über 25 000 Menschen, die «den deutschen Mai am Geburtstag der bayerischen Verfassung» feiern wollten.

Neustadt an der Hardt, den 26sten Mai 1832. Die Feier des Hambacher Festes hat schon heute, am Vorabend, ihren Anfang gehabt. Es war überraschend, auf den nach allen Seiten hinzuführenden Chausseen große Züge von Männerscharen auf unzähligen Wagen und Chaisen unserer Stadt sich nähern zu sehen. Jeder ankommende Zug wurde mit freudigem Jubel begrüßt. Die Wagen waren mit frischem Laub bedeckt. Heute um drei Uhr war schon keine Unterkunft mehr in den Gasthäusern zu finden. Es war jedoch die Vorkehrung getroffen, daß die Fremden in Privatwohnungen aufgenommen werden konnten. Das Schloß Hambach war heut schon über und über mit Menschen bedeckt. Ringsum ist die herrliche, einen ungeheuren Umfang bildende Ruine des alten Schlosses mit frischen Laubkränzen umhangen, und der ganze Berg ist mit Zelten und Trinkgelagen bestellt. Rauschende Musik erhebt die allgemeine Freude in den größten Jubel. Man kann sicher rechnen, daß die morgende Versammlung sich auf etwa zwanzigtausend Menschen belaufen wird. Die Rednerbühne ist auf dem schönsten Punkte des Schlosses errichtet. Die meisten Landes-Deputirten aus allen benachbarten constitutionellen Staaten sind bereits hier eingetroffen.

Hambacher Fest, Vossische Zeitung 1832, Nr. 129

Der Freiheitsbaum in Mainz, 1792 von General Custiné errichtet.

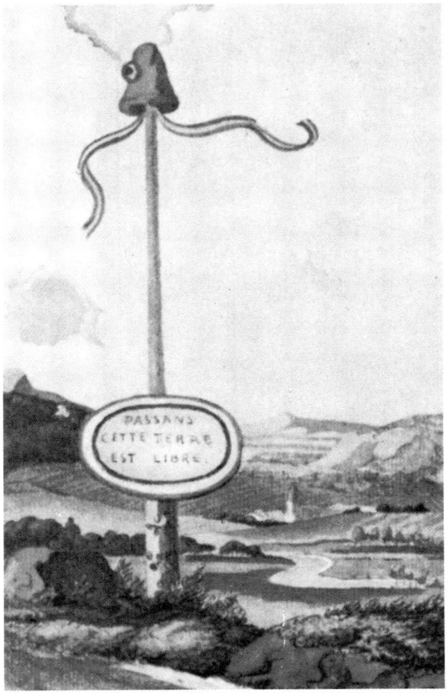

Hier wird von einem Festzug mit Fahnen und nationalen Reden berichtet und damit dieses Element der festlichen Großdemonstration belegt. Theatralische «historische» Festzüge (GANTNER) gab es schon seit den höfischen Inventionen des Barock (SIEBER); daneben wurden dem Militär und den Schützenfesten die beliebten Paraden entnommen. Gemeinsamer Gesang und kollektive Umgangsriten waren aus den Prozessionen bekannt. So formte sich ein Festbrauch, der seit dem 19. Jahrhundert zunehmend in den Dienst nationaler und heimatpflegerischer Interessen gestellt werden konnte. «Turner, Schützen und Sänger, dazu nach 1871 die Kriegsvereine – damit war [...] die Massendemonstration eines jeden Nationalfestes sichergestellt.» (HANSEN 1976, S. 48)

Bis zum Ersten Weltkrieg war der *Sedantag* am 2. September als Erinnerung an den großen deutschen Sieg 1871 über die Franzosen ein solches nationales Fest, das mit dem üblichen Umzug auch im kleinsten Dorf gefeiert wurde (THIESSEN, S. 194f.). So wurden bereits die Schulkinder auf Krieg und Sieg als selbstverständlichen Reim eingeschworen, und kein Brauch bot ihnen eine Alternative an.

Schwälmer Brautpaar beim Umzug während der Ziegenhainer «Salatkirmes», um 1980.

Neben dem Vaterland als große «Heimat» aller Deutschen wurde die engere regionale Heimat zum Gegenstand des Festumzuges. Damit feiert man seine eigene landschaftlich-historische Identität, wie es zum Beispiel die Schwälmer und Oberhessen mit ihrer *Ziegenhainer Salatkirmes* alljährlich Anfang Juni tun. Die Schwälmer haben, wenn man der Historie glauben darf, 1978 bereits die 250. Wiederkehr ihres «Nationalfestes» festlich begangen – und zwar in ihrer Hauptstadt Ziegenhain, die sich als befestigte Stadtsiedlung um die Burg der Grafen von Ziegenhain entwickelt hat. Nach dem Aussterben des Grafenhauses 1450 gelangten Stadt und Burg an die hessischen Landgrafen, und Philipp der Großmütige befestigte den Ort 1537 als Wasserburg: «So fest wie Ziegenhain!» ist seither die Losung – und war auch das Motto der Salatkirmes von 1977 mit dem Zusatz: «900 Jahre Stadtgeschichte von 926 bis 1826!» Das Fest gilt als Erinnerung an die Einführung der Kartoffel im 18. Jahrhundert: Damals im Jahre 1728 hatte der hessische Landgraf Carl die Bauern der Umgebung zu einem Kartoffel- und Salatessen nach Ziegenhain eingeladen, um sie von der Schmackhaftigkeit und Bedeutung der neuen Feldfrucht zu überzeugen. Dessen gedenken nun die Schwälmer mit historischem Umzug und vor allem mit großem heimischen Trachtenaufmarsch und Tänzen. An einem sommerlichen Wochenende im Juni entfaltet die Schwalm ihre Trachtenpracht, wobei ein «geschappeltes» Brautpaar im Umzug nicht fehlen darf. Die Mütter und Großmütter, von denen manche noch alltäglich Tracht tragen, begutachten kritisch die Jungen, die sich für den Festzug und den Tanz mit den alten Trachtenstücken kostümieren.

Die Salatkirmes dauert meist drei bis vier Tage und beginnt am Donnerstagnachmittag mit dem Kirmesansingen auf dem großen Paradeplatz. Den Abschluß bildet am Montagabend ein öffentlicher Tanz im Festzelt, und so sind Anfang und Ende nach traditionellem Muster brauchmäßig formuliert. Dazwischen gibt es eine Fülle von Einzelaktionen, mit denen alle Institutionen einbezogen werden, die für die Stadt von Wichtigkeit sind. Am Schluß treten nochmals diejenigen auf, die traditionell – aber heute nicht mehr ausschließlich – die Gestaltung des Festes zu tragen haben: die Kirmesburschen in einem «humoristischen Umzug». Die Hauptsache aber ist der große «historische Festzug» am Sonntagnachmittag, der jedesmal unter anderem Motto steht. Sein Wortlaut von 1977 wurde schon zitiert; 1967 hieß es: «Rückblick auf die Geschichte der Grafen von Ziegenhain bis zu ihrem Anfall an Hessen, anläßlich des 850. Todestages des ersten Ziegenhainer Grafen im Jahre 1117.» Diese umständlichen Formulierungskunststücke, die Teilnehmern und Zuschauern wenig sagen, demonstrieren das Bemühen um geschichtliche Bedeutsamkeit, bestimmten aber kaum entscheidend den Charakter des Festzuges. Der

Der sogenannte Folklorismus [läßt] sich nicht auf einen quasi ästhetischen Befund einschränken [...] in ihm [kommen] vielmehr sehr verschiedenartige Motive zusammen, unter denen wirtschaftliche nicht erst als letzte Instanz aufzuführen sind. Zugleich brechen sie das allzu geschlossene Bild traditioneller Dorfkultur und damit Volkskultur auf und zeigen, daß auch diese nicht als autonomer Organismus zu interpretieren ist, sondern als Bestandteil eines komplizierten Geflechts sozialer und kulturaler Gegebenheiten.

MARTIN SCHARFE: Geschichtlichkeit. In: Grundzüge der Volkskunde. 1978, S. 234f.

Höhepunkt ist Jahr um Jahr der Trachtenaufmarsch, besonders der Hochzeitszug und die Kinder in Tracht. Nun nennen die Schwälmer ehrlicherweise ihre Salatkirmes ein «Heimat- und Trachtenfest», das heißt sie nehmen diesen Bestandteil ihres Umzuges ernster als den historischen, ist er doch eindeutig der große Augenschmaus für die vielen Gäste. Doch daß auch eine derartige Trachtenschau ideologisch nicht ohne Probleme ist, sollte man zumindest reflektieren. So ist auf jeder Ziegenhainer Salatkirmes der alte Schwälmer Hochzeitszug ein repräsentativer Bestandteil des Festes. Um die Sitte noch weiter zu demonstrieren, schließt sich dem Hochzeitszug der Kammerwagen mit der Brautausstattung an, die stolz in allen Einzelheiten zur Schau gestellt wird. Deutlich genug zeigt ein folgender Umzugswagen mit Schwälmer Wäscherinnen, daß es sich um eine Vergangenheitsschau in Kostümen handelt, denn seit mehr als dreißig Jahren gibt es keine Hochzeiten mehr in Tracht. Es besteht also auch eine zeitliche Distanz zwischen Aufzug und Publikum. Manche «echten» Trachtenfrauen wirken heute sogar im Festzug mit, was noch vor ein paar Jahren kaum denkbar gewesen wäre. Sie verraten damit, wie entsprechend der ständig abnehmenden Zahl der älteren Trachtenträgerinnen der Abstand zum alten Trachtenleben wächst, und so repräsentieren sie ein Gemisch von Nostalgie und Wirklichkeit.

Die niedlichen Trachtenkinder, die dem Hochzeitspaar folgen, sprechen ausschließlich sentimentale Gefühle an; schon ihre Mütter haben meist nicht mehr die Schwälmer Kindertracht getragen. Aktivitäten kostümierter ortsfremder Festteilnehmer mit ihrem fröhlichen Gerufe und Gewinke muten in Erinnerung an Karneval auf dem Fernsehschirm oft peinlich an. Mit funktionsgebundenem Trachtenleben haben auch die in Omnibussen anrollenden Volkstanzgruppen nichts zu tun – bestenfalls mit unterhaltsamem Spiel der Jugend in Kostümen einer anderen Zeit.

Auf der Bühne am Paradeplatz werden Tänze als Gruppenleistungen vorgestellt, mit denen man gerne altes Trachtenleben wiedererwecken möchte. Doch es bleibt bei der Schaustellung: Sie kann die Wirklichkeit nicht aufhalten. In der Gegenwart unserer industriellen Gesellschaft läßt sich Tracht nur als das unaufhaltsame Vergehen funktionslos gewordener Kleidersitten beobachten, was ja durchaus ein emanzipatorischer Prozeß sein kann, den man nicht betrauern muß. Carl Bantzers «Kirmestanz», gemalt vor achtzig Jahren, hat die damals lebendige Tracht noch erfaßt als schwungvoll festliche Kleidung der jungen Leute in einem Schwälmer Dorf. Bäuerliches Lebensgefühl und Tracht stimmten überein. Das ist vorbei. Aber war denn das Trachtentragen im Dorf tatsächlich nur ein buntes Zeichen der «guten alten Zeit»? Bei solchen Trachtenparaden, die das Auge erfreuen, vergißt der Zuschauer leicht, daß das schöne Bild der Trachtenprachten über die oft harte Wirklichkeit hinwegtäuscht. Auch die alten Bauerndörfer waren sozial streng geschichtet; die reiche Bauerntochter und das arme Tagelöhnermädchen unterschieden sich schon äußerlich in der Tracht, und wenn sie sonntags in die Kirche gingen, so konnte man an den Streifen der Röcke oder an ihrer Zahl sehen, wie es um die materielle Ausstattung der beiden bestellt war. Von solchen Problemen und Konflikten, die doch auch zur Schwälmer Geschichte gehören, verraten die Festzüge der Salatkirmes nichts. Die Demonstration einer vorgeblich statischen «heilen Welt» ist überall die gleiche. Historie wird als zivilisatorische Aufwärtsentwicklung verstanden und vorgestellt, eine Bilderfolge in Kostümen und Trachten, ohne der sozialen und ökonomischen Schwierigkeiten in der Geschichte zu gedenken, die man eben leider nicht «feiern» kann.

Ganz im Zeichen des Historismus des 19. Jahrhunderts steht auch die *Landshuter Hochzeit*, «Deutschlands größte historische Veranstaltung», wie der Reiseprospekt stolz vermerkt. Es handelt sich um die Hochzeit Georgs des Reichen 1475

Die Landshuter «Fürstenhochzeit».

Feste stehen im wirtschafts- und sozialpolitischen Einsatz derzeit an vorderer Front. Auch als Stabilisatoren ideologisierter Wertvorstellungen – Heimat, Gemeinschaft, Tradition – werden sie eingesetzt. Dennoch kann ein Projekt, das Festkultur dokumentieren will, sich nicht auf diese Aspekte beschränken, weil viele Feste zugleich als exponierte Möglichkeiten personaler und gruppenhafter Selbstdarstellung in Anspruch genommen werden und beispielsweise auch übersteigerte Vitalbedürfnisse des Fressens, Saufens, Sich-Auslebens befriedigen.

Helge Gerndt: Kultur als Forschungsfeld. 1981, S. 93

mit der polnischen Königstochter Hedwig, die in Anwesenheit Kaiser Friedrichs III. und seines Sohnes Maximilian in der niederbayerischen Residenzstadt prachtvoll mit Turnieren und üppigen Gastereien gefeiert wurde. Die Erinnerung daran war lange verblaßt, bis 1880 Münchner Künstler den Prunksaal des Landshuter Rathauses mit Fresken ausmalten, die Szenen dieser Hochzeit darstellen. Das regte die Bürger zu Festspielgedanken an. Es wurde ein Verein der «Förderer des Festspiels» gegründet, der 1903 das erste Mal einen «Brautzug» durch die Altstadt führte; seit 1906 wird alle drei Jahre drei Wochen lang das große Festspiel für Einheimische und Fremde aufgeführt, das sie, wie der Prospekt vermerkt, «in die Atmosphäre der Stadt und seiner Bürger des Jahres 1475 einführt. Originäre Vorträge der ‹Landshuter Hofmusik› im Residenzhof vermitteln Ihnen mittelalterliche Stimmung. Im Festzug jubeln Sie der Braut zu, und auf der Turnierwiese zeigen Ihnen Reisige, Fahnenschwinger, Ringelstecher und Ritter Spiele, als Höhepunkt das Turnier. Beim Tanzspiel im Rathaus wohnen Sie zeitgenössischen Tänzen bei. ‹Landshuter Hochzeit 1475› bedeutet Erleben eines der glanzvollsten Feste des Mittelalters.» Tatsächlich bietet die schöne, unversehrte mittelalterliche Stadt eine prächtige Kulisse für das aufwendige Historienspiel.

Gewissermaßen einem Zufall verdankt das *Münchner Oktoberfest* («So feiern die Bayern», S. 25 ff.) sein Entstehen, einer militärischen Ehrung zur Hochzeit eines Königs. Der Major Andreas Dall'Armi regte 1810 an, daß anläßlich der Vermählung Ludwigs I. am 17. Oktober mit der Prinzessin Therese von Sachsen-Hildburghausen die Kavalleriedivision der Nationalgarde Dritter Klasse auf der Oktoberwiese ein Pferderennen veranstalten sollte, also eine militärische Huldigung und als Gegenleistung ein Volksfest von allerhöchsten Gnaden. Die Szene war voll folklorisiert: Neun Paar Knaben und Mädchen in den Trachten der neun bayerischen Kreise legten Fahnen und Produkte des Landes vor dem Königszelt nieder unter Absingung passender Lieder! Sehr schnell geriet diese schöne Veranstaltung zur Tradition, und bereits im nächsten Jahr übernahm die Gesellschaft des landwirtschaftlichen Vereins die Organisation des Pferderennens. Nun war der Weg frei zu einem alljährlichen «Central-Landwirtschaftsfest», an dem der Hof, die Münchner Bürgerschaft und die Bauern des Landes teilnahmen. Alle möglichen Sportspiele der Schützenfeste wie Vogel-, Türkenkopf-, Glücksstern- und Glücksscheibenschießen kristallisierten sich dem Feste an sowie das übliche Jahrmarkts- und Schaubudentreiben. Aber zunächst scheint das Landwirtschaftliche den Vorrang gehabt zu haben. So erzählt Achim von Arnim, der 1829 mit seiner Frau Bettina das Münchner Oktoberfest besuchte: Das schöne, mit Kränzen von Laub und bunten Herbstblumen gezierte Vieh des Oberlandes hätten die in die Heimattracht gekleideten Bauern vor die Stufen des Königszeltes geführt, und hier seien dann die besten Tiere mit Goldpreisen prämiert worden. Die große Landwirtschaftsschau sei damals der Kern des Oktoberfestes gewesen und der König habe durch seine persönliche Teilnahme auch die verbildeten Stadtbewohner auf den Hintergrund ihres Wohlstandes, auf das ursprüngliche Gewerbe aufmerksam gemacht: das der Bauern. Achim von Arnim findet, wie er weiter erzählt, zahlreiche Schießstände auf der Festwiese, aber noch weit mehr aus Brettern aufgebaute Bierhäuser, und er vergißt nicht, das bayerische Nationalgetränk eingehend zu studieren. An einen Volksspruch anknüpfend schildert er ausführlich die Wichtigkeit des Bieres für den Münchener und sein Verhältnis zu ihm: «Schon die bloße Anfrage nach einer Halben (so wird das gewöhnliche Henkelglas mit zinnernem Deckel benannt, das ein halbes Maß enthält) erregt ein freundliches Lächeln.» Auch in Friedrich Hebbels Beschreibung von 1840 steht noch die Viehprämierung im Vordergrund. Dazu schildert er Rennbahn und Schießen und die Vorführungen der Bäcker- und Schäfflergesellen und Schaubudenfreuden, was sich alles

Preisgekröntes Vieh beim Münchner Oktoberfest, um 1890.

Schnadahüpfl vor dem Ochsen am Spieß
(Oktoberfest 1927)

Ein Maß Bier und zwei Maß Bier
und hundert Maß Bier und tausend Maß Bier,
so leben wir, so leben wir an der Isar.
Und Kalbshaxn und Kalbshaxn.
Wir sind keine Preußen, wir sind keine Sachsen.
Wir sind keine Spießer,
wir sind Genießer.
Oktoberfest im Mai, im August,
Oktober zu jeder Zeit.
Wir sind uns unserer selbst bewußt
und jodeln aus herziger Brust:

über eine Woche hingezogen habe. 1910 war die Oktoberwiese 83000 Quadratmeter groß, und es wurden 1,5 Millionen Liter Bier ausgeschenkt. Nun eröffneten die Münchener Großbrauereien ihre großen Zelte, und das Oktoberfest wurde zum Riesengeschäft. Gäste aus aller Welt reisen an, Sonderzüge werden eingesetzt. Wichtig und von alter Tradition ist der Festzug, der auch schon bei der Hochzeit Ludwigs I. veranstaltet worden war: durch fahnengeschmückte Straßen an der Residenz vorbei, aus deren Fenstern die allerhöchsten Herrschaften gnädig winkten. Am Ende folgten als besondere Attraktion die dreißig Rennpferde für das Huldigungsrennen. Nach dem Namen der Braut hieß von nun an der Festplatz Theresienwiese. – Auch heute gibt es um zwölf Uhr mittags einen stolzen Festzug der Wies'n-Wirte: Bierrösser mit silberstrotzendem Kummet, geschmückte Kaleschen der Brauereibesitzer und blumengeschmückte Wagen mit den Wies'n-Kellnerinnen. Die Wies'n-Wirte mit ihrem Bier sind also heute die Hauptpersonen. Was hätte RINGELNATZ dazu gesagt, daß inzwischen eine «Miß Oktoberfest» gekürt wird mit Krone und Zepter und einem original bayerischen Dirndlkleid!

Hat das Oktoberfest also eine Tradition, so müssen sich andere Volksfeste diesen «hohen Wert» erst schaffen. Dazu gehört der *Hessentag*, der 1961 in Alsfeld zum ersten Mal veranstaltet wurde. Die Ziele dieses neugegründeten «Stammes»-festes (BIMMER 1973, S. 43f.) waren gutmeinend auf das Zusammengehörigkeitsgefühl einer diffusen Menschengruppe in einem föderalistischen Staatsgefüge gerichtet, auf die Pflege und Sichtbarmachung einer gemeinsamen Volkskultur. Aber was vermittelt der «Hessentag» mit seinen Trachtengruppen und Motivwagen? Ist das ein Fest der Selbstdarstellung Hessens in der Gegenwart? Jedes Jahr findet er in einer anderen Ortschaft statt, ist also nur im erweiterten Sinne ein lokalgebundenes Fest «der Hessen». Jedes Jahr kostet er viel Geld – und bringt doch stets die gleichen Bilder einer schönen, fröhlichen heilen Welt, in der der Landesherr – und sei er auch ein SPD-Ministerpräsident – ganz traditionell von den Landeskindern mit den Früchten des Landes beschenkt wird. Wein und Blumen, Obst und Brot – das alles wird ihm präsentiert, und er bedankt sich mit patriarchalischem Charme – (aber die Früchte der Chemie- und Hüttenwerke werden nicht erwähnt). Die Überreichenden sind Jugendliche in Tracht, Mitglieder von Volkstanzgruppen, und die ganze Inszenierung widerspiegelt ein buntes, harmonisches Treiben in den Kostümen einer vergangenen Zeit: «Singendes klingendes Hessenland!» – Die moderne technische Arbeitswelt bleibt weitgehend draußen.

Festzelt beim Münchner «Oktoberfest», um 1980.

Erst in den letzten Jahren dürfen in bescheidenem Maße auch die Gastarbeiter mit dabei sein. Die Festwagen zeigen das ländliche Leben des 19. Jahrhunderts, und so entsteht bei Teilnehmenden und Zuschauern ein mehr statisches Bild, eine fast starre Vorstellung vom «Volksfest», anstatt daß die Dynamik historischen Wandels in allen Schichten der Bevölkerung wenigstens andeutungsweise sichtbar würde. – Dann erschiene Heimat nicht als Utopie, sondern als ein Lebensraum, in dem der einzelne die bestmögliche Anpassung und darum das größte Wohlbefinden und Verständnis erfahren hat – aber auch andere erfahren läßt. Dann ist auch KURT TUCHOLSKY (1890–1935) wieder zitierbar, der 1929 schrieb:

«In allen Gegensätzen steht – unerschütterlich ohne Fahne, ohne Leierkasten, ohne Sentimentalität und ohne gezücktes Schwert – die stille Liebe zu unserer Heimat.» (S. 314)

«Immer kampfbereit!»
Wir sind urwüchsig und frei.
Wir sind international gesinnt.
Un, zwo, trois, gsuffa!
Es lebe unsere Polizei!
Wer unsere Behörden nicht liebt,
der spinnt.
Wir sind tolerant.
Die preußischen Sauerein
sind uns bekannt.
Kommt zum Oktoberfest!
Unterstützt unsere Brauerein!
Himmel Herrgott Sakrament!

JOACHIM RINGELNATZ (1883–1934)

Braucherneuerung – Werte und Probleme

Der «historische Festzug» ist, wie erwähnt, im 19. Jahrhundert entstanden, im Zeitalter des Historismus und Nationalismus, im Zeitalter der bürgerlichen Emanzipation und zugleich des bürgerlichen Nationalstolzes. Dieser Doppelmotivation entsprach dann auch das dargestellte Geschichtsbild. Es bot die prächtig inszenierte Folge machtpolitischer, äußerlicher Höhepunkte und ließ die sozialen Konflikte, die weniger prunkvollen Leistungen unterer Schichten unerwähnt – oder präsentierte sie als rastloses Schaffen munterer Bauersleute in ihren pittoresken Trachten. Die Realität der Alltagswelt blieb bei solchen Darbietungen meist auf der Strecke. Dem kann man allerdings mit Recht entgegensetzen, daß es ja gerade der Sinn solcher Festumzüge war und ist, die Sonntagsseite der Geschichte zu repräsentieren – wie eine Bauernbraut, die mit ihrem geschmückten Aussteuerwagen durch das Dorf fährt und ihren Reichtum zeigt. Doch gäbe es auch andere Möglichkeiten. Denn daß derartige Umzüge von Motivwagen, wie sie immer stärker die Volksfeste selbst in kleinen Ortschaften kennzeichnen, mehr und mehr zur kostspieligen Vorführung lebender Bilder in historischen Kostümen entarten, kann nicht geleugnet werden. Wie wäre es, solch oberflächliche Harmonisierung geschichtlicher Höhen und Tiefen in der pathetischen Gestaltung eines Umzuges mit Gegenbildern zu akzentuieren und zu unterbrechen, durch andere, weniger teure und dafür lebendigere Formen des öffentlichen Festes: Szenen von Straßentheatern, Musikvorführungen, Gesängen und Tänzen, die die Zuschauer miteinbeziehen und ihnen das Gefühl des Mitfeierns vermitteln.

Bläser auf dem Münchner Oktoberfest.

Es wäre noch an manche Neuerung zu denken, die auch die industrielle Welt miteinbezieht wie die *Auto-* und *Traktoren*weihen und die vermutlich über Frankreich eingeführten *Christophorusfeiern* (Benker, S. 141 ff.; Strübin 1973). Damit ist eine rituelle Sphäre angesprochen, die nicht in allen Volksfesten enthalten ist, aber zuweilen in fataler Weise durch lokalpatriotische oder heidnisch-germanische Ideologien ersetzt wird. Das «Kulinarische», wie Brecht diese Verzeichnung des «Volkes» zu einer pittoresken Kulisse ohne soziale Probleme nannte, ist auf die Dauer unbekömmlich.

Besonders für die Jugendlichen sind die *Jahrmarktsfeste* ihrer Heimatorte eine große Attraktion. Gernot Wolfgruber hat in seinem Roman «Herrenjahre» die Wirkung der Volksfeste als die Gegenwelt gegen den grauen Alltag geschildert: «Jedes Jahr gibt es ein Volksfest im Ort, am ersten Wochenende im August, Bierzelt, Autodrom, Schießbuden, Hendl- und Stelzenbratereien, beginnt Freitagabend, dauert bis Sonntagnacht, bis zum Brillant-Riesenfeuerwerk.»

Auf den Dörfern reduzieren sich die Jahrmarkts- und Kirmesfeste mehr und mehr auf große Besäufnisse, an denen ganz legal auch die jungen Jahrgänge der Burschenschaften teilnehmen können – ein phantasieloser Weg ins Erwachsenenleben. «Man muß die Feste feiern, wie sie fallen», hieß eine Posse von 1865. Das wäre eine gar zu passive Einstellung und ein Mißverständnis von Volksfesten als einer unveränderbaren Gegebenheit. Man sollte sie mit all dem Vergnügen und all der Freude feiern, die Spiel und Feier dem geselligen Menschen schenken können.

Erstens – und besonders wichtig:
Gehe niemals ganz allein!
Auch zu zweit ist's noch nicht richtig,
Eine Blasen muß es sein!
Zweitens: Stellt der volle Jubel
Nicht sofort von selbst sich ein,
Flieh nicht gleich den tollen Trubel,
Sondern stürz' erst recht hinein!
Lächelt trotzdem Dir kein Himmel,
Sproßt Dir keines Glückes Keim,
Dann verlier Dich im Gewimmel
Und geh unauffällig heim!

Eugen Roth (1885–1976): Rezept für den Besuch des Münchner Oktoberfests

Bei aller Kritik an den Irrwegen der Folklorismusbemühungen um Heimat und «Schöneres Dorf» darf man doch die Werte nicht übersehen, die Volkstanzgruppen, Trachtenfeste, Dorfausstellungen und Festumzüge den Dorfbewohnern selbst vermitteln. Es ist wichtig, den folkloristischen Aktivitäten und ihren Akteuren gerecht zu werden, die solche Feste organisieren, sind sie doch jeweils in ganz verschiedene Bewußtseinsrahmen eingepaßt. Erscheint dem fremden Zuschauer zuweilen manches verkrampft und gar zu künstlich, so betrachtet der Einheimische, dessen Volkstanzgruppe gerade auftritt, die Sache von einem anderen Standpunkt und ist stolz auf die Fertigkeiten und Künste der Tanzenden und ihre schöne Tracht. Für ihn werden diese Aufführungen zum Teil seiner eigenen Kultur, freilich in anderem Sinne als vor zwei bis drei Generationen. Gehörten die Bräuche und Feste damals zum Kommunikationssystem des Dorfes, so haben sie jetzt gewissermaßen einen musealen Wert für die eigene kulturelle Identität.

Schlußwort

Wie soll ich ein Buch beschließen zu einem Thema, das in sich kein Ende findet? Aber weil doch gerade Bräuche durch die Formalisierung von Anfang und Ende charakterisiert sind, so sei auch hier ein formalisiertes Ende versucht.

In neuerer Zeit hat vor allem Friedrich Sieber 1956 eine funktionale Zuordnung der Bräuche versucht. Er sagt, daß die Entwicklung eines Brauches in drei Erscheinungen zu fassen sei: wenn er sein ganzes Brauchleben durchlaufen habe, erscheine er zuerst als *Glaubensform*, dann als *Spielform* und schließlich als *Veranstaltungsform*. Die erste Stufe sei vorrationalen Anschauungen verhaftet und trage rituelle Züge. Und auch später, wenn der Brauch als ganzes dem magischen Bereich entwachsen sei, könne er in einzelnen Zügen noch der alten Glaubenswelt verbunden bleiben. Im Laufe einer durch zunehmende Rationalisierung bestimmten Entwicklung nehmen die Spielelemente überhand, die Glaubensform wandelt sich zur Spielform. Als letzte Stufe sei dann der organisierte, von oben gelenkte Brauch zu konstatieren. Diese Entwicklung drücke sich auch oft in einem Wechsel der Trägerschichten aus. Von solchen Beobachtungen her gelangt schon Sieber zu einer Ordnung der Bräuche nach Trägergemeinschaften und führt dazu aus: «Trotz dieser schwer faßbaren Lebensbedingungen der Bräuche muß der Volkskundler nach ihrem Ursprung und Sinn fragen. Er wird glücklich sein, wenn es ihm gelingt, Kulturbereiche aufzuzeigen, in deren Lebensnotwendigkeiten und Formbestände Brauchelemente sich sinnvoll einfügen, wie etwa in den Lebensumkreis des Jägers, Hirten, Viehzüchters, Ackerbauern, Handwerkers oder Bergmanns.» (Sieber 1976, S. 501) Siebers Gedanken decken sich mit der Grundrichtung dieses Buches, und so gesehen würde er wohl mit den hier angewandten Ordnungsprinzipien einverstanden sein, wenn ich auch meinerseits seinem allzu evolutionistischen Ansatz zu einer Entwicklungsgeschichte der Bräuche so nicht folge.

Wilhelm Busch (1832–1908).

Eines wird aber bereits in seinen Ausführungen wohltuend klargestellt: Brauch ist dynamisch und eng verbunden mit den Bewegungen der Gesellschaft. Die Vorstellung, daß «Brauchtum» identisch sei mit «uralter Tradition» und kultureller Beharrung wurde also schon damals energisch ad acta gelegt. Ob einzelne Formen von Bräuchen tatsächlich aus einer archaischen Welt stammen, bleibt jeweils nachzuweisen. Historische Brauchforschung ist etwas anderes als starrer Historismus, der im angeblichen Alter der Bräuche deren Wert zu erkennen glaubt. Die Zeitungsschreiber, die solche «Ursprünge im Uralten» das Jahr hindurch vom Osterhasen bis zum Weihnachtsmann kühn publizieren, haben jedenfalls nichts hinzugelernt. Bräuche sind keine zeitlos unwandelbaren Naturerscheinungen (Bausinger 1961, S. 110). Sie werden in der rationalen Welt ihrer Trägergruppen jeweils neu belebt und ausgefüllt, und je pluralistischer sich die Gesellschaft entwickelt, umsomehr vervielfältigen sich auch ihre formalisierten Interaktionen.

Wie «tümlich» ist der Brauch? So darf man in Analogie zu Bert Brechts Persiflage des Begriffs «volkstümlich» fragen. Die etymologischen Wörterbücher vermerken das Wort nicht einmal. Im Brockhaus wird – kaum überzeugend – «Brauchtum» als die Gesamtheit der Alltagsbräuche definiert, jedoch im erklärenden Text dieser Regel nicht gefolgt. Für mich «tümelt» dieses Wort allzusehr und fügt damit dem «Brauch» einen schlechten Beigeschmack des grundsätzlich Idyllischen bei. Ich habe es daher aus meinem wissenschaftlichen Sprachgebrauch gestrichen.

Wie schon eingangs dieses Buches gesagt, geht es bei einer wissenschaftlichen Neuordnung der Bräuche vor allem um die Bildung eines neuen Kulturbegriffs, dem sie zugewiesen werden können. Hier hat ARNOLD NIEDERER letzthin hilfreiche Kategorien gefunden. Neben einer *Hochkultur* nennt er die *Massenkultur*, die sich vornehmlich an ein anonymes Publikum wendet, dann die *Volkskultur* der Regionalgesellschaften (kein besonders glücklicher Begriff), und die weniger traditionsbestimmte *Popularkultur* als Trägerin moderner Freizeitaktivitäten. Die Gegenstände dieses Buches wären vor allem dem dritten Kulturtyp, der «Folk-Culture», zuzuweisen, womit sie «im Dienste des Bewirkens und Integrierens sowie der Normerhaltung» stehen (NIEDERER, S. 36ff.).

Aber mit der Sprengung der originalen Horizonte durch Massenmobilität und immer neue Kommunikationsmittel verwischt sich die Bodenständigkeit der Kulturstile. Auch das ist entscheidend für ein modernes Verständnis der Bräuche, die eben keine festgefügte Weltsicht spiegeln.

«Feste feiern ist besser als feste arbeiten!», heißt eine Redensart. Damit ist die Opposition von Alltag und Fest und noch vielmehr von Arbeit und Fest gemeint und die biblische Wahrheit ausgesprochen, daß der eine Bereich ohne den anderen nicht existent wäre. Fest- und Alltagsbräuche bilden stets und unter allen Umständen auch in historischer Rückschau den formalisierten Teil eines sozialen Systems. Mit der Teilnahme an ihnen integriert sich der Teilnehmende in die Gruppe, die in diesem Bereich ihrer Lebensgestaltung etwas von ihrer Identität findet, einen Ausdruck gemeinsamer Interessen. Dabei kann es sich sowohl um Traditionen wie um Innovationen (WIEGELMANN 1972) handeln, also um althergebrachte Bräuche wie auch um neukombinierte oder erneuerte.

Damit nun wird der Grenzbereich betreten zur Popularkultur, zur angewandten Volkskunde, wenn man so will, zur folkloristischen Brauchtumspflege. Auf die Frage, inwieweit bei Trachtenumzügen und Braucherneuerungen der Wissenschaftler beratend eingreifen darf, hat LEOPOLD SCHMIDT 1948 eine gültige Antwort gegeben. Er geht davon aus, daß «Überlieferungen in einem eigentümlichen Zustand der Unbewußtheit empfangen und gelebt werden» und fährt fort, daß dadurch «die wesentliche Scheidung der Volkskunde als Wissenschaft von allen Bestrebungen erfolgt, welche sich ihrer wissenschaftlichen Grundlagen zu bedienen versuchen, also vor allem der sogenannten angewandten Volkskunde. Diese basiert ja auf der bewußten Anwendung, Erhaltung, Wiederbelebung usw. von bestimmten Kulturgütern. Da das Volksleben jedoch im Gegenteil eben dadurch funktioniert, d. h. mit allen seinen Überlieferungen ständig ineinandergreift, daß seine Zusammenhänge unbewußt vor sich gehen, so ergibt sich hier ein deutlicher Gegensatz. Die Volkskunde als Wissenschaft könnte derartige Dinge eigentlich nur als ihr Objekt aufgreifen, nicht sich jedoch als handelndes Subjekt beteiligen.» (SCHMIDT 1948, S. 19f.) Das mag für die Vergangenheit zutreffen. Doch ist gerade das Phänomen des Unbewußten in einer Volkskultur der technischen Welt (BAUSINGER 1961, S. 111) nicht mehr selbstverständliche Voraussetzung. Die Burschenschaft, die in der Walpurgisnacht eine andere verprügelt und ihr den Maibaum mit der Motorsäge umhaut, «weiß» ja, vielleicht sogar durch Bücher und Filme, daß das Maibaumumsetzen und -stehlen in ihrem Dorf eine Tradition ist und übt dennoch einen Brauch und keine angewandte Volkskunde aus.

Brauchmäßige Interaktionen setzen also nicht die Naivität von Analphabeten voraus. Entscheidend ist das Wir-Gefühl einer Gruppe, die sich selbst organisiert. Gottfried Korff (1978, S. 29) spricht in diesem Zusammenhang von identitätsstiftenden Funktionseinheiten. Solche Grundeinsichten befreien die Brauchbetrachtung sogleich vom Ballast der Dämonenvertreibungs- und Fruchtbarkeitsriten.

An ihre Stelle tritt das Normverhalten, also die regulierenden Werthaltungen und Maßstäbe der Gruppe, die durchaus nicht immer mit denen der Gesamtgesellschaft identisch zu sein brauchen, ihr aber auch nicht gänzlich widersprechen dürfen. Brauchphänomene wurden in diesem Buch unter dem Gesichtspunkt betrachtet, welchem Normativ für welche Gruppe sie zu welchem historischen Zeitpunkt sichtbaren Ausdruck verliehen haben. Es wiederholt sich der zwanghafte und verpflichtende Charakter der Normen; selten erlaubte Ventile gestatten ein zeitlich begrenztes Aufbrechen. Wenn diese Normen als durch Überlieferung geheiligte Ordnungen verstanden werden, festigen sie nicht nur geprägte Lebensformen, deren Glanz die konventionelle Volkskunde so gerne preist; sie schaffen auch die Voraussetzungen zur Machtausübung durch Obrigkeiten, Kirche und andere herrschende Gruppen innerhalb der Gesellschaft, denn Herrschaft kann sich nur vor dem Hintergrund gut funktionierender Normen entwickeln. Das hat die Zeit des Nationalsozialismus deutlich gezeigt; es erklärt den Zorn aller Machtausübenden auf alles Unnormierte und Nonkonformistische.

Paul Sartori hat schon 1910 die Brauchlandschaft als ein großes Trümmerfeld bezeichnet mit Resten alter Überlieferungen, die ohne Zusammenhang seltsam und abenteuerlich in die Gegenwart hineinragen. Das ist ganz romantisch gedacht, denn in den seitdem vergangenen Jahrzehnten wurde dieses «Trümmerfeld» im Gefolge zweier Weltkriege, ungeahnter wirtschaftlicher Veränderungen, gesellschaftlicher Umschichtungen, einer weitreichenden Umsetzung aller Werte und althergebrachten sozialen Ordnungen weiterhin zerstört. Das würde im älteren Verständnis den Verlust des wissenschaftlichen Gegenstands «Brauch» bedeuten. Wenn aber nicht die Reste alter Formen und früher Deutungen gesucht, sondern Bräuche als Zeichensprache verstanden und entschlüsselt werden, so bleiben sie Kapitel einer endlosen Geschichte.

Wilhelm Busch (1832–1908).

Die beiden Feste

«Korf und Palmström geben je ein Fest.
Dieser lädt die ganze Welt zu Gaste:
doch allein zum Zwecke, daß sie – faste!
Einen Tag lang sich mit nichts belaste!
Und ein – Antihungersnotfonds ist der Rest.

Korf hingegen wandert zu den Armen,
zu den Krüppeln und den leider Schlimmen
und versucht sie alle so zu stimmen,
daß sie einen Tag lang nicht ergrimmen,
daß in ihnen anhebt aufzuglimmen
ein jedweden ‹Feind› umfassendes – Erbarmen.

Beide lassen so die Menschen schenken
statt genießen, und sie meinen: freuen
könnten Wesen (die nun einmal – denken)
sich allein an solchen gänzlich neuen
Festen.»

(Christian Morgenstern 1916)

Literaturverzeichnis

Alle im Haupttext mit Kapitälchen erscheinenden Personennamen verweisen auf das Literaturverzeichnis.

ACHTEN, UDO: Illustrierte Geschichte des Ersten Mai. Oberhausen 1979

ALEWYN, RICHARD/SÄLZLE, K.: Das große Welttheater. Die Epoche der höfischen Feste in Dokument und Deutung. Reinbek bei Hamburg 1959

ANGERMANN, GERTRUD: Stammbücher und Poesiealben als Spiegel ihrer Zeit. Münster 1971

ARIÈS, PHILIPPE: Geschichte der Kindheit. München, Wien 1975

ARIÈS, PHILIPPE: Studien zur Geschichte des Todes im Abendland. München, Wien 1976

ASSION, PETER: Die Mirakel der Heiligen Katharina von Alexandrien. Walldürn 1969

BAADER, OTTILIE: Ein steiniger Weg. Lebenserinnerungen einer Sozialistin. Berlin, Bonn 1979

BÄCHTOLD, HANNS: Die Gebräuche bei Verlobung und Hochzeit. Basel 1914

BARLACH, ERNST: Ein selbsterzähltes Leben. München 1948

BAUDISSIN, GRAF VON: Spemanns goldenes Buch der Sitte. Berlin, Stuttgart 1902

BAUER, KARL W./HENGST, HEINZ (Hrsg.): Kritische Stichwörter zur Kinderkultur. München 1978

BAUSINGER, HERMANN: Vereine als Gegenstand volkskundlicher Forschung. In: Zeitschrift für Volkskunde, 55, 1959, Seite 98–104

BAUSINGER, HERMANN: Volkskultur in der technischen Welt. Stuttgart 1961

BAUSINGER, HERMANN: Zur Kritik der Folklorismuskritik. In: Populus revisus. Tübingen 1966, Seite 61–75

BAUSINGER, HERMANN: Kritik der Tradition. Anmerkungen zur Situation der Volkskunde. In: Zeitschrift für Volkskunde, 66, 1970, Seite 232-249

BAUSINGER, HERMANN: Verbürgerlichung – Folgen eines Interpretaments. In: Wiegelmann, Günter: Kultureller Wandel. Göttingen 1973, Seite 24–49

BAUSINGER, HERMANN: Narrenfreiheit nach Vorschrift. In: Narrenfreiheit. Beiträge zur Fasnachtsforschung. Tübingen 1980, Seite 239–248

BAUSINGER, HERMANN: Volkskunde. Darmstadt o. J. (1973) 1984

BECKER, ALBERT: Pfälzer Frühlingsfeiern. Kaiserslautern 1908

BECKER, ALBERT: Frauenrechtliches in Brauch und Sitte. Kaiserslautern 1913

BECKER, ALBERT: Osterei und Osterhase. Jena 1937

BECKER, HORST: Die Familie. Leipzig 1935

BEIG, MARIA: Rabenkrächzen. Sigmaringen 1982

BEITL, KLAUS: Die Umgangsriesen. Wien 1961

BENKER, GERTRUD: Christophorus. Patron der Schiffer, Fuhrleute und Kraftfahrer. Legende, Verehrung, Symbole. München 1975

BIEHN, HEINZ: Feste und Feiern im alten Europa. Herausgegeben und in ihrer geschichtlichen Rolle dargestellt. München o. J.

BIMMER, ANDREAS CHRISTIAN: Traditionelles Verhalten als Konstitutivum autoritärer Strukturen – dargestellt am Beispiel Marburger Studentenfamilien. Marburg 1972

BIMMER, ANDREAS C.: Hessentag – Ein Fest der Hessen? Marburg 1973

BIMMER, ANDREAS C.: Zur Typisierung gegenwärtiger Feste. In: Feste in Hessen (= Band 4 der Hessischen Blätter für Volks- und Kulturforschung), Gießen 1977, Seite 38–48

BLANCKMEISTER, FRANZ: Deutsches Familienleben. Dresden 1914

BOEHM, FRITZ: Geburtstag und Namenstag im deutschen Volksbrauch. Berlin, Leipzig 1938

BRAUN, ANNE: Historische Zielscheiben. Kulturgeschichte europäischer Schützenvereine. Gütersloh 1981

BREDOW, WILFRIED VON / FOLTIN, HANS-FRIEDRICH: Zwiespältige Zufluchten. Zur Renaissance des Heimatgefühls. Berlin, Bonn 1981

BREPOHL, WILHELM: Industrievolk Ruhrgebiet. Tübingen 1957

BRINGEMEIER, MARTHA: Gemeinschaft und Volkslied. Münster 1931

BRINGEMEIER, MARTHA: Die Brautkleidung im 19. Jahrhundert. In: Mode und Tracht. Münster 1980, Seite 253–300

BRINGÉUS, NILS-ARVID: Bitte keine Feier... oder Das Fest als Trauma. In: Hessische Blätter für Volks- und Kulturforschung, N. F. 7/8, Gießen 1978, Seite 35–49

BRINGÉUS, NILS-ARVID: Beten bei Tisch. In: Sozialkultur der Familie (= Hessische Blätter für Volks- und Kulturforschung, N. F. 13), Gießen 1982, Seite 58–78

BRONNER, F. J.: Von deutscher Sitt' und Art. Volkssitten und Volksbräuche in Bayern und den angrenzenden Gebieten. München 1908

BRÜCKNER, WOLFGANG: Die Verehrung des Heiligen Blutes in Walldürn. Aschaffenburg 1958

BRÜCKNER, WOLFGANG: Heimat und Demokratie. Gedanken zum politischen Folklorismus in Westdeutschland. In: Zeitschrift für Volkskunde, 61, 1965, Seite 205–213

BRÜGGEMANN, FRITZ: Vom Schembartlaufen. Leipzig 1936

BRÜSCHWEILER, ALBERT: Jeremias Gotthelfs Darstellung des Berner Taufwesens. Volkskundlich und historisch untersucht und ergänzt. Bern 1926

BUCHNER, EBERHARD: Zweihundert Jahre Kultur im Spiegel der Vossischen Zeitung. Vossische Zeitung 1925 ff.

BÜCHSEL, KARL: Erinnerungen aus dem Leben eines Landgeistlichen. Berlin 1861

BÜHLER, THEODOR: Knabenschaftliches in Rekrutenbräuchen der Schweiz. In: Schweizer Archiv für Volkskunde, 57, 1961, Seite 82–102

BURCKHARDT-SEEBASS, CHRISTINE: Konfirmation in Stadt und Landschaft Basel. Basel 1975

BURGSTALLER, ERNST: Österreichisches Festtagsgebäck. Wien 1958

CADUFF, GIAN: Die Knabenschaften Graubündens. Chur 1932

CAROSSA, HANS: Verwandlungen einer Jugend. Frankfurt am Main 1977

CHRIST, LENA: Matthias Bichler. In: Gesammelte Werke. München (1914) 1981

CHRIST, ROBERT B./MEIER, EUGEN: Fasnacht in Basel. Basel 1968

DENEKE, BERNWARD: Hochzeit. München 1971

DEPPE, FRANK: Das Bewußtsein der Arbeiter. Studien zur politischen Soziologie des Arbeiterbewußtseins. Köln 1971

Derwein, Herbert: Geschichte des christlichen Friedhofs in Deutschland. Frankfurt am Main 1931
Dettmer, Hermann: Die Figur des Hochzeitsbitters. Frankfurt am Main, Bern 1976
Deussen, Paul: Mein Leben. Leipzig 1922
Dieffenbach, Margarethe: Hessischer Trachtenalltag. Tracht als Spiegel ländlicher Lebensweise 1925–1935. Frankfurt am Main 1983
Dierker, Friedrich: Das rheinische Mailehen nach seinem Wesen, seiner Verbreitung und seiner Stellung in der Gemeinschaft. Wuppertal-Elberfeld 1939
Dietz, J. Fr.: Das Dorf als Erziehungsgemeinde. Weimar 1931
Dörfliche Fasnacht zwischen Neckar und Bodensee. Beiträge des Tübinger Arbeitskreises für Fasnachtsforschung. Tübingen 1966
Dörrer, Anton: Tiroler Fasnacht – innerhalb der alpenländischen Winter- und Vorfrühlingsbräuche. Wien 1949
Dollinger, Hans: Penne, Pauker und Studenten. München 1974
Dröge, Kurt: Sprüche zur Konfirmation – Bilder zur Erstkommunion. Detmold 1985
Dünninger, Dieter: Wegsperre und Lösung. Formen und Motive eines dörflichen Hochzeitsbrauches. Ein Beitrag zur rechtlich-volkskundlichen Brauchtumsforschung (= Schriften zur Volksforschung, Band 2). Berlin 1967
Dünninger, Josef: Brauchtum. In: Deutsche Philologie im Aufriß, Bd. III, Berlin 1956, Spalte 2007–2064
Dünninger, Josef/Schopf, Horst: Bräuche und Feste im fränkischen Jahreslauf. Texte vom 16. bis 18. Jahrhundert. Kulmbach 1971
Düring, Walter: Geburtstag und Namenstag. Eine literaturgeschichtliche Studie. München 1954
Dürkop, Gabriele: Die Karnevalvereine der Stadt Kassel. Eine ethnosoziologische und soziopsychologische Studie zur Phänomenologie und Analyse des Vereinskarnevals. Marburg 1977
Dürst, Hans: Das Cliquenwesen und die Basler Fasnacht. In: Schweizer Archiv für Volkskunde, 65, 1969, Seite 2–24

Egardt, Brita: Körperliche Züchtigung und Schandstrafe in der schwedischen Volksschule des 19. Jahrhunderts. In: Ethnologia Scandinavica 1972, Seite 115–144
Egger, Hanna: Glückwunschkarten im Biedermeier. Höflichkeit und gesellschaftlicher Zwang. München 1980
Eicke, Dagmar-Renate: «Teenager» zu Kaiserszeiten. Die «höhere» Tochter in Gesellschafts-, Anstands- und Mädchenbüchern zwischen 1860 und 1900. Diss. Marburg 1980
Elias, Norbert: Über die Einsamkeit der Sterbenden in unseren Tagen. Frankfurt am Main 1982
Emmerich, Wolfgang: Proletarische Lebensläufe. 2 Bde. Hamburg 1975
Escher, Walter: Dorfgemeinschaft und Sylvestersingen St. Antönien. Basel 1947

Fachausschuss für Umgangsformen. Knigge für den Arbeitsplatz. Köln 1979
Falkenberg, Regine: Kindergeburtstag. Eine Brauchstudie über Kinder und ihr Fest. Marburg 1982
Falkenberg, Regine: Kindergeburtstag. Ein Brauch wird ausgestellt. Berlin 1984
Fasnacht. Beiträge des Tübinger Arbeitskreises für Fasnachtsforschung. Tübingen 1964
Fehrle, Eugen: Deutsche Hochzeitsbräuche. Jena 1937
Fehrle, Eugen: Feste und Volksbräuche. Kassel 1955
Felder, Franz Michael: Aus meinem Leben. Wien 1904 (1984)
Festzüge in Hamburg 1696–1913. Bürgerliche Selbstdarstellung und Geschichtsbewußtsein. Museum für Hamburgische Geschichte 1972
Fiedler, Alfred: Vom Stammbuch zum Poesiealbum. Eine volkskundliche Studie. Weimar 1960
Fielhauer, Helmut: Palmesel und Erntekrone. In: Kulturelles Erbe und Aneignung (Festschrift für R. Wolfram). Wien 1982, S. 79–113
Fielhauer, Helmut: Alte und neue Pfingstkönige in Niederösterreich. Ein Beitrag zur Praxisdiskussion in der Volkskunde. In: Jahrbuch des Österreichischen Volksliedwerkes, 32/33, 1984, S. 55–72
Fischer, Georg: Fränkisches Handwerk. Kulmbach 1958
Förster, S. von: Die Schützengilden u. ihr Königsschießen. o. O. 1973
Franck, Georgius: De ovis paschalibus – Von Oster-Eyern, satyre medicae. Heidelberg 1682
Franck, Sebastian: Weltbuch. 1534
Frankfurter Feste – von wem? für wen? (Notizen. Institut für Kulturanthropologie und Europäische Ethnologie. Universität Frankfurt am Main, Nummer 8, 1979)
Freudenthal, Herbert: Das Feuer im deutschen Glauben und Brauch. Berlin, Leipzig 1931
Freudenthal, Herbert: Volkskundliche Streiflichter auf das Zeitgeschehen. In: Beiträge zur deutschen Volks- und Altertumskunde, Heft 5, 1960/61, Seite 95 f.; 6, S. 35
Freudenthal, Herbert: Vereine in Hamburg. Ein Beitrag zur Geschichte. In: Volkskunde der Geselligkeit. Hamburg 1968
Freudenthal, Herbert: Volkskundliche Streiflichter VI. 35. In: Beiträge zur deutschen Volks- u. Altertumskunde, Heft 9, 1965, S. 94–98
Freybe, Albert: Die heilige Taufe und der Taufschatz in deutschem Glauben und Recht, in der Sitte des Volkes und der Kirche, in deutscher Sage und Dichtung. Gütersloh 1900
Fricke, Dieter: Kleine Geschichte des Ersten Mai. Frankfurt am Main 1980
Fuchs, Peter/Schwering, Max Leo: Kölner Karneval. Zur Kulturgeschichte der Fasnacht. Köln 1972
Fuchs, Werner: Todesbilder in der modernen Gesellschaft. Frankfurt am Main 1973

Gantner, Theo: Der Festumzug. Ein volkskundlicher Beitrag zum Festwesen des 19. Jahrhunderts in der Schweiz. Basel 1970
Geese, Uwe: Eintritt frei, Kinder die Hälfte. Kulturgeschichtliches vom Jahrmarkt. Marburg 1981
Geiger, Theodor: Volksstudien zu einer Soziologie des Rechts (= Soziologische Texte, Heft 20). Neuwied, Berlin 1964
Gennep, Arnold van: Les rites de passage. Paris 1909
Gerndt, Helge: Vierbergelauf. Gegenwart und Geschichte eines Kärntner Brauchs. Klagenfurt 1973
Gorsen, Peter/Knödler-Bunte, Eberhard: Proletkult. 1. System einer proletarischen Kultur-Dokumentation, Proletkult. 2. Zur Praxis einer proletarischen Kulturrevolution in Sowjetrußland 1917–1925. Stuttgart, Bad Cannstadt 1974
Gotthelf, Jeremias: Die schwarze Spinne. (Zürich 1842), Dortmund 1985
Gradmann, Willi: Lebende Bilder aus der Geschichte. Landsberg 1975
Graf, Oskar Maria: Das Leben meiner Mutter. München 1982
Greverus, Ina-Maria: Der territoriale Mensch. Ein literaturanthropologischer Versuch zum Heimatphänomen. Frankfurt am Main 1972
Greverus, Ina-Maria: Brauchen wir Feste? In: Hessische Blätter für Volks- und Kulturforschung, 4, 1977, Seite 1–9
Greverus, Ina-Maria: Auf der Suche nach Heimat. München 1979
Grieshofer, Franz: Faschingsbrauchtum. Österreichischer Volkskundeatlas 1974
Grimm, Jacob: Deutsche Mythologie, 3 Bände, 1835. Neudruck Frankfurt am Main 1981
Grimm, Jacob: Über Schenken und Geben. In: Kleinere Schriften, Band 2, Berlin 1865, Seite 173–210
Gugitz, Gustav: Österreichs Gnadenstätten in Kult und Brauch, 4 Bände. Wien 1956

Hävernick, Walter: «Schläge» als Strafe. Ein Bestandteil der heutigen Familiensitte in volkskundlicher Sicht. Hamburg 1964
Haiding, Karl: Berchtenbräuche im steirischen Ennsbereich. In: Mitteilungen der anthropologischen Gesellschaft in Wien XCV, 1965, Seite 322–338
Hain, Mathilde: Das Lebensbild eines oberhessischen Dorfes. Von bäuerlicher Tracht und Gemeinschaft. Jena 1936
Hanika, Josef: Die verlassene Braut im Hochzeitsbrauch und die Aufgebotsszene in Wittenweilers Ring. In: Bayerisches Jahrbuch für Volkskunde 1957, Seite 103–112

Hansen, Wilhelm: Spiel und Sport in der völkischen Überlieferung. Jena 1939
Hansen, Wilhelm: Nationaldenkmäler und Nationalfeste im 19. Jahrhundert. Lüneburg 1976
Hansmann, Claus/Döderlein, Wilhelm: Altötting. München 1960
Hanss, J.: Religiöses Brauchtum in der katholischen Familie. o. O. 1949
Hartke, Wilhelm: Über Jahrespunkte und Feste – insbesondere das Weihnachtsfest. Berlin 1956
Hartmann, August: Das Oberammergauer Passionsspiel in seiner ältesten Gestalt. Leipzig 1880
Hasspacher, Johann: Geschichte der Dresdner Vogelwiese. Dresden 1933
Haupt, Leopold/Schmaler, Johann Ernst: Volkslieder der Sorben in der Ober- und Niederlausitz. 1841. Neudruck Berlin 1953
Hauser, Josef: Zur Geschichte der körperlichen Züchtigung. Augsburg 1909
Heer, Georg: Marburger Studentenleben 1527–1927. Marburg 1927
Heilfurth, Gerhard: Der Bergbau und seine Kultur. Zürich 1981
Heinrichs, Karl: Studien über die Namensgebung der Deutschen seit dem Anfang des 16. Jahrhunderts. Straßburg 1908
Helm, Clementine: Backfischchens Leiden und Freuden. 6. Auflage, Leipzig 1872
Hepding, Hugo: Ostereier und Osterhase. In: Hessische Blätter für Volkskunde, 26, 1927, Seite 127–141
Herbst, Kurt: Der Student in der Geschichte der Universität Leipzig. Leipzig 1961
Hessler, Carl: Hessische Volkskunde. Marburg 1904
Hilberath, L.: Der Junggesellenverein in der Eifel. Köln 1931
Hinst, Klaus: Wir und die anderen. Eine Sozialpsychologie des Alltags. Reinbek 1970
Höck, Alfred: Hessische Notizen zur Goldenen Hochzeit. In: Zeitschrift des Vereins für hessische Geschichte und Landeskunde, 80, 1969, Seite 253–259
Höck, Alfred: Begräbnisbrauchtum und Leichenpredigten in ländlichen Bereichen Hessens. In: Lenz, R.: Leichenpredigten, Band 1, 1975, Seite 295–311
Höck, Alfred: Gaben bei der Aufnahme in die Volksschule. Zu einem Foto von 1931 aus Anzefahr. In: Heimatjahrbuch des Kreises Marburg-Biedenkopf 1983, Seite 189–192
Höfler, Otto: Kultische Geheimbünde der Germanen. Frankfurt am Main 1934
Höfler, Otto: Das germanische Kontinuitätsproblem. Hamburg 1937
Hörander, Edith/Jary, Friedl: Mitfeiern! Festland Österreich. Feste – Feiern – Volkskultur. Wien 1983
Hörhold, Klaus: Feste und Feiern im Territorium Leipzig. Leipzig 1978
Hoffmann, Ludwig: Der Erste Mai ist rot. Leipzig 1961
Hoffmann-Krayer, Eduard: Feste und Bräuche des Schweizer Volkes. Zürich 1913
Hoffmann-Krayer, Eduard: Die Fastnachtsgebräuche in der Schweiz. In: Kleine Schriften zur Volkskunde. Basel 1946, Seite 24–94
Hoffmann-Krayer, Eduard: Knabenschaften und Volksjustiz in der Schweiz. In: Kleine Schriften zur Volkskunde, Basel 1946, Seite 124–159
Holek, Wenzel: Austritt am zweiten Mai. In: Göhre, P.: Lebenserinnerungen eines deutsch-tschechischen Arbeiters. Düsseldorf, Köln 1909, Seite 246f.
Horn, Klaus: Dressur oder Erziehung. Schlagrituale und ihre gesellschaftliche Funktion. Frankfurt am Main 1967
Hornberger, Theodor: Der Schäfer. Landes- und volkskundliche Bedeutung eines Berufsstandes. Stuttgart 1955
Huber, Josef: Das Brauchtum der Totenbretter. München 1956
Humburg, Norbert: Städtisches Fastnachtsbrauchtum in West- und Ostfalen. Die Entwicklung vom Mittelalter bis ins 19. Jahrhundert. Münster 1976
Ilien, Albert: Prestige in dörflicher Lebenswelt. Tübingen 1977
Immermann, Karl: Die Epigonen. Familienmemoiren in neun Büchern 1823–1835. (1836) München 1981
Innerhofer, Franz: Schöne Tage. Frankfurt am Main 1974
Irle, Lothar: Tod und Begräbnis im Siegerland. Siegen 1966

Jacobeit, Wolfgang: Schafhaltung und Schäfer in Zentraleuropa bis zum Beginn des 20. Jahrhunderts. Berlin 1961
Jacobeit, Wolfgang/Mohrmann, Ute: Kultur- und Lebensweise des Proletariats. Kulturhistorisch-volkskundliche Studien und Materialien. Berlin 1974
Jäckel, Günter: Der Freiheitsbaum. Die Französische Revolution in Schilderungen Goethes und Forsters. Berlin 1983
Jürgensen, Wilhelm: Martinslieder. Breslau 1910

Kästner, Erich: Als ich ein kleiner Junge war. Berlin 1975
Kapfhammer, Günther/Lachner, Corbinian J./Derra de Moroda, Friderica: Der Münchner Schäfflertanz. München 1976
Kapfhammer, Günther: Brauchtum in den Alpenländern. Ein lexikalischer Führer durch den Jahreslauf. München 1977
Karasek, Erika: Großstadtproletariat. Zur Lebensweise einer Klasse. Berlin 1983
Kardorff, Ursula von: Feste feiern wie sie fallen. München 1958
Keim, Anton: Elfmal politischer Karneval. Weltgeschichte aus der Bütt. Mainz 1966
Kellermann, Volkmar: Eine volkskundliche Exkursion mit Adolf Spamer zum Johannereiten in Kasel (Spreewald). Deutsches Jahrbuch für Volkskunde, 1, 1955, Seite 251–253
Kemper, Thomas: Schützengesellschaft und Kirchspiel Oberkirchen. Oberkirchen 1977
Kergel, L.: Zuckertütenbuch für alle Kinder, die zum ersten Mal in die Schule gehen. Dresden 1853
Kleinschmidt, Wolfgang: Der Wandel des Festlebens bei Arbeitern und Landwirten im 20. Jahrhundert. Eine empirische Untersuchung in zwei unterschiedlich strukturierten Gemeinden der Westpfalz. Meisenheim 1977
Klersch, Joseph: Die kölnische Fastnacht. Von ihren Anfängen bis zur Gegenwart. Köln 1961
Klersch, Joseph: Volkstum und Volksleben in Köln. Ein Beitrag zur historischen Soziologie der Stadt. 3 Bände. Köln 1967
Kluth, Heinz: Sozialprestige und sozialer Status. Stuttgart 1957
Knilli, Friedrich: Die heilige Fernsehfamilie. Ideologiekritische Kurzanalysen von Serien. München 1971
Koch, Angela: Stabilisierung von Geschlechterrollen bei der heutigen hessischen Dorfjugend. Studien zur Mädchenversteigerung in Leidenhofen. Marburg 1982 (unveröffentlichte Diplomarbeit)
König, Maria: Bäuerliche Burschenschaften. In: Norddeutsche Zeitschrift für Volkskunde, 16, 1938, Seite 191–244
König, René: Soziologie. Frankfurt am Main 1967
Köstlin, Konrad/Scharfe, Martin: Heischebräuche. In: Dörfliche Fasnacht zwischen Neckar und Bodensee. Tübingen 1966, Seite 156–195
Köstlin, Konrad: Folklorismus und Ben Akiba. In: Rheinisches Jahrbuch für Volkskunde, 20, 1970, Seite 234–256
Köstlin, Konrad: Gilden in Schleswig-Holstein. Die Bestimmung des Standes durch «Kultur». Göttingen 1976
Koren, Hanns: Volksbrauch im Kirchenjahr. Salzburg, Leipzig 1935
Koren, Hanns: Die Spende. Eine volkskundliche Studie über die Beziehung «Arme Seelen – Arme Leute». Graz, Wien, Köln 1954
Korff, Gottfried: Kultur. In: Bausinger, H./Jeggle, U./Korff, G./Scharfe, M.: Grundzüge der Volkskunde. Darmstadt 1978, Seite 17–80
Korff, Gottfried: Volkskultur und Arbeiterkultur. In: Geschichte und Gesellschaft, Band 5, 1979, Seite 83–102
Korff, Gottfried: Formierung der Frömmigkeit. Zur sozialpolitischen Intention der Trierer Rockwallfahrten 1891. In: Religion und Gesellschaft im 19. Jahrhundert. Göttingen 1977, Seite 352–383
Kraft, Peter: Feste und Geselligkeiten in der Schule. Braunschweig 1979

Kramer, Dieter: Sozialkulturelle Lage und Ideologie der Arbeiterschaft im 19. Jahrhundert. In: Kultureller Wandel im 19. Jahrhundert. Göttingen 1973, Seite 112–134

Kramer, Dieter: Freizeit u. Reproduktion d. Arbeitskraft. Köln 1975

Kramer, Dieter: «Arbeiterkultur» bei der Dreizehnten Internationalen Tagung der Historiker der Arbeiterbewegung. In: Zeitschrift für Volkskunde, 75, 1979, I, Seite 78f.

Kramer, Karl-S.: Die Nachbarschaft. Beitrag zur Kenntnis des Dorflebens vergangener Jahrhunderte aufgrund archivalischer Quellen. In: Bayer. Jahrbuch für Volkskunde, 1952, Seite 128–140

Kramer, Karl-S.: Die Nachbarschaft als bäuerliche Gemeinschaft. München 1954

Kramer, Karl-S.: Die Nachbarschaft als bäuerliche Gemeinschaft. Ein Beitrag zur rechtlichen Volkskunde mit besonderer Berücksichtigung Bayerns. München 1954

Kramer, Karl-S.: Bauern und Bürger im nachmittelalterlichen Unterfranken. Würzburg 1957

Kramer, Karl-S.: Bauhandwerkerbräuche in Mainfranken, insbesondere der Niederfall. In: Fischer, Georg: Fränkisches Handwerk. Kulmbach 1958, Seite 83–106

Kramer, Karl-S.: Ältere Spuren burschenschaftlichen Brauchtums in Mittelfranken. In: Jahrbuch für Fränkische Landesforschung, Band 20, 1960, Seite 375–392

Kramer, Karl-S.: Zeitliche und soziale Schichtung im Brauchtum. Dargestellt am Überlieferungsbestand des Ansbacher Raumes. In: Zeitschrift für Volkskunde, 58, 1962, Seite 91–101

Kramer, Karl-S.: Arbeitsanfang und -abschluß als Kernelement des Brauchtums. In: Arbeit und Volksleben. Göttingen 1967, Seite 354–361

Kramer, Karl-S.: Umweltverflechtung und Kontinuität. Fragen der Brauchforschung. In: Kontinuität? Berlin 1969, Seite 76–86

Kramer, Karl-S.: Grundriß einer rechtlichen Volkskunde. Göttingen 1974

Kretzenbacher, Leopold: Passionsbrauch und Christi-Leiden-Spiel in den Südost-Alpenländern. Salzburg 1952

Kretzenbacher, Leopold: Santa Lucia und die Lutzelfrau. München 1959

Kretzenbacher, Leopold: Ringreiten, Rolandspiel und Kufenstechen. Sportliches Reiterbrauchtum von heute als Erbe aus abendländischer Kulturgeschichte. Klagenfurt 1966

Kriss, Rudolf: Das Berchtesgadener Weihnachtsschießen und verwandte Bräuche. Wien 1941

Kriss, Rudolf: Wallfahrtsorte Europas. München 1950

Kriss, Rudolf: Die Volkskunde der altbayerischen Gnadenstätten. 3 Bände. München 1953–1956

Kriss, Rudolf: Sitte und Brauch im Berchtesgadener Land. Berchtesgaden 1963

Krumrey, Horst Volker: Entwicklungsstrukturen von Verhaltensstandarden. Eine soziologische Prozeßanalyse auf der Grundlage deutscher Anstands- und Manierenbücher von 1870–1970. Frankfurt am Main 1984

Kube, Siegfried: Der Schlag mit der Lebensrute – das Ascheabkehren. Diss. Leipzig 1942

Kube, Siegfried: Frisches Grün! Langes Leben! In: Deutsches Jahrbuch für Volkskunde, 2, 1956, Seite 108–122

Kuczynski, Jürgen: Geschichte des Alltags des deutschen Volkes (von 1600 bis zur Gegenwart). 5 Bände. Berlin, Köln 1980–1982

Kück, Eduard/Sohnrey, Heinrich: Feste und Spiele des deutschen Landvolks. Berlin 1925

Künzig, Johannes: Die alemannisch-schwäbische Fasnet. Freiburg im Breisgau o. J.

Künzig, Johannes: Volkskünstlerische Betätigung im Jahresbrauchtum. In: Populus Revisus. Tübingen 1966, Seite 43–59

Kürschner, Max: Sitten und Bräuche im Kreise Eisenach. Eisenach 1957

Kuret, Niko: Frauenbünde und maskierte Frauen. In: Festschrift für Robert Wildhaber (Basel 1972), Seite 334–347

Kutter, Wilhelm: Schwäbisch-alemannische Fasnacht. Künzelsau, Thalwil, Salzburg 1976

Lange, Helene: Lebenserinnerungen. Berlin 1921

Leitbrand, Jürgen: Vom befleckten Leib zum Flecklehäs. In: Narrenfreiheit. Tübingen 1980, Seite 139–176

Lenz, Rudolf: Leichenpredigten als Quelle historischer Wissenschaften. Band 1, Köln, Wien 1975. Band 2, Marburg 1979

Lerner, Franz: Ideologie und Mentalität patrizischer Leichenpredigten. In: Lenz, R.: Leichenpredigten. Band 2, 1979, Seite 126–157

Lévi-Strauss, Claude: Strukturale Anthropologie. Frankfurt am Main 1967

Lévi-Strauss, Claude: Die elementaren Strukturen der Verwandtschaft. Frankfurt am Main 1981

Löber, Ulrich: Umfragen zu den dörflichen Burschenvereinigungen in den Gemeinden der «Marburger Landschaft». Diss. Marburg 1972

Loschdorfer, Anna: Dorfgemeinschaften und Volksliedpflege im Bakonyer Wald. In: Südostdeutsche Forschung. Band 1, 1936, Seite 223–274

Lutz, Albert: Jünglings- und Gesellenverbände im alten Zürich und im alten Winterthur. Affolten am Albis 1957

Lutz, Gerhard: Sitte, Recht und Brauch. Zur Eselshochzeit von Hütten in der Eifel. In: Zeitschrift für Volkskunde, 56, 1960, Seite 74–88

Maier, Stefan/Michal, Barbara: Soziale Hierarchie im Brauch – soziale Aspekte in der Brauchforschung. Manuskript einer Seminararbeit, Marburg 1983

Mannhardt, Wilhelm: Wald- und Feldkulte. Band 1, Berlin 1875. Band 2, Berlin 1877

Manns, Barbara: Die Rolle der Kinder und ihrer Zeremonien bei Hochzeitsjubiläumsfesten. In: Sozialkultur der Familie (= Hessische Blätter für Volks- und Kulturforschung, 13, 1982, Seite 180–196)

Martin, Bernhard: Waldmännchenstag, Schlägelstag und Waldfeier (2. Januar) in Hessen. Gießen 1941

Masken zwischen Spiel und Ernst. Beiträge des Tübinger Arbeitskreises für Fasnachtsforschung. Tübingen 1967

Maskenwesen, Maskenbrauch, Maskenspiel. Neuere Maskenliteratur seit 1960. In: Österr. Zeitschr. f. Volksk., 69, 1966, Seite 103–125

Matter, Max (Hg.): Rheinischer Karneval. Bonn 1978

Mauss, Marcel: Die Gabe. Form und Funktion des Austauschs in archaischen Gesellschaften. Frankfurt am Main 1968

Medick, Hans: Spinnstuben auf dem Dorf. Jugendliche Sexualkultur und Feierabendbrauch in der ländlichen Gesellschaft der frühen Neuzeit. In: Huck, G.: Sozialgeschichte der Freizeit. Wuppertal 1980, Seite 19–50

Meier, John: Muttertag. In: Zeitschrift für Volkskunde, 8, 1936/37, Seite 100–112

Meisen, Karl: Nikolauskult und Nikolausbrauch im Abendland. Düsseldorf 1931

Metken, Sigrid: Sankt Nikolaus in Kunst- und Volksbrauch. Duisburg 1966

Metken, Sigrid: Die letzte Reise. Sterben, Tod und Trauersitten in Oberbayern. München 1984

Meuli, Karl: Bettelumzüge im Totenkultus, Opferritual und Volksbrauch. In: Schweizer Archiv für Volkskunde, 28, 1927, Seite 1–38

Meuli, Karl: Schweizer Masken. Zürich 1943

Meuli, Karl: Charivari. In: Festschrift für F. Dornseiff. Leipzig 1953, Seite 231f.

Mohrmann, Ute: Zu einigen Erfahrungen bei der Dokumentation sozialistischer Volks- und Heimatfeste. In: Kultur und Lebensweise, 1, 1977

Mondschein, Helga: Martinstag früher und heute. Leipzig 1980

Moser, Hans: Die Geschichte des Sternsingens. In: Bayerischer Heimatschutz, 31, 1935, Seite 19–31

Moser, Hans: Volksschauspiel. In: Deutsches Volkstum in Volksschauspiel und Volkstanz. Berlin 1938, Seite 3–133

Moser, Hans: Zur Geschichte der Klöpfelnachtbräuche, ihrer Formen und ihrer Deutungen. In: Bayerisches Jahrbuch für Volkskunde, 1951, Seite 121–140

Moser, Hans: Gedanken zur heutigen Volkskunde. In: Bayerisches Jahrbuch für Volkskunde, 1954, Seite 208–234

MOSER, HANS: Zur Geschichte der Maske in Bayern. In: Schmidt: Masken in Mitteleuropa. Wien 1955, Seite 93–141
MOSER, HANS: Die Pumpermetten. In: Bayerisches Jahrbuch für Volkskunde, 1956, Seite 80–98
MOSER, HANS: Osterei und Ostergebäck. In: Bayerisches Jahrbuch für Volkskunde, 1957, Seite 67–89
MOSER, HANS: Maibaum und Maienbrauch. In: Bayerisches Jahrbuch für Volkskunde, 1961, Seite 115–159
MOSER, HANS: Vom Folklorismus in unserer Zeit. In: Zeitschrift für Volkskunde, 58, 1962, Seite 177–209
MOSER, HANS: Der Folklorismus als Forschungsproblem der Volkskunde. In: Hessische Blätter für Volkskunde, 55, 1964, Seite 9–57
MOSER, HANS: Brauchgeschichtliches aus dem Donauraum zwischen Regensburg und Passau. In: Archive und Geschichtsforschung, 1966, Seite 110–147
MOSER, HANS: Städtische Fasnacht des Mittelalters. In: Masken zwischen Spiel und Ernst. Tübingen 1967, Seite 135–202
MOSER, HANS: Variationen um ein Thema vermeintlicher Brauchgeschichte. Das «Weberschiff von Saint-Troud». In: Volkskultur und Geschichte. (Festgabe für J. Dünninger) Berlin 1970, Seite 236–266
MOSER, HANS: Fasnacht, Faßnacht, Faschang. In: Festschrift für R. Wildhaber. Basel 1972, Seite 433–453
MOSER, HANS: Jungfernkranz und Strohkranz. In: Das Recht der kleinen Leute. (Festschrift für K.-S. Kramer) Berlin 1976, S. 140–161
MOSER, HANS: Mein Weg zu brauchgeschichtlicher Forschung. In: Schönere Heimat, 71, 1982, Seite 475–484
MOSER, HANS: Volksbräuche im geschichtlichen Wandel (= Heft 10 der Forschungshefte, herausgegeben vom Bayerischen Nationalmuseum). München 1985
MÜCK, HANS-DIETER: Sagen und Bräuche im Kreis Esslingen. Esslingen 1985

NARR, DIETER: Die Sitte im älteren Dorfe. In: Württembergisches Jahrbuch für Volkskunde, Band 69, 1965, Seite 9–28
Narrenfreiheit. Beiträge zur Fasnachtsforschung. Tübingen 1980
NEUMANN, E.: Prachtkatalog über Cotillon- und Carneval-Artikel. Dresden o. J. Neudruck Hildesheim 1975
NEUMANN, E.: Katalog über Karneval- und Theaterkostüme etc. Dresden o. J. Neudruck Hildesheim 1978
NIEDERER, ARNOLD: Kulturtypen und ihre wechselseitigen Beziehungen. In: L'ethnologie dans le dialogue interculturel. Fribourg 1980, Seite 33–46
NOWOTNY, KARL ANTON: Das Nürnberger Schembartlaufen. Eine neu aufgefundene Handschrift. In: Schmidt, L.: Masken in Mitteleuropa. Wien 1955, Seite 142–190

OETTERMANN, STEPHAN: Läufer und Vorläufer. Zu einer Kulturgeschichte des Laufsports. Frankfurt am Main 1984
OPPHOLZER, ALFRED A.: Entfremdung und Industriearbeit. Köln 1974

PARISIUS, LUDOLF UND SEINE ALTMÄRKISCHEN VOLKSLIEDER. Herausgegeben von Ingeborg Weber-Kellermann. Berlin 1957
PEESCH, REINHARD: Das Berliner Kinderspiel der Gegenwart. Berlin 1957
PEESCH, REINHARD: Die Fischerkommünen auf Rügen und Hiddensee. Berlin 1961
PEESCH, REINHARD: Volkskunstmotive auf der Schreibmaschine geschrieben. Erna Dietzel zum Gedächtnis. In: Deutsches Jahrbuch für Volkskunde, 14, 1968, Seite 353 f.
PETZOLD, LEANDER: Volkstümliche Feste. Ein Führer zu Volksfesten, Märkten und Messen in Deutschland. München 1983
PEUCKERT, WILL-ERICH: Volkskunde des Proletariats. 1931
PEUCKERT, WILL-ERICH/LAUFFER, OTTO: Volkskunde. Berlin 1951
PFAUNDLER, WOLFGANG: Fasnacht in Tirol. Telfer Schleicherlaufen. Wörgl 1981
PFEIL, SIGURD GRAF VON: Schützenwesen und Schützenfeste in Niedersachsen. Göttingen 1975
PIEPER, JOSEF: Zustimmung zur Welt. Eine Theorie des Festes. München 1963
PIESKE, CHRISTA: Über den Patenbrief. In: Beiträge zur deutschen Volks- und Altertumskunde, 2/3, 1958, Seite 85–121
PIESKE, CHRISTA: Das freudige Ereignis und der jungen Kindlein Aufzucht. München 1963
PIESKE, CHRISTA: Wandschmuck des 19. und 20. Jahrhunderts: Andenken an Kommunion und Konfirmation. In: Rheinisch-Westfälische Zeitschrift f. Volkskunde, 22, 1976, S. 181–220; 23, 1977, S. 160–210
PIPER, REINHARD: Mein Leben als Verleger. München 1964
POP, MIHAI: Neue Wege zur Brauchforschung. In: Zeitschrift für Volkskunde, 80, 1984, Seite 30–39
POPP, ADELHEID: Jugend einer Arbeiterin. Berlin, Bonn (1909) 1977
PRANG, JÜRGEN: Betriebsfestspiele. Berlin 1977
PREUSS, TRAUTE: Starkes schwaches Geschlecht. Weg und Leistung der Frau. Hamm 1956

QUERI, GEORG: Der älteste Text des Passionsspiels. Oberammergau 1910

RAPPMANNSBERGER, FRANZ J.: Das große Gelübde. Oberammergau. Legende und Wirklichkeit. München 1960
RAUERS, FRIEDRICH: Hänselbuch. Essen 1936
REIMANN, FR. A.: Deutsche Volksfeste im 19. Jahrhundert. Geschichte ihrer Entstehung und Beschreibung ihrer Feier. Weimar 1839
REINSBERG-DÜRINGSFELD, OTTO FREIHERR VON: Das festliche Jahr. In Sitten, Gebräuchen, Aberglauben und Festen der germanischen Völker. Leipzig 1898
REUTER, JOHANN CHRISTOPH/UFFERHARD, FR. W.: Specification dessen, was zu einem Brautwagen und der Aussteuer gehört. In: Norddeutsche Familienkunde. Zeitschrift der AG genealogischer Verband in Niedersachsen, Heft 22, 1973, Seite 265
RIEDIGER, HANS: Schleswig-Holstein. Potsdam o. J.
RIEGER, EVA: Frau und Musik. Frankfurt am Main 1980
RIEHL, WILHELM HEINRICH: Land und Leute. Stuttgart, Augsburg 1857
RIEHL, WILHELM HEINRICH: Die bürgerliche Gesellschaft. (Ausgabe letzter Hand 1857) Neudruck Frankfurt am Main, Berlin, Wien 1976
RITTER, GERHARD A. (Hg.): Arbeiterkultur. Königstein/Taunus 1979
ROHRSTOCK UND FLEISSKÄRTCHEN. In: Puppe, Fibel, Schießgewehr. Das Kind im kaiserlichen Deutschland. Berlin 1977, Seite 114–116
ROLLER, HANS ULRICH: Der Nürnberger Schembartlauf. Tübingen 1965
RUBI, CHRISTIAN: Taufe und Taufzettel im Bernerland. Wabern 1968
RÜHLE, OTTO: Illustrierte Kultur- und Sittengeschichte des Proletariats. Band 1, 1930, Neudruck Genf 1970; Band 2, Gießen 1977
RUMPF, MAX: Deutsche Volkssoziologie im Rahmen einer sozialen Lebenslehre. Nürnberg 1931
RUTSCHKY, KATHARINA: Schwarze Pädagogik. Quellen zur Naturgeschichte der bürgerlichen Erziehung. Berlin 1977

SARTORI, PAUL: Sitte und Brauch. Erster Teil: Die Hauptstufen des Menschendaseins. Zweiter Teil: Leben und Arbeit daheim und draußen. Leipzig 1910, 1911
SAUERMANN, DIETMAR/SCHEPPER, FRIEDERIKE / KIRSCHNER, NORBERT: Schützenwesen im kurkölnischen Sauerland. Arnsberg 1983
SAUERMANN, DIETMAR: Weihnachten in Westfalen um 1900. Münster 1976
SCHADE, OSKAR: Klopf an! Ein Beitrag zur Geschichte der Neujahrsfeier. Hannover 1854
SCHÄFER, GERHARD: Studentische Korporationen. Anachronismus an bundesdeutschen Universitäten? Lollar 1977
SCHÄFER, HARALD: Struktur-Untersuchungen zur Situation der Familie vor und auf dem Bildschirm. Marburg 1973
SCHALLER, P. STEPHAN: Das Passionsspiel von Oberammergau 1634–1950. Ettal 1950
SCHARFE, MARTIN: Zum Rügebrauch. In: Hessische Blätter für Volkskunde, 61, 1970, Seite 45–68
SCHARFE, MARTIN: Scherz ernst genommen. Anmerkungen zur Funktion der Kritik in den Fasnachtsbräuchen. In: Narrenfreiheit. Tübingen 1980, Seite 249–259

Schauerte, Heinrich: Volkskundliches zum Sakrament der Firmung. In: Theologie und Glaube, 43, 1953, Seite 425–434
Schenck, Axel: Bildpostkarten. Ausstellungskatalog Städtisches Museum Göttingen 1976
Schenk, Annemie: Familie und Wohnen in Stolzenburg. Eine Untersuchung bei Sachsen und Rumänen in einem siebenbürgischen Dorf. Köln, Wien 1984
Schenk, Annemie/Weber-Kellermann, Ingeborg: Interethnik und sozialer Wandel in einem mehrsprachigen Dorf des rumänischen Banats. Marburg 1973
Schidrowitz, L.: Sittengeschichte der Liebkosung und Strafe. Die Zärtlichkeitsworte, Gesten und Handlungen der Kulturmenschheit und ihr Gegenpol, die Strenge. Wien, Leipzig 1928
Schmidt, Leopold: Die Volkskunde als Geisteswissenschaft. Wien 1948
Schmidt, Leopold: Masken in Mitteleuropa. Volkskundliche Beiträge zur europäischen Maskenforschung. Wien 1955
Schmidt, Leopold: Das deutsche Volksschauspiel. Ein Handbuch. Berlin 1962
Schmidt, Leopold: Wallfahrtsforschung und Volkskunde. In: Volksglaube und Volksbrauch. Berlin 1966, Seite 154–168
Schmidt, Leopold: Volksglaube und Volksbrauch. Gestalten – Gebilde – Gebärden. Berlin 1966
Schmidt, Leopold: Totenbrauchtum im Kulturwandel der Gegenwart. In: Mitteilungen des Instituts für Gegenwartsvolkskunde, Nummer 10, Wien 1981, Seite 171–194
Schober, Manfred: Brauchtum um den Schuleintritt. In: Kultur und Lebensweise, 2, 1981, Seite 64–77
Schoppe, Reinhold: Einhundertzwanzig Festreden. Berlin o. J.
Schröder, Edward: Junge Feste mit Formen alten Brauchs. In: Hessische Blätter für Volkskunde, 33, 1934, Seite 98–103
Schroubek, Georg R.: Wallfahrt und Heimatverlust. Ein Beitrag zur religiösen Volkskunde der Gegenwart. Marburg 1968
Schulenburg, Willibald von der: Wendisches Volkstum in Sage, Brauch und Sitte. Berlin 1882
Schulte, Otto: Vom hessischen Osterhasen. In: Hessische Blätter für Volkskunde, 2, 1900, Seite 1–4
Schulz, Eva: Konfirmation. In: Hessische Blätter für Volks- und Kulturforschung, N. F. 13, 1982, Seite 197–208
Schurz, Carl: Lebenserinnerungen. Bis zum Jahr 1852. Berlin 1906
Schwedt, Herbert: Analyse eines Stadtfestes. Die Mainzer Fastnacht. Wiesbaden 1977
Schwedt, Herbert und Elke: Malerei auf Narrenkleidern. Die Häs- und Hanselmaler in Südwestdeutschland. Stuttgart 1975
Schwedt, Herbert und Elke: Schwäbische Bräuche. Stuttgart 1984
Schwerdtfeger, Claudia: Der Erste Mai als Brauchgründung der Arbeiterschaft. Ungedrucktes Manuskript einer Hausarbeit Marburg 1983
Schwind, Anton: Bayern und Rheinländer im Spiegel des Pressehumors von München und Köln. München, Basel 1958
Schwindrazheim, Hildamarie: «Herzliche Glückwünsche» aus dem 18. und 19. Jahrhundert. In: Kunst in Schleswig-Holstein, 1960, Seite 102–118
Sieber, Friedrich: Aspekte der Brauchforschung. In: Wissenschaftliche Annalen, 5, 1956, Seite 497–503
Sieber, Friedrich: Die bergmännische Lebenswelt als Forschungsgegenstand der Volkskunde. In: Deutsches Jahrbuch für Volkskunde, 5, 1959, Seite 237–242
Sieber, Friedrich: Volk und volkstümliche Motivik im Festwerk des Barock. Berlin 1960
Sieber, Friedrich: Beziehungen zwischen Arbeit und Brauchtum. In: Arbeit und Volksleben. Göttingen 1967, Seite 348–353
Sieber, Friedrich: Deutsch-westslawische Beziehungen in Frühlingsbräuchen. Berlin 1968
Siemens, Werner von: Lebenserinnerungen. Berlin 1893
Sievers, Kai Detlev: Feste in Schleswig-Holstein. Ein lexikalischer Führer durch den Jahreslauf. Neumünster 1984
Simm, Hans-Joachim: Das Fest. München, Wien 1981
Sixtus, A.: Der Zuckertütenbaum. Ca. 1920
So feiern die Bayern. Bilder, Texte und Untersuchungen zum öffentlichen Festwesen der Gegenwart. Ausstellungsbegleitheft. Institut für deutsche und vergl. Volkskunde der Universität München 1978
Spamer, Adolf: Sitte und Brauch. In: Peßler, W.: Handbuch der deutschen Volkskunde, Potsdam 1934, Band 2, Seite 33–256
Spamer, Adolf: Die deutsche Volkskunde. Leipzig 1935, Band 1 und 2
Spamer, Adolf: Deutsche Fastnachtsbräuche. Jena 1936
Spamer, Adolf: Hessische Volkskunst. Jena 1939
Stammler, Wolfgang: Seemanns Brauch und Glaube. In Ders.: Deutsche Philologie im Aufriß. Berlin 1954, Bd. III, Spalte 2901–2972
Staudt, Reinhold: Studien zum Patenbrauch in Hessen. Darmstadt 1958
Steinitz, Wolfgang: Deutsche Volkslieder demokratischen Charakters aus sechs Jahrhunderten. 2 Bände. Berlin 1954/1962
Strobel, Hans: Bauernbrauch im Jahreslauf. Leipzig 1937
Strübin, Eduard: Muttertag in der Schweiz. In: Schweizer Archiv für Volkskunde, 52, 1956, Seite 95 f.
Strübin, Eduard: Volkskundliches zum Automobil. In: Schweizer Volkskunde, 63, 1973, Seite 1–16
Studier, M.: Der Corpsstudent als Idealbild der Wilhelminischen Ära. Diss. Erlangen 1965
Suchanow, J. W.: Sitten – Bräuche – Traditionen. Berlin 1980

Talare, Wichs und Jeans. Ausstellung zur Geschichte der Universitätskleidung in Marburg 1427–1977. Begleitheft des Seminars der Europäischen Ethnologie, 1977
Tartler, Rudolf: Das Alter in der modernen Gesellschaft. Stuttgart 1961
Taucher, Franz: Schattenreise. Von Landsleuten und anderen Menschen. Wien 1973
Tenfelde, Klaus: Das Fest der Bergleute. Studien zur Geselligkeit der Arbeiterschaft während der Industrialisierung am Beispiel des deutschen Bergbaus. In Ritter C. A. (Hg.): Arbeiterkultur. Meisenheim 1979, Seite 209–245
Teuchert, Hermann: Heiligennamen für Kalendertage in Mecklenburg und Verwandtes. In: Kirche – Theologie – Frömmigkeit. Berlin 1965, Seite 168–176
Thalmann, Rolf: Das Jahr der Schweiz in Fest und Brauch. Zürich, München 1981
Thiessen, Johannes: Kindheit. München, Leipzig 1917
Tönnies, Ferdinand: Gemeinschaft und Gesellschaft. Darmstadt 1963
Tönnies, Ferdinand: Die Sitte. Frankfurt am Main 1908
Trümpy, Hans: Der Freiheitsbaum. In: Schweizer Archiv für Volkskunde, 57, 1961, Seite 1–20
Trümpy, Hans: Zur Geschichte der Basler Fasnacht. In: Sommerbeilage der Basler Nachrichten vom 12. 11. 1967
Trümpy, Hans: Sphären der Verhaltens. Beiträge zu einer «Grammatik der Bräuche». In: Rheinisches Jahrbuch für Volkskunde, 20, Seite 226–233
Tucholsky, Kurt: Gesammelte Werke. Band 7. Reinbek bei Hamburg 1985

Uhland, Ludwig: Sommer und Winter. In: Alte hoch- und niederdeutsche Volkslieder mit Abhandlungen und Anmerkungen. Band 1, Nummer 8. Stuttgart, Berlin 1844/45

Wackernagel, Hans Georg: Altes Volkstum der Schweiz. Basel 1956
Wähler, Martin: Thüringische Volkskunde. Jena 1940
Wagner, Margit und Fink, Alois: Wallfahrten heute. München 1960
Walter, Sepp: Frisch – und – g'sund – Schlagen. In: Österreichischer Volkskunde-Atlas, 1965, Seite 1–27
Weber, Max: Soziologische Grundbegriffe. Tübingen 1966
Weber, P. G.: Rohrstock in Schule und Heim. Stuttgart 1966
Weber-Kellermann, Ingeborg: Laubkönig und Schößmeier. Geschichte und Deutung pfingstlicher Vegetationsbräuche in Thüringen. In: Deutsches Jahrbuch für Volkskunde, 49/50, 1958, Seite 366–385
Weber-Kellermann, Ingeborg: Erntebrauch in der ländlichen Arbeitswelt des 19. Jahrhunderts. Marburg 1965

Weber-Kellermann, Ingeborg: Arbeitsbräuche und Arbeitsfeste der Drescher. In: Arbeit und Volksleben. Göttingen 1967, Seite 362–372
Weber-Kellermann, Ingeborg: Volkskunde. In: Geschichte Thüringens. Herausgegeben von Hans Patze und Walter Schlesinger. Band 4. Köln, Wien 1972, Seite 299–344
Weber-Kellermann, Ingeborg: Hochzeits- und Ehestandslieder. In: Handbuch des Volksliedes. Band 1. München 1973, Seite 551–574
Weber-Kellermann, Ingeborg: Die Familie auf dem Lande in der Zeit zwischen Bauernbefreiung und Industrialisierung. In: Zeitschrift für Agrargeschichte und Agrarsoziologie, Heft 26, 1978, Seite 66–76
Weber-Kellermann, Ingeborg: Der Geist des Flachses. In: Brauch – Familie – Arbeitsleben. Marburg 1978, Seite 77–92
Weber-Kellermann, Ingeborg: Zur Interethnik. Donauschwaben, Siebenbürger Sachsen und ihre Nachbarn. Frankfurt am Main 1978
Weber-Kellermann, Ingeborg: Das Weihnachtsfest. Eine Kultur- und Sozialgeschichte der Weihnachtszeit. Frankfurt am Main, Luzern 1978
Weber-Kellermann, Ingeborg: Die Kindheit. Kleidung und Wohnen, Arbeit und Spiel. Eine Kulturgeschichte. Frankfurt am Main 1979
Weber-Kellermann, Ingeborg: Volksfeste in Deutschland. Hamburg 1981
Weber-Kellermann, Ingeborg: Das Buch der Weihnachtslieder. Mainz, London 1982
Weber-Kellermann, Ingeborg: Die Familiengeschichte eines Familienbildes. In: Sozialkultur der Familie (= Hessische Blätter für Volks- und Kulturforschung, 13, 1982, Seite 79–88)
Weber-Kellermann, Ingeborg: Frauenleben im 19. Jahrhundert. München 1983
Weber-Kellermann, Ingeborg: Die deutsche Familie. Frankfurt am Main 1974, [8]1984
Weber-Kellermann, Ingeborg: Die Familie. Frankfurt am Main 1984
Weber-Kellermann, Ingeborg: Die Sprache der Bräuche. In: Zeitschrift für Volkskunde, 80, 1984, Seite 23–29
Weber-Kellermann, Ingeborg / Stolle, Walter: Volksleben in Hessen 1970. Göttingen 1970
Weber-Kellermann, Ingeborg / Falkenberg, Regine: Was wir gespielt haben. Erinnerungen an die Kinderzeit. Frankfurt am Main 1981
Weber-Kellermann, Ingeborg (unter Mitarbeit von Dagmar Eicke-Jennemann und Regine Falkenberg): Der Kinder neue Kleider. Zweihundert Jahre deutsche Kindermoden. Frankfurt am Main 1985
Weber-Kellermann, Ingeborg und Andreas C. Bimmer: Einführung in die Volkskunde/Europäische Ethnologie. Stuttgart 1985
Weidkuhn, Peter: Ideologiekritisches zum Streit zwischen Fasnacht und Protestantismus in Basel. In: Schweizer Archiv für Volkskunde, 65, 1969, Seite 36–74
Weinert, W.: Leben nach der roten Schablone. Jugendweihe in der DDR. Bremen 1960
Weiss, Eugen: Die Entdeckung des Volks der Zimmerleute. Jena 1923
Weiss, Richard: Sozialistische Maifeier und Volksbrauch. In: Schweizer Monatszeitschrift «DU», Heft 3, 1943
Weiss, Richard: Volkskunde der Schweiz. Erlenbach-Zürich 1946
Welti, Erika: Taufbräuche im Kanton Zürich. Zürich 1967
Wetter, Herbert: Heischebrauch und Dreikönigsumzug im deutschen Raum. Wiesbaden 1933
Wex, Reinhold: Ordnung und Unfriede. Raumprobleme des protestantischen Kirchenbaus. Marburg 1984
Wiegelmann, Günter: Alltags- und Festspeisen. Marburg 1967
Wiegelmann, Günter: Theoretische Konzepte der Europäischen Ethnologie. In: Zeitschrift für Volkskunde, 68 (1972), Seite 196–212
Wildhaber, Robert: Osterbrauchtum in Europa. In: Schweizer Archiv für Volkskunde, 53, 1957
Wildhaber, Robert: Masken der Schweiz und Europas. Führer durch das Museum für Völkerkunde und das Schweizerische Museum für Volkskunde. Basel 1960
Wohlhaupter, Eugen: Die Kerze im Recht. Weimar 1940
Wohmann, Gabriele: Habgier. Reinbek bei Hamburg 1978
Wolfgruber, Gernot: Herrenjahre. Salzburg 1976
Wolfheim, N.: Zur Geschichte der Prügelstrafe in Schule und Haus. Eine pädagogische Studie. Berlin 1905
Wolfram, Richard: Schwerttanz und Männerbund. Kassel 1936
Wolfram, Richard: Prinzipien und Probleme der Brauchtumsforschung. Wien 1972
Wundt, Wilhelm: Erlebtes und Erkanntes. Stuttgart 1920

Zallinger, Otto: Die Ringgaben bei der Heirat und das Zusammengeben im mittelalterlich-deutschen Recht. Wien, Leipzig 1931
Zender, Matthias: Gestalt und Wandel der Nachbarschaft im Rheinland. In: Aus Geschichte und Landeskunde. Bonn 1960, Seite 502–534
Zender, Matthias: Atlas der deutschen Volkskunde. Marburg 1959–1964
Zipperer, Falk, W.: Das Haberfeldtreiben, seine Geschichte und seine Deutung. Weimar 1938
Zur Westen, Walter von: Vom Kunstgewand der Höflichkeit. Glückwünsche, Besuchskarten und Familienanzeigen aus sechs Jahrhunderten. Berlin 1921

Sach- und Ortsregister

Kursive Ziffern verweisen auf Textabbildungen

Bildnachweis

Archiv für Kunst und Geschichte, Berlin: Schutzumschlag-Vorderseite.
Artothek (Kunstdia-Archiv Jürgen Hinrichs), Planegg: S. 174.
Bildarchiv Bucher, München: S. 23 o., 95, 98/99 (Foto: Harald Mante), 129, 163 o./u., 165 u., 176, 189.
Bildarchiv Preußischer Kulturbesitz, Berlin: S. 44 M., 47 o., 53, 58, 125 M., 135 r., 192, 193.
Bildarchiv Weber-Kellermann / Institut für Europäische Ethnologie und Kulturforschung, Marburg: S. 11, 12, 17, 20, 25, 26, 30, 37, 39, 42, 55, 62 l., 64–70, 73–75, 78, 80, 82, 86, 97, 103, 104, 105, 108–111, 121, 128–132, 136, 178–181, 200, 201, 212, 214–217.
Franz Eberlein, Imst: S. 15, 96.
Regine Falkenberg, Berlin: S. 125, 135 l.
Foto Götz Fischer, Geesthacht: S. 205.
Erika Groth-Schmachtenberger, München: S. 164, 182 o., 197, 218.
Harksheider Verlagsgesellschaft mbH, Norderstedt: S. 16, 71, 81.
Rainer Kiedrowski, Ratingen: S. 77 o.
Foto Wolf Lücking, Berlin: S. 13, 14 o., 23 u. r., 61 l., 79, 92.
Foto Marburg: S. 8, 9, 21, 36, 40, 141 l., 150 r., 151, 161, 162, 180 u., 181, 206 r.
Münchner Stadtmuseum: S. 60.
Photo-Eschenburg, Warnemünde: S. 45.
Armin Schmidt, Nürnberg: S. 63.
Gerald Schultz, Berlin: 125 u.
Süddeutscher Verlag / Bilderdienst, München: S. 195.
Hier nicht genannte Abbildungen stammen aus älterer Fachliteratur, dem Verlagsarchiv oder der Sammlung Weber-Kellermann.

Julius/ der Heumond·

1 S Theobald, Schuster 1150

2 S 3. n. Pf., Maria Heimf. Königin-Geburtstag in Bayern

3 M Raimund. Bertram

4 D Ulrich v. Augsb. 973

5 M Zyrill. Philomena Gründungstag der „Heimat" 1900

6 D Goar. Thomas Morus. Schlacht bei Krasnik. Vergebliche Offensive der Italiener a. Isonzo

7 F Willibald v. Eichst. 781

8 S Kilian, Kolonat u. Totn.

9 S 4. n. Pf., Disibod

10 M Amalie v. Fland.

11 D Pius I. Sigisbert

12 M Anderl v. Rinn. Vernichtung der „Königsberg" 1915

13 D Arno v. Würzb.

14 F Bonaventura 1274. Argonnensieg des deutschen Kronprinzen 1915

15 S Apostel-Teil. Heinrich II.

16 S 5. n. Pf., Skapulierfest. Irmengard. Maria v. B. Karmel

17 M Alexius, Bettler

18 D Radegundis. Zweiter ital. Angriff am Isonzo 1915

19 M Vinzenz v. Paul

20 D Margaret. Wilgefortis

21 F Daniel. Arbogast

22 S Magdalena

23 S 6. n. Pf., Note Oesterreichs an Serbien 1914

24 M Christine

25 D Jakob d. Aelt. Christoph

26 M Mutter Anna

27 D Pantaleon.

28 F Raimund. Viktor. Kriegserkl. Oesterreichs an Serbien 1914

29 S Martha.

30 S 7. n. Pf. Abdon u. Sennen

31 M Ignatius. In Deutschland wird Kriegszustand verkündet. 1914

August/ der Erntemond·

1 D Petri Kettenfeier. Mobilmach. i. Reich 1914

2 M Alfons. Beginn der Kriegserklärungen

3 D Stefans Auffindg.

4 F Dominikus. Einmarsch d. Deutschen in Belgien 1914

5 S Oswald M. 641. Warschau u. Iwangorod erobert 1915

6 S 8. n. Pf., Kunigunde

7 M Afra. Lüttich v. d. Deutschen erstürmt 1914

8 D Zyriakus

9 M Roman, Soldat M.

10 D Lorenz, M. Sieg b. Mülhausen 1914

11 F Susanna. Philomena. Hermann. Gefecht b. Lagarde 1914

12 S Klara, Hilaria u. Gen.

13 S 9. n. Pf., Kassian

14 M Eberhart. Eusebius.

15 D **Mariä Himmelf.** Sieg der Oesterr. an d. Drina 1914

16 M Rochus. Joachim

17 D Lorenzi-Oktav. Sibylla

18 F Kaisertag in Oesterr. Helena. Kowno fällt 1915

19 S Sebald. Schlacht in Lothringen 1914

20 S 10. n. Pf., Burkhard. Nowo-Georgiewsk erobert 1915. Besetzung Brüssels 1914

21 M Balduin. Franziska

22 D Richildis. Thimoth.

23 M Philipp Ben.

24 D Bartholomäus Ap. Fall von Namur 1914

25 F Ludw. Bayer. Königstag

26 S Egbert. Longwy fällt 1914; Brest-Litowsk 1915

27 S 11. n. Pf., Gebhard. Niederlage d. Engländ. b. St. Quentin 1914

28 M Augustin

29 D Johannes Enthaupt.

30 M Symphorion. Rosa

31 D Kolumba. Raimund. Hindenburgs erster Sieg b. Tannenberg 1914

September/ der Michelsmon[d]

1 F Ägidius. Verena. Sieg d. Oesterr. in Pol[en] 10 französ. Korps [in] der Champagne [ge]schlagen 1[914]

2 S Sedantag. Deutsch. Sieg b. Verd[un] österr. unter Auff[en]berg 1[914]

3 S 12. n. Pf., Schutzen[gelfest] Die Oesterreich. räum[en] Lemberg 1[914]

4 M Rosalia u. Rosa J.

5 D Roswitha

6 M Magnus

7 D Regina J. M. Fest. Maubeuge fällt 1[914]

8 F Mariä Geburt

9 S Korbinian v. Freis[ing]

10 S 13. n. Pf., Ma[riä] Namen. Pulche[ria]

11 M Felix u. Regula M.

12 D Guido. 7.–12. Schlacht an d[en] Masurischen Seen 1[914]

13 M Maternus

14 D Nothburg. Kreuz E[rhöhung]

15 F Gotlinde. 7.–15. Französ. Geg[en]offens. an d. Marne Deutsch. rücken bis [zur] Aisne zurück 1[914]

16 S Kornelius u. Cypri[an]

17 S 14. n. Pf., Hildega[rd]

18 M Richardis. Brand v. Moskau 1[812]

19 D Januar. 1. D. Kriegsanleihe 1[914]

20 M F Eustach M. 118. 17–20. Gefecht b. Löu[ven] und Aerschot 19[14] Beginn d. groß. we[stl.] Angriffs 19[15]

21 D Matthäus Ev.

22 F F Emeram. Moritz Weddigen vernicht[et] 3 engl. Kreuzer 1[914]

23 S F Otto v. Freis. The[kla]

24 S 15. n. Pf., Gerh[ard]

25 M Kleophas. Fort Camp des Roma[ins] fällt; St. Mihiels [Be]setzung 1[914]

26 D Meinhard

27 M Kosmas u. Damian

28 D Lioba. Wenzel v. Böh[men]

29 F Michael. Des deutschen Mic[hels] Namens[tag]

30 S Otto. Sophie Wwe